# 什麼都別說

## 北愛爾蘭謀殺與記憶的真實故事

SAY NOTHING

A True Story of Murder and Memory in Northern Ireland

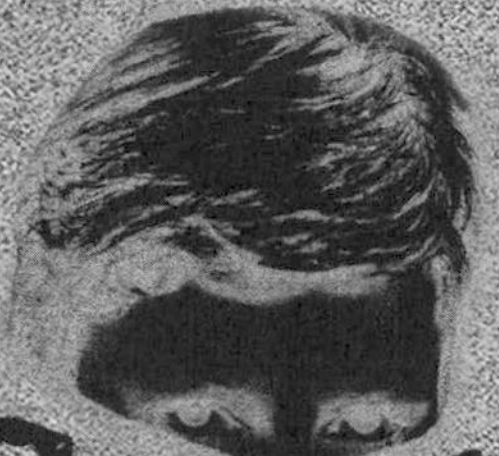

PATRICK RADDEN KEEFE

派崔克・拉登・基夫 著

鄭依如
黃好萱
張苳蕾 譯

陳榮彬 審定

「所有的戰爭都要打兩次：第一次在戰場上，第二次在記憶裡。」

——阮越清（Thanh Nguyen，越裔美國小說家）

# 各界推薦

「以強烈的批判反思北愛問題和其後果……大師之作。」

——《經濟學人》（*The Economist*）

「我好像是在看小說，那是因為《什麼都別說》有許多小說傑作的特色，以至於讓我擔心自己爆太多雷了，而且我也忘記珍・麥康維爾是個真實人物，還有她的孩子們也是——無論是在書裡或在現實世界。綁架、殺害她的人也一樣。……這本書的結構清楚，我們跟隨著人物來看故事，先從受害者入手，然後是加害者，隨即又回到受害者——接著作者不再提起他們，我們都忘了，但是在寫到幾十年後的歷史時，作者又讓那些人物回到我們眼前。這本書可以當成偵探小說來讀……基夫做得最好的一點，是掌握事件悲劇、毀滅和虛耗的本質和道德創傷的概念……《什麼都別說》是對北愛問題最出色的紀錄。」

——羅迪・道爾（Roddy Doyle），《紐約時報書評》（*The New York Times Book Review*）

「不同凡響的一本書……探索了北愛爾蘭這片脆弱的土地面臨的毀滅性影響……犀利的報導文字……麥康維爾的失蹤事件、她的孩子所遭受難以承受的打擊、再到二〇〇三年發現她的遺骸，以及當局致力於找到凶手的努力過程，構成了《什麼都別說》大半的篇幅。基夫先生在整本書中梳理了北愛問題的重大事件、人物和圖像：反天主教歧視、皇家阿爾斯特警隊的暴行和英國陸軍的占領、愛爾蘭共和軍在貝爾法斯特和倫敦發動的恐怖炸彈攻擊、愛爾蘭士兵的未審拘留、巴比・桑茲和其他人絕食抗議、福斯路和老教堂路、聯合主義準軍事組織、「真正」的愛爾蘭共和軍與「臨時派」、反情報、阿瑪萊特步槍和面罩。所有的畫面讓人看得頭暈目眩，但是基夫先生將一切清晰地呈現在我們眼前。」

——麥可・歐唐諾（Michael O'Donnell），《華爾街日報》（*Wall Street Journal*）

「派崔克・拉登・基夫最大的成就，是透過不同人物的故事訴說北愛爾蘭長達五十年的衝突——以扣人心弦和深刻的人性，解釋這段仍持續否定和定義未來的過往歷史……只有局外人能寫出如此精彩的書……如果能夠為這段歷史下定論，拉登・基夫的結論就是：所有的人都是恐怖事件的同謀……這本書令我讚不絕口：博大精深、清楚易懂、引人入勝、發人深省。我以為自己已經厭倦了北愛爾蘭的歷史，但這本書讓我改觀。」

——梅蘭妮・里德（Melanie Reid），《泰晤士報》（*The Times*）

「栩栩如生、精巧複雜……基夫展現了值得效仿的公正。」

——《泰晤士報文學增刊》（*The Times Literary Supplement*）

「本書涵蓋的範圍與其抱負令人歎為觀止……基夫以充滿批判的眼光檢視了真相在戰爭中的本質為何，以及暴力和欺騙付出的代價……這本書將躋身最傑出的北愛問題相關書籍之列。」

——陶比・哈恩登（Toby Harnden），《週日泰晤士報》（*The Sunday Times*）

「《什麼都別說》講述珍・麥康維爾在一九七二年遭到愛爾蘭共和軍殺害，以及後續錯綜複雜的故事，令人心痛但也令人沉浸其中……研究縝密、描寫精湛。」

——約翰・班維爾（John Banville），《愛爾蘭獨立報》（*Irish Independent*）

「基夫的著作和研究講究證據……最傑出的非虛構報導敘事。」

——《愛爾蘭時報》（*The Irish Times*）

「基夫以撼動人心、清楚易懂的文字敘述那些蹂躪北愛爾蘭的暴力衝突，同時融入現實世界的凶案追蹤……這本書流露出無限的悲傷，即使是那些為了信念做出駭人聽聞行為的人，作者也完全沒有忘記他們的人性。」

——《出版者週刊》（*Publishers Weekly*）

「基夫以全面又犀利的筆調探索這些恐怖事件，以及永存於宗教暴力衝突中心的哀痛。基夫並不是用傳統的歷史敘事方式來呈現愛爾蘭的諸多苦難與困境，這點值得嘉獎，他的《什麼都別說》呈現的是非虛構敘事的傑作。」

——《洛杉磯書評》（*Los Angeles Review of Books*）

「《什麼都別說》以強而有力的文字記錄下一個因創傷而麻木的社會，努力想要逃離其墜入的深淵。」

——《洛杉磯時報》（*Los Angeles Times*）

「基夫十分擅長揭露塵封已久的犯罪事件……《什麼都別說》講述的是衝突如何結束，以及誰能結束衝突。」

——《大西洋月刊》（*The Atlantic*）

「投入許多精力完成的細緻報導……迄今北愛爾蘭仍然頻頻發生曠日持久、大大小小的群體暴力衝突……基夫這本探究真相的精湛之作，顯示出一次政治協議只能在形式上解決暴力衝突，但其實後續的和解過程可說漫長、痛苦又反覆無常。」

——《外交事務雙月刊》（*Foreign Affairs*）

「派崔克・拉登・基夫的新著作《什麼都別說》追蹤調查一位母親的失蹤案，揭開了鮮少人討論的血腥歷史……這本書讀起來像是小說，但是任何在《紐約客》看過基夫文章的人都能證明，他絕對是擇善固執的報導者與研究者，是非虛構敘事的大師……無與倫比的故事。」

——《滾石雜誌》（*Rolling Stone*）

「這本書精算了被害者與加害者之間的道德平衡……在腦中縈繞不去……《什麼都別說》是一本不言自明的警世之作，講述了青年的狂熱、暴力造成的長期影響，以及遺忘的政治手段。」

——德夫林・巴瑞特（Devlin Barrett），《華盛頓郵報》（*The Washington Post*）

「扣人心弦……對於想更了解北愛爾蘭問題的讀者而言，這本書會讓您深受啟發。」

——《信使郵報》（*The Post and Courier*）

「步調快速、扣人心弦，而且從未遺漏背景脈絡的歷史故事……這本書檢視了令人心痛但也令人著迷的北愛爾蘭歷史，不論是初學者還是專家都能探究書中揭露的真實。」

——《基督科學箴言報》（*The Christian Science Monitor*）

「引人入勝的愛爾蘭共和軍炸彈和暗殺攻擊故事，由放置炸彈和扣下扳機的人親口訴說。」

——《明尼阿波利斯明星論壇報》（*Minneapolis Star Tribune*）

「今年最扣人心弦的非虛構類作品。」

——《娛樂週刊》（*Entertainment Weekly*）

「精湛地描寫北愛爾蘭問題的歷史……精彩絕倫……正如同設計最精巧的犯罪故事，基夫將真相（也就是那些謊言）一一攤在陽光下。」

——莫琳．柯利根（Maureen Corrigan），美國公共廣播電台（NPR）

「基夫非常出色地講述了一個命案緝凶的故事……他一層一層揭露歷史，像是慢慢剝開一顆腐爛的洋蔥，想辦法找出英國政府、北愛爾蘭警方和麥康維爾一家追尋了將近五十年的答案……基夫將這齣大戲中的每個角色刻畫得絲絲入扣、栩栩如生。……《什麼都別說》提醒了我們北愛爾蘭從未癒合的創傷。隨著英國脫歐迫在眉睫，這本書正好警告我們揭開愛爾蘭的傷疤、讓傷口再次淌血，是多麼容易的事。」

——帕蒂・赫許（Paddy Hirsch），美國公共廣播電台

「報導用心、描寫細膩、文字扣人心弦，《什麼都別說》揭露了真相。基夫不僅一層一層剝開這場慘烈衝突中最重要、最神祕的犯罪事件背後的真相，也挖掘了北愛問題的歷史，呈現事件迴盪至今的餘波。」

——大衛・格雷恩（David Grann），《紐約時報》暢銷書榜首《花月殺手》（*Killers of the Flower Moon*）作者

「本書以令人悲痛和深入聚焦的文字，記錄了受到極端政治暴力消耗青春的年輕男女，如何被自己所創造的歷史改變，以及如何掙扎地接受自己雙手沾染的鮮血。《什麼都別說》是強而有力的反思，基夫寫了一本必須存在的著作。」

——菲利浦・古爾維奇（Philip Gourevitch），美國國家書評人協會獎得主《我們想告知您，明天我們全家人將遭到殺害》（*We Wish to Inform You That Tomorrow We Will Be Killed With Our Families*）和《阿布格萊布監獄歌謠》（*The Ballad of Abu Ghraib*）作者

「高明、挖掘真相、完全令人陶醉其中，《什麼都別說》引領我們深入現代世界最沉痛的衝突核心，以超乎尋常的憐憫之心帶領我們再次走上和解的道路。這不只是一本強而有力、精采絕倫的報導之作，而是最精華的當代史紀錄。」

——瑪雅・加薩諾夫（Maya Jasanoff），美國國家書評人協會獎得主《新世界的流亡者》（*Liberty's Exiles*）和《黎明的守望人》（*The Dawn Watch*）作者

「派崔克．拉登．基夫引用一句愛爾蘭諺語『無論說什麼，說了等於沒說』暗示和說明了一切。基夫最了不起的成就，就是以人為本記錄下北愛問題的悲劇。他追蹤幾個不容遺忘的人物緊密交織的人生，以坦率和深入的筆調描繪仍受血腥歷史的陰影所籠罩的社會。《什麼都別說》訴說的故事讀起來令人深受啟發、倍感共鳴，更是令人心碎。」

——寇倫．麥坎（Colum McCann），《紐約時報》暢銷書《橫跨大西洋》（*Transatlantic*）、《讓偉大的世界旋轉》（*Let the Great World Spin*）作者，美國國家圖書獎得主

「派崔克．拉登．基夫對北愛問題扣人心弦的描寫，由真實犯罪、歷史和悲劇三大主軸構成。基夫鞭辟入裡的報導揭示了北愛問題的隱藏成本，講述衝突造成的慘烈代價與至今仍持續迴盪的原因。這是一本必讀的好書。」

——吉莉安．弗林（Gillian Flynn），《紐約時報》暢銷書榜首《控制》（*Gone Girl*）作者

「派崔克．拉登．基夫擁有非常罕見的能力，可以透過一個人的故事強而有力地呈現更大的格局。基夫結合記者調查史實的技巧，以及懸疑小說家說故事的能力，出色地描繪北愛期間重創貝爾法斯特的威脅與陰謀，展現平凡百姓如何慢慢走向無可避免的可怕衝突。《什麼都別說》讀起來時而扣人心弦、時而引人深思，相較於其他歷史作品，本書讓北愛爾蘭悲劇的過往得到更多關注。」

——史考特．安德森（Scott Anderson），《紐約時報》暢銷書《阿拉伯的勞倫斯》（*Lawrence in Arabia*）作者

「《什麼都別說》的作者派崔克．拉登．基夫是美國當今極度傑出的記者之一，以犀利的筆觸探討政

治暴力的本質和後果。這本文字優美的著作深入探索愛爾蘭共和軍的核心，記錄北愛問題最嚴峻那幾年的重大事件，以及衝突落幕後至今仍籠罩貝爾法斯特的陰霾。福克納說得一點也沒有錯：『往事從未結束，甚至從未過去。』」

——彼得・柏根（Peter Bergen），《搜捕：從九一一到阿伯塔巴德，賓拉登十年追捕紀事》（*The Ten-Year Search for Bin Laden From 9/11 to Abbottabad*）作者

「好看，真好看，強大的布局，動態的敘事，置身其中的人所思所行，變與不變，悔與不悔，皆有脈絡可循。北愛長年的政治衝突下，暴力反抗的殺戮，是必要的犧牲，還是難卸的罪行？作者耗費四年鍥而不捨地尋訪，以愛爾蘭共和軍的一樁綁架舊案，細密編織反抗軍與鎮壓者之間的血腥歷史，聚焦在相關核心人物的激情、勇氣、意志與行動力，乃至革命走入體制後，臨老的自責或怨懟，懷恨或迴避，今昔對照，怵目驚心。」

——顧玉玲（作家，北藝大人文學院助理教授）

「本書讓北愛議題不再只是媒體上扁平、刻板影像與報導，而是從真實犯罪、歷史和悲劇三大主軸，透過細膩的文字，深入發掘與刻劃北愛衝突與暴力的真相。北愛議題尚未真正落幕，與我們所處的世界依然切身相關。」

——黃涵榆（臺灣師範大學英語系教授）

「延續美國『新新聞』倡議的敘事傳統，加以言必有據的寫實功夫，敘事考證都堪稱一流。動人處在

掌握事件虛耗、徒勞，以至毀滅的悲劇本質，刻畫道德有傷的沈痛。詰問囚禁人類心靈的豈不就是理想？如此大哉問最教人心驚。」

——林元輝（政治大學名譽教授）

「我非常驚艷、讚嘆的是這本書的原註數量——一段兩百多字的打鬥場景可以加五個註；六、七段綁架的過程有十五個註以說明資料來源。如果說，什麼才叫做『非虛構寫作』的嚴謹、求真，這就是了！」

——李志德（資深新聞工作者）

# 目次

0 yards 300
0 metres 300
黑嶺公寓
黑嶺街
杜倫街
艾伯特街
巴爾幹街
蘇丹街
賽普勒斯街
李森街
麥唐諾街
葛羅斯維納路
港　區
彎谷路
克里米亞街
女王北街
約克街
市政府街
低地河
老教堂路
席德南副道
紐唐納茲路
商業街
城堡街
克洛納德
修道院
放大如上圖
登戈爾
廣場
艾伯特橋路
艾馮尼歐路
福斯路
安德森鎮
米爾敦公墓
登戈爾路
榆樹
公園
大學路
榆樹街
綠地路
卡色累警局
拿撒勒
之家
利斯本路
馬隆路
甜水溪路
月桂地
公園
1970年代的貝爾法斯特
0 miles 1
0 km 1

# 導讀　控訴國族暴力，凸顯「她的歷史」

陳榮彬（臺大翻譯碩士學程助理教授）

「有時候，囚禁我們的正是我們自己的理想。」

——艾蒙・麥坎（Eamonn McCann，北愛爾蘭作家、異議人士、曾任議員，本書人物之一）

## 「北愛爾蘭」與「北愛問題」的歷史背景

「北愛爾蘭」（Northern Ireland）一詞筆者自小就非常熟悉，因為筆者正是生長於所謂「北愛爾蘭問題」（the Troubles，簡稱北愛問題，從一九六八年持續到一九九八年，愛爾蘭共和軍才與英國政府停火）最為嚴重的一九七〇、八〇年代。（另外兩個最常在國際新聞聽到的英國時人與時事，莫過於一九七九年開始執政的柴契爾夫人，還有一九八二年的福克蘭群島戰爭。）在審定完這本書以前，我和很多台灣的讀者一樣，最粗淺的印象就是「北愛爾蘭問題」源自於愛爾蘭島於一九二〇年代的南北分裂：北愛爾蘭的愛爾蘭共和軍（the Irish Republican Army，簡稱 IRA）不滿仍需臣服於英國，因此時時發動恐怖攻擊。

不過，為了審定譯文，我才得以更深入了解為什麼這個在歷史上被稱為阿爾斯特（Ulster）的北愛爾蘭地區，對於當地共和派來講應該是「愛爾蘭北部」（North of Ireland，但為了行文方便，我還是採用「北愛爾蘭」一詞），也知道追求與愛爾蘭共和國合併統一的共和派在宗教上以天主教為主流，至於想要留在聯合王國（United Kingdom，即一般所謂英國）的保皇派（the loyalists）或聯合主義者（the unionists）則主要是新教教徒。（但這並不表示所有的天主教徒都是共和主義者，所有的新教徒都是聯合主義者。）另外，宗教因素在北愛爾蘭內部衝突中向來扮演關鍵角色，其中一個面向是：新教教徒人口在二十世紀之初原本占優勢，但後來卻被天主教徒超車（因為天主教禁止墮胎，人口增生自然較快），也因此才讓新教徒感到自身生存遭受威脅，逐漸也發展出「阿爾斯特防衛協會」（Ulster Defence Association）、「阿爾斯特志願軍」（Ulster Volunteer Force）等準軍事組織；換言之，會在愛爾蘭進行恐攻的並非只有共和派人士（例如愛爾蘭共和軍）。

## 《什麼都別說》的書寫背景：桃樂絲．普萊斯其人其事

本書作者派崔克．拉登．基夫（Patrick Radden Keefe）是知名的美國調查記者兼作家，目前為《紐約客》雜誌編制內的撰稿人（staff writer），《什麼都別說》是他的第三本專書。基夫是三千三百萬愛爾蘭裔美國人之一（這實在是個驚人的數字，因為愛爾蘭與北愛爾蘭人口加起來也才不到六百萬），會寫出這樣一本書不太令人意外，但真正促使他動筆的是二〇一三年他看到愛爾蘭共和軍退役成員桃樂絲．普萊斯（Dolours Price）的訃聞後，便花了四年時間進行訪談、研究與寫作，二〇一八年年底本書出版後獲《紐約時報書評》選為隔年的年度十大非虛構類好書之一。基夫說，為這本書進行訪談工作是非常艱難的。為了寫這本書，他飛往北愛爾蘭多達七次，但常常撞上一堵「沉默之牆」，很多人不願提起過往。

以桃樂絲．普萊斯為本書主要人物之一，當然具有相當代表性，因為她與妹妹瑪麗安（Marian Price）曾因姣好面貌與青春年少而成為愛爾蘭共和軍的看板人物——但可別誤會了，她們的確會持械搶劫與攻擊英

軍，桃樂絲甚至是一九七三年三月八日震驚全球的倫敦爆炸案總指揮官。不過，基夫以桃樂絲當成本書的兩條主要敘事線之一，其實不無以「她的歷史」（herstory）來顛覆國族暴力史的意味。基夫追溯桃樂絲．普萊斯為何加入愛爾蘭共和軍的個人史，發現政治團體「人民民主」（People's Democracy）於一九六九年元旦發起的民權大遊行（從貝爾法斯特走到德里，總計步行一百多公里）對她產生極大影響：遊行第四天，隊伍來到德里城外的伯恩托雷特橋（Burntollet Bridge），結果遭到一群新教激進分子攻擊，這讓桃樂絲意識到或許暴力抗爭才是她該走的路。普萊斯姐妹就這樣加入愛爾蘭共和軍，但跟隨基夫的敘述，我們會發現她們在倫敦爆炸案被捕入獄後進行絕食抗議，人生也漸漸走向崩壞之路，甚至還遭受往日革命夥伴的無情背叛，因此桃樂絲在歷次接受訪談的過程中對於自己的革命人生不無感到失望之處。在基夫筆下，她們顯然不是英雄人物。

## 受害者或抓耙仔？

《什麼都別說》的另一條敘事線，是發生於一九七二年十二月初（或十一月底）的珍．麥康維爾（Jean McConville）綁架案。這位女性不是什麼大人物，她在被綁架時是個必須獨力扶養十個小孩的三十八歲寡婦。基夫表示，相較於一九七〇、八〇年代的智利與阿根廷有數萬人因為反對獨裁政權而「被失蹤」，北愛問題持續發展到結束的三十年之間（一九六八到九八年），「被失蹤」的只有十六位（其中也有愛爾蘭共和軍成員），而珍．麥康維爾就是其中之一。這位遭綁架失蹤的年輕寡婦或許微不足道，但在北愛爾蘭逐漸邁向和平和解與實踐轉型正義的過程中，每一位受害者其實都很重要。基夫同時讓我們意識到，這位寡婦被綁架後遇害，毀掉的不只是她的人生，也包括十個小孩的人生：其中有幾位酗酒、嗑藥，也有人在被安置在天主教孤兒院後遭院內修士性侵。在孩子們的回憶中，母親之所以會遭到綁架並且「被消失」，應該是曾經幫助某位受傷的年輕英軍士兵，因此被冠上了「英國佬情婦」（Brit lover）的汙名。

一九九四年夏天，以尋找失蹤者（或遺骨）下落，調查真相為宗旨，珍的女兒海倫（Helen McConville）成立了「被失蹤者家屬協會」（Families of the Disappeared），該協會甚至曾向造訪北愛爾蘭的美國總統柯林頓請命，希望政府能給他們一個公道。不過，珍・麥康維爾之所以獲得作者基夫的青睞，成為本書兩大主要人物之一，有個非常重要的理由是，她的身分踩在受害者與「抓耙仔」（tout）的邊界上。在故事進行到某個時間點，我們會發現愛爾蘭共和軍的某些成員（包括布蘭登・休斯）出面指稱珍・麥康維爾是個英軍線人，因此言下之意是，她遭愛爾蘭共和軍綁架後殺害其實是死有餘辜。她到底是不是「抓耙仔」？這當然是本書最為懸疑的地方，作者非常細心地透過各方說法來研判此事是否合理，並且透過對證據的抽絲剝繭來分析；不過，另一個非常精彩之處在於，珍・麥康維爾也可以是一個用來檢討北愛爾蘭共和運動中「抓耙仔」文化的切入點。這些人為何要出賣同胞？「抓耙仔」置身英軍與愛爾蘭共和軍的夾縫中，如何求生自保？但我想基夫最想追問的是：難道「抓耙仔」就非死不可？為此，基夫也曾經數度在書中質疑愛爾蘭共和軍的許多人士對於國族大義的理想太過執著，最後在三十章直接表示，雖說他體內流著愛爾蘭人的血，但是：「我漸漸發現三葉草和健力士啤酒等象徵愛爾蘭的符號並無法帶給我歸屬感，而且有時候我也無法認同這個群體對於民族團結的執著。」

## 新芬黨與愛爾蘭共和軍分道揚鑣

愛爾蘭共和軍的歷史源遠流長，最早可以追溯到追求獨立的共和主義陣營於一九一三年成立的愛爾蘭志願軍（the Irish Volunteers）。一九一六年四月，愛爾蘭志願軍趁英國正因歐戰而焦頭爛額之際發動復活節起義（the Easter Rising）。後來，英國與愛爾蘭共和主義陣營在一九二一年簽訂《英愛條約》（the Anglo-Irish Treaty），除了愛爾蘭南北分裂成為定局，共和陣營還分裂為愛爾蘭國民軍（Irish National Army）與拒絕接受《英愛條約》的愛爾蘭共和軍。到了一九六九年，共和軍內部又因為政治理念與追求獨立的路線不同而分裂為臨時派愛爾蘭共和軍（Provisional IRA）與正式派愛爾蘭共和軍（Official IRA），而本書的主要人物如傑瑞・亞當斯（Gerry Adams）、布蘭登・休斯（Brendan Hughes）與普萊斯姐妹都是臨時派共和軍的要角。一般而言，臨時派的路線更為激進與暴力，例如布蘭登・休斯就曾於一九七二年七月二十一日策動了史稱「血腥星期五」（Bloody Friday）的爆炸案，這天在八十分鐘內引爆了至少二十枚炸彈（大多為汽車炸彈），造成五位平民、兩位英軍、一位北愛義警與一位阿爾斯特防衛協會成員死亡。

這本書的另一個焦點是布蘭登・休斯與傑瑞・亞當斯之間變調的革命情誼。他們倆都是臨時派所屬貝爾法斯特旅（Belfast Brigade）的高層人物，但休斯是個行動派，亞當斯則是策略家與軍師。在北愛問題爆發初期，他們倆合作無間，但是到了各自歷經一段牢獄生活再出獄後，人生都起了很大改變。休斯身陷囹圄十三年後，再回到社會後逐漸淡出共和運動，甚至因為曾經在獄中絕食抗議而搞壞身體，眼睛也壞掉了。最後，他與弟弟如願完成人生的第一次古巴之旅，隨即在五十九歲的英年去世（二〇〇八年）。相較於此，亞當斯卻是個手腕厲害的政治人物：他只坐了四年牢就在一九七七年出獄，一九八三年當上新芬黨（Sinn Féin，意為「我們自己」，是愛爾蘭與北愛爾蘭兩地的老牌民族主義政黨，二〇二二年五月成為北愛爾蘭最大政黨）主席後就懂得靠著推動和平進程而為自己獲得政治資本，他非常能夠習慣當時共和軍所逐漸開始採取的策略：「一手拿阿瑪萊特步槍和一手拜票」（the Armalite and the ballot box）。一九八〇年代末期亞當斯就與敵對政黨接觸，終究於一九九八年四月十日促成《耶穌受難節協議》（The Good Friday Agreement）的簽訂——但是這一切似乎都是以出賣愛爾蘭共和軍為代價。儘管大家都知道愛爾蘭共和軍與新芬黨的關係密切，但曾經指揮過貝爾法斯特旅的亞當斯居然屢屢拒絕承認自己是共和軍成員。此舉讓休斯與桃樂絲・普萊斯都深感遭到背叛。

## 貝爾法斯特口述史研究計畫：學術、政治與法律的角力

二〇〇〇年春天，向來與愛爾蘭關係深厚的美國波士頓學院（Boston College）在學界建議之下啟動了所謂「貝爾法斯特口述史研究計畫」（Belfast Project）。這個計畫的宗旨是要以口述歷史的方式訪問北愛爾蘭問題三十年間的各派參與者，最珍貴的當然是能夠與布蘭登・休斯與桃樂絲・普萊斯等關鍵人物進行訪談。後來，院方將這項計畫交給貝爾法斯特的資深記者艾德・莫洛尼（Ed Moloney，這時他已經遷居紐約市）負責推動，同時為了博取受訪者的信任感，還特別找來曾經是愛爾蘭共和軍成員，但出獄後獲得博士學位的安東尼・麥金泰爾（Anthony McIntyre，綽號 Mackers，或可稱為老麥）來擔任訪談人員。由於共和軍成員的許多行動不只違法，甚至在道德上也有許多爭議，所以莫洛尼與老麥對受訪者的承諾都是：他們的訪談內容完全保密，一定會在他們都去世後才公開。

但紙是包不住火的，這世界最難的事情莫過於保密。「貝爾法斯特口述史研究計畫」曝光後，引發各界譁然，而最想取得檔案內容的就是仍然在追查許多恐攻案件的英國軍警與司法單位。英國政府甚至以英美之間的司法互助協議為依據，請美國法院發出傳票，要波士頓學院交出訪談的錄音檔與譯文。就這樣，這個曾經祕密進行，原本預計最多可以保密三十年的計畫，居然在二〇一一年春天就接到了傳票，看來許多見不得人的祕密就要一一外洩了。「貝爾法斯特口述史研究計畫」雖說具有學術性質，但卻也踩在學術與政治的細微界線上，在學院與政府雙方進行法律攻防的過程中，我們可以看出，或許北愛爾蘭問題早已

因年代久遠而被民眾淡忘，但若是想要將這種充滿爭議與祕密的歷史記錄下來，的確沒那麼簡單。這些接受訪談者的記憶是可靠的嗎？他們會不會為自己或幫朋友脫罪就說謊？這樣的計畫是否有客觀性可言？這些都是我們可以持續追問的問題。

## 與偵探小說一樣精彩的歷史

自從愛爾蘭王國於十六世紀中葉併入聯合王國以來，英格蘭與愛爾蘭兩大民族之間的鬥爭與角力，幾百年來未曾停歇，但北愛問題可說是其中最殘暴激烈但也最精彩紛呈的一部分，因為裡面涉及了太多祕密、欺詐、背叛與愛恨情仇。作者基夫是個厲害的說故事者（storyteller），但如果有機會仔細瀏覽本書的註釋，讀者會發現他的每一段陳述都是有憑有據，絕不憑空捏造或妄加揣測，但在一些令人髮指的段落，他也都會適時做出自己的評論。

基夫的另一個厲害筆法，是隨時能夠將書裡的故事和發生在世界上的其他事件做比較。例如，前面提及桃樂絲參加了一場民權遊行，基夫特別強調遊行者受到一九六五年馬丁．路德．金恩博士帶領的大遊行啟發，每個人的手臂都勾在一起，「高唱著人權聖歌〈我們將克服逆境〉（We Shall Overcome），身上的標語牌昭告天下這是一場民權遊行。」這讓我們更能理解，北愛爾蘭問題在本質上是一場民權與共和主義運動的呈現，只不過參與者錯以過於血腥暴力的恐怖手段來實踐。無論外界對其評價如何，這些英國政府眼中的恐怖分子都是把切．格瓦拉、卡斯楚、毛澤東等革命家當典範的異議分子。

在本文的最後，筆者想要引用曾得過曼布克獎的愛爾蘭小說家羅迪．道爾（Roddy Doyle）發表在《紐約時報》的書評，他說：「我好像是在看小說，那是因為《什麼都別說》有許多小說傑作的特色，以至於讓我擔心自己爆太多雷了，而且我也忘記珍．麥康維爾是個真實人物，還有她的孩子們也是——無論是在書裡，或在現實世界。綁架、殺害她的人也一樣。……這本書的結構清楚，我們跟隨著人物來看故事，先從受害者入手，然後是加害者，隨即又回到受害者——接著作者不再提起他們，我們都忘了，但是在寫到幾十年後的歷史時，作者又讓那些人物回到我們眼前。」道爾說，我們不妨把這本書當成偵探小說來讀，而珍．麥康維爾為了照顧幼子而隨身攜帶的尿布別針於故事最開始出現，等到最後又重現時，身為小說家的他「真想拍案叫絕，但讀者們恐怕是要泫然欲絕」。

# 前言　寶庫

## 二〇一三年七月

約翰・伯恩斯圖書館（John J. Burns Library）是一棟雄偉的新哥德式建築，矗立在枝葉扶疏的波士頓學院校園，石造尖塔和彩繪玻璃讓圖書館像極了一間教堂。這所大學是耶穌會於一八六三年成立，專收愛爾蘭大饑荒後逃往美國的貧窮移民之子。[1]接下來的一百五十年間，波士頓學院的規模擴張、發展蓬勃，而且仍與許多早年校友的故國愛爾蘭保持緊密關係。

伯恩斯圖書館收藏二十五萬冊書籍和約一千六百萬份手稿，擁有全美國最完整的愛爾蘭政治和文物收藏。多年前，某位圖書館員企圖將一四八〇年印刷的聖多瑪斯・阿奎納（Saint Thomas Aquinas）短文手稿賣給蘇富比，結果鋃鐺入獄。[2]

圖書館以收購價值不菲的文物聞名，曾經有一位即將上任的館長親自致電聯邦調查局，原來是一名愛爾蘭盜墓者想賣給他刻有拉丁十字、複雜戒指圖案和銘文的墓碑。[3]

伯恩斯圖書館最珍稀、最價值連城的寶貝，都收藏在名為「寶庫」（Treasure Room）的特殊房間。寶庫戒備森嚴，溫度嚴格管控，配備最先進的滅火系統，還架設了好幾支監視器，如果想控制監視器，一定要在電子面板上輸入密碼，再轉動特殊鑰匙才能操作。[4]取用鑰匙的人必須簽名登記，不過，有權限拿鑰匙的只有寥寥數人。

二〇一三年夏天的某一日，兩位警探大步走進伯恩斯圖書館。[5]他們不是波士頓的警探，而是千里迢迢從貝爾法斯特飛來的。他們是北愛爾蘭警務處重大犯罪局（Serious Crime Branch）的警探。兩人經過五彩繽紛的彩繪玻璃窗下，走進寶庫。

兩名警探要來拿取在寶庫中封存近十年的一組祕密檔案，包括幾張存放了錄音檔的小碟片和錄音檔譯文。[6]波士頓學院的圖書館員大可直接將檔案寄到貝爾法斯特，省得警探大費周章跑一趟，但那些檔案暗藏敏感又危險的機密，兩名警探一取得資料，立即謹慎收妥。那些檔案就這樣正式成為數十年前一樁謀殺案的犯罪調查證物。

SAY NOTHING

# 第一部

## 清楚、乾淨、純粹的志業[i]

# 第一章 綁架

珍·麥康維爾（Jean McConville）在三十八歲那年失蹤，[1]她一生中將近一半的時間不是在懷孕，就是必須在產後好好休養。她生了十四個孩子，但其中四個夭折，因此她膝下共有十名子女。在她失蹤時，老大安妮（Anne）已二十歲，老么是一對可愛的六歲雙胞胎比利（Billy）和吉姆（Jim）。[2]她生下十個孩子還要拉拔他們長大，若不是生性堅忍不拔，她根本辦不到。但這是一九七二年的貝爾法斯特（Belfast），一家子亂哄哄的大家庭稀鬆平常，所以珍·麥康維爾也不奢求任何讚美和獎勵，她也確實什麼都沒得到。

人生只有賜給她難題，那就是奪走她的丈夫亞瑟（Arthur）。他先是大病一場，突然就撒手人寰，留下只能領微薄退撫金度日、沒有正職工作的遺孀，還有一群嗷嗷待哺、無法自力更生的孩子。如此慘痛的打擊讓她對人生心灰意冷，難以平復心情。她大部分時間都待在家裡，依賴年長的孩子管教年幼的弟妹，自己則一根接一根地抽著菸，彷彿是為了讓暈眩的自己清醒過來。珍想要振作，正視自己的不幸，努力為未來做打算，只是沒想到她家真正的悲劇已經拉開序幕。

麥康維爾家住在黑嶺公寓（Divis Flats），那是坐落於貝爾法斯特西區一棟又濕又冷的龐大公共住宅。亞瑟過世後，他們搬離原先居住的家，住進空間較大的另一戶。那是個寒冷的十二月，隨著夕陽西下，黑暗吞噬了整個貝爾法斯特。新公寓的爐灶還未裝好，[3]珍便讓十五歲的女兒海倫到附近的餐廳外帶一包炸魚薯條。全家人等海倫回來的空檔，珍去洗了熱水澡。在子女成群的家庭，唯一能享有隱私的地方就是上了鎖的浴室。珍長得瘦小蒼白、五官小巧，一頭深色頭髮總是往後梳攏。她踏進浴缸，泡在熱水中。外頭傳來敲門聲時，[4]她剛從浴缸中起身，全身的皮膚都泡得通紅。當時大約是七點，孩子們都認為是海倫帶著晚餐回來了。[5]

但門一打開，卻是一群大人蜂擁而入。當時事發突然，麥康維爾家沒有一個孩子說得清楚到底有多少人──也許是八個，但也可能是十或十二個人，男人女人都有。[6]有些人將臉整個蒙住，有些人則在頭上套了尼龍絲襪，五官扭曲成一團，看起來更猙獰可怕。而且至少有一名不速之客拿著槍。[7]

珍一邊穿衣服一邊走出來，驚慌失措的孩子圍在她身邊，其中一個男人粗聲粗氣地命令她：「穿上外套。」入侵者想強行將她拉出公寓時，她整個人都激烈地顫抖起來。「發生什麼事了？」[8]她嗓音透露的驚慌越來越明顯。此時她的孩子紛紛開始抵抗，[9]十一歲的麥可（Michael）試著拉住母親，比利和吉姆則抱緊母親大聲哭嚎。這群不速之客想讓孩子冷靜下來，他們說只是想和珍談談，幾個小時後就會送她回家。[10]

當時家裡最年長的孩子是十六歲的亞契（Archie），他詢問對方是否可以陪在母親身邊，對方也答應了。珍．麥康維爾穿上粗花呢長大衣、繫上頭巾，年紀較小的孩子則被趕進房間裡。當不速之客將孩子送回房間時，向他們保證會送珍回來，而且一一喊出了幾個孩子的名字。其中幾個男人沒戴面罩，麥可．麥康維爾這才驚愕地發現，帶走母親的人不是陌生人，而是他們的鄰居。[11]

黑嶺公寓宛如荷蘭畫家艾雪（M. C. Escher）筆下的噩夢，混凝土樓梯和通道縱橫交錯，冰冷的空間裡擠滿了人。公寓電梯永遠都是故障的，因此珍．麥康維爾在那夥人粗暴的推搡下走出家門，穿過走廊，走下階梯。通常到了晚上還有人在公寓外頭，即使是冬天也，總有幾個孩子在走廊上踢球，或者有下班回家的人經過。但亞契發現整棟公寓空空盪盪，一片死寂，彷彿已經被清空。他沒辦法向任何一個鄰居招手求援，也不會有鄰居幫他們發出警訊。[12]

他緊緊挨在母親身邊拖著腳步前進，[13]母親也緊抓著他，完全不敢鬆手。走到樓梯底端，他們發現前方有為數更多的一群人等著，大約二十來個人都穿著便服，臉上戴著面罩，其中幾人持槍。一輛藍色福斯廂型車停在路邊待命，突然間有個男人轉向亞契，他的手槍在夜色中模模糊糊地劃出一道冷冽的光線。男人將槍管抵在亞契臉上，[14]齒縫間迸出兩個字：「滾開。」亞契打了個冷顫，他可以感受到冰冷槍管將皮膚壓陷下去。他好想保護母親，但他能怎麼辦呢？他只是個男孩，寡不敵眾、手無寸鐵，只能百般不情願地轉身走上階梯。[15]

二樓其中一面牆是用垂直木板條釘成的，麥康維爾家的孩子都稱之為「鴿舍」。亞契從木板條的縫隙看出去，看見母親被那夥人推上廂型車。車子駛離黑嶺公寓，就再也看不見了。之後亞契才驚覺，這一幫人從頭到尾都沒打算讓他陪在母親身邊，只是利用他誘騙珍乖乖走出家門。公寓裡安靜得淒涼，他懊惱地站在原地，努力想釐清剛剛到底發生了什麼事，現在又該做些什麼。他一邊想，一邊往家裡走去。母親和他說的最後一句話是：「看好弟弟妹妹，等我回來。」[16]

■

i・譯註：「清楚、乾淨、純粹的志業」（the clear, clean, sheer thing）一詞出自愛爾蘭復活節起義的先烈派崔克・皮爾斯（Patrick Pearce）。但在這裡我們看到所謂的志業是以綁架弱女子的手段來執行，充滿反諷意味。

# 第二章　艾伯特的女兒

桃樂絲．普萊斯小時候最欣賞的聖人都是殉教者。桃樂絲有個非常虔誠的天主教徒姑媽，[1]她總是將「為了上帝和愛爾蘭」掛在嘴邊。但是對其他家人而言，愛爾蘭比上帝重要。桃樂絲成長於一九五〇年代的貝爾法斯特西區，與所有虔誠的教徒一樣每個禮拜天都上教堂。但她發現自己的父母並非每次都去，所以在十四歲左右的某一天她便對他們說：「我再也不去望彌撒了。」[2]

母親克莉西（Chrissie）說：「妳一定要去。」

桃樂絲回答：「我不要，我再也不去了。」

克莉西又說：「妳一定要去。」

桃樂絲告訴她：「我會走出家門，在街角站半個小時，然後告訴妳我去望彌撒回來了，但其實我根本沒去。」

桃樂絲從小就是個任性固執的孩子，所以爸媽也拿她沒轍。普萊斯一家人住在安德森鎮（Andersonstown）的「高山路」上（Slievegallion Drive），那是一條整潔的斜坡路。[3]他們家住在兩兩相連的小巧公有住宅裡，父親艾伯特（Albert）是家具師傅，整間起居室堆滿了他製作的各種椅子。[4]其他家庭也許會在壁爐前放上一張張全家人度假時和樂融融的相片，但普萊斯一家人的壁爐前卻是放滿在監獄裡拍攝的照片，並引以為傲。[5]艾伯特和妻子克莉西都對愛爾蘭共和主義的信念堅定不移：大英帝國幾百年來都是愛爾蘭島上的殖民者，而不擇手段驅逐外來者是愛爾蘭人的義務。

桃樂絲小時候會坐在艾伯特的大腿上，聽他述說他在一九三〇年代童年時期就加入愛爾蘭共和軍的故事，以及他還是個青少年就曾前往英格蘭發動炸彈攻擊的事蹟。[6]當時他沒有錢修補鞋底，只能在鞋裡墊著紙卡，[7]儘管如此克難，他還是膽敢挑戰大英帝國這個世界強權。

個子不高、戴著細框眼鏡，指尖因為菸草而染黃的艾伯特，[8]經常提起很久以前那些愛國烈士浴血奮戰的故事，以及他們為人歌頌的堅毅勇氣。桃樂絲還有三個手足，分別是達米安、克萊兒和瑪麗安，其中與桃樂絲最親近的就屬妹妹瑪麗安。為了逗孩子開心，父親常常在睡前講述他從德里（Derry）一座監獄逃出來的故事，他說自己和其他二十多名囚犯一起挖出直通監獄外的地道，[9]成功逃出。其中一位獄友在他們逃亡時吹奏風笛，幫忙掩蓋他們越獄的騷動聲。[10]

艾伯特總是以透露驚天祕密般的口吻，告訴桃樂絲和其他孩子做出簡易爆炸裝置最安全的方法，那就是一定要用木碗和木頭餐具（千萬不能用金屬！），因為「一點點火花都會要了你的命」。[11]他喜歡追憶那些一同出生入死，最後被英國人吊死的同志。每個孩子的父母都有被吊死的朋友[12]——桃樂絲從小到大都認為這是再正常不過的事情。父親說的故事實在太令人熱血沸騰，有時她聽著聽著會忍不住渾身顫抖，全身冒出雞皮疙瘩。[13]

他們家族差不多每個人都坐過牢。克莉西的母親多蘭夫人是愛爾蘭共和軍婦女會（Cumann na mBan）的一員，曾因為想奪走皇家阿爾斯特警隊（Royal Ulster Constabulary，簡稱 RUC）[i]警察手上的武器，[14]而在阿爾瑪（Armagh）的監獄服刑三個月。克莉西自己也是婦女會的成員，也同樣在阿爾瑪服刑過，因為她和三個姐妹配戴了「違禁胸章」，[15]也就是用橘色、白色和綠色紙卡摺成的「復活節百合花」胸章。

普萊斯家和一般的北愛爾蘭家庭一樣，總喜歡將很久很久以前的慘劇掛在嘴邊，彷彿只是上星期剛發生的事，因此實在很難確切知道大英帝國和愛爾蘭自古以來的仇恨，究竟從何時開始。我們真的很難想像普萊斯一家口中的「原因」發生之前，愛爾蘭究竟是什麼模樣。不論從哪個時間點開始說起都一樣，這個問題永遠都存在，比新教和舊教的分歧還要早，比新教教會還要古老。事實上，可以一路追溯到將近一千年前，也就是十二世紀時，在諾曼人乘船航行於愛爾蘭海，尋找下一塊要征服的土地之際。[16]或者可以追溯到亨利八世和其他都鐸王朝君主在位的十六世紀，當時他們宣布英格蘭完全統治了愛爾蘭。抑或追溯到十七世紀，來自蘇格蘭和北英格蘭的新教徒移民陸陸續續遷居愛爾蘭，建立起佃農體制，讓土生土長的愛爾蘭人必須付地租才能耕耘原本屬於自己的土地。

但是在這條歷史長河中，對高山路上普萊斯一家人影響最深遠的事件，是一九一六年的復活節起義。當時一群愛爾蘭革命志士占領都柏林的郵政總局，宣布成立自由獨立的愛爾蘭共和國（Irish Republic）。桃樂絲從小到大聽了不少復活節起義英雄瀟灑的傳奇故事，還有派崔克・皮爾斯的事蹟：他不只是細膩敏感的詩人，更是革命軍領袖。當年，皮爾斯站在郵政總局的階梯上激昂高喊：「不論哪個世代，愛爾蘭人都堅守建立自由國家的權力！」[17]

皮爾斯是無可救藥的浪漫主義者，殉道的理想一直深深吸引著他。他甚至從小就幻想著自己為某件事奉獻生命，[18]更相信自我犧牲奉獻可以「淨化靈魂」。[19]皮爾斯十分推崇愛爾蘭殉教者效仿基督犧牲自己的精神，[20]早在起義的幾年前，他就曾寫下：「必須以沙場上鮮紅的酒，溫暖土地古老的心。」[21]

他最終也如願以償。享受片刻的光榮之後，革命軍就被都柏林的英國政府軍無情擊垮，皮爾斯和十四名革命同志接受軍事法庭審判，最後由行刑隊執行槍決伏法。[22]愛爾蘭獨立戰爭（Irish War of Independence）在一九二一年結束，將愛爾蘭一分為二，南方二十六個郡達成共識，獨立組成愛爾蘭自由邦（Irish Free State），北方其餘的六個郡則由大英帝國繼續統治。如同其他信念堅定的共和主義者，普萊斯一家人不會稱自己居住的地方為「北愛爾蘭」，而是「愛爾蘭北部」。在他們的語言中，每一個專有名詞都帶著政治意識。

殉教行為蔚為風潮是非常危險的事，因此《旗幟與徽章法》（Flags and Emblems Act）非常嚴格地限制了北愛爾蘭所有的紀念儀式。[23]北愛爾蘭人隨時可能會因為掛上共和國的三色旗而鋃鐺入獄，顯見大英帝國對愛爾蘭民族主義的懼怕。桃樂絲從小就會在復活節星期天穿上最體面的白色洋裝，拎著一整籃復活節蛋，在胸口別上復活節百合花胸章，紀念這場以失敗收場的革命。這樣的儀式讓孩子們非常著迷，彷彿自己已經加入了祕密非法組織。她也學會在看到警察走過來時，立刻用手遮住胸口的百合花。[24]

不過，對於家人因為投入愛爾蘭獨立活動而付出多少代價，她可說從小就一清二楚。艾伯特．普萊斯從沒有機會見到長女，因為長女在他坐牢時不幸夭折。[25]桃樂絲有個名叫布萊荻（Bridie Dolan）的阿姨，她是克莉西的姐妹之一，年紀輕輕就吃足苦頭。一九三八年某次抗議活動中，布萊荻幫忙運送一批暗藏的爆裂物，卻發生意外爆炸，[26]導致布萊荻從雙手到腰部都被炸碎，面目全非、雙眼全盲。當時她才二十七歲。

儘管連醫生都不抱希望，布萊荻阿姨還是活下來了，但是她傷得實在太重，因此下半輩子都需要靠別人打理生活。[27]她沒有手又看不見，沒有旁人協助根本無法換衣服、擤鼻涕或做其他事情。布萊荻經常到高山路上的普萊斯家小住幾日，普萊斯一家人自然同情她，但他們更欣賞她願意為理想犧牲奉獻一切的精神。[28]布萊荻出院後回到她那間廁所在屋外的小小房子，沒有社工照顧、沒有撫卹金，除了眼前永無止盡的黑暗，[29]她一無所有，但為了愛爾蘭統一而做出這樣的犧牲，不曾令她感到後悔。[30]

桃樂絲和瑪麗安還小的時候，克莉西會讓她們上樓去「和布萊荻阿姨說說話」。[31]布萊荻阿姨則是待在臥房裡，一個人坐在黑暗中。桃樂絲喜歡踮著腳尖上樓，但布萊荻阿姨的耳朵靈得很，總是能聽見有人過來。布萊荻阿姨是個老菸槍，桃樂絲從八、九歲開始就負責幫阿姨點燃香菸，[32]再輕巧地把菸夾在她的雙唇之間。桃樂絲非常討厭做這件事，她很反感。[33]她會站在旁邊盯著阿姨，[34]將整張臉都湊上去（如果對方沒有失明，你絕對無法靠得這麼近），仔細端詳她臉上留下的恐怖印記。桃樂絲是個貧嘴的孩子，總是想到什麼就會童言童語地脫口而出。有時候她問布萊荻：「妳不會希望自己死掉算了嗎？」[35]桃樂絲會用她的小手握住阿姨沒有手掌的殘缺手腕，輕輕摩娑她蠟黃的皮膚，阿姨常常說這讓她想到「小貓的爪子」。布萊荻阿姨總是戴著墨鏡，有一次桃樂絲看到墨鏡後方流下一滴眼淚，順著她乾瘦的臉頰滑下。這讓桃樂絲心中很疑惑：妳沒有眼睛，為什麼能哭呢？[36]

一九六九年元旦的清冷早晨，一群學生在貝爾法斯特登戈爾廣場（Donegall Square）的市政廳外集結抗議。他們打算從貝爾法斯特一路遊行到德里的城牆外，[37]這段距離大約是七十英里（譯按：約一百一十二公里），需要花好幾天才能走完。這是為了抗議北愛爾蘭天主教徒遭受整個體制打壓。愛爾蘭的分裂造成兩個宗教派系嚴重對立，數百年來兩派間始終劍拔弩張，都認為自己是身陷絕境的少數：基督新教在北愛爾蘭雖是大宗，但就整個愛爾蘭島來看卻是少數，唯恐自己被歸入天主教；天主教是整個愛爾蘭島的信仰主流，在北愛爾蘭卻是少數，因此覺得自己深受北方六郡的歧視。

北愛爾蘭有一百萬名新教徒和五十萬名天主教徒，天主教徒確實遭到非常極端的歧視，[38]他們往往得不到好的工作和房子，也無法獲得政治權力，因此一直沒能改善自己的窘境。北愛爾蘭有一套自己的政治體系，以貝爾法斯特郊區的議會大廈（Stormont）為中心，五十年來從來沒有一位天主教徒執政過。[39]天主教徒總是與造船業及其他有利可圖的職業無緣，因此他們多半選擇離開故里，移民到英格蘭、美國或澳洲，尋覓他們在家鄉不可能得到的工作。北愛爾蘭天主教徒的出生率幾乎是新教徒的兩倍（譯按：天主教徒因信仰而不能墮胎），但是在德里遊行發生的三十年前，天主教徒的人口總數幾乎沒有增加[40]，這是因為多數天主教徒除了離鄉背井別無選擇。

北愛爾蘭的階級制度與美國的種族歧視非常類似，因此北愛爾蘭的年輕示威者選擇用美國人的公民權利運動表達訴求。[41]他們效法一九六五年由馬丁・路德・金恩博士和其他民權領袖發起，從阿拉巴馬州塞爾瑪（Selma）走到蒙哥馬利（Montgomery）的遊行。他們從貝爾法斯特出發，[42]每個人都穿著粗呢大衣、手臂勾在一起，高唱著人權聖歌〈我們將克服逆境〉，身上的標語牌昭告天下這是一場民權遊行。[ii]

其中一位示威者就是桃樂絲・普萊斯，她和妹妹瑪麗安一起參加遊行。遊行隊伍的成員主要是大學生，十八歲的桃樂絲比他們都要年輕。[43]桃樂絲有一頭暗紅色秀髮、一雙閃爍光芒的藍綠色眼睛，眼睫毛的顏色比較淡，她從小就是特別引人注目的美女。雖然瑪麗安比她小了幾歲，但姐妹倆可說是形影不離，整個安德森鎮都知道她們是「艾伯特的女兒」。[44]她們的關係非常親密，又總是和對方在一起，簡直就像雙胞胎。她們稱對方為「桃蒂」和「瑪兒」，[45]從小到大不光是住同一個房間，更是睡在同一張床上。[46]桃樂絲個性鮮明果斷，還有著帶點小聰明的傲氣。姐妹倆跟著遊行隊伍緩緩前進，陶醉在熱烈的談話中。她們尖銳的貝爾法斯特口音，[47]多多少少受到在聖道明中學（St. Dominic's）求學受教的影響，那是一間以校風嚴格著稱的天主教女子學校，位於貝爾法斯特西區。姐妹倆妙語如珠，言談之間時常夾雜其他人的轟笑。[48]

後來桃樂絲提起童年時，總會說她的童年「總是被灌輸教條」。[49]但她對獨立的追求始終勇往直前，她也從不隱瞞自己堅定的信念。自少女時代開始，她就不斷質疑一些從小聽到大的教條。當時是一九六〇年代，聖道明中學的修女幾乎難以抵擋全世界所掀起波瀾的文化浪潮。桃樂絲很喜歡搖滾樂。與卡斯楚並肩作戰，又英俊上相的阿根廷革命家切・格瓦拉深深鼓舞著她，他也是許多貝爾法斯特年輕人的偶像。[50]切・格瓦拉最後被玻利維亞軍方槍殺，軍醫為了證明這位革命英雄的死亡便切下他的雙手（布萊荻阿姨也沒有手），這個結局反倒讓桃樂絲對他更加肅然起敬。

即使北愛爾蘭天主教徒和新教徒的緊張關係逐漸白熱化，桃樂絲卻逐漸意識到，她父母推崇的武裝政治衝突是落伍的解決方法，是舊時代的產物。健談的艾伯特・普萊斯總是能言善道，[51]他會一手搭在別人肩膀上，另一手總是捏著雪茄，滔滔不絕地講著歷史故事和奇聞軼事，散發他的魅力，直到說服別人認同他的觀點。但桃樂絲是毫不畏戰的辯論者。「爸爸，你看看愛爾蘭共和軍，」她會這樣對爸爸說：「你們試過，但你們輸了！」[52]

愛爾蘭共和軍的歷史，在某種程度上的確是失敗的歷史。正如派崔克．皮爾斯所說，每個世代的人都會為某件事情起身反抗，但是一九六〇年代末期的愛爾蘭共和軍卻非常沉寂。共和軍的老兵還是會在週末時往南穿越國界，到愛爾蘭共和國的訓練營，用早年留下來的老舊槍枝打靶，但是從沒有人將他們當成可用之兵。愛爾蘭島依然處於分裂，天主教徒的處境沒有好轉。桃樂絲對她的父親說：「你們失敗了。」[53]接著補了一句：「的確有另一種方法。」

桃樂絲之後來到女王大學（Queen's University）的學生餐廳，參加新政治團體「人民民主」的會議。[54]切．格瓦拉服膺某種社會主義理念，而桃樂絲和其他參與遊行的人也一樣。新教和天主教之間的互相排斥與分裂轉移了所有的焦點，[55]她逐漸認清到一件事：新教徒勞工也許享有某些優勢，但他們也同樣面臨失業的問題。住在貝爾法斯特老教堂路（Shankill Road）破爛房屋裡的新教徒，他們的房子裡也沒有廁所。唯有讓他們相信南北統一又奉行社會主義的愛爾蘭能讓他們的日子過得更好，方可化解這兩大族群之間持續好幾百年的紛爭。

其中一名遊行領袖是個瀟灑不羈、口齒伶俐的社會主義者，這個年輕的德里人名叫艾蒙．麥坎，桃樂絲在遊行時認識他，兩人很快就成為朋友。[56]麥坎要求其他抗爭夥伴不要將新教徒勞工妖魔化。「他們在各個方面都不是我們的敵人。」[57]麥坎堅稱：「他們不是穿著高級西裝的剝削者，他們是受體制愚弄的人，迫害他們的是那些有土地、有事業，深信愛爾蘭應該隸屬於英國的聯合主義者。他們是穿著工作服的平凡人。」麥坎告訴大家，其實這些人與我們站在同一陣線，只是他們尚未發覺。

愛爾蘭是個小島，最寬的地方不到兩百英里（譯按：約三百二十一公里），從東岸開車到西岸只需要一個下午就能抵達。但是示威者從登戈爾廣場出發當下，就因為前來攪局的反示威者而飽受困擾，那些人正是熱切效忠英國王室的新教徒「聯合主義者」。對方的領袖是個身材肥碩、方頭大耳的四十四歲男子羅納德・邦汀（Ronald Bunting）。他從英國陸軍退役後擔任高中數學老師，支持者都尊稱他為「少校」。邦汀以前的立場偏向革新進步派，[58]後來因為垂死的母親接受反天主教牧師伊恩・裴斯利（Ian Paisley）照顧，因此立場逐漸與他越來越相近。邦汀是「奧倫治人」（Orangeman），也就是新教徒兄弟會組織的一員，他們長久以來都致力於與天主教徒對抗。邦汀率領追隨者去衝撞和嘲弄遊行隊伍，一邊搶走遊行者手中的標語，一邊高舉著他們所擁護的英國國旗。一名記者曾問邦汀，是不是無視這些示威抗議者比較好？而邦汀告訴他：「你可不能無視惡魔啊，兄弟。」[59]

也許邦汀是個固執己見的傢伙，但他所擔心的一些事，也是非常多人擔心的。同年，英國指派的北愛爾蘭首相泰倫斯・歐尼爾（Terence O'Neill）便說：「北愛爾蘭新教徒最害怕的一件事，就是生出的後代人數比不過天主教徒。」[60]但即使有朝一日天主教徒的人數真的超過新教徒，英國當局也不一定會來拯救新教徒於水火。其實許多在英國「本島」的人，對於蘇格蘭外海這個不聽話的省分沒有任何感覺，也有很多人樂意讓北愛爾蘭獨立，反正這幾十年來英國的殖民地持續減少，不差這一個省。當時某位英格蘭記者撰文表示：「儘管英國民眾根本不在乎他們，這群北愛爾蘭的聯合主義者比英國人更像英國人。」[61]在聯合主義陣營中，那些立場比較激烈的聯合主義者向來被稱為「保皇派」，這樣的處境更讓他們傾向於認為，自己誓死捍衛的是一種瀕臨滅絕的民族認同。英國小說家吉卜林（Rudyard Kipling）在一九一二年的詩作〈阿爾斯特〉中曾寫下：「我們知道，該說的話都說完後／若是屈服，就只剩滅亡之路可走。」[62]

然而，這場遊行之所以讓邦汀少校倍感威脅，或許還有更私人的原因。因為在這群唱著嬉皮歌曲、高

桃樂絲與瑪麗安·普萊斯

舉正義標語、不修邊幅的抗議者之中，有一位是他的親生兒子。[63]一九六八年夏天，留著茂密鬢角的女王大學學生羅尼・邦汀（Ronnie Bunting），[64]漸漸地開始接觸激進的政治活動。他並不是遊行隊伍中唯一的新教徒，事實上，從很久以前開始就有新教徒支持愛爾蘭獨立。一七九八年以暴力手段反抗英國統治的愛爾蘭共和主義英雄沃夫・東恩（Wolfe Tone），正是一名新教徒。但遊行隊伍中絕對沒有其他人和羅尼一樣，看著自己的父親發起阻撓遊行的反示威活動，率領手下一眾保皇派，透過擴音器高喊著批評謾罵天主教的言詞，不擇手段騷擾遊行者。「我爸真是把臉丟光了。」[65]羅尼一臉慚愧地和朋友抱怨。而他的仇父心態，似乎只會讓父子倆更堅定自己的立場。[66]

如同普萊斯姐妹，羅尼・邦汀也是「人民民主」的一員。他在一次會議上建議大家不要繼續遊行到德里，因為他覺得可能會發生「不好的事」。[67]先前舉行的抗議活動曾經遭到警方暴力鎮壓，可見北愛爾蘭實在不是言論自由的聖地。由於懼怕天主教徒崛起，愛爾蘭分裂時訂立嚴格的《特殊權力法》（Special Powers Act），宣布進入永久緊急狀態[68]：政府可以禁止集會和某些類型的演講活動，可以在沒有搜索令的情況下搜索和逮捕人民，更可以不經過審判就無限期關押犯人。皇家阿爾斯特警隊幾乎全部都是新教徒，特警隊曾有個暫時的附屬組織「B特種班」（B-Specials），成員都是極度反天主教的聯合主義武裝士兵。有位早期的成員曾如此簡要地說明B特種班招募成員的原則：「我們需要人手，越年輕、越狂暴的越好。」[69]

遊行隊伍走到鄉間時，常常遇上聯合主義者作為根據地的新教徒村落。每次隊伍接近這些村落，總會有一群當地男子出現，手持棍棒擋住學生的去路，一路跟隨遊行隊伍的警察就會逼迫他們繞道遠離村落。[70]有些邦汀少校的人馬會走在隊伍旁邊，嘲諷挑釁這些學生。還有一個人在旁邊拚命敲著愛爾蘭大鼓，[71]不懷好意的砰砰聲繚繞在翠綠山丘與小鎮村莊之間，將其他身強體壯的反示威者都呼喚出來。

即使真的爆發衝突，學生也已做好萬全準備。事實上，其中有些人反而很希望發生衝突。[72]當年塞爾瑪遊行遭致警方大規模鎮壓，或許正是因為警方濫用暴力的行為赤裸裸地呈現在電視上，引發民眾強烈反彈，才推動了後續的改革。[73]這群學生心中都有共識，那就是和平抗爭無法解決最根深柢固的不公不義：這是一九六九年，似乎全世界的年輕人都是社會正義的先鋒。也許可以在北愛爾蘭重劃戰線，這樣一來就不再是天主教徒與新教徒的衝突，或共和主義者與保皇派的分歧，而是青年與老人的戰爭，未來的力量與過往的力量相互抗衡。

到了遊行最後一天，也就是第四天，在德里城外十英里（譯按：約十六公里）的十字路口，一位示威者舉起擴音器大喊：「可能會有人丟石頭。」前方顯然有麻煩等著他們。隊伍從貝爾法斯特出發後，不斷有年輕人加入遊行，現在已經有上百位示威者，將整條路都占滿了。手拿擴音器的人繼續喊著：「你們做好受傷的心理準備了嗎？」[74]

所有的示威者異口同聲地高喊：「準備好了！」

前一天晚上，遊行者在克勞迪村（Claudy）某個禮堂地板上入睡之際，邦汀少校已經在德里（邦汀通常沿用舊名，稱之為「倫敦德里」[iii]）集結一群支持者。[75]福伊爾河（River Foyle）河畔矗立著一棟有彩繪玻璃的雄偉石造建築，正是德里市政廳。此時數百名興奮難耐的保皇派聚集在市政廳內，召開所謂的「禱告會」。此時，伊恩．裴斯利正準備出來問候他的追隨者。

裴斯利的作風十分激進，其追隨者更加瘋狂，他的父親是一名浸信會傳教士。裴斯利在威爾斯一間非主流的福音教派學院受訓之後，建立了自己的強硬派教會。他身高六呎四吋（譯按：約一百九十三公分），雙眼斜視、一口亂牙，頭髮總是向後梳攏，演講的時候會前傾靠在講台上，一邊微微顫抖著下巴，一邊慷慨激昂地指控「羅馬天主教是洪水猛獸」。[76]他主張梵諦岡和愛爾蘭共和國已經在私底下結盟，精心策劃一起邪惡的陰謀，準備將北愛爾蘭省併入共和國。天主教徒逐漸積攢權力和財富，最後將成為「準備將獵物生吞活剝的惡虎」。

裴斯利就像童話故事中的花衣吹笛手，喜歡帶領追隨者刻意入侵天主教徒的社區，不引發暴動決不善罷干休。他會以自己低沉渾厚的嗓音，批評天主教徒是如何道德敗壞，「像兔子一樣生個不停，像害蟲一樣不斷孳生。」[77]他很擅長用浮誇的言語製造分裂，稱得上是搧風點火大師。事實上，他是非常冷漠無情的人，偏狹的個性展露無遺，因此某些共和主義者衡量之後，覺得可以利用他推動他們的訴求。「我們怎能殺死裴斯利呢？」[78]桃樂絲．普萊斯的母親克莉西曾經這樣說：「他可是我們最重要的資產。」

雖然德里以天主教徒為主，但這座城市在保皇派眼中的象徵意義非凡，彷彿新教徒成功抵抗天主教徒的重要紀念碑。一六八九年，效忠新王威廉三世（William of Orange）的新教徒以德里城為據點，頑強抵抗效忠詹姆士二世（James II）的天主教徒發動圍城攻勢。若是換成其他地方，這種事件大概只會逐漸為人遺忘，頂多放個解說牌草草帶過，但是德里當地的新教徒組織，每年都會舉行盛大遊行活動紀念那一場戰役。現下裴斯利和邦汀盤算著，隔天早上示威學生要遊行進入德里，簡直就像是重演一六八九年的圍城攻勢。[79]

裴斯利告訴追隨者，雖然這些倡議公民權利的民眾戴著和平示威者的面具，但事實上他們就是如假包換的「愛爾蘭共和軍」[80]。他不忘提醒追隨者，面對無賴天主教徒上門挑釁，倫敦德里可是扮演重要的堡壘角色。他問台下群眾，你們準備好再次挺身而出，捍衛這座城市了嗎？[81]群眾則報以熱烈的「哈利路亞！」裴斯利很習慣鼓動群眾，讓他們因為情緒激昂而變得暴力，然後他就在真正發生衝突前趕緊撤離現場。邦汀少校身為裴斯利身邊的特命副官，他告訴群眾，如果想要扮演「重要的角色」，[82]就必須用「任何合適的保護措施」來武裝自己。

當天晚上在夜色的掩護下，一群居民來到通往德里那條路的兩旁田野中，積極準備攻擊用的石頭。[83]當地某位支持裴斯利陣營的農民提供一台拖拉機，幫助他們蒐集石塊。他們蒐集的可不是圓潤的卵石，而是剛從採石場挖出來的大塊大塊石頭，他們將石塊一堆堆放好，每堆相距適當距離，各就攻擊定位，準備用於隔天的突襲行動。

遊行最後一天的早上，艾蒙．麥坎提醒桃樂絲和其他示威者：「一開始我們就說好了，這場遊行不使用暴力。我們的宣示將在今天受到考驗。」[84]遊行隊伍又開始移動，他們緩緩前行的同時，不安的情緒也漸漸蔓延開來。隊伍走在一條狹窄的鄉間小徑上，道路兩旁長著矮矮的灌木。前方路口很窄，通往伯恩托雷特橋——是跨越法安河（River Faughan）的老舊石橋。桃樂絲、瑪麗安和隊伍中其他年輕人，繼續緩緩往石橋前進。接著，在樹叢後方陡然上升的坡地上，出現一個男人。他戴著白色臂章，誇張地揮舞手臂，打了好幾個手語信號，活像是一名鬥牛士在呼喚看不見的鬥牛。[85]很快又冒出幾個人的身影[86]，結果是幾個身材結實的年輕人，他們從山稜線上走下來，成群站在山坡上俯瞰著遊行隊伍。現在狹窄的路上擠了好幾百人，道路兩旁都是樹叢，他們無處可逃。越來越多人出現在山坡上，各個都戴著白臂章。緊接著，第一波石塊攻擊如豪雨般落下。

在桃樂絲的朋友，同時也是遊行策劃者之一的伯納黛特．德夫林（Bernadette Devlin）眼中，這些石頭像「簾幕」一樣鋪天蓋地而下。[87]各個年齡的男子從道路兩旁的小徑一群一群地竄出來，用力丟擲石塊、磚頭和牛奶罐。有些攻擊者站在道路旁的高地上，有些人躲在道路兩側的樹叢後方，其他人則往遊行隊伍前頭蜂擁而上，堵住橋頭。[88]遊行隊伍前端的人朝石橋狂奔過去，後頭的人則趕緊倒退躲避飛石攻擊，而桃樂絲和瑪麗安在隊伍中段動彈不得。[89]

他們掙扎著翻過樹叢，[90]石塊卻還是源源不絕地飛來。那些攻擊者接著衝下山坡，開始動手毆打攻擊遊行隊伍。這個畫面在桃樂絲眼中，彷彿好萊塢西部片裡美國原住民衝進草原大開殺戒的場景。[91]有幾個攻擊者戴著摩托車安全帽[92]從山坡上衝下來，[93]手上揮舞著棍棒、撬棍、鉛管和木板條。有些人拿釘上釘子的木板條捶打攻擊示威者，在他們的皮膚上劃出一道道血痕。遊行隊伍中的人用外套蒙住頭，在一片黑暗和混亂之中踉蹌逃竄，緊抓著彼此尋求保護。[94]

逃到山坡上的示威者被對方打倒在地，[95]又踢又踹，直到他們昏了過去。有人揮舞著鏟子，往一位年輕女孩的頭上砸去。[96]兩名報社攝影記者慘遭毒打，又被石塊砸傷，攻擊者奪走他們的底片並警告，要是他們敢回來就等著被殺死。[97]暴徒的指揮官邦汀少校站在人群之中，[98]揮舞手臂帶動攻勢，他的外套袖子上沾滿鮮血。[99]他奪走示威者手上的標語，交給另一個人點火燒掉。

示威者完全沒有反抗。他們先前已經達成共識，要實踐和平抗爭的承諾。[100]桃樂絲．普萊斯發現身邊的年輕人個個滿臉是傷，血都流進眼睛裡了。[101]她接著失足跌入河水中，[102]感受到冰涼刺骨的河水拍在身上。遠方不斷有示威者被推下橋掉入河水中。[103]桃樂絲在水裡拚命掙扎時，與一位攻擊者對到眼，那個男人拿著一支棍棒。這一眼令她餘生永難忘懷，因為那雙盯著她的眼睛充滿怨恨。[104]她看著對方的眼睛，[105]卻只看到一片空洞。

最後，總算有一名皇家阿爾斯特警隊的警官走進水裡，將雙方人馬拉開。桃樂絲緊緊拽住他的外套，[106]死都不肯鬆手。即使這名強壯的警察幫助她脫離險境，還是掩藏不住令人毛骨悚然的事實。那天來了數十名皇家阿爾斯特警隊的警官，但是他們大多沒插手干預。後來有人懷疑，攻擊者之所以戴著白色臂章，是為了讓他們在警隊的朋友識別身分。[107]事實上，很多邦汀少校的手下，也就是出手攻擊的那些人，都是警隊附屬單位B特種班的人馬。[108]

伯恩托雷特橋突襲事件

之後，桃樂絲在被送往德里市奧特納蓋文醫院（Altnagelvin Hospital）的路上，[109]百感交集地哭了起來，淚水混雜著欣慰、沮喪和失望。最後她和瑪麗安總算返抵貝爾法斯特，拖著遍體鱗傷的身體和破爛不堪的衣服回到高山路的家門前，將這一路的磨難向母親克莉西．普萊斯娓娓道來。克莉西聽完之後只問了一句：

「為什麼你們不反擊呢？」[110]

■

i．譯註：阿爾斯特省是北愛爾蘭的舊稱。北愛原本有六個郡，後來在一九七四年改為二十六個自治區（市政），其中貝爾法斯特是最大城，其餘還有利斯本（Lisburn）、紐里（Newry）、莫恩（Mourne）與德里都將在本書中頻頻提及。

ii．譯註：原為福音歌曲，但在美國民權運動期間成為人權聖歌，廣獲傳唱。

iii．譯註：即Londonderry。當地傾向於留在英國的聯合主義者習慣使用這個舊稱，而獨立派人士與愛爾蘭共和軍則是喜歡德里這個新地名。

# 第三章　撤離

珍・麥康維爾的去向幾乎無跡可尋。她正好在社會動盪不安的時期失蹤，她的孩子都還年幼，最小的幾個孩子甚至不太記得大部分的事。幸好珍留下了一張照片，那張照片大約是一九六〇年代中期，拍攝地點是他們位於貝爾法斯特東區的家門口。[1]珍和三個孩子站在家門口，她的丈夫亞瑟蹲在他們前方。她看向鏡頭，雙手抱在胸前，擠出淺淺的微笑，雙眼因為陽光太強而瞇了起來。說到母親珍・麥康維爾，其中幾個孩子會想到安全別針：她用來別衣服的藍色安全別針，因為總會有一個孩子掉了釦子，或衣服破了需要縫補。安全別針是最能代表她的小配件。[2]

珍出生於一九三四年，父母親是湯瑪斯・莫瑞和梅・莫瑞，一對居住在貝爾法斯特東區的新教徒夫妻。貝爾法斯特整個籠罩在煤灰之中，市區景致可說是一片灰撲撲，只見到處都有煙囪和尖塔，一側是平緩的綠山，另一側是連接北海海峽（North Channel）的貝爾法斯特湖。城市裡有許多麻紗紡織廠和菸草工廠，有打造船隻的深水港，還有連綿好幾排、外觀一模一樣的磚頭工寮。莫瑞一家人住在艾溤尼歐路上（Avoniel Road），距離建造鐵達尼號的哈蘭德與沃爾夫造船廠（Harland & Wolff）不遠，[3]珍的父親就在那間造船廠工作。[4]在她小時候，父親每天早上都會加入幾萬名工人的行列，拖著沉重的步伐從他們家門口走向造船廠。傍晚，這群工人又拖著沉重的腳步從反方向經過他們家門口時，爸爸就會跟著回家了。[5]第二次世界大戰爆發時，貝爾法斯特的麻紗紡織廠生產了數百萬件軍隊制服，造船廠也馬不停蹄製造大量海軍船艦。

一九四一年某天夜裡，就在珍度過七歲生日的前不久，空襲警報震天價響，一隊德國空軍轟炸機高速飛過湖濱，[6]丟下許多空投式水雷（parachute mine）[i]和燃燒彈，哈蘭德與沃爾夫造船廠應聲爆炸，陷入一片火海。

在當時的貝爾法斯特，只有少數勞工家庭的女兒能接受教育，因此珍十四歲時便不再繼續求學，開始外出找工作。後來她找到一份工作，去聖木路（Holywood Road）幫某位天主教寡婦當女傭。[7]這位寡婦名叫瑪麗・麥康維爾（Mary McConville），她的獨生子亞瑟已經成年，是英國陸軍士兵。亞瑟比珍大十二歲，個子非常高挑。珍穿了鞋子也不到五呎高（譯按：約一百五十公分出頭），亞瑟站在她身邊就像高塔一樣。[8]亞瑟出身軍人世家，他會和珍分享自己戰爭期間在緬甸對抗日軍的故事。[9]

後來珍和亞瑟墜入愛河，但雙方的家人一點也沒忘記他們信奉不同教派這回事。一九五〇年代新教與天主教的對立不若以往，也不像之後那般衝突激烈，但即使如此，新教徒與天主教徒「通婚」的情形還是很少見。[10]除了因為雙方都很排外，更是因為新教徒和天主教徒的生活範圍都畫地自限，[11]他們住在不同的社區、上不同的學校、做不同的工作，光顧的酒吧也不一樣。珍來到亞瑟的母親家當傭人，便跨越了這些界線。[12]她與亞瑟交往，讓亞瑟的母親對她恨之入骨。（珍的母親大概也不會高興到哪裡去，但她還是接受兩人的婚姻。不過珍有一位長輩是奧倫治兄弟會的成員，因為她越矩的行為毒打了她一頓。）[13]

這對年輕愛侶在一九五二年私奔到英格蘭，[14]住在亞瑟駐紮的軍營，不過後來他們還是在一九五七年回到貝爾法斯特，搬去和珍的母親住在一起。珍的長女安妮罹患罕見的基因疾病，因此一生中大多數時間都在醫院度過。接下來幾個孩子分別是羅伯特（Robert）、亞瑟（也就是亞契）、海倫、艾格妮絲（Agnes）、麥可（大家都叫他米奇）、湯瑪斯（Thomas，大家都叫他塔克）、蘇珊（Susan），最後是雙胞胎比利和吉姆。珍和母親、丈夫以及孩子們，加起來十幾口人，擠在艾馮尼歐路上的狹窄房子裡生活。[15]屋子的一樓有個小小的前廳，後方則是廚房，戶外有一間浴室、煮飯用的爐灶，還有一個冷水槽。

珍‧麥康維爾和羅伯特、海倫、亞契與丈夫亞瑟

一九六四年，亞瑟從軍隊退役，[16]領取退休金後開了一間小小的五金行。他仍然持續找工作，只是這並不容易。他後來在西洛可工程公司（Sirocco）找到新工作，但被雇主發現他是天主教徒，飯碗立刻不保。他也曾在製繩工廠工作了一陣子。[17]之後孩子們回想起那段時光，也就是他們拍下合照時，都覺得曾經享受過短暫的快樂。雖然生活貧困，但對於貝爾法斯特勞工階級的孩子而言，那是戰後最平凡的生活。父母俱在，他們不會突然消失不見，當時的人生算是非常圓滿。

不過，到了一九六〇年代，天主教徒和新教徒之間的猜忌和衝突每況愈下。當地的奧倫治兄弟會在夏天趾高氣昂地舉行遊行時，總會故意從麥康維爾家門口出發。[18]數年來，伊恩．裴斯利都在鼓動他的新教徒弟兄，去尋找和驅逐身邊的天主教徒。「你們這群住在老教堂路上的傢伙，有什麼毛病嗎？」[19]他會像這樣對他們咆哮：「老教堂路四百二十五號，你們知道誰住在那嗎？就是教宗的走狗！」這簡直像小規模的種族清洗：裴斯利會一一唱名，艾登街（Aden Street）五十六號的居民、克里米亞街（Crimea Street）三十八號的住戶、當地冰淇淋店的老闆，他們都是「無賴天主教徒」、羅馬派來的間諜，必須全部趕出去。麥康維爾家在艾馮尼歐路的房子沒有電視，[20]但隨著民權運動逐漸興起，北愛爾蘭處處陷入暴亂，珍和亞瑟會到鄰居家看晚間新聞，越看越感到驚惶不安。

一九六九年，麥可．麥康維爾八歲那一年，情勢徹底失控。每年夏天，德里的保皇派兄弟會「學徒男孩」（Apprentice Boys）都會舉辦遊行，紀念在一六八八年關上城門，阻止詹姆士二世天主教軍隊進攻的年輕新教徒。他們傳統的慶祝方式是站在城牆上，把硬幣扔到城牆下天主教居住區波格賽（Bogside）的人行道和房子上。但在這一年，天主教徒終於對他們的挑釁做出反擊，爆發流血衝突，也就是知名的「波格賽之役」（Battle of the Bogside）。[21]

隨著德里發生暴亂的消息傳入貝爾法斯特，抗爭與暴動就像病毒一樣四散傳開。年輕氣盛的新教徒成群結隊直搗天主教徒社區，打破窗戶、放火燒屋。天主教徒則用石頭、瓶子和汽油彈還以顏色。皇家阿爾斯特警隊和B特種班負責鎮壓暴動，但情勢對天主教徒非常不利，他們很清楚，如果鬧事者是保皇派，警察一定會袖手旁觀。天主教社區周圍都架起路障，群眾會打劫校車和廂型車，用龐大的車身堵住街道，充當防衛堡壘。年輕的天主教徒會把地上的卵石挖起來堆在路障上，或用來丟警察。[22]受到猛烈攻擊的皇家阿爾斯特警隊部署武裝戰車，也就是俗稱的「小豬」（Pigs），在狹窄的街道上緩緩前行，用砲塔瞄準各個方向。他們所到之處，石頭都像雨滴一樣落下。汽油彈在鋼製引擎蓋上炸開，竄出藍色火舌，彷彿從打破的雞蛋流出的蛋液。[23]

有時，無政府主義的詩意在街頭隨處可見：一台棄置在工地的推土機因為一群孩子而重獲自由，[24]他們坐在上面，喜孜孜地開著這台大機器駛過貝爾法斯特西區的街道，接受同伴興奮的歡呼吶喊。開著開著，男孩們龐大的坐騎忽然失去控制，一頭撞上電線桿。此時有人迅速丟了一顆汽油彈過來，整台推土機立刻爆炸燃燒。

保皇派開始成群結隊入侵孟買街（Bombay Street）、水城街（Waterville Street）、喀什米爾路（Kashmir Road）和其他天主教徒社區，[25]打破窗戶後把汽油彈扔進屋內。好幾百棟房子就這麼被炸毀、灰飛煙滅，住民只能流落街頭。隨著暴亂範圍逐漸擴大，整個貝爾法斯特的民眾都用木板把門窗釘起來，彷彿步步逼近的是一場颶風。[26]他們將前廳的老舊家具統統移走，萬一有人從窗戶丟擲爆裂物進來，至少不會燒得太嚴重。接著全家人都擠在一起躲在後方的廚房，老人家將玫瑰念珠緊緊攥在手中，[27]等待這場暴亂平息。

那年夏天，近兩千個貝爾法斯特家庭離鄉背井，[28]這些人大多是天主教徒。當時貝爾法斯特的人口大約是三十五萬，[29]接下來的幾年，將有一成的人口搬離。[30]有時會看到一百多人包圍某間房屋，逼迫住戶搬走的場面。[31]有時信箱裡會出現一張紙條，告訴屋主他們只有一小時的時間搬家。[32]交通車總是擠得水泄不通，人人都想逃到其他安全的地方。一家八口人擠在一輛四人座轎車裡，[33]這樣的畫面隨處可見，一點也不稀奇。後來更有成千上萬名天主教徒在車站大排長龍，他們全部都是難民，等著搭乘往南的火車逃到愛爾蘭共和國。[34]

不久之後，這群暴徒找上了麥康維爾一家。一群當地人去找亞瑟，說他必須離開。他在夜色掩護下連夜逃走，到母親家避難。[35]起初珍和孩子們留在家裡，心想也許這動盪的局勢會平息，但最後他們也被迫逃離，[36]盡可能收拾家當後搭上計程車離開。

他們驅車穿越的這座城市變了。一輛輛卡車呼嘯而過，車上裝滿了所有帶得走的家具。許多男人揹著老舊沙發和大衣櫥，步履蹣跚地在街上走著。[37]路口堆著燒毀的車子，被燃燒彈轟炸的校舍仍然冒著黑煙，一團一團的濃煙遮蔽天空。所有的號誌燈都壞了，因此有些年輕市民站在路口指揮交通。[38]天主教徒徵用了六十輛巴士擺在街上充當路障，劃分出雙方的楚河漢界。整座城市盡是斷垣殘壁和碎玻璃，或許詩人會很有情調地稱之為「貝爾法斯特的慶典彩紙」。[39]

在這場慘不忍睹的事件當中，理性的貝爾法斯特居民只能選擇接受現況，繼續過他們的生活。槍響平息的瞬間，有人遲疑地把屋子前門打開一條縫，接著是一位戴著粗框眼鏡的家庭主婦探出頭來，確認家門口安全之後，從屋子裡閃身出來，身上裹著雨衣，在夾滿髮捲的頭上包著頭巾，戰戰兢兢地穿過戰區往商店走去。[40]

計程車司機被混亂的場面嚇壞了，因此只願意把珍・麥康維爾和孩子們載到福斯路（Falls Road），不願意再開下去，一家大小只好自己拎著行李，走完最後的路程。[41]一家人在亞瑟的母親家團聚，但瑪麗・麥康維爾家只有一間臥房。她已經半瞎了，[42]而且她非常討厭曾經替她幫傭的媳婦，因此婆媳倆處得非常不好。此外，這附近也屢屢爆發槍戰，珍和亞瑟都很擔心房子後面的樹林著火，而導致火勢延燒過來。[43]因此他們又搬家了，這次搬到用來當作暫時避難所的天主教學校，一家人就睡在教室地板上。

貝爾法斯特的住宅管理局蓋了臨時住宅，收容數以千計突然失去家園的居民，最後麥康維爾家也分配到一間新蓋好的小木屋。當他們準備搬進去時，卻發現有一個家庭已捷足先登，偷偷住了進去。許多流離失所的家庭，都不擇手段霸占房屋居住。[44]天主教徒搬進新教徒捨棄的房屋，新教徒則搬入天主教徒逃走後空下來的屋子。麥康維爾一家前往第二間木屋時，又遇到一樣的問題，有一個家庭住進去了，而且拒絕離開。黑嶺街（Divis Street）上新蓋了好幾間木屋，這次亞瑟・麥康維爾記取教訓，一直待在工人旁邊直到房屋完工，這樣就不會有別人捷足先登。[45]

木屋結構非常簡單，總共四個房間，加一間室外廁所。這是他們第一次擁有真正屬於自己的房子，喜上眉梢的珍開心地出門去，購買製作窗簾的材料。[46]麥康維爾一家在這間木屋只住到一九七〇年二月，[47]因為他們在新落成的複合住宅區黑嶺公寓得到一間房子。黑嶺公寓已經蓋了很多年，現在終於落成，讓周遭的鄰里相形失色。

黑嶺公寓充滿了對未來的展望。[48]黑嶺公寓於一九六六至一九七二年間建造，是掃除貧民區計畫的一環。從十九世紀起就已存在的擁擠住宅區「牛欄小溪巷」（Pound Loney）被夷為平地，全新的複合式公寓拔地而起，十二棟建築物相連，總戶數達到八百五十戶。公寓以建築大師柯比意（Le Corbusier）的設計為靈感，眾人皆視其為可以緩解住宅短缺問題的「空中之城」。[49]此外，公寓還配備幾樣公共設施，在麥康維爾這樣的貝爾法斯特平凡人家眼中，已是非常奢華。黑嶺公寓的每戶都有淋浴間和室內廁所，還有熱水龍頭可用。每棟住宅的每一層都有長長的水泥陽台，從一端延伸到另一端，連通整層公寓。這條水泥陽台讓人想起「牛欄小溪巷」連排房屋外的狹小街道，孩子們玩耍嬉戲的地方。每一扇門都漆成糖果般繽紛的色彩，明亮的紅色、藍色和黃色在貝爾法斯特的灰黑色調中，看起來格外鮮明有活力。

麥康維爾一家的新家是一間四房的樓中樓，[50]所在的那一棟樓叫做「沙洲步道」（Farset Walk）。他們一走進公寓社區，對新家的興奮之情立刻煙消雲散，因為公寓在建造時，顯然根本沒考量到實際居住情況。黑嶺公寓沒有一處像樣的公共設施，沒有綠地也沒有造景。除了兩座看起來很荒涼的足球場、一塊放了幾組鞦韆的柏油空地，就沒其他遊樂設施了[51]——但偏偏這複合式公寓裡有一千多位居民是孩童。

麥可．麥康維爾和家人搬進來時，他覺得黑嶺公寓就像給老鼠跑的迷宮，[52]到處都是走廊、階梯和坡道。公寓內的牆是便宜的石膏板，當鄰居在餐桌上說了任何話，都可以一字不漏聽得清清楚楚。[53]外牆是會凝結水氣的無孔水泥，不懷好意的黑色黴菌開始慢慢爬上牆面，[54]爬滿整個公寓的天花板。當初黑嶺公寓是充滿烏托邦理想的建築計畫，最後蓋出的卻是與理想背道而馳的房子，後來成為某位作家所謂的「空中貧民窟」。[55]

麥康維爾一家被迫離開貝爾法斯特東區住家的同年夏天，英國陸軍受命前往北愛爾蘭鎮壓波格賽之役和其他暴動。數萬名穿著綠色夾克飄洋過海而來的年輕士兵，湧入貝爾法斯特與德里。一開始他們受到天主教徒熱烈歡迎，彷彿他們是來解放巴黎的同盟國部隊。天主教徒認為皇家阿爾斯特警隊和B特種班歧視他們，因此相較之下較為中立的英國陸軍抵達，似乎有望改善治安。住在貝爾法斯特西區的天主教媽媽們，會冒險進入用沙包圍起來的軍營，送茶水點心給士兵。[56]

麥可父親的態度則是慎重多了。[57]亞瑟．麥康維爾自己就是從英國陸軍退役，非常不喜歡巡邏士兵面對他的態度，彷彿因為他已完全脫離了陸軍的指揮體系，因此對他說話就可以隨隨便便。黑嶺公寓的其中一側蓋了一棟二十層樓的高塔，這也成為貝爾法斯特最高的非教堂建築。一到十八樓是公寓住宅，英國陸軍徵用了最上方的兩層樓來當觀測站，陸軍偵查兵就在這裡用望遠鏡監看整座情勢越來越緊張的城市。

軍隊才抵達後沒多久，居民對他們的善意便消磨殆盡。這些年輕士兵一點都不了解貝爾法斯特複雜的派系分布，[58]居民很快就發現他們並不是中立公正的援兵，而是登門挑釁的勢力，B特種班與皇家阿爾斯特警隊兵力強盛的盟友。

天主教徒開始武裝自己，向敵對的派系開槍、向警察開槍，最後也不得不向軍隊開槍。槍戰一觸即發，幾名天主教徒狙擊手趁著夜黑風高爬上屋頂，趴在煙囪旁邊，瞄準下方經過的敵人。[59]被激怒的軍隊和警察會開槍還以顏色，而且他們的武器設備更精良。[60]社區鄰里經常迴盪著M1卡賓槍的槍聲，還有史特林衝鋒槍的刺耳喀噠聲響。為了讓狙擊手不易瞄準，B特種班的士兵都會以左輪手槍射壞路燈，讓城市變得一片漆黑。[61]英國軍隊開著半噸重的荒原路華，巡邏空無一人的街道時，則會把頭燈關掉，免得成為狙擊手的目標。[62]雖然情勢動盪，事實上「北愛爾蘭問題」剛開始時死亡人數不多：一九六九年有十九人被殺害，一九七〇年則只有二十九人不幸身亡。但到了一九七一年，衝突越來越暴力，導致將近兩百人死於非命。到了一九七二年，死亡人數更攀升至近五百人。[63]

由於黑嶺公寓的居民幾乎都是天主教徒，因此自然而然成為武裝抵抗的要塞。[64]麥康維爾一家搬進公寓後，就見識到當地人所謂的「互助鏈」。[65]當警察或軍隊走進其中一戶人家搜查武器時，就會有人從後窗探身出去，把武器交給隔壁間探身出來的鄰居。鄰居會把武器傳給隔壁鄰居，然後再傳給住得更遠的鄰居，直到武器傳到公寓的另一頭。

第一個在北愛爾蘭問題期間喪命的孩童，就是在黑嶺公寓丟了性命，事件發生在麥康維爾一家搬進來之前。一九六九年八月某天晚上，兩名警察在公寓附近被狙擊手打傷。在負傷的情況下開槍難免驚慌，忘了平常的訓練，兩名警察便不分青紅皂白地朝黑嶺公寓胡亂開槍。一陣槍林彈雨中，他們聽見公寓裡傳來一陣喊聲：「有孩子中彈了！」[66]

九歲的男孩派崔克・魯尼（Patrick Rooney）一直和家人躲在後面的房間，沒想到警察的一發子彈打穿石膏板牆，正中男孩的頭部。[67]接下來還發生零星幾場槍戰，因此警察不讓救護車開過福斯路。最後有一個男人受不了，在公寓裡瘋狂揮動白色上衣。[68]後來他身邊出現另外兩個人，抱著頭部重傷的男孩。他們想方設法將派崔克・魯尼送到救護車上，但他不久之後還是撒手人寰。

麥可・麥康維爾知道黑嶺公寓非常危險。派崔克・魯尼和他年齡相仿。晚上爆發槍戰時，亞瑟會低吼著「趴到地上！」[69]孩子們就會拖著他們的床墊出來，依偎在公寓房間中央的地上睡覺。有時候，他們覺得自己睡在地上的時間，比在床上多很多。躺在地上的麥可睡不著，便雙眼呆望著天花板，聽著外面子彈打在水泥牆上反彈的聲音。當時的生活實在太瘋狂。隨著無政府狀態持續一個月又一個月，這逐漸成為他的日常。[70]

一九七〇年七月某天午後，一隊英國士兵從福斯路出發，深入巴爾幹街（Balkan Street）周邊錯綜複雜的小巷，尋找一批被窩藏的軍火。[71]他們從一戶住家內搜出十五把手槍、一把步槍，還有一把施邁瑟衝鋒槍。但就在他們爬回裝甲車上，準備撤出這個社區時，一群居民跑出來擋住士兵的去路，開始朝他們丟石頭。兵荒馬亂中，一位駕駛小豬裝甲車的士兵倒車衝向人群，壓傷了一個人，讓居民群情激憤。隨著衝突越來越火爆，第二支部隊前來支援，開始朝人群扔擲一罐又一罐催淚瓦斯。

不久之後，三千名士兵大軍壓境，[72]聚集到福斯路與黑嶺街交會的下福斯地區（Lower Falls）。他們拿著斧頭把門劈開，[73]衝進狹窄的民房，名義上是搜索武器，實則以不合理的殘暴手段在屋內大肆破壞，彷彿是來復仇的。[74]他們把沙發開腸破肚、把床鋪整張翻過來，又把鋪在地上的油氈撕起來、木地板條一片片撬開，把瓦斯管線和水管都拉扯出來。入夜後，一架軍用直升機在福斯路上方徘徊，[75]一個從口音聽來像是畢業於伊頓公學、說起話來裝腔作勢的人用大聲公宣布，福斯路即將實施宵禁，如果居民不乖乖待在家裡，就等著被逮捕。士兵用步槍槍管把一綑綑的蛇腹型刮刀刺網拉開，拖到大街上把下福斯地區封起來。[76]在街上巡邏的士兵個個身穿防彈衣、手拿防暴盾牌，臉都用煤炭塗得漆黑。居民躲在小小的房屋裡，惡狠狠地瞪著窗外的士兵，毫不掩藏滿臉的鄙視。[77]

或許是因為催淚瓦斯，才讓貝爾法斯特西區居民產生這麼深的敵意。被士兵扔到路上的瓦斯罐冒出滾滾濃煙，對著軍隊扔石頭的年輕孩子都嚇得四處逃竄。[78]光是那個週末，軍隊就往住宅區扔了一千六百罐催淚瓦斯，瓦斯氣體迅速蔓延在狹窄的巷弄裡，滲入四處漏風的老屋，[79]鑽入居民的眼睛和喉嚨，讓他們痛苦難耐。[80]年輕男子會以浸泡醋汁的破布蒙住臉，跑到屋外繼續朝軍隊扔石頭。[81]一位特派記者說，催淚瓦斯氣體像是某種黏著劑，可以「讓所有的人團結一心，他們能夠同理彼此的痛苦，對朝他們扔催淚瓦斯的人產生共同的恨意」。[82]

麥可・麥康維爾的童年時光雖然動盪不安，他仍然努力過著自己該有的生活。在成長過程中，他始終對權力當局抱持適度的懷疑。在他眼中，英軍和警察並無差別。他看著他們把人重重壓在牆上、把人踹到跪倒在地上。[83]看見士兵把家家戶戶的男丁拖出家門，沒經過審判就把人拘禁起來。亞瑟・麥康維爾失業了。[84]這在黑嶺公寓不是什麼稀奇事，公寓近一半的居民都完全仰賴福利救濟金養家活口。[85]

孩子走出黑嶺公寓時，珍都會叮嚀他們別走太遠。[86]「別四處閒晃。」她這樣叮嚀孩子：「不要離家太遠。」雖然當局堅稱這只是市民暴動事件，並未真正打起仗，但他們仍感覺這就是戰爭。麥可會和朋友與手足一起出門，到陌生又神祕的地方冒險。即使是在北愛爾蘭問題最嚴重的那些年，有些孩子似乎還是天不怕地不怕。槍聲戛然而止、雙方暫時休戰時，孩子們總是趕緊偷跑出去，[87]爬過燒得只剩下車架的卡車，跳上彈簧早已生鏽的床墊，或躲在被棄置在瓦礫堆的舊浴缸裡面。

麥可大多數時間滿腦都在想鴿子。十九世紀的愛爾蘭，把鴿子稱為「窮人的賽馬」。[88]麥可對鴿子的認識來自父兄，從他有記憶以來，家裡就一直養著鴿子。麥可會偷偷溜進戰區尋找鴿子，找到之後，他把脫下來的外套當成網子罩住鴿子，將渾身發熱且緊張得發抖的小鳥兜在懷裡帶回房間。[89]

麥可出門探險時，偶爾會小心翼翼地穿過廢棄的房屋。他也無法臆測廢棄的房屋裡可能潛藏了什麼危險，據他所知，裡面可能有遊民、準軍事組織或炸彈，儘管如此，他還是毫不畏懼。有一次他走進一間老舊的工坊，看見一整面牆都炸飛了。麥可和一個朋友從前面爬上去，發現工坊內棲息了許多鴿子。當他們爬到樓上，才赫然發現自己與一隊駐紮的英國士兵大眼瞪小眼。「停下來！不然我們要開槍了！」士兵對他們吆喝，用步槍指著麥可和他的朋友，直到他們爬下去，退回安全的地方。

福斯路實施宵禁一年後，麥可的父親體重一直掉，人也瘦了一大圈。亞瑟逐漸變得消瘦衰弱，搖搖晃晃站不穩，連一杯茶都拿不住。[90]他就醫後被診斷出肺癌。[91]客廳成了他的臥房，麥可經常聽到父親在晚上因為疼痛難耐而呻吟。[92]亞瑟在一九七二年一月三日與世長辭，麥可看著父親的棺材慢慢垂入冰冷的墓地，心裡想著，未來的生活不會比這更糟了。

i．譯註：一種自帶降落傘的炸彈，是德國空軍發明的武器，無論落入水中或地面上，都會在很短時間內爆炸。

# 第四章　地下軍隊

一九七一年某一天，桃樂絲·普萊斯和母親克莉西走在貝爾法斯特街頭，發現前方有英國陸軍的檢查哨，正在對路人搜身盤查。克莉西的步伐慢了下來，悄聲問女兒：「妳身上有違禁品嗎？」[1]

「沒有。」桃樂絲回答。

「妳身上有違禁品嗎？」克莉西加重語氣，又問了一次。桃樂絲老遠就看到幾個年輕男子被用力壓在裝甲車上，在士兵的命令下脫掉外套。

克莉西說：「東西給我。」

桃樂絲隨即掏出一直帶在身上的手槍，小心拿給母親，克莉西立刻把槍接過來藏在自己的外套裡。兩人抵達檢查哨時，士兵命令桃樂絲脫掉外套，然後揮手示意年紀較長的克莉西直接通過。回到在高山路上的房子後，克莉西一絲不苟地將手槍清理乾淨，每個零件都上了潤滑油，接著用襪子把槍包好，埋在花園裡。不久後，一名愛爾蘭共和軍的軍需官到他們家把槍挖出來。

「妳媽可以加入我們嗎？」他半開玩笑地問桃樂絲。「她真的是藏武器專家。」

福斯路和老教堂路越往貝爾法斯特市中心的方向越趨平行，雖然兩條路越靠越近，卻未相交。[2]福斯路是天主教徒的據點，老教堂路則是新教徒的地盤，兩條幹道之間有許多條垂直交叉的窄路連通，還有好幾排一模一樣的連排房屋。連接兩條大路的這幾條街道上，就是天主教徒和新教徒地盤的交界處。

一九六九年暴動發生期間，社區周圍紛紛架起路障，讓兩個教派的分界更加壁壘分明。這些路障最終都變成所謂的「和平牆」，[3]是將不同社群區隔開來的高聳屏障。準軍事組織各自看守管轄範圍內的社區，青年哨兵負責在邊界站崗。北愛爾蘭問題的戰火點燃時，愛爾蘭共和軍早已名存實亡。一九五〇年代至六〇年代初期，愛爾蘭共和軍曾參與過一場以失敗收場的活動，而且他們的努力也未換來太多人的支持。到了一九六〇年代晚期，一些住在都柏林的共和軍成員開始質疑槍砲能否有效改變愛爾蘭政治現狀，因此開始支持立場比較明確公開的馬克思主義，轉而透過和平抗爭的政治手段來發聲。愛爾蘭共和軍的規模不斷縮小，一九六九年夏天爆發動亂時，貝爾法斯特只剩下一百名左右的共和軍成員。[4]很多人與桃樂絲的父親艾伯特．普萊斯一樣，都是早期非常活躍的資深成員，如今都已年華老去。

此外，他們明明是支軍隊，軍備資源卻非常匱乏。[5]愛爾蘭共和軍曾做出一個非常不明智的決定，就是在一九六八年將一些剩下的武器賣給威爾斯自由軍（Free Wales Army）。他們仍留有幾位土製炸彈專家，但其他人總是嘲笑愛爾蘭共和軍的炸彈客炸傷自己人的次數比炸毀目標還多，[6]這實在不是什麼好名聲。

在北愛爾蘭屬於弱勢的天主教徒，在宗教對立非常嚴重的情況下，往往會向愛爾蘭共和軍求援。但在一九六九年的衝突爆發後，共和軍根本無力阻止保皇派四處縱火、把天主教家庭趕出家門。新教徒肅清異己的活動結束後，有人開始揶揄愛爾蘭共和軍的縮寫 IRA 意思其實就是「我逃走了」（I Ran Away）[7]。

一支在貝爾法斯特的愛爾蘭共和軍分隊，[8]想要採取更激進的立場，讓組織東山再起，成為暴力改革的推動者。一九六九年九月，愛爾蘭共和軍指揮官連恩．麥克米蘭（Liam McMillen），在賽普勒斯街（Cyprus Street）召開一場會議。因為愛爾蘭共和軍未在暴動期間保護好社區，而使得麥克米蘭成為眾矢之的。在共和軍傳奇戰士比利．麥基（Billy McKee）的率領下，二十一名男子手拿武器闖入會議現場表達不滿。麥基出生於一九二一年，他出生的幾個月前愛爾蘭才剛剛因為英國使出的政治手段而南北分裂。後來，年僅十五歲的麥基便加入愛爾蘭共和軍青年團，隨後他每隔十年就會坐牢一段時間。[9]他有一雙淡藍色的眼睛，是一名虔誠的天主教徒，[10]每週都到教堂望彌撒，而且隨時隨地都帶著槍，是堅定狂熱的革命家。「你這個都柏林來的共產主義者，我們要把你趕出去！」[11]他對麥克米蘭咆哮：「你不是我們的領袖了！」

艾伯特．普萊斯的老友，作家布蘭登．畢漢（Brendan Behan）說過一段很有名的話，他提到愛爾蘭共和主義者每次開會做的第一件事總是搞分裂。[12]在桃樂絲看來，愛爾蘭共和軍的分裂勢在必行。[13]一九七〇年初，脫離者正式成立新組織「臨時派愛爾蘭共和軍」，他們的目標非常明確，就是要發動武裝抗爭，而原先的愛爾蘭共和軍就成為正式派愛爾蘭共和軍。貝爾法斯特的人常用「臨時派」（Provos）和「貼紙派」（Stickies）區分兩方，因為正式派成員通常會用膠水把紀念起義的百合花貼在胸口，比較固執的臨時派則是用別針別住百合花。一九七一年，共有四十四名英國士兵被準軍事組織殺害。[14]即使愛爾蘭共和軍的兩個派系針對保皇派暴民、皇家阿爾斯特警隊和英國軍隊的對抗都比以往更激烈，但彼此間還是不可避免地針鋒相對，甚至爆發流血衝突。

桃樂絲．普萊斯居住的安德森鎮位於福斯路南方，山勢平緩的黑山（Black Mountain）宛如一團龐大的陰影，在一段距離外俯瞰著安德森鎮。隨著一九六九年的暴亂愈加失控，正常的生活一去不復返。孩童再也無法安全地走路上學，因此很多學生選擇輟學。桃樂絲的兩個姑媽原先住在其他地方，房子被燒毀之後也搬來這個社區。[15]軍隊經常突襲安德森鎮，搜索愛爾蘭共和軍嫌疑犯和武器。[16]當地某一間房子還成了炸彈學校，[17]臨時派愛爾蘭共和軍的新成員會在這間祕密工廠學習裝設炸彈和處理易燃材料。當地居民對政府的侵門踏戶非常不滿，[18]代表英國皇室的軍隊身穿軍服、手拿武器四處巡邏，讓他們更加堅信貝爾法斯特已徹底淪陷。

如此積極頻繁的圍城攻勢，讓附近鄰里決定團結起來挺身對抗。「當地人忽然都變了。」[19]桃樂絲・普萊斯事後回想起來這麼說：「他們都變成共和主義者。」軍隊進城時，家庭主婦和幼童會衝出家門，拿著垃圾桶上的金屬蓋跪在人行道上，像敲鈸一樣用金屬蓋敲擊地磚，充滿怨懟的敲擊聲在巷子裡撞擊迴盪，警告敵人的到來。[20]爭強好鬥的學童會埋伏在瓦礫四散的街角，一看有麻煩發生，立刻把手指放進嘴巴吹響尖銳的口哨。[21]

多麼振奮人心的團結精神。隨著暴力衝突加劇，為英勇捐軀者舉行盛大葬禮，並且在葬禮上發表慷慨激昂的演說、棺材上包裹著共和國三色旗的畫面，逐漸成為常態。人們常開玩笑，貝爾法斯特除了葬禮之外早就沒其他社交活動。[22]這些排場盛大、民族情懷滿溢的葬禮，對桃樂絲・普萊斯產生了某種吸引力。伯恩托雷特橋遊行結束後，她回到中學上課。長年以來她都立志讀藝術學校，但申請之後並未如願錄取，令她非常失望，[23]因此她轉而就讀位於福斯路的聖瑪麗師範學院（St. Mary's Teacher Training College），打算取得教育學士學位。[24]

這些年來，艾伯特・普萊斯經常缺席孩子的生活，因為他參與了新的抗爭活動。當愛爾蘭共和軍需要槍時，艾伯特就會幫忙找槍。[25]傍晚時，桃樂絲常常看到一群男人在她家前廳擠成一團，與她的父親低聲交談，不知道在計劃什麼。有時候艾伯特必須避風頭，[26]越過邊界躲到愛爾蘭共和國境內。一九七〇年，桃樂絲進入聖瑪麗學院就讀。她天生聰明又好學，一直專心於學業，但在伯恩托雷特橋突襲事件之後，她似乎發生了一點改變。後來艾伯特表示，那次的經驗確實改變了桃樂絲和瑪麗安，她們回到貝爾法斯特後「就完全變了」。[27]

一九七一年的某一天，桃樂絲向當地一名愛爾蘭共和軍指揮官表示：「我想加入。」[28]他們在高山路上普萊斯家的前廳，舉行了正式的入會儀式。儀式上，某個人用輕鬆的語調呼喚桃樂絲：「妳進來一下。」桃樂絲進門後舉起右手，背誦出一段效忠誓詞：「我，桃樂絲．普萊斯，保證會善用我的知識，盡全力完成愛爾蘭共和軍的目標。」[29]她發誓服從「上級長官」給她的所有指令。[30]桃樂絲參與這項重大儀式的同時，她的母親就坐在隔壁房間裡，手裡捧著一杯茶，[31]一副完全不知道發生什麼事的樣子。

打從她在伯恩托雷特橋與攻擊她的保皇派四目相對的那一刻起，桃樂絲就在心中下了結論，她對和平抗爭的美好想像實在太天真了。[32]她心想，我永遠不可能改變這些人的想法。不論他們遊行多少次，都無法促成愛爾蘭最迫切需要的改變。[33]當時年輕氣盛的她未遵循家族一路走到今日所堅持的信念，因此她認為加入愛爾蘭共和軍是「回歸」，算是回到她成長的起點。[34]

後來瑪麗安也加入臨時派，白天時姐妹倆照常上學，到了晚上就不知去向，不到深夜不回家。[35]貝爾法斯特西區的家長面對這種情況時通常都不會過問。當時年輕人動不動就消失一星期，回家後也不會有人問他們去了哪裡。[36]這是有原因的，因為愛爾蘭共和軍是非法組織，只要承認自己是其中一員就會被逮捕，因此他們非常重視保密，加入愛爾蘭共和軍的年輕人通常都會瞞著自己的父母。某些家長可能會反對，因為貝爾法斯特已經夠危險了，加入準軍事組織無疑是在玩命。有時候，年輕的共和軍槍手會在執行狙擊任務時，在路上與自己的母親撞個正著。當母親的會無視孩子手上的突擊步槍，揪著他的耳朵把人拎回家。[37]

即使父母是愛爾蘭共和軍的忠實支持者，也最好不要讓他們知道自己加入組織，以免警察或軍隊衝進家門質問父母。他們知道得越少越好。桃樂絲有個身材壯碩、方頭大耳的朋友叫法蘭西．麥圭根（Francie McGuigan）。與普萊斯家一樣，麥圭根家是堅定的共和主義者，因為兩家的父母是朋友，因此桃樂絲和法蘭西從小便認識。後來法蘭西加入愛爾蘭共和軍，他知道父親也是其中的一員，但他們絕口不提這件事。

偶爾確實是有點尷尬，畢竟兩人住在同一個屋簷下。[38]法蘭西的父親是軍需官，負責管理武器和彈藥，不過當法蘭西需要彈藥時，從不向父親開口，而是去找他的朋友凱文。「凱文，我爸爸那裡有子彈嗎？」凱文會直接去向法蘭西的父親索取，麥圭根先生將子彈交給凱文，凱文再轉交給法蘭西。這也許不是最有效率的作法，但至少確保有些話不必說出口。

臨時派的參謀長尚恩・麥克・史蒂歐芬（Seán Mac Stiofáin）年約四十出頭，滴酒不沾的他長了一張圓臉，下巴有一條淺溝，講著一口倫敦腔英語。[39]他出生在東倫敦，原名約翰・史蒂芬森（John Stephenson），母親經常和他講述自己在貝爾法斯特的生活與經歷。他在皇家空軍服役後學會愛爾蘭語，娶了愛爾蘭女孩，連姓氏也改成愛爾蘭語，接著更加入愛爾蘭共和軍。然而所有的人後來才會發現，原來麥克・史蒂歐芬根本不是愛爾蘭人，告訴他許多愛爾蘭故事的母親也根本不是出生在貝爾法斯特，而是倫敦的貝斯諾格林（Bethnal Green）。不過，神話通常反而比較讓人深信不疑。（當一些愛爾蘭共和軍成員想激怒麥克・史蒂歐芬時，便會刻意「忘記」他的愛爾蘭名字，故意叫他約翰・史蒂芬森。）[40]

麥克・史蒂歐芬的家族信奉新教，他本人卻是虔誠的天主教徒。一九五三年時加入愛爾蘭共和軍的他曾因搶劫兵工廠而在英格蘭吃牢飯。他是提倡「暴力」的共和主義者，堅信武力鬥爭是驅逐大英帝國的唯一辦法，他更曾經用三句話來概括自己的軍事策略：「升級衝突、升級衝突、升級衝突」。[41]麥克・史蒂歐芬對暴力的提倡很快便廣為人知，因此當時許多人都稱他「利刃麥克」（Mac the Knife）。[42]

麥克・史蒂歐芬在一九七五年出版的回憶錄中，回想起與桃樂絲・普萊斯初相識的情形。[43]他在回憶錄中表示：「那時她打算當老師。雖然她全家人都是共和主義者，但她到那時還相信和平抗爭可以化解北愛爾蘭的不公不義。」他特別提到，伯恩托雷特橋突襲事件正是她心態改變的轉捩點。一開始麥克・史蒂歐芬建議桃樂絲加入愛爾蘭共和軍婦女會，[44]也就是克莉西・普萊斯、布萊荻阿姨和桃樂絲的外婆多蘭夫人都參加過的組織。婦女會成員的工作非常重要，她們主要負責照顧傷者，或迅速地將剛發射過還很燙手的槍枝藏起來。[45]

但其實麥克・史蒂歐芬的提議惹毛了桃樂絲・普萊斯。她是一位女權主義者，或許頗有名望的共和主義家庭也帶給她一些優越感，讓她絲毫不想屈就於協助的角色。「我想要戰鬥，不是去泡茶或纏繃帶。」她回憶往事時表示：「不能參加軍隊，我就不加入。」[46]桃樂絲堅稱自己和男人沒什麼兩樣，她想做和男人一樣的工作。[47]她告訴麥克・史蒂歐芬，她想要的就是「當士兵去前線戰鬥」。[48]

臨時派愛爾蘭共和軍的陸軍委員會為此召開特別會議，[49]決定破例讓桃樂絲加入，而且往後任何女性都可以成為共和軍正式成員。之所以能促成這件事，極有可能是因為桃樂絲・普萊斯的野心（還有她無可挑剔的共和主義家庭背景）。不過桃樂絲推測還有一個重要因素，那就是組織裡的男人都被關起來了，也許是因為這樣，臨時派才覺得別無選擇，必須開始招募女性。[50]

若桃樂絲・普萊斯認為自己的女性身分，或自己的共和主義家庭背景，甚至是自己受愛爾蘭共和軍賞識的教育程度，能讓她在組織裡過得比較順利，那麼她很快將會發現自己大錯特錯。她宣示入會之後便接到指揮官的命令，要她去貝爾法斯特西區一間房子，在那裡與幾名愛爾蘭共和軍成員見面。桃樂絲拿到一批尺寸不同又髒兮兮的生鏽子彈，天曉得是從哪個埋藏的武器堆中挖出來的。接著有人給她一塊鋼刷，叫她將子彈刷乾淨。[51]

桃樂絲・普萊斯輕蔑地想著，這根本就是最卑微低下的工作。任何一個年輕人來都做得到，真的有必要嗎？再說了，這些子彈真的能用嗎？真的會有人拿這些子彈來開槍嗎？她看到那幾名愛爾蘭共和軍成員坐在廚房裡，幸災樂禍地看著她的落魄窘樣，很想大步走過去質問他們：「你們知道這些子彈能做什麼嗎？」但她還是咬牙忍住了，因為她已發誓要服從指令，而且是所有的指令。這也許是個羞辱人的儀式，但也是個測試。桃樂絲只能認命地拿起鋼刷，開始刷洗子彈。

桃樂絲．普萊斯回想：「這一輩子都會不斷有人告訴你，這是很光榮的生活方式。」[52]她已經很熟悉這份新工作令人陶醉的一面，當然也深知其中的風險。不久前愛爾蘭共和軍剛與英國軍隊爆發槍戰，不論其他新成員如何充滿希望，他們的勝算看起來都是微乎其微。不論是單一戰役或整場戰事，在對手才智和武力都更勝一籌的情況下，幾乎可以預期他們的下場將與派崔克．皮爾斯及其他復活節起義英雄一樣：命喪英軍之手，英勇事蹟在愛爾蘭人口中永遠流傳下去。臨時派的人會告訴新招募的成員，他們只有兩條路可走：「不是去坐牢，就是去死。」[53]

克莉西．普萊斯也明白這些風險，儘管她全心支持獨立活動，依然很擔心女兒。「妳真的不先完成學業嗎？」她懇求女兒。

桃樂絲回嘴：「妳以為革命會先等我畢業才開始嗎？」[54]

大部分的時候，桃樂絲在晚上執行完任務回家時，克莉西只會安靜地接過她的衣服放進洗衣機，一句話也不多問。[55]但某天深夜桃樂絲回家時卻發現母親在哭，因為克莉西聽說某個地方有炸彈引爆，她以為女兒在爆炸中喪命了。[56]

普萊斯姐妹加入臨時派不久後，[57]就被送到在愛爾蘭共和國的愛爾蘭共和軍訓練營，參加訓練營也是入會儀式的一環。他們以汽車或迷你巴士載運新成員，沿著曲折的鄉間小路開到一個偏僻的地方，通常是農場。接著出現一名嚮導，可能是穿著圍裙的主婦或親切的神父，護送他們到一間農舍。訓練營從幾天到超過一星期不等，主要是密集訓練他們操作左輪手槍、步槍和爆裂物。當時的臨時派只擁有少量老舊武器，其中很多甚至可以追溯到二戰時期，不過新成員還是得學習保養和拆解步槍，以及製造裝填炸彈的方法。此外他們還要行軍，[58]一切比照在傳統陸軍服役的基本訓練，他們甚至擁有算是軍服的服裝。年輕的反抗軍成員平常穿著常見的牛仔褲和羊毛衣，但參加葬禮時，他們會換上黑色套裝，戴上墨鏡和黑色貝雷帽，沿著人行道站成一排守衛，儼然是意志堅定、紀律嚴明的軍隊。[59]這種情況下當局可以拍照存證，他們也確實一一拍了照片，可是他們對這個新興的準軍事組織所知甚少，常常對不上這些新人的面孔和名字，也掌握不到其他身分背景資訊。

一九六〇年代的貝爾法斯特，一般人對「愛爾蘭共和軍成員」的印象，是經常在酒吧喝得酩酊大醉的激進分子、遲鈍又過氣的老派組織，老愛將陳年往事掛在嘴邊炫耀，臨時派因此決定扭轉世人對他們的冷嘲熱諷。他們的目標是正大光明、紀律嚴明、井井有條、懷抱理想，還要冷酷無情。[60]他們以「志士」自稱，宛如注定失敗的復活節起義英雄，更暗示著愛國主義算是某種付出，因為愛國者必須準備好隨時必須犧牲高昂代價。身為志士，就表示你願意犧牲一切，甚至不惜拚命也要完成目標。這樣的信念往往讓革命人士深受同袍情誼和使命感召喚，彼此之間建立起堅不可摧的連結。

普萊斯姐妹一心想成為前線戰士，但她們還是得從運送員做起。[61]這項工作至關重要，因為他們常常需要運送財物、彈藥或共和軍志士，而且每一次移動的風險都很高。桃樂絲的朋友修・斐尼（Hugh Feeney）有一輛車，她有時開他的車來載運東西。[62]戴著眼鏡的斐尼家裡開酒館，與桃樂絲一樣來自中產階級家庭，都是「人民民主」的一員，加入愛爾蘭共和軍之前也都打算成為老師。[63]

即使桃樂絲和瑪麗安已然成為活躍的共和軍志士，但她們還是繼續上大學，因為這是非常完美的偽裝。她們放學後會先回家把課本放好，然後出門執行任務。[64]相較於其他男性夥伴，身為女性的普萊斯姐妹更不容易引起當局注意。桃樂絲總是拿著一張名字叫蘿西的假證件，在一天內跨越邊境好幾次。[65]她實在太常跨越邊境，檢查哨的士兵後來都認得她了。他們從未懷疑過她，只是猜測她在邊境附近找了一份乏味的工作，才會需要頻繁往返。桃樂絲既健談又懂得迎合別人，還帶著一點喜歡與人打情罵俏的模樣，因此大家都很喜歡她。「蘿西！」士兵看到她來了，總會打招呼：「今天好嗎？」[66]

普萊斯姐妹經常要運送易燃物，她們可以分辨出簡易炸彈原料硝基苯的味道，因為聞起來像是杏仁軟糖。[67]製作炸彈的材料會先在愛爾蘭共和國備妥，再跨過邊境走私到北方。有一次，開車載著爆裂物的瑪麗安發現前方有陸軍檢查哨。[68]當時她才十幾歲，沒有駕照，爆裂物則是密封起來藏在駕駛座的車門板內。一名士兵走過來檢查車子，準備伸手拉門把之際，瑪麗安意識到萬一他打開車門，一定會馬上發現車門重得不尋常。

「我來！」她連忙出聲，急急忙忙自己打開車門，接著腿一伸跨出車子。當時貝爾法斯特正流行迷你裙，瑪麗安身上正好穿了一條，而士兵也注意到了。瑪麗安事後表示：「我想比起車子，他對我的腿更有興趣。」士兵就這樣揮揮手示意她離開。

在比較古板傳統的婦女會裡，有些人認為讓女性利用異性吸引力當武器來執行任務，會為組織帶來威脅，甚至可以說是傷風敗俗。一些資深的婦女會員甚至稱前線的女性成員是「陸軍女孩」，影射她們放蕩淫亂。[69]愛爾蘭共和軍的戰術一直在演變，女性成員有時會設下所謂的「甜心陷阱」，就是在城裡的酒吧四處尋找毫無戒心的英國士兵，把他們引誘到某個地方再發動突襲。一九七一年某天下午，三名下哨的蘇格蘭士兵到貝爾法斯特市中心喝酒，在那裡遇到幾個女孩邀請他們參加派對。[70]不久後，有人在城外一條偏僻的路上發現三名士兵的屍體。[71]他們顯然是在去派對的路上停下來小解，然後有人開槍將三人爆頭。普萊斯姐妹對這種任務嗤之以鼻。[72]桃樂絲始終強調，她絕對無法接受甜心陷阱任務。戰爭也是有規則的，她堅稱：「要開槍殺死士兵，必須是在他們身穿軍服時。」

或許女性成為激進暴力的化身令人耳目一新，但事實上，這樣的形象在世界上其他地方，正逐漸在革命圖像學中占有一席之地。[73]一九六九年夏天，貝爾法斯特動盪不安的同時，二十五歲的巴勒斯坦恐怖分子萊拉·哈立德（Leila Khaled），挾持了一架從羅馬飛往特拉維夫（Tel Aviv）的環球航空班機，立刻引起全球關注。哈立德命令飛機轉向飛往大馬士革（Damascus），此舉讓她成為史上第一個女劫機犯。某種程度上她已然成為好戰形象的代表性人物，照片被各家雜誌印在亮光紙封面上，她深色的雙眼和突起的顴骨包裹在頭巾下，手裡抓著一把突擊步槍。[74]幾年後，一張著名的照片拍下美國報業大亨繼承人派蒂·赫斯特（Patty Hearst）頭戴貝雷帽、手拿短型卡賓槍的模樣。[75]桃樂絲·普萊斯的一位好友表示，那些年至少有一個想法深深吸引著她，那就是當一個「優雅時尚的反叛者」。[76]

普萊斯姐妹的故事逐漸在駐紮貝爾法斯特的英國部隊間傳開，也傳到了戰地記者的耳中。[77]關於她們的傳聞越來越誇張，有人說她們把突擊步槍「藏在喇叭褲管裡」，勇闖貝爾法斯特犯罪熱點的「蛇蠍美人」。[78]坊間傳言瑪麗安是專業的狙擊手，英國小兵都叫她「寡婦製造者」，[79]而媒體都將桃樂絲稱為「阿爾斯特地區數一數二危險的年輕女人」。[80]

這一類傳聞是否值得認真看待，實在很難評斷。一般來說，這類與性有關的繪聲繪影的傳聞，多半是在局勢特別動盪時開始散播，因此關於她們的傳聞也不例外。[81]當時那個相對比較古板而壓抑的社會，突然間就以最具破壞力的方式分裂了。性解放和準軍事組織暴動帶來的威脅，被轉化成兩個手持步槍、神祕如鬼魅的放蕩長腿女人。

若說這種形象某種程度上成為戰場上的美好幻想，那麼其中一位關鍵推手就是桃樂絲·普萊斯本人。「您想去參觀我們的炸彈工廠嗎？」她曾在一九七二年詢問一名記者，又補上一句：「《巴黎競賽週刊》

（*Paris Match*）[i]上週才去拍過照。」[82]在伯恩托雷特遊行時與桃樂絲相識，來自德里的行動主義者艾蒙・麥坎，在遊行結束後偶爾來拜訪她。[83]她從未向他明說自己加入臨時派，但麥坎知道這件事，而且對此感到非常失望。他十分渴望發動革命改變愛爾蘭，但他非常確定自己不想用暴力手段達成。他總是告訴那些參加武力抗爭的朋友：「你們嘔心瀝血地付出，最後的收穫完全不會成正比。」

每次看到桃樂絲，麥坎總是懾服於她從頭到腳散發的魅力。他從小到大認識的共和主義女子大多是一板一眼又虔誠的信徒，不是聖母瑪利亞，就是拿著槍的聖母瑪利亞。普萊斯姐妹卻截然不同。桃樂絲總是打扮得很有品味，妝髮無可挑剔。「她們是非常時髦的女孩。」麥坎回想道：「她們不是面無表情的雄辯家，或做做樣子的狂熱分子，她們總是面帶笑容。」當時貝爾法斯特有一間廉價商店叫「瘋狂減價」（Crazy Prices），桃樂絲和瑪麗安自然也成為朋友口中的「瘋狂普萊斯」。[84]

有一次，皇家阿爾斯特警隊的警官在早上六點時衝進高山路上的普萊斯家，並高聲宣布將以疑似加入非法組織的罪名逮捕桃樂絲。[85]克莉西卻告訴警察：「她吃完早餐前絕對不能踏出家門一步。」警察被這位嬌小但氣勢驚人的女性唬住了，便同意等待，克莉西接著指示女兒去化妝，其實她是在拖時間好讓桃樂絲冷靜下來。桃樂絲準備好後，克莉西披上通常只在特殊場合才穿著的皮草大衣，然後大聲宣布：「我和她一起去。」

桃樂絲一度覺得非常丟臉。她心想，我身為堂堂的愛爾蘭共和軍成員，被逮捕時居然要母親陪在身旁。不過想歸想，她們還是一起走了。桃樂絲在卡色累警局（Castlereagh police station）接受審訊，她很清楚組織的規則，因此對警方守口如瓶，從頭到尾只有一句話：「無可奉告。」最終她無罪獲釋。警方實在很難控告桃樂絲，畢竟她還是學生，不但成績優異還從不缺課。離開警局前，克莉西停下腳步，稱讚警方為女兒拍攝的嫌疑犯大頭照。

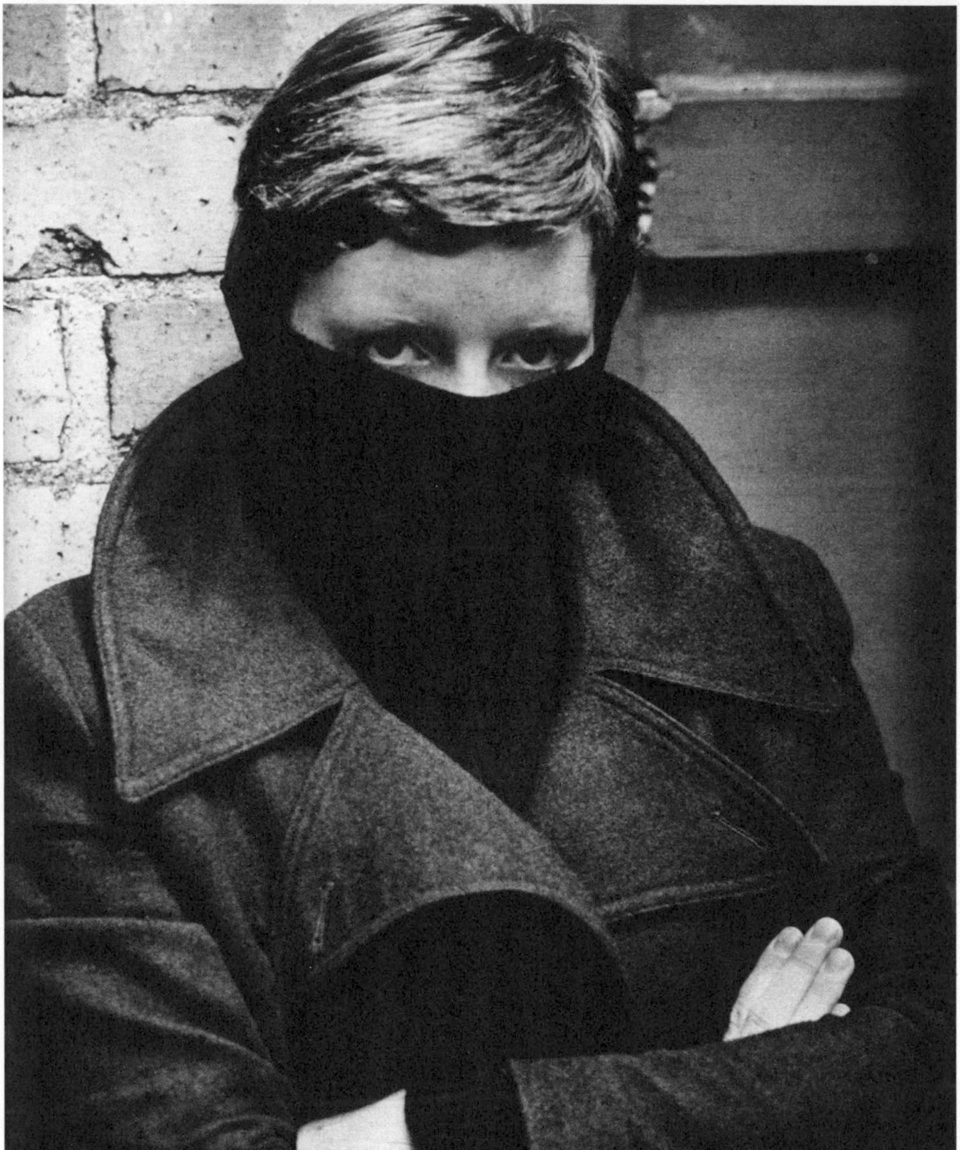

義大利《歐洲人》（*L'Europeo*）雜誌為桃樂絲·普萊斯拍攝的照片

（© L'Europeo RCS/ph.Stefano Archetti）

「我可以留下來做紀念嗎？」她一本正經地說：「拍得真好。」

為了籌措資金，臨時派開始搶銀行，而且是搶非常多間銀行。一九七二年夏天某日，三名年輕修女走進貝爾法斯特的愛爾蘭聯合銀行（Allied Irish Bank）。正當銀行準備打烊之際，三名修女從長袍底下抽出槍來，迅速開始行搶。[86]其中兩人正是普萊斯姐妹，還有另一個女性志士。過了一個月，又有三名女性走進同一間銀行再次行搶。[87]（警方始終未確認這三人的身分，但很難讓人不懷疑其中有普萊斯姐妹。）[88]桃樂絲還打劫過一輛郵局卡車，因為愛爾蘭共和軍收到情報，知道那輛車上載了大量現金。[89]

儘管周遭充斥著危險與威脅，桃樂絲和她的戰友還是保有冒險犯難的精神，相信自己是年輕氣盛的綠林好漢，在秩序崩壞的社會中闖蕩。桃樂絲在愛爾蘭共和軍的親密戰友詹姆斯．布朗（James Brown），因為在獄中得到闌尾炎而被送往安特里姆（Antrim）的醫院，普萊斯姐妹得知消息便展開大膽的劫囚行動，突襲醫院、打倒警察，成功救出布朗。[90]姐妹倆能逃過軍隊和警方的追捕堪稱奇蹟，也許是因為她們面對審訊時，總有辦法扮演好端莊天主教徒女學生的角色，化解警方對她們的懷疑。但同時也是因為當時的暴力衝突加劇，當局早已忙得焦頭爛額。

臨時派的成員中有許多有意思的人物。[91]桃樂絲有一位名叫喬伊．林斯基（Joe Lynskey）的朋友，年紀比她稍長，他在連接福斯路的卡文迪西街（Cavendish Street）長大，雖然已年屆不惑，還是和父母和姐妹住在一起。一九五〇年代，林斯基在波特葛蘭農村（Portglenone）一間修道院接受過修士訓練。[92]他許下靜默不語的誓言，每天都在黎明之前起床禱告。但最終還是決定離開修道院，加入愛爾蘭共和軍。[93]因為林斯基的青春期都在修道院度過，因此他有點像是個大孩子，年輕的共和軍志士大都覺得他是個怪人，[94]於是稱他「瘋修士」。[95]但他待人親切、溫文儒雅，因此桃樂絲非常喜歡他。[96]

另一位與桃樂絲熟絡的朋友，是身材高挑、稜角分明的年輕人傑瑞·亞當斯。他來自巴利墨非（Ballymurphy），原本在市中心的酒館當酒保。[97]他工作的那間酒館叫做「約克公爵」（Duke of York），深受勞工階級和記者的喜愛。亞當斯與普萊斯姐妹一樣，出身於信念堅定的共和主義家庭，他的一位叔父當年和桃樂絲的父親一起在德里越獄。[98]亞當斯的社會運動生涯的起點，是跟著一個當地組織加入抗議興建黑嶺公寓的行列。[99]他從未上過大學，卻和桃樂絲一樣聰明又善於分析，是令人敬畏的辯論家。他比桃樂絲早幾年加入愛爾蘭共和軍，很快就竄升成為貝爾法斯特地區的領導人之一。[100]

桃樂絲·普萊斯從小就知道亞當斯這個人，但不是很熟。兩人都還小的時候，常看到他全家人與她搭乘同一班公車，前往伊登塔貝（Edentubber）或博登斯鎮（Bodenstown）參加共和主義紀念活動。多年後再次相遇，亞當斯已成為擅長挑起政治爭端的革命者。長大後的桃樂絲第一次認出他，是在看到他站在卡車貨櫃上發表演說時，她忍不住驚呼：「傑瑞以為自己多了不起啊？竟站在那麼高的地方？」[101]後來桃樂絲發現亞當斯是個非常有意思的人，有時甚至有點可笑。後來她回憶道，他是個「戴著黑色粗框眼鏡的笨拙高個子」，散發著安靜內斂又謹慎戒備的氣質。[102]桃樂絲奔放外向、善於交際，卻難以與亞當斯打開話匣子。他時常擺出一副高高在上的冷漠姿態，雖然只比桃樂絲年長幾歲，卻總是充滿關愛地叫她「孩子」。桃樂絲·普萊斯從醫院救出詹姆斯·布朗的隔天，亞當斯就表示他很擔心這趟任務的安全性。「報紙上說女性嫌犯都未變裝。」他低聲說，又用責備的語氣補充一句：「我希望這不是真的。」

桃樂絲向他保證媒體的說法一點也不對，因為她們姐妹倆都戴著金色假髮、擦上亮色口紅，還包了花俏的頭巾，「就像是兩個去看曲棍球比賽的妓女」。普萊斯心想，亞當斯太杞人憂天了，她覺得根本沒這麼嚴重。為了保障安全，亞當斯從不睡在自己家裡，而是在不同的臨時住所輪流過夜，有些地方甚至不是住家，而是當地的商店，後來他居然跑到貝爾法斯特西區的殯儀館過夜。[103]普萊斯覺得實在太滑稽了，還

傑瑞・亞當斯（Kelvin Boyes/Camera Press/Redux）

會對別人開玩笑說他睡在棺材裡。

「當時每天都很刺激。」[104]她之後表示：「我應該要很慚愧地承認，自己覺得當時的生活很好玩。」事實上當時她確實如此，畢竟是才剛滿二十一歲的女孩。若換成其他家庭，父母可能非常不贊同桃樂絲和瑪麗安的作為，但在艾伯特和克莉西．普萊斯眼中，兩個女兒只是繼承了家族傳統，你可以指責一個人攻擊別人，但不能責備還手的人。「當初建立臨時派共和軍，就是為了築起路障對抗保皇派。」[105]當時艾伯特是這麼解釋的：「一開始我們丟石頭攻擊，但之後對方有槍了，我們也只好弄幾把槍來，站在那裡挨打豈不是很愚蠢？一開始我們是拿霰彈槍，然後有更精良的武器。但接下來，理論上要保護我們的英國軍隊卻登堂入室突襲我們的家園，你還能怎麼反抗？只能破釜沉舟，把他們炸飛，我們只能這麼做。如果當初他們沒有干涉，現在大概也不會有臨時派共和軍了。」

英國部隊成員遭到殺害時，艾伯特很乾脆地承認每一名士兵都是一條寶貴人命，「但他穿著制服。」[106]他直言：「那他就是敵人，在愛爾蘭人眼中，這就是一場戰爭。」他堅稱自己不樂見死亡，但這終究是手段與目標的問題。艾伯特．普萊斯的結論是：「如果我們成功建立統一的社會主義愛爾蘭，也許一切都是值得的。」[107]

一九七二年一月某個冷颼颼的週日午後，艾蒙．麥坎在德里集結了一大群和平示威者，卻遇上英軍傘兵開槍攻擊，造成十三人死亡、十五人受傷，這樁慘劇彷彿凸顯了和平抗爭的徒勞無功。[108]事後軍方聲稱他們遭到攻擊，而且他們只有對拿著武器的示威者開槍，但他們的說詞顯然沒有一句屬實。[109]這就是日後知名的「血腥星期日」（Bloody Sunday），也成為愛爾蘭共和主義開始活躍的導火線。桃樂絲和瑪麗安聽聞屠殺慘案時，兩人不在北愛爾蘭，而是在愛爾蘭共和國的鄧多克（Dundalk），這則新聞在她們心中燃起憤怒的熊熊火焰。[110]二月，示威者放火燒了都柏林的英國大使館。[111]三月，有鑑於北愛爾蘭國會的聯合主義立場飽受憎恨，倫敦當局將其停權，改成由英國國會直接管理。[112]

同月，桃樂絲・普萊斯到義大利米蘭發表演說，將天主教徒在北愛爾蘭受到的壓迫宣傳出去讓更多人知道。[113]她在演講中提到「分區居住」[114]的制度，還有天主教徒缺乏公民權利的現況。她告訴記者：「假如我的政治理念讓我參與謀殺，我會毫不猶豫地供認罪行。」[115]與大多數人一樣，當她提到自己在北愛爾蘭問題期間做的事情時，會故意用拐彎抹角的方式表達。「如果有人命令我去殺死敵人，我會毫不畏懼地服從。」在米蘭拍攝的照片中，桃樂絲用圍巾蒙住半張臉，擺出非法之徒的姿態。[116]

■

i・譯註：法國的新聞週刊。

# 第五章　聖猶達步道

麥康維爾家養了兩條狗，分別叫做「臨時」和「貼紙」。[1]亞瑟過世後，應當扛起養家重責大任的長子羅伯特，卻在一九七二年三月，他十七歲的那一年，因為疑似加入暱稱「貼紙派」的正式派愛爾蘭共和軍而遭到拘禁。[2]珍．麥康維爾原本就是心思細膩、敏感脆弱，丈夫驟逝後便陷入重度憂鬱。女兒海倫回憶道：「當時她算是放棄人生了。」[3]珍整日不願下床，極度仰賴香菸和藥片。[4]貝爾法斯特的醫生會開鎮靜劑等神經系統藥物給病人，許多病人服用後發現自己變得麻痺遲鈍，或不由自主地哭泣，無法控制自己的情緒。北愛爾蘭的鎮靜劑使用率，遠遠超過大英帝國的其他地方。[5]現在通常將這種症狀稱為創傷後壓力症候群（post-traumatic stress，簡稱 PTSD），但當時有一本書稱之為「貝爾法斯特症候群」[6]，因為這種病症的病因是「無法分辨出敵人，經常遭到不明就理的暴力對待，而長期處於恐懼之中」。醫生也發現一個矛盾的現象，就是相較於那些深入大街小巷、感覺有自主權的活躍抗爭分子，反而是關起門來躲在家裡的婦孺更容易患上這種焦慮症。[7]每當夜深人靜時，麥康維爾家的孩子都能隔著黑嶺公寓薄薄的牆板，聽見母親的哭泣聲。[8]

珍漸漸開始過起隱居般的生活。[9]有時長達數週的時間，她只有去買雜貨或去監獄探望羅伯特時才會走出家門，當然也可能單純只是覺得出門太危險。貝爾法斯特瀰漫著一股特別不安的情緒，因為沒有一處地方百分之百安全。[10]即使是為了躲避槍戰逃進室內，也會因為害怕有炸彈而逃出去。軍隊一直在黑嶺公寓巡邏，準軍事組織則潛伏在公寓裡。一九七二年，整個北愛爾蘭問題的衝突達到最高點，造成將近五百人死亡，是所謂「最血腥的一年」。[11]麥康維爾家的孩子表示，珍曾經多次服藥自盡未遂，[12]後來她被送進當地的佩迪斯本精神科醫院（Purdysburn）。[13]

黑嶺公寓的夜晚特別詭譎。[14]住戶關掉所有的燈光，黑暗吞噬了整棟龐大建物。在麥康維爾家孩子的心中，某個夜晚將永遠烙下深深的印記。珍出院回家後不久，家門外便發生曠日持久的槍戰。隨著槍聲暫時停止，他們聽見一個聲音。「救救我！」是男人的求救聲，但他不是本地人。

「求求祢，上帝，我不想死。」[15]是一名士兵，英國士兵。「救我！」他喊道。

珍．麥康維爾在孩子的注視下，從地上爬起來往門邊移動。[16]她向門外瞄了一眼，看到那名士兵渾身是傷，倒臥在長廊上。孩子們記得母親走回來，從家裡拿一個枕頭給門外的士兵，然後輕輕托住士兵的頭安撫他，口中喃喃地唸著祈禱詞，接著悄悄回到家中。[17]羅伯特入獄後，家中最年長的孩子就是亞契了，他責備母親不應該插手。他忍不住發牢騷：「這樣只會惹麻煩。」

她對亞契說：「他也是人生父母養的。」[18]

麥康維爾一家人再也沒見過那名士兵，時至今日，他們也不知道他的下場究竟如何。但隔天早上他們離開公寓時，發現家門上被人寫滿了幾個大字：英國佬情婦。[19]

這是非常嚴重的指控。在戰事白熱化的貝爾法斯特，被鄰居撞見當地婦女安撫英國士兵的畫面，很可能讓自己置身險境。很多疑似做出這種踰矩行為的女性，都被人以非常古老的方式羞辱：塗上柏油然後黏滿羽毛。[20]一幫暴民會突然接近那名女性，粗暴地剃掉她的頭髮，然後把溫熱黏稠的柏油淋在她身上，再將一整顆枕頭的髒羽毛從頭傾倒而下，接著用繩索套住她的脖子，像狗一樣拴在路燈上，讓整個社區見證盛大的羞辱儀式。[21]「喜歡士兵的女人！」[22]暴民刺耳地叫囂：「士兵的洋娃娃！」

當時很多男人都長時間坐牢，留下妻子獨守空閨，同時間還有許多趾高氣昂的年輕英國士兵在社區裡巡邏，在這種環境下，民眾對婚姻不忠和背叛民族情感的恐懼開始蔓延並扎根。柏油加羽毛的羞辱儀式正式成為臨時派愛爾蘭共和軍的政策，組織領袖公開表示，這樣的作法是維持社會穩定的必要措施。[23]頭幾名受害者被送到當地醫院時，無所適從的醫護人員只能向建築工人求救，詢問他們該如何清理柏油。[24]

麥可．麥康維爾感覺他們一家人像是誤入陌生國度的外來者。[25]他們因為太像天主教徒而被迫離開貝爾法斯特東區，又因為太像新教徒而在貝爾法斯特西區顯得格格不入。家門口被人塗鴉後，原本為數不多的朋友便再也不願與他們有任何瓜葛。[26]不論走到哪裡，他們總是被人欺負。亞契因為拒絕加入臨時派而遭到年輕成員痛揍一頓，手臂因此骨折，[27]海倫則是和一個朋友受到一群士兵騷擾。[28]後來海倫猜測，他們一家之所以受到更多排擠，是因為母親拒絕加入公寓的「互助鏈」，[29]也就是靠著鄰居一個傳一個地藏匿武器，躲避警察搜索的互助體系。珍很擔心萬一被警察抓到家裡藏槍，可能會再有一個孩子受到牢獄之災。某一天，家裡養的兩條狗臨時和貼紙失蹤了。有人把兩條狗推下垃圾滑槽，導致牠們當場死亡。[30]

麥可有氣喘，[31]珍擔心公寓的瓦斯暖氣讓他病情加劇，因此申請更換住所。[32]他們分配到的新房位於黑嶺公寓的另一棟建築，名叫聖猶達步道（St. Jude's Walk），他們很快收拾好行囊搬過去。新家比原先的房子大一點點，除此之外毫無差別。

聖誕節即將到來，整座城市卻是一點節慶氛圍也沒有。[33]許多店家都未營業，還用木板條封死門窗，因為他們曾經遭到炸彈襲擊。那段時間珍．麥康維爾唯一的娛樂，就是固定到當地某個社交俱樂部玩賓果。只要她贏得比賽，就會發給每個孩子二十便士。[34]有時她帶回來的獎金夠多，還可以幫每個孩子都買一雙新鞋。麥康維爾家更換住所後的某天晚上，珍和一位朋友去玩賓果，但當晚她沒有回家。[35]

凌晨兩點過後不久，有人敲響麥康維爾家的大門。[36]來者是一名英國士兵，他來通知孩子們，他們的母親在附近的軍營。海倫立刻趕往軍營，在那裡找到全身又濕又髒、沒有穿鞋又披頭散髮的珍。珍說當時自己在玩賓果，突然有人進來告訴她有個孩子被車撞了，外面的人會帶她去醫院。[37]她一聽到這個消息便驚慌地離開俱樂部，上了那個人的車。但其實這是個陷阱，車門一打開，珍就被推倒，還有人用頭巾蒙住她的臉。珍說那些人將她帶進廢棄建築物，又將她綁到椅子上嚴刑拷打。獲釋之後，一臉痛苦的珍被幾名陸軍軍官發現在街上遊蕩，便將她帶回軍營。

珍沒有辦法，或者說她不肯說出是誰綁架了她。海倫很好奇他們到底問了什麼問題，珍則表示根本不值得一提。「很多問題根本沒頭沒腦。」[38]她說：「都是些我不知道的東西。」當晚珍躺在床上輾轉難眠，於是坐了起來。她臉上青一塊紫一塊，兩眼瘀青，菸一根接著一根抽著。[39]她告訴海倫自己很想念丈夫亞瑟。[40]

後來孩子們回想起來，那天正是珍叫海倫去買炸魚薯條的前一天晚上。[41]當晚她洗了熱水澡，想要舒緩前一天嚴刑拷打在身上留下的疼痛與傷口。[42]海倫出門前，珍交代了一句：「不要偷偷跑去抽菸。」[43]

海倫穿過黑嶺公寓宛如迷宮的走道，到附近的商店點餐然後等待。餐點做好後，她付了錢，拿著油膩的紙袋走回家。海倫一走進公寓，立刻察覺到不對勁，她看到一群人在他們家門口的陽台徘徊。[44]這個景象在夏天很常見，因為黑嶺公寓沒有什麼娛樂場所，因此孩子們都會在陽台上玩球，他們的父母則會在涼爽的傍晚走出家門，靠在門邊抽菸閒聊。但現在可是十二月。海倫一步步走近他們的新家，看到一群人圍在家門口，便立刻拔腿狂奔過去。

# 第六章 十二惡棍

一棟空屋佇立在李森街（Leeson Street）上，對面是名為瓦納山口（Varna Gap）的小街區。[1] 遭燒毀破壞、人去樓空、門窗上釘滿夾板，諸如此類的廢棄建築夾雜在貝爾法斯特的市景中。原本的住戶都早已逃離，再也沒有回來。布蘭登・休斯與幾名D連隊（D Company）的夥伴，站在空屋對面的街道上。那天是一九七二年九月二日，星期六。[2]

休斯抬頭望了一眼，發現遠處出現一輛綠色的廂型車，正沿著李森街朝他們駛來。[3] 他謹慎地盯著那輛廂型車，一股不安的感覺油然而生。平常他身上都會帶著手槍，但那天早上他把槍借給一個要去偷車子的夥伴，因此此刻他手無寸鐵。廂型車從休斯身邊呼嘯而過，距離近到足以瞥見駕駛的樣貌。是男的，並非熟面孔，而且那傢伙看起來很緊張。不過廂型車並未停下來，而是繼續朝前穿過麥唐諾街（McDonnell Street），開往葛羅斯維納路（Grosvenor Road）。休斯一直盯著廂型車，直到對方消失在視線中。為了保險起見，他派一個跑腿的手下去拿武器。[4]

雖然二十四歲的休斯個頭矮小，卻十分強壯敏捷，有一對黑色濃眉和一頭蓬亂黑髮。[5] 他是臨時派愛爾蘭共和軍D連隊的指揮官，[6] 負責貝爾法斯特西區的部分區域，因此他不但是保皇派準軍事組織的頭號目標，更是警方、英國陸軍和貼紙派（正式派愛爾蘭共和軍）的勁敵。就在十八個月前，前D連隊指揮官、同時也是休斯堂哥的查理遭到正式派開槍射殺。因此按照愛爾蘭共和軍的說法，休斯算是正在「跑路」：他是許多武裝組織的頭號目標，必須祕密行動。或許在偏遠的鄉村可以躲上好幾年，但在人人相識的貝爾法斯特，能躲六個月就已經很幸運了，遲早會被人找到。[7]

休斯於一九七〇年初加入臨時派，[8]起初是透過堂哥查理接觸該組織，但他很快便以自己的精明和頑強建立起名聲，成為倍受尊敬的戰士。休斯每天都更換住處，幾乎不在同一張床上連睡兩晚。[9]D連隊的地盤包括葛羅斯維納路、以前的「牛欄小溪巷」地區，還有兵家必爭之地福斯路。[10]一開始，D連隊只有十二名成員，他們便是日後遠近馳名的惡犬幫（The Dogs），或稱十二惡棍（Dirty Dozen）。[11]休斯身體力行一個父親從小就灌輸給他的觀念：如果想讓別人為自己做事，就要以身作則。[12]因此他不僅派人執行任務，而且與他們一起行動。桃樂絲．普萊斯加入愛爾蘭共和軍後認識了休斯，對他崇拜不已。「他似乎可以同時出現在一百個地方。」[13]她回憶道，接著又補充一句：「我猜他從來不睡覺。」雖然休斯身材矮小，他在桃樂絲心中仍是個「堂堂男子漢」。[14]他從不叫共和軍志士做他自己不願做的事，己所不欲勿施於人的態度，不論是對她或其他人而言都意義非凡。

D連隊執行的任務數量多不勝數，經常一天得出四到五趟任務。[15]可能是早上搶銀行，下午去「遊蕩」：也就是開車在街上四處巡邏，像都市獵人一樣尋找英國士兵，然後對他們開槍。接著要趕在晚餐前設下詭雷，晚上再去參加一、兩場槍戰。他們忙碌而危險的生活令人頭暈目眩，[16]搶銀行、搶郵局、打劫火車、放置炸彈、射殺士兵，休斯每天都緊鑼密鼓地執行各種任務。在休斯看來，這就是一場大冒險。他每天衝進戰區加入槍戰，就像其他人每天起床去上班一樣自然。[17]他很享受執行任務時的衝勁和氣勢，那種無情的快速節奏推動著他們的武裝抗爭，成為他們繼續下去的動力，因為每一次任務成功都會吸引新的追隨者加入他們的行列，誠如休斯在愛爾蘭共和軍的一位夥伴所言：「任務圓滿成功就是最好的招募廣告。」[18]

年輕游擊隊指揮官布蘭登·休斯的傳奇故事，逐漸在貝爾法斯特傳開，加深了英國軍隊逮捕他的決心，但問題是他們不知道他長什麼模樣。[19]休斯的父親毀掉每一張有休斯入鏡的家庭合照，防止軍隊從照片認出他來。因為休斯的膚色較深，因此士兵管他叫「小黑」（Darkie）或「黑人」（The Dark），這也成了他在戰場上的稱號。正因為英國軍隊不知道他究竟長什麼樣子，休斯常常大搖大擺地從沙包圍起來的軍營旁邊走過去，士兵卻只當他是個一頭亂髮的貝爾法斯特小子，甚至沒多瞧他一眼。

軍隊會到他家裡，把他父親從床上拉起來，然後四處尋找休斯的蹤跡。[20]有一次軍隊把休斯的父親拖去審訊，審問兩天後逼他老人家光著腳走回家，休斯聽說後簡直氣瘋了。英軍告訴他的父親，他們找布蘭登不是想逮捕他，而是要殺了他。[21]

他們的威脅可不是說說而已。因為就在不久前的四月，綽號「大喬」（Big Joe）的正式派愛爾蘭共和軍領袖人物喬伊·麥坎（Joe McCann）手無寸鐵地走在路上，被英軍攔下，當時他試圖逃走，卻還是中了槍。[22]即使麥坎已經染髮變裝，士兵依舊認出他來。他身中數槍後，帶著重傷踉踉蹌蹌地想要逃走，然而，士兵沒叫救護車，反而是好幾人一起連開數槍擊斃他。之後他們搜索麥坎的口袋，卻找不到任何稱得上武器的東西，只有幾枚硬幣和一把梳子。[23]

廂型車再度出現，這時休斯的手下還沒帶著槍回來。[24]過了五分鐘，沒想到那輛車又出現了。同樣的廂型車、同樣的駕駛。休斯的神經緊繃了起來，不過廂型車再一次從他面前開走。車子又往前開了二十碼左右（譯按：約十八公尺），接著剎車燈亮起。休斯看到後車箱打開，幾個人從車上衝下來。他們穿著運動服和球鞋，看起來不像軍人，但其中一個人兩手各拿一把點四五口徑手槍，另外兩人則是手持步槍。正當休斯轉身逃跑之際，三個男人同時開槍。休斯迅速逃開，子彈從他身旁呼嘯而過，擊中空屋的外牆，三名槍手立刻拔腿狂追。他衝到賽普勒斯街，身後傳來三個男子跑在人行道上重重的腳步聲，他們手裡的槍持續發射個不停。於是休斯開始蛇行前進，像壁虎一樣鑽進錯綜複雜的狹窄街道。

他非常熟悉每條街道、每條隱密的小巷、每道可以攀過的籬笆。他知道這一帶的每一間空房、每一條晾衣繩。休斯很喜歡毛澤東提出的游擊戰略觀：把人民比喻為水，游擊隊猶如水中的魚，游擊隊來去自如，如魚得水。[25] 如果他是魚，西貝爾法斯特就是他的水：當地人有個約定俗成的互助系統，他們會幫助像休斯這樣的年輕武裝分子，提供房子給他們當捷徑或藏身處。[26] 休斯手腳並用地爬過一戶人家後院的籬笆，此時房屋後門突然打開，休斯一溜煙衝進去後，門便迅速關上。有些居民是因為畏懼臨時派而別無選擇，只能和他們合作，但其他人都是覺得同胞應團結一致而自願協助。如果休斯執行任務期間不慎摧毀民宅，他也會支付賠償金。[27] 他如此深耕地方，是因為他知道一旦沒有了水，魚就活不了。[28] 賽普勒斯街上住了一個綽號「鄉紳」，姓麥奎爾（Squire Maguire）的病人，在局勢最混亂期間，即使街道上槍戰、暴動與警察突襲有如家常便飯，當地居民偶爾還是會看見布蘭登．休斯揹著麥奎爾走過幾棟房子，送他到酒館喝杯酒，過不久再回來送他回家。有一次，下福斯地區的一名英國士兵發現休斯走進他的步槍射程內。正當他手指放在扳機上，準備開槍的千鈞一髮之際，有個老婦人不知道從哪裡走出來擋住他的槍口，告訴他今天晚上沒有人可以在她的街上開槍打人。等士兵再次抬頭，休斯早已消失無蹤。[29]

那三個男人依然用力踏著腳步緊追在後，並且不分青紅皂白地胡亂掃射，休斯一個急轉彎衝向蘇丹街（Sultan Street）。他已想好目的地：一間位於蘇丹街的應變屋。應變屋通常是住著平凡人家的一般住宅，但同時也是臨時派的祕密設施。[30] 整條街上的紅磚房看不出有何差別，每棟房子都有一模一樣的木門，其中一扇門內就是他們隱密的避難所，可以當作安全屋、等待室，或是祕密情報交換點。因為房子裡住著一般人家，因此能避開當局的懷疑目光。經過一整天筋疲力竭的東躲西藏，在深夜時分抵達應變屋時，屋主會將好夢正酣的孩子從床上抱起，讓臨時派成員在床上享受難得的一夜好眠。

在蘇丹街的街角，一輛烘焙坊的廂型車正在卸貨，當休斯從車旁奔馳而過時，後面追趕的男人又連開好幾槍，擊碎了廂型車的車窗。他持續在蘇丹街上衝刺，希望能搶在不長眼的子彈之前抵達應變屋。除了先前提到的用途，有時應變屋也能充當軍械庫。英國軍隊都知道休斯經常在福斯地區的街道東奔西走，用他那把二戰時期的點四五口徑小手槍，與他們的大口徑槍枝拚命。後來有人說，英軍「儘管恨之入骨，還是很佩服這個用手槍與一整支菁英部隊抗衡的小傢伙」。[31]但休斯知道，如果他想與英軍一決雌雄，還是需要更大型的武器。某一天，他認識的水手從美國航行回來，帶回一本阿瑪萊特步槍型錄。[32]這種輕巧、精準又火力驚人的半自動步槍，不但容易清理，操作和隱藏也容易，休斯一看便愛上了，並且成功說服臨時派透過某種大膽的方式進口阿瑪萊特步槍。不久之前，皇后郵輪公司（Cunard Line）推出豪華郵輪「伊莉莎白二世女王號」，載著富有的乘客跨越大西洋，從英格蘭的南安普敦（Southampton）啟程到紐約。船上共有一千名工作人員，包含許多愛爾蘭人，而其中恰好有幾個人是布蘭登·休斯的手下。休斯便是利用這艘以英國女王命名的郵輪為愛爾蘭共和軍走私軍火。槍枝抵達後，西貝爾法斯特牆上新畫的塗鴉正式宣布戰局改變：上帝創造天主教徒，而阿瑪萊特讓他們能與人平等。[33]

休斯實在跑得太快，險些錯過他要去的那間應變屋。[34]他腳步急停準備開門的當下，因為衝勁過大而直直往前門的窗戶撞去，玻璃應聲而破。他一個翻身跌入前廳，看清自己的位置後，迅速拿起一把阿瑪萊特步槍。接著他走到屋外，看見三個追趕他的男人正向著房子飛奔而來，便提起阿瑪萊特步槍瞄準三人、扣下扳機。三個男人立刻四散尋找掩護，然後開槍反擊。突然之間，不知從哪冒出兩輛薩拉森裝甲車，朝著槍戰現場疾駛而來。兩輛裝甲車猛然剎車，緊接著三個男人就不見了。休斯站在原地大口喘著粗氣，還在思考自己剛剛目睹的畫面。那三個槍手一身平民打扮，卻逃進英國陸軍的裝甲車。[35]他們根本不是平民，而是英國陸軍。此時休斯往下一看，才發現鮮血正汩汩流出。

休斯生長在以新教徒社區占大宗的西貝爾法斯特，從小到大身邊都是新教徒。[36]一九五〇年代時，他大部分的童年朋友都是新教徒。他家那條街上住了一位老太太，每次看到休斯從她家門前走過就會呸一聲吐口水，問他那天早上有沒有喝教宗的尿祈求恩典。不過大多數時候，他都和身邊的新教徒相處得很融洽。休斯還不到十歲，母親便因為癌症過世，留下當泥水匠的父親凱文（Kevin）獨自撫養六個孩子，而且終身沒有續弦。布蘭登的兩個哥哥移民到澳洲找工作，因此他擔起重任，幫父親一起撫養年幼的弟妹。凱文出門工作時，布蘭登就在家裡照顧其他孩子。父親對他的看法是「可以依賴的小夥子」，[37]聽起來不怎樣，實則是滿滿的讚揚。

一九六七年，休斯加入英國商船隊（British Merchant Navy）出海航行。[38]他到過中東和南非，在南非親眼見識種族隔離的慘況。兩年後返鄉時，貝爾法斯特的戰火已點燃。布蘭登的父親年輕時曾加入愛爾蘭共和軍，但對此他隻字未提。比利．麥基就是凱文．休斯當時結交的朋友之一，他以強硬的作風聞名，更是創立臨時派的元老，而布蘭登從小就非常崇拜麥基，認為他是傳奇愛國者和戰士。休斯一家禮拜天去望彌撒的路上，都會經過位於麥唐諾街的麥基家，布蘭登總覺得自己應該尊敬地跪拜這位傳奇人物。[39]某次布蘭登參加完葬禮，與其他人在洗碗間喝茶時，看到麥基正在和其他人談話。布蘭登故意與他擦身而過，感受到他腰帶下方硬邦邦的點四五口徑手槍。實在克制不住好奇心的布蘭登，開口問麥基能不能看那把槍，麥基便大方借給他看。

布蘭登．休斯加入商船隊時，父親提出一個古怪的要求：「千萬別紋身。」[40]當時水手刺青是司空見慣的事，不久之後，休斯便經常在遍布歐洲和遠東的各式紋身店裡，等待其他同伴一針一針地完成刺青。而他將父親的叮囑牢記在心，始終沒有紋身。凱文從未特別解釋為何訂下這條規矩，但布蘭登隱約猜到理由：紋身是「可以識別身分的記號」。多年之後布蘭登回想當時的情況，忍不住猜想父親是不是早有預感，知道他最終會走上怎樣的路。

在蘇丹街上的應變屋裡，休斯正在快速失血，但不是因為他有槍傷傷口，而是他撞碎窗戶時，碎玻璃在他的手腕動脈上劃出一大條傷口。[41]應變屋的位置曝光了，他若留在此地會非常危險，因此幾名夥伴簇擁著休斯走過人行道，前往不遠處的另一間房子。現在他急需救治，但所有的人都很清楚，絕對不能送他去醫院。[42]此刻軍隊已下令格殺勿論，沒有一條庇護法案能保障他在醫療機構的人身安全。另一個方法是找醫生來幫休斯治療，可是這也有一定的困難與風險。儘管追殺休斯的人消失了，但薩拉森裝甲車還在附近巡邏，毫無疑問是在尋找他的下落。休斯像負傷的野獸一樣困在房子裡，鮮血隨著每一次心跳流淌而出。

半個小時過去，休斯的傷勢越來越不妙。突然之間，傑瑞．亞當斯帶著醫生出現了。[43]亞當斯可說是布蘭登．休斯的摯友。兩人相識於兩年前的夏天，當時亞當斯正在指揮一九七〇年的暴動。休斯不記得亞當斯是丟擲石頭還是汽油彈，總之他指揮行動的效率堪稱快狠準。這就是亞當斯在休斯心目中扮演的角色，臨時派的「重要謀略家」，而休斯自己比較擅長擬定戰術。無畏又狡猾的休斯，不論策劃何種行動皆是游刃有餘，不過亞當斯能夠看透更長遠的政治情勢，掌握衝突中瞬息萬變的局面。亞當斯就像不必親自上戰場的將軍，知道如何避開直接的暴力衝突。當滿載著阿瑪萊特步槍的車子開進社區時，亞當斯總會搭上沒載武器的偵查車，而休斯習慣待在載運槍枝的車上。[44]桃樂絲．普萊斯常常開玩笑，說休斯永遠槍不離手，亞當斯則是永遠槍不隨身。[45]在亞當斯看來，休斯總是深陷險境。後來亞當斯發現街上的年輕人「有非常多是休斯的追隨者」，[46]某次提到休斯時更是表示：「他即使缺乏能夠闡述政治理念的能力，但足以彌補此一缺陷之處，在於他能夠憑直覺做出正確的事。」

亞當斯對休斯做出這樣的評論，聽起來多少有自視高他一籌的味道，但卻不能說完全沒有根據，因為休斯或多或少的確認為自己在北愛衝突中就是扮演這種角色。他認定自己是士兵，不是政治家。他自認是社會主義者，但未讓意識型態沖昏他的腦袋。[47]他也自認為是天主教徒，但相較於亞當斯每晚都誦唸《玫瑰經》並閱讀《聖經》，對休斯而言，每個星期去望彌撒實屬不易。休斯說他非常崇拜亞當斯，即使他明知隔天是禮拜一，當亞當斯卻告訴他是禮拜天，他還是會忍不住想是不是自己錯了——就是崇拜他到這種地步。布蘭登的小弟泰瑞說過，布蘭登真正的家人是愛爾蘭共和軍，傑瑞·亞當斯就是他的兄弟。[48]

亞當斯帶來的是當地的心臟外科醫生，但這一趟走得太倉促，結果他什麼器具都沒帶。[49]因此有人拿來針線和鑷子，醫生將鑷子伸入休斯手臂上的傷口，盲目摸索那條被劃傷的血管。[50]總算找到後，醫生艱難地用鑷子尖端拉下血管，才能小心翼翼地縫合。在沒有打麻藥的情況下，粗糙的手術就在休斯眼皮底下進行，可是他不能叫出聲來，因為軍隊還在外面的街道巡邏，尋找他的下落。在醫生動手術時，薩拉森裝甲車一度開到房屋前方徘徊不去，強大的引擎轟轟作響，屋裡所有的人都屏氣凝神，想著拿步槍的士兵何時會破門而入。

亞當斯親自帶醫生過來對休斯而言意義非凡，因為他冒的風險太大了。根據皇家阿爾斯特警隊情報小組（Special Branch of the RUC）的資料顯示，亞當斯曾任臨時派巴利墨非分隊的領導人，後來更成為貝爾法斯特旅指揮官，是愛爾蘭共和軍在貝爾法斯特位階最高的成員。[51]他是敵人的頭號目標，比起休斯，當局更想抓的人是亞當斯。

不過亞當斯對休斯非常忠誠。除了他們深厚的友誼與對彼此的賞識，亞當斯覺得最重要的是正在「跑路」的休斯沒逃到鄉下，沒跨過邊境躲到愛爾蘭共和國，而是選擇留在貝爾法斯特。他大可逃到靠近邊境的鄧多克（共和主義者的最佳避難所），和其他正在逃亡的人一樣在酒館裡打牌、喝得爛醉如泥。休斯卻是選擇留下來，與他忠誠的D連隊手下並肩作戰，而且始終沒減緩執行任務的緊湊腳步。[52]「當地人都知道他

傑瑞·亞當斯和布蘭登·休斯後來的合照

還在這裡。」[53]亞當斯表示：「他們就是需要這樣的激勵。」

那天亞當斯救他一命的大恩，休斯沒齒難忘。[54]他沒派其他人來，反而是親自出馬。醫生縫完傷口離開後，亞當斯命令他的好友休斯離開貝爾法斯特一陣子，避避風頭。如今他顯然成為軍隊的暗殺目標，敵人絕對會再找機會取他性命。休斯不想離開，但亞當斯很堅持，休斯不得已只好前往鄧多克寄居民宿。可是他不甘心就這樣躲起來休養，他始終按捺不住想回貝爾法斯特的衝動。最後他只在鄧多克待了一星期，由於他的日子一直過得很緊湊，因此這一星期在休斯看來彷彿是一輩子。

休斯站在街上看到槍手衝出綠色廂型車的當下，對面那間空屋騷動了一下。在斑駁的紅磚牆後方，一隊英國士兵在此過了一夜。其實不只是準軍事組織會將當地房屋納入戰略所用，這棟位於D連隊地盤核心的空屋，正是英軍的祕密觀測所。

在英國陸軍的祕密內部檔案中，簡短記錄了這次拙劣的任務。[55]在解密後公布的報告中，陸軍承認確實有士兵打扮成平民執行任務，但在公開紀錄中他們此舉的目的不是暗殺目標，而是「試圖強行抓捕」。士兵躲在隱密的觀測所裡，就在愛爾蘭共和軍的地盤內，密切監視布蘭登．休斯及其同夥的一舉一動。雖然軍方這次沒成功殺害或逮捕他，但至少知道他長什麼樣子了。

# 第七章 小准將

法蘭克．基特森（Frank Kitson）與桃樂絲．普萊斯、傑瑞．亞當斯一樣，都追隨了家族傳統。他的父親是皇家海軍中將，[1]哥哥也加入海軍，祖父則是在印度陸軍服役。[2]法蘭克．基特森加入英國陸軍步槍旅，後來娶了一名上校的女兒。[3]雖然他入伍時年僅十八，但他還是覺得自己來得太遲了。一九四五年，基特森隨部隊前往德國，不過這時戰爭已經結束，唯一能做的只有收拾殘局。[4]就當時的情況看來，不會再有另一場世界大戰，因此基特森大部分的時間都在當個悠閒的紳士軍官，聽歌劇、看賽馬或去釣魚，盡量不讓自己因為錯過大放異彩的時機而懊惱。

一九五三年，他被派往當時仍是英國殖民地的肯亞協助鎮壓起義活動，對付神出鬼沒的反抗組織「茅茅」（Mau Mau）。[5]收拾行囊準備出發之際，基特森心中最害怕的情況就是等他抵達肯亞，所謂的「殖民地緊急狀況」早已結束，他又會一無所獲地回家，任何仗都沒打到。

但他多慮了。[6]基特森一抵達肯亞，就馬上投入他所謂的「戰局」。他做事非常井井有條，將自己的抱負寫在一張小紙片上：「提供維安部隊擊潰茅茅所需的資訊。」然後將紙片夾進他床頭的《聖經》裡。[7]

基特森的身材結實矮壯，目光凌厲、下巴凸出。他總是像閱兵場上的士兵一樣挺直腰桿，走路時兩肩晃動，給別人他是個彪形大漢的印象。隨時間流逝，他那頂點綴著金穗的鴨舌軍帽底下的頭髮越來越稀疏，因此後來他每次拍照幾乎都戴著帽子。[8]他說話時帶著些微的鼻音，而且喜歡用運動員的行語，說別人「離網」（off net），藉由俱樂部成員才懂的詞彙妝點自己的言談。[9]眾人皆知他不喜歡寒暄，[10]軍隊裡流傳一則和基特森有關的故事（雖然幾乎可以確定是杜撰的，但還是能由此略知他的為人）：話說在一場晚宴上，基特森一名同袍的妻子坐在他隔壁，她告訴基特森自己和一位朋友打賭，要讓他「說出至少六個字」。

「你輸了。」基特森回了她一句，接著整晚再也沒和她說過任何一句話。

抵達肯亞之後，他發現自己處於全然陌生的環境中，也就是森林。晚上出發執行任務前，他會在手上和臉上塗抹黑色迷彩花紋，為了讓偽裝更完整，他還會在頭上放一團枯草。[11]他用這種方法讓自己「變黑」（blacking up），相信在昏暗的夜色下，自己從遠處看起來就與當地人沒兩樣。[12]如同吉卜林筆下的角色，基特森會躲進樹莓叢裡，尋找難以捉摸的茅茅戰士。他在茂密的樹叢中移動，很驚訝地發現人類竟然能這麼快適應全然陌生的環境。他在回憶錄中提到在肯亞的時光是這麼寫的：「一開始覺得所有的事物都很陌生，但過了一段時間後，平凡的東西反而變陌生了。」[13]

某天基特森遇到一群從頭到腳披著白袍的肯亞人。他們臉上的布只在眼睛、鼻子和嘴巴的地方割出細細的縫，因此完全看不清楚長相。基特森一問之下才知道，這些模樣奇特的傢伙是受到英國陸軍誘降，背叛反抗軍同伴的茅茅戰士。他們會用長袍遮住自己再去指認同袍，告訴英國士兵那些茅茅俘虜的身分。[14]

當下基特森突然頓悟，那決定性的瞬間讓他明白，原來「策反」可以轉化成非常有效的武器。[15]基特森發現與叛亂組織對抗時，取得可靠的好情報至關重要，而其中一種獲取方法就是誘使叛亂分子換邊站。他開始投入很多心力，思考如何說服反抗分子背叛同袍才是上策。「信任」顯然是其中一個重要因素，因為一旦叛逃的人同意協助敵人，就等於將自己性命交到敵人手中。不過信任是可以培養建立的。假如基特森想培養新兵的信任感，讓他成為自己的間諜，就會帶著他一起去巡邏。他們躲藏在樹叢中時，基特森會將自己的手槍交給他，身上只留一把開山刀。這樣的作法風險很大，但基特森深信把武器交到手下的祕密間諜手中，就能「讓他們知道自己絕對是團隊的一分子」。[16]

英軍最終成功鎮壓叛亂，但死傷與遭囚的肯亞人數量多到令人咋舌。[17]沒有人知道究竟有多少肯亞人慘遭屠殺，事實上人數可能高達數十萬。大約一百五十萬人遭到監禁，被抓進集中營者更是不計其數。[18]茅茅嫌疑犯接受訊問時經常被電擊，身上處處是香菸燙傷的印子，駭人聽聞的性虐待更是時有所聞。[19]（儘管祭出如此血腥的鎮壓行動，英國殖民政府仍然無法力挽頹勢，終究在一九六三年撤出肯亞。）倫敦當局大張旗鼓地慶祝英軍成功鎮壓茅茅。一九五五年，基特森因其「在肯亞英勇又卓越的服務」而獲頒軍功十字勳章（Military Cross）。[20]「我在想自己之所以這麼幸運，一部分是因為我不像某些指揮官，我的思考方式比較偏向恐怖分子一點。」他日後回想時表示：「我不知道自己受非洲人的心態影響有多深，或許我被他們比較討人厭的個性汙染了，變得冷酷無情又奸險？」[21]

基特森終於找到他的天職。[22]雖然沒有世界大戰可以打了，但還是有很多殖民地發生叛亂。一九五七年，他動身前往馬來亞，在柔佛（Johore）的叢林裡與共產黨游擊隊作戰，因此獲頒第二枚軍功十字勳章。他緊接著又被派往馬斯喀特阿曼王國（Sultanate of Muscat and Oman），到沙漠中鎮壓反抗分子。[23]接著他兩度獲派前往賽普勒斯，投入希臘裔與土耳其裔賽普勒斯人的戰爭，晉升為營長。[24]

一九六九年，基特森暫時告別戰場一年，拿了獎學金在牛津大學進修。在充滿哥德式建築與整齊草皮的校園裡，他展開全新的計畫，打算將他的反叛亂策略整理得更有系統。[25]他研讀毛澤東和切．格瓦拉的思想，再汲取自己的作戰經驗，寫成標題看來十分輕描淡寫的著作《低強度作戰》（*Low Intensity Operations*）。基特森在這本書中提出的理論，後來成為反叛亂策略的基石：最重要的不只是鎮壓起義，還要贏得當地民心。[26]書中也特別強調情報蒐集的重要性，道理不言而喻：如果想擊退反叛勢力，一定要知道敵人的身分。

當一九七〇年基特森寫完這本著作時，已經稱得上是英國陸軍最傑出的戰士和智囊。他完成牛津大學的學業後晉升為准將，接著獲派前往英國最新的小型戰場：北愛爾蘭。

位於利斯本的駐軍總部距離貝爾法斯特八英里遠（譯按：將近十三公里），最外層是一圈強化的防爆牆，還堆滿沙包和帶刺鐵絲網。駐紮在北愛爾蘭的英國部隊數量在短時間內急遽升高：一九六九年夏天才兩千七百人，到了一九七二年夏天便高達三萬多人。[27]英國士兵大多和敵對的準軍事組織成員一樣，年輕又缺乏經驗，就是一群高瘦笨拙、滿臉粉刺又充滿恐懼的男孩，一個個都是稚氣未脫的青少年。這樣的年輕男孩遍布各地的基地、軍營和臨時搭建的營舍。[28]黑衛士兵團（Black Watch）其中兩個連隊的士兵，在寬闊的機棚臨時紮營，另一個連隊則是住在公車總站，士兵都睡在空車上。所有的士兵都要在北愛爾蘭駐紮四個月才能回家。

這可能是非常危險的任務，因為有好幾個武裝陣營都與當地團體關係緊密。士兵們一直處於遭到狙擊手槍殺，或被土製炸彈炸得粉身碎骨的險境中，因此心思比較細膩的士兵忍不住好奇：成功是什麼樣子？究竟怎麼樣才算勝利？他們在一九六九年夏天被派到北愛爾蘭鎮壓暴動，但打從抵達當地後流血殺戮卻是越來越嚴重，一點也沒有好轉。他們必須達成什麼目標才回得了家？[29]在愛爾蘭問題期間所部署的士兵，並不是打擊納粹的同一支軍隊，而是長期以來專門在殖民地打小型戰爭、排解糾紛的軍隊。那北愛爾蘭究竟是什麼？是聯合王國的一部分嗎？還是和其他殖民地一樣蠢蠢欲動？[30]

法蘭克．基特森在一九七〇年抵達北愛爾蘭時，他還不是英軍的總指揮官，不過他麾下的陸軍第三十九空運旅（39 Airportable Brigade），正是負責貝爾法斯特的單位，因此他的影響力很快便超出自己的崗位。[31]誠如基特森後來一位屬下所言：「在他的責任範圍內，他就像那顆所有的行星都圍繞著打轉的太陽，

法蘭克·基特森（右）攝於肯亞
（Still from documentary series "War School 1: Kitson's Class." BBC One London, January 9, 1980）

幾乎一切都是他說了算。」[32]

基特森抵達時，軍隊面臨最大的問題就是缺乏可靠情報。不論是加入共和派或保皇派準軍事組織的男男女女，看起來都與平凡老百姓無異，如此一來該如何區分他們呢？幾十年來，愛爾蘭共和軍的成員相對比較穩定，每年打聽到的都是那幾個人。但此刻警方陳舊的檔案極需更新，因為每個星期都有大量新成員加入。而軍隊偏好老套的作法，更是讓更新資料的難度大幅提升。「我剛抵達時，他們的戰術就是站成一排，在那個地方放滿催淚瓦斯，逼得居民朝自己扔磚塊，扔到他們累了為止。」基特森回憶當時的情況：「這真的不是好主意，因為瓦斯對當地人造成很大的傷害，他們才會產生這麼深的敵意。」[33]

基特森在《低強度作戰》一書中主張，反叛亂戰略的目標應該是「徹底摧毀所有具備破壞力的行動」，[34]而要摧毀看不見的目標是很困難的。因此基特森非常執著於情資偵蒐，他經常掛在嘴邊的一句話就是：「得到正確的資訊往往是第一個挑戰。」[35]

基特森對貝爾法斯特幫的D連隊格外感興趣，因為這個由布蘭登．休斯領導的愛爾蘭共和軍小隊最具破壞力。[36]英國士兵都將休斯在貝爾法斯特西區的勢力範圍稱為「保留區」，[37]將其比擬為美國原住民的保留區，若士兵敢踏進去就必須步步為營。士兵都會私下批評愛爾蘭共和軍泯滅人性，說他們「都是野蠻人」，[38]偶爾也會在記者會上公開譴責。休斯和手下潛伏在街上，不留痕跡、悄然無聲，與當地社群融為一體。城郊有一座宮殿兵營（Palace Barracks），那裡駐紮了許多士兵，他們可以聽見夜晚的貝爾法斯特爆炸聲不絕於耳，窗戶玻璃隨之劇烈顫動。[39]

當市中心的商店街發生爆炸案，英軍自以為可以輕易找到擔心受怕、心生怨懟的居民提供許多情報，然而事實是士兵紛紛抱怨，貝爾法斯特西區矗立著一道「沉默之牆」，[40]保護了愛爾蘭共和軍。他們會稱呼告密者為「抓耙仔」，這種人在愛爾蘭幾百年的文化中飽受唾棄，是最令人髮指的叛徒，因此凡是與英國合作的人都將背負嚴重罵名。

布蘭登・休斯不是唯一喜好引述毛澤東魚水戰略的人，基特森也是，但他加入了自己的詮釋。他認為「可以直接用釣竿或漁網來抓魚，如果靠釣竿和漁網無法成功，就有必要對水動點手腳」。[41]

一九七一年八月某天黎明之前，三千名英軍突然出現在北愛爾蘭民族主義者居住的地區。[42]士兵踹開房門，將男人從床上強行拖走，沒有經過審理便直接拘留。在《特殊權力法》的許可下，當局能合法且不經過審判立即關押犯人，他們也會在北愛爾蘭定期實施未審拘留，不過規模從來沒有這麼大。當天有將近三百五十名嫌犯遭逮捕，儘管當時有許多保皇派準軍事組織成員參與恐怖行動，但嫌犯當中沒有任何人是保皇派。在許多天主教徒心中，這樣的差別待遇只會加深他們對軍隊的負面印象：軍隊只是另一個壓迫天主教的工具。軍方策劃的掃蕩行動仰賴的是皇家阿爾斯特警隊提供的情報，後來有一名英軍指揮官承認，以新教徒為主的警隊成員「都或多或少有點偏見，多數情況下是非常有偏見」。[43]

而皇家阿爾斯特警隊提供的名單，不僅全部鎖定天主教徒，而且都是陳年嫌犯，名單上很多人早就不再繼續參與武裝抗爭。因為愛爾蘭的傳統是以父親的名字為兒子命名，因此很多老父親都因為被誤認為兒子而遭到逮捕，兒子被當局錯認為父親而鋃鐺入獄的情況也時有所聞。[44]有時士兵發現父子同時在家，不確定究竟該抓誰，就會乾脆將兩個人一起帶走。[45]當天早上逮捕的嫌犯，有將近三分之一人都在兩天後獲釋。[46]軍方抓了一大批他們不打算抓的人，真正想抓的人卻幾乎都沒抓到，這樣的行為只是讓一開始就忿忿不平的天主教徒對他們更加反感。英國國防部在日後公布的官方報告中坦承，未審拘留政策是「一大錯誤」。[47]一名參與掃蕩行動的英國軍官則表示：「根本是喪心病狂。」[48]

身為北愛爾蘭反叛亂行動智囊的法蘭克・基特森，將永遠與未審拘留脫不了關係。[49]但後來他堅稱自己沒有核准這項行動，反而是警告上級這樣可能適得其反。與其說他埋怨的是普遍的未審拘留措施，不如說是埋怨這次在北愛爾蘭的實施細節出了問題。[50]在肯亞和其他地方，基特森都很支持採取未審拘留。雖然他知道「這對於在自由國度長大的人來說不是好方法」，[51]不過還是主張未審拘留是藉由「帶走可能參與抗爭的人」，達到縮短衝突時間之目的。據說他曾反諷地表示，未經審理把人拘禁起來「總比殺掉他們好多了」。[52]現在看起來他的說法也許顯得冷酷無情，但當時的英國媒體都附和他的觀點。[53]《每日電訊報》（*Telegraph*）曾暗指某些受到拘留的天主教徒承認「與其在街上遭到槍殺，自己寧可受到未審拘留」。

基特森對北愛爾蘭未審拘留政策的批評，最主要是認為他們發動得不夠出人意料，無法令對方措手不及。[54]布蘭登．休斯對情報工作也略知一二，而軍方從來沒能在突襲中逮到他，因為他總是能預見危機。七月下旬，軍方執行了搜索與逮捕的演習，在休斯看來，整場行動的目的就是為了蒐集情報。[55]而他的想法正確無誤。軍方設計這場預演，只是為了確認名單上的資訊都是最新的。[56]另一個能看出英軍意圖的線索，出現在貝爾法斯特十二英里外（譯按：約十九公里）一座空軍基地舊址：軍方築起一個寬敞的營區，可容納數量可觀的囚犯。[57]留心觀察的人便會發現，這不是要不要實施大規模未審拘留的問題，關鍵在於何時實施。布蘭登．休斯早在突襲之前就意識到這一點，因此馬上帶著手下藏起來。掃蕩活動結束後，愛爾蘭共和軍志得意滿地舉辦了一場記者會，宣布軍方大規模行動的「成就」是幾乎沒抓到任何臨時派成員。[58]

桃樂絲．普萊斯也沒被抓到，突襲行動發生時她不在貝爾法斯特，而是到了倫敦。[59]軍隊想去抓她的父親，但他也不在家。他已知道軍隊會來，早就逃之夭夭了。不過桃樂絲從小認識的朋友法蘭西．麥圭根被逮捕了，而且不只是法蘭西和他那個參與武裝抗爭的父親約翰，他們全家都遭到逮捕。法蘭西是七個孩子中的老大，而所有的孩子最後都鋃鐺入獄。那年夏天發生突襲時，他那身材壯碩的母親瑪麗．麥圭根早就因為參與和平抗爭而入獄，在阿爾瑪監獄服刑了將近一年。[60]當天大約是凌晨四點左右，法蘭西還在床上熟睡，突然間有人踹開房門，一群士兵蜂擁而入。[61]他們將只穿著內褲的法蘭西拖出家門，另一個士兵則拽著他父親走到街上。約翰・麥圭根癱軟在人行道上，法蘭西卻沒有辦法過去扶他一把。他被士兵扔進卡車的後車廂，車子發動後，法蘭西從後車窗往外看去，瞥見他的父親還癱倒在地上。[62]

後來約翰・麥圭根在警局關了幾天，獲釋後卻遍尋不著兒子。[63]法蘭西沒回家，因此約翰推測他一定仍被監禁著。當他打電話到關押許多人的彎谷路監獄（Crumlin Road Jail）詢問時，獄方卻說法蘭西・麥圭根不在那裡。約翰接著打給英軍，他們卻說突襲中遭逮捕的所有人後來都轉到警察局了。很多人在突襲中慘遭殺害，約翰忍不住擔心法蘭西是不是早已遇害。他遇到一個認識的人，證實了他最壞的猜想。「太平間裡有個男孩。」那名男子說：「應該是你家法蘭西。」內心紊亂不已的約翰前往太平間，要求認屍。

那是別家的孩子，不是法蘭西。約翰大大鬆了一口氣，可是如果法蘭西沒死，也沒有受到軍方或警察監禁，那麼他到底在哪裡？

約翰・麥圭根不知道的是，自己的兒子與另外十一個人雀屏中選，面臨特殊的命運。[64]有人在他頭上罩了厚厚的頭套，讓他既看不到也聽不見，只聞得到頭套散發的髒衣物臭味。[65]法蘭西及其他囚犯搭上一架威塞克斯直升機，他們飛了一段時間，但也不確定究竟飛了多久。沒有人告訴法蘭西他們到底要去哪裡。在直升機旋翼嘈雜的旋轉聲中，他聽見氣流猛然灌入艙內的聲音，接著是更大的機翼旋轉聲，他便意識到有人在飛行中打開機艙門。法蘭西感受到有人將手放在他身上，推搡著移動他。接著有人解開他的手銬，他立刻用手緊緊抱住膝蓋，讓自己的身體變得像顆球。[66]因為戴著頭套，因此他還是什麼都看不見，而且緊張得不停冒汗，接著他感覺到幾隻手將他推出敞開的直升機門，他直直向下墜落。[67]

然而，此刻有另一雙手放在他身上，同時感受到身體下方碰觸到地面。他雙眼籠罩在漆黑中，原本猜測這次墜落必死無疑，沒想到卻只是掉了幾英尺的距離，看來直升機一直在低空盤旋。抓住他的人架著他走進一間神祕的建物，[68]那是位在德里郡二戰時期機場裡的一座偏僻軍營。不過當時法蘭西．麥圭根並不知道，因為他仍然戴著頭套，而且那個地方從未被公開，之所以獲選是因為地處偏僻、沒有正式名稱，不論英軍做了什麼都免於遭到問責。[69]麥圭根及其他囚犯全身被剝個精光讓醫生檢查，接著是一連串沒有公開的機密程序，依照軍方委婉的官僚說法，就是「深入偵訊」。

接下來幾天，囚犯都無法好好進食、喝水和睡眠，而且長時間以壓迫身體的姿勢站立，頭套始終沒有拿下來，還會被迫聽刺耳尖銳的噪音。[70]許多英軍在二戰期間成為納粹戰俘，或在韓戰期間被北韓和中國俘虜，這些逼供招數就是從他們身上學來的。[71]前一個月還是北愛爾蘭陸軍指揮官的安東尼．法拉－哈克利（Anthony Farrar-Hockley），便曾經在北韓戰俘營飽受折磨。他曾說：「愛爾蘭共和軍自稱士兵，說自己在打仗，因此他們一定準備好面對被俘虜和偵訊的恐懼了。」[72]

一開始教英軍這些招數，主要是為了幫助士兵抵抗嚴厲的偵訊和虐待。[73]但這些招數逐漸偏離了自保的目的，變成攻擊手段。將近二十年的時間，軍方都用這些招數對付英國殖民地的叛亂分子，包括巴勒斯坦、馬來亞、肯亞和賽普勒斯。但這些手段從來沒有文字紀錄，而是由負責訊問的士兵一個傳一個，靠口述流傳下來的殘酷行徑。[74]

「你擔任什麼職位？」[75]士兵質問麥圭根：「貝爾法斯特旅有哪些人？」他們想要名字，傑瑞．亞當斯和布蘭登．休斯等人的名字，麥圭根的指揮官和其他共和軍志士的名字。日子一天天過去，麥圭根不清楚度過了多少個日夜，身體因為缺乏睡眠、過度飢餓和無止盡的噪音而日漸消瘦。他覺得自己快要發瘋了。負責訊問的士兵叫他拼出自己的名字，他只能胡亂拼湊一通。他們叫他數到十，他發現自己辦不到。他們長時間將他拴在鑄鐵電暖器上，手銬不斷摩擦他的手腕，磨到皮膚都破了，痛得不得了。很多人開始出現幻覺。麥圭根一度認為自己這輩子再也逃不出去了，便一頭狠狠撞向電暖器，直到滿臉鮮血。為期一週的折磨總算結束後，很多人徹底崩潰，連自己的名字都不記得。他們空洞的眼神透露出極度惶恐，其中一個人的說法是：「兩眼凹陷，像是雪地裡被尿出兩個坑洞。」[76]另一個囚犯剛開始接受偵訊時，還有一頭烏黑的頭髮，離開時卻是滿頭花白，[77]獲釋後沒多久便因心臟病去世，年僅四十五歲。[78]後來法蘭西．麥圭根終於回到彎谷路監獄，父親一見到他便徹底崩潰，放聲痛哭。[79]

完全沒有公開紀錄記載法蘭克．基特森對「深入偵訊」有何看法，但他似乎不認為有什麼問題。[80]他擅長的殖民地鎮壓行動中，最具代表性的當屬粗暴戰術。他的反叛亂戰略專書發表後，一則書評如此批評：「一九四九年簽訂的四個《日內瓦公約》中，許多內容都與他討論的議題明顯相關，英國明明也簽署了那些公約，他的論文中卻隻字未提。」英國政府後續調查發現，軍方對那些「頭套人」施行的某些逼供手段已構成傷害罪，[81]但在充滿爭議的一九七八年判決中，歐洲人權法院（European Court of Human Rights）卻表示那些手段雖然「不人道又有辱人格」，卻稱不上是虐待。[82]（二〇〇一年九一一恐攻事件過後，美國小布希政府在所謂反恐戰爭期間開始發展出自己的「加強偵訊」手段，官員也是以這次判決為依據來為美國虐待囚犯的行徑開脫。）[83]

愛爾蘭問題爆發期間，將基特森這套殖民地治理政策執行得最貫徹的非 MRF 莫屬。[84]這個精英部隊十分機密又難以捉摸，甚至沒有人確定 MRF 到底是哪幾個字的縮寫，有可能是「機動偵蒐部隊」（Mobile Reconnaissance Force），或者「軍事偵蒐部隊」（Military Reconnaissance Force），又或者是「軍事應變部隊」（Military Reaction Force）。[85] MRF 由三十名左右的特種部隊成員組成，有男有女，都是英國陸軍精心挑選出來的精英。[86]他們不會削短頭髮，平常都穿著與平民無異的上衣、喇叭褲和牛仔外套。[87]陸軍內部稱他們為「防爆小組」，[88]因為他們的職責之一正是偵查，會去監視準軍事組織可能放置炸彈的地點。軍方會刻意招募愛爾蘭出生的士兵，好讓他們更容易混入當地人。[89]

MRF 的成員會開著車巡視共和主義者居住的地區，執行祕密監視任務。他們有時也會走下車，深入社區核心。他們會裝扮成清道夫和清潔工；[90]他們會與路邊喝工業酒精的流浪漢蜷縮在一起，也會潛入因為暴動或火災而損毀的商店和住家，建立祕密觀測所。[91]他們會拆掉牆上的一塊磚頭，讓 MRF 成員躲在屋子裡窺視社區。MRF 一名女性成員則是挨家挨戶賣化妝品，一邊蒐集情報。[92]一九七一年十二月，基特森寫了一份名為「貝爾法斯特未來發展」（Future Developments in Belfast）的備忘錄，文中提到對付愛爾蘭共和軍的重要手段之一便是「成立和發展 MRF」。[93]

而這個單位的職責不只是蒐集情報，還有執行暗殺。穿著普通衣物的 MRF 成員，會開著沒有軍方記號的福特跑天下（Ford Cortina）轎車，將史特林衝鋒槍藏在駕駛座椅下。[94]一名 MRF 成員解釋他們必須把武器藏起來的原因，由於他們的偽裝實在太成功，萬一帶著武器從陸軍崗哨前經過，可能會遭到同袍「開火攻擊而中彈」。[95]在貝爾法斯特西區從綠色廂型車下來，試圖殺害布蘭登．休斯的人正是一支 MRF 小隊。他們的暗殺小組會故意使用準軍事組織常用的武器，[96]這樣一旦有人遭到殺害，調查人員便會憑藉彈道懷疑嫌犯是愛爾蘭共和軍或保皇派，而非軍方人士。

一名 MRF 成員回想當時的情況表示：「我們想混淆視聽。」[97]只要大眾相信殺人的是準軍事組織，就可以破壞他們在社會上建立的名聲，保持軍方身為守法中立仲裁者的形象。MRF 想要暗殺目標，卻不小心殺死清白無辜的平民時，這個策略的效果更加明顯。一九七二年夏天某個晚上，葛倫路（Glen Road）的巴士總站前停了一輛車，二十四歲的珍．史密斯─坎貝爾（Jean Smyth-Campbell）坐在副駕駛座上，突然有一顆子彈擊穿玻璃正中她的頭部。[98]當時警方宣布她的死亡「沒有牽涉任何維安部隊」，還暗示這起事件可能與當地的「政治團體」（對準軍事組織的簡稱）有所關聯，史密斯─坎貝爾的家人因此認定她是遭到愛爾蘭共和軍槍殺。事實上他們四十年後才會知道，殺害她的元凶正是 MRF。[99]

法蘭克・基特森是操控媒體輿論的大師。發生暴力事件之後，他會找來當地一位名叫賽門・溫徹斯特（Simon Winchester）的年輕《衛報》（*Guardian*）特派員，請他到陸軍總部聽取簡報。[100]基特森會用篤定的語氣一一解釋該事件的來龍去脈，引述軍方掌握到的被害者機密情報。慶幸自己搶到獨家新聞的溫徹斯特，便會盡職地在報導中寫出該名死者是臨時派的軍需官或一名軍械專家，抑或是一名資深狙擊手。溫徹斯特很喜歡基特森，他都暱稱其為「小准將」，兩人很快便成為好友。年輕的溫徹斯特會去拜訪住在陸軍基地的基特森一家人，與他的女兒玩牌。溫徹斯特過了很久之後才意識到，當時英軍掌握到的臨時派情報有多麼粗率，因而忍不住懷疑自己一字不漏引述基特森的話寫成的報導，究竟有多少錯誤。最後他證實了自己的猜想，並公開承認基特森利用他充當陸軍的「代言人」。

基特森宛如電影角色「奇愛博士」（Dr. Strangelove）的特質，讓他成為愛爾蘭共和軍執意拿下的目標。[101]臨時派成員開始鑽研《低強度作戰》，公開宣布與基特森為敵。按照準軍事組織狂熱的想像，基特森被誇張地渲染成強勁的對手，他也成為人人掛在嘴邊卻鮮少人見過的「貝爾法斯特屠夫基特森」。[102]容易在戰爭期間產生迷信的臨時派，只要遇到無法解釋的怪事，都會認定是狡詐的基特森在和他們玩心理遊戲，彷彿他是陰魂不散的惡鬼。[103]他們擬定了好幾個綁架基特森的計畫，但沒有任何一個能付諸實行。[104]據說臨時派有張「死亡名單」，詳列了所有要暗殺的頭號目標，而名單上第一個名字正是基特森。[105]

然而，擁有死亡名單的不只有臨時派。在 MRF 一邊監視一邊蒐集情報的過程中，也整理出了獲得授權可以立即射殺的目標名單。在宮殿兵營深處的 MRF 祕密簡報室裡，牆上貼滿他們監視臨時派「頭號人物」時拍下的相片——這些人全是他們的目標。[106]根據一名前 MRF 成員的說法，貼在牆上的重要人物包括布蘭登・休斯、傑瑞・亞當斯，以及桃樂絲和瑪麗安・普萊斯姐妹倆。

# 第八章　破杯酒館

貝爾法斯特湖上漂浮著一座監獄。[1]梅德斯通號（HMS Maidstone）長五百英尺（譯按：約一百五十二公尺），在二次大戰期間負責檢修皇家海軍潛水艇。[2]愛爾蘭問題爆發時，軍方匆匆重新徵召梅德斯通號，充當兩千名英軍在貝爾法斯特的緊急住所，然後改變其用途，成為梅德斯通皇家監獄。這艘監獄船歪斜地停在港口的突堤邊，距離陸地二十英尺（譯按：約六公尺）。整座監獄是由甲板下方的兩個簡陋住宿區組成，在悶熱擁擠的空間裡，三層上下鋪是囚犯僅有的活動範圍。[3]微弱的光線從寥寥幾扇小舷窗照進來，一名囚犯曾形容這個地方「連豬都待不下去」。[4]

一九七二年三月某天，武裝警衛護送一名倍受矚目的囚犯進入梅德斯通號。那個人正是傑瑞·亞當斯。某天清晨軍方突襲貝爾法斯特西區一棟房屋，總算將東躲西藏好幾個月的亞當斯逮個正著，直接將他送上這艘監獄船。早一步入獄服刑的親朋好友都親切地歡迎他，[5]但沒過多久他就痛恨起這座監獄，按照他的說法，這裡就是個「野蠻又殘忍的沙丁魚罐頭」。[6]雖然亞當斯是身經百戰的革命志士，不過對於飲食的營養還是相當講究。[7]他只想好好飽餐一頓，可是船上的伙食簡直一塌糊塗。

亞當斯在獄中生不如死。他剛被逮捕時始終否認自己是傑瑞·亞當斯。他編造了假名「喬伊·麥圭根」（Joe McGuigan），從頭到尾堅稱自己不是亞當斯。他被帶到警局接受審問，最後只好找來幾個認得亞當斯的皇家阿爾斯特警隊成員，他們只看了一眼便說：「他就是傑瑞·亞當斯。」而亞當斯根本不管，他持續頑固地堅稱他們抓錯人了。前不久亞當斯一直在思考研擬反偵訊技巧，他日後回憶時表示：「我是靠著拒絕承認自己是傑瑞．亞當斯來反擊他們對我的偵訊，我始終堅稱自己是喬伊．麥圭根，我推測這樣一來便能讓他們糾結在這個問題上，阻礙偵訊的進度。」[8]

他們對亞當斯嚴刑拷打，但他依舊未吐出隻字片語。他們試過扮黑臉和白臉，其中一個人失控暴怒，掏出槍來威脅要對亞當斯開槍，另一個人則扮白臉來阻止他，不過這一招也未能擊潰亞當斯。一直到亞當斯終於感覺到偵訊進入尾聲，他才承認了所有人早已知道的事實：他就是傑瑞．亞當斯。[9] 整個過程中，偵訊人員一直在和亞當斯爭論最簡單的問題，那就是他的名字，因此亞當斯從頭到尾都沒向他們透露任何重要資訊。[10]「當然，我的策略就是打啞謎這麼簡單，不過我覺得這個策略就像枴杖一樣，撐著我熬過他們的偵訊。」日後他回想起來說：「保持沉默就是最好的戰術，即使他們很清楚我是誰也沒有關係。既然我不是他們以為的那個人，我當然無法回答任何問題。」

亞當斯在梅德斯通號上服刑時，曾經告訴獄醫自己遭到毒打，現在覺得肋骨有點疼。

獄醫問他：「疼痛嗎？」

亞當斯回答：「呼吸的時候會疼痛。」

臉上不帶一絲笑意的獄醫說：「那就不要呼吸啊。」[11]

梅德斯通號上的工作人員各個尖酸刻薄，環境戒備森嚴，這當然是有原因的。幾個月前，一月裡某個寒風料峭的傍晚，七名共和主義囚犯脫到只剩內衣褲，全身塗滿厚厚的奶油和黑色鞋油來隔絕冷風，接著將鐵柵欄鋸斷，奮力擠出小小的舷窗，一個接一個地跳進冰凍刺骨的馬斯葛瑞夫海峽（Musgrave Channel），游了幾百公尺到達對岸。[12] 他們越獄的靈感來自於一隻海豹：牠游水穿越了放置於監獄船附近的帶刺鐵絲網。[13]

七個人全部抵達對岸後，手腳並用地爬到岸上。他們渾身濕透，身上僅穿著內衣褲，還抹著鞋油，活像是從電影《黑湖妖潭》（*Creature from the Black Lagoon*）爬出來的怪物。[14]他們上岸後，立刻打劫了一輛公車。幸運的是，其中一個越獄者加入愛爾蘭共和軍之前正好是公車司機，他便開著這輛不尋常的逃亡車輛前往貝爾法斯特市中心。他們一開進住了許多共和主義支持者的社區，當地的孩子便蜂擁而上，像蝗蟲過境一樣開始拆解公車零件。[15]幾乎是全身赤裸的逃犯們立刻跑進最近的酒館，站在吧檯旁邊的酒館熟客猛然抬頭一看，被眼前那幾個像人又像鬼的不速之客嚇呆了。不需多做解釋，幾名酒館常客不假思索地立刻脫下身上的衣服，讓逃犯們穿上。[16]一名酒客掏出車鑰匙拋給逃犯，說了一句：「你們快走。」等軍方動員六百名士兵展開搜索時，七名囚犯早已逃之夭夭。[17]他們跨越邊境後，在都柏林舉行了一場洋溢勝利氣氛的記者會，媒體還將他們封為「七壯士」（The Magnificent Seven）。[18]

亞當斯上了梅德斯通號後沒多久，英國政府便決定關閉這艘監獄船。他們前陣子就開始在貝爾法斯特城外的機場興建新的監獄，[19]現在總算蓋好了，也就是朗格甚監獄（Long Kesh）。[20]某天，獄方將亞當斯和另一名囚犯銬在一起，將他們送上陸軍直昇機，載送到新的監獄。朗格甚監獄十分陰森詭譎。關押在這裡的準軍事組織成員都堅稱自己不是罪犯，而是政治犯，因此將朗格甚監獄稱為集中營。這裡也確實像個集中營：強風吹襲的荒涼平地上，在鐵絲網柵欄、泛光燈和瞭望塔的包圍下，排列著幾間關押囚犯的鐵皮屋。

在愛爾蘭共和主義者的腦海中，朗格甚監獄的形象十分鮮明。不過亞當斯不會在這裡待太久。[21]就在亞當斯抵達的幾個月後，一九七二年六月的某天，監獄裡有人高喊著：「釋放——亞當斯！」一開始他以為有人在惡作劇，或者更糟，這是個陷阱。[22]當亞當斯收拾好家當走出監獄時，看到桃樂絲和瑪麗安・普萊斯在門口等他，準備開車送他回家。她們謹慎小心地開車載亞當斯回到安德森鎮，參加與幾名共和主義高層的會議。

亞當斯入獄期間，臨時派和英國政府展開祕密交流。[23]經過初步接觸，他們認為似乎有機會交涉停火協議。亞當斯在愛爾蘭共和軍的夥伴，一位名叫艾佛．貝爾（Ivor Bell）的硬漢，他堅持展開任何交涉的必要前提，就是英國政府必須釋放拘留中的傑瑞．亞當斯。雖然亞當斯年僅二十三歲，卻是愛爾蘭共和軍數一數二的重要人物，少了他就不可能進行和平會談。貝爾的態度很強硬：「不放走傑瑞，就想都別想談停火協議。」[24]

六月二十六日，愛爾蘭共和軍擬定停火協議，英軍也同意了。[25]就在簽訂停火協議不久之前，炸彈攻擊和槍戰一度異常猛烈，有人推測這可能是愛爾蘭共和軍的精心安排，目的是在槍戰停止後形成顯著的對比。談妥休戰後，愛爾蘭共和軍領袖便宣示，任何違反停火協議的人都會遭到槍殺；[26]雖然不是刻意為之，但這番話聽起來實在有點誇張滑稽。臨時派宣布他們擬定了一套「和平計畫」，將會在「適合的時機」揭曉。[27]

許多北愛爾蘭人都秉持原則，反對政府與準軍事組織對話，堅定呼籲政府無論如何都不能與愛爾蘭共和軍的恐怖分子協商。[28]不過就在那年七月，亞當斯和一小群愛爾蘭共和軍成員搭上英國軍機，整趟行程都是最高機密。[29]與亞當斯同行的人包括尚恩．麥克．史蒂歐芬、艾佛．貝爾、留著鬈髮的年輕德里指揮官馬丁．麥吉尼斯（Martin McGuinness），還有另外兩名愛爾蘭共和軍領袖道希．歐康奈（Dáithí Ó Conaill）和薛穆斯．托梅（Seamus Twomey）[i]。當他們降落在牛津郡的空軍基地，已有人開著兩輛豪華大轎車來等著要接機。

接送排場看起來鋪張惹眼，確實啟人疑竇。亞當斯以前是酒保，艾佛．貝爾曾是技師，麥吉尼斯則是屠夫的學徒助手。這幾個革命分子都很熟悉英國人這種浮誇作風，因此絕對不會讓自己輕易受到吹捧或威嚇。[30]此趟出行之前，貝爾就曾經宣布，雖然他們算是參加和平高峰會的正式代表團，但他絕對不會穿西裝打領帶。貝爾表示，要說他從歷史中學到什麼教訓，那就是英國人最喜歡讓愛爾蘭人渾身不自在。如果他們的東道主打算特別正式，他將會以極端不正式回敬，藉由讓對方不自在來反擊。傑瑞・亞當斯對於穿搭的看法似乎與他相同：他為今天的場合穿了一件有破洞的套頭毛衣。[31]

豪華轎車載著一行人到倫敦，讓他們在切爾西區（Chelsea）一棟面向泰晤士河的建物前方下車。[32]他們走進這棟雄偉的老舊建物，忍不住發出小小的驚嘆聲，亞當斯注意到前面有一塊牌子，寫著畫家詹姆斯・麥克尼爾・惠斯勒（James McNeill Whistler）曾住在這裡。

亞當斯一行人在護送下走上階梯，進入一間藏書滿滿的起居室。[33]接著，英國北愛爾蘭事務大臣威廉・懷特勞（William Whitelaw）走進來，和藹地與他們打招呼。[34]懷特勞生性圓滑又有自信，他特意將尚恩・麥克・史蒂歐芬的愛爾蘭名字唸得非常標準，讓麥克・史蒂歐芬忍不住欣賞起他來。當他們一個個走過去和他握手時，亞當斯發現懷特勞的手心不斷冒汗。[35]

懷特勞開門見山地說到，有鑑於英格蘭和愛爾蘭之間悠久的歷史，他可以理解為何這群貴客會對英國人心存懷疑，但他由衷盼望「你們將我視為可以信任的英國大臣」。[36]那是此趟會面最精彩的一刻。麥克・史蒂歐芬大聲朗誦出他準備好的聲明，裡面詳列了幾個要求：臨時派希望英國政府公開承認所有愛爾蘭人（包含北方和南方）的自決權。[37]他們也要求英國政府宣布，英軍預計在一九七五年元旦前全面撤出愛爾蘭。[38]

其中一名英方代表是名叫法蘭克・史蒂爾（Frank Steele）的情報官，他靜靜地聽著這場演說，臉上流露失望與不悅。[39]麥克・史蒂歐芬對這些要求的態度非常強硬，彷彿愛爾蘭共和軍已將英國逼到無路可退。史蒂爾一開始受命前往北愛爾蘭時，英國政府的態度不是想與愛爾蘭共和軍和談，而是想擊潰他們。[40]

發生「血腥星期日」大屠殺後，許多英國官員才驚覺無法單憑武力贏得戰爭。[41]這次會面之前，史蒂爾一直祕密與愛爾蘭共和軍的代表合作，所有的細節都是保密到家。他總是用帶點鄙視的眼光看待這群愛爾蘭人，尤其是看到他們堅持採用傳統軍事組織的行話和陷阱，更是覺得有些啼笑皆非。後來史蒂爾表示：「其實挺可愛的，真的。他們想將自己刻劃成軍隊的模樣，而不是一幫恐怖分子。」[42]

看著這群愛爾蘭人大步走進來與懷特勞見面，展現出強硬的態度，史蒂爾覺得他們的想法簡直是天真到無可救藥。[43]他們要求英國政府從北愛爾蘭撤軍，就等於是要求政府收回承諾，拋棄北愛爾蘭的新教徒，這是英國政府絕對不可能妥協的。[44]隨著會議進行，懷特勞感到越來越不滿。他在回憶錄中提到這次的經驗「非常掃興」，說愛爾蘭共和軍「荒謬的最後通牒」[45]毀了整場會面。

傑瑞·亞當斯在會議中幾乎沒說什麼話，然而史蒂爾看著這個身材瘦長、心思縝密的年輕反抗分子，心中感到十分佩服。史蒂爾曾聽聞亞當斯是愛爾蘭共和軍的代表人物，還是貝爾法斯特旅的高層，因此以為他是個高傲又世故的流氓。他在先前的一場預備會議中首次見到亞當斯，發現他這個人其實很有魅力，口齒伶俐又嚴謹自律。史蒂爾心想，以參與對談的人來說，他的這些特質都很討人喜歡，不過這也讓亞當斯成為危險又強勁的對手。[46]亞當斯打算離開預備會議時，史蒂爾將他拉到一旁。「你不會希望這輩子都在躲我們英國人。」史蒂爾告訴他。「你想做什麼？」

「我想上大學，拿個學位。」亞當斯回答。

「我們沒有要阻止你。」史蒂爾提醒他：「只要放棄暴力，你就可以去上大學了。」

亞當斯咧嘴一笑，回了一句：「那我必須先想辦法擺脫你們這些英國人。」[47]

六月首次宣布停火協議時，布蘭登·休斯認為戰爭應該很快就結束了。[48]對正在逃亡的人而言，敵方暫時停止行動，就表示他們不必再東躲西藏，可以回家與親人團聚。平民百姓抱著一絲遲疑，從路障後方走出來。[49]這將是衝突爆發三年來，第一個和平的夏天。商店重新開張了，空氣中洋溢著暫時的樂觀氣息。

對休斯而言，停火協議表示他終於有時間與新婚妻子相處。一九七二年初，二十四歲生日前夕，他與當年十九歲的當地女孩莉莉結婚。開始休戰時，莉莉懷孕了。布蘭登的父親很反對這樁婚事，因為他認為布蘭登永遠無法履行成為莉莉丈夫的承諾。對於正在逃亡的男人而言，擁有家室是非常危險的。[50]最近亞當斯也結婚了，正是因為他結婚了，英國當局才有辦法逮捕他，將他送進梅德斯通號。他們鎖定亞當斯新婚妻子柯蕾特（Colette）的住處，趁亞當斯偷偷溜進房子時發動夜間突襲。[51]英國軍隊一直在拚命尋找布蘭登，因此他的妻子莉莉開始逐漸習慣士兵三不五時的突襲。[52]她晚上經常緊張到睡不著覺，害怕家門隨時被踹開。[53]

簽訂停戰協議，表示布蘭登終於可以放慢步調，去看看莉莉。他們可以過上一陣子彷彿尋常夫妻的和平生活，但平靜的生活僅維持了兩週。[54]上次在倫敦的和談沒有結論，雙方約定再次會面，可是遲遲未付諸實行。流離失所的天主教徒想入住新教徒拋棄的房子，卻遭到英國陸軍阻止，因此在七月九日，雷納杜恩大道上（Lenadoon Avenue）再次發生衝突。尚恩．麥克．史蒂歐芬宣布停戰協議結束，並表示自己已命令手下「以最極致的暴力手段」[55]重啟抗爭行動。新的指示一路往下傳，傳到了布蘭登．休斯耳中，要他重新開始幹活了。[56]

休斯著手策劃臨時派最具有野心的行動。[57]愛爾蘭共和軍策略的關鍵要素，就是在北愛爾蘭的商業區引爆炸彈。因為大部分商店的擁有者都是聯合主義者或英國公司，再加上政府控制了基礎建設，因此引爆商業建築算是直接打擊敵人的方法。雖然他們都在平民居住區發動攻擊，但休斯與其他反抗者皆堅稱自己的目標不是平民。重點在於摧毀建築物，而不是殺人。他們引爆炸彈之前會先警告警察和媒體，理論上就能讓平民先行撤離。當然，他們發出警告也是為了加強宣傳力道：[58]用令人驚慌的公告警告民眾有炸彈，必定會增加每次引爆的震撼度。

一九七二年七月的某個星期五，一支愛爾蘭共和軍隊伍在貝爾法斯特各地的公車站、地鐵站和商店街，放置了將近三十顆炸彈，這可是史無前例的數字。[59]下午兩點剛過沒多久，城市裡擠滿享受仲夏午後的購物人潮，他們選在這個時刻引爆炸彈，接下來的一小時內，每隔幾分鐘就有一顆炸彈爆炸。人群開始放聲尖叫、四散逃命，但往往只是從一個發生爆炸的地方，逃到下一個有炸彈準備引爆的地方，根本無處可逃。[60]幾輛公車被炸得粉碎，[61]總共一百三十人受傷，九人死亡，其中一名死者還是個年僅十四歲的少年。[62]整個貝爾法斯特都不知道這場屠殺的到來。在濃煙密布的貝爾法斯特市中心，一名女子艱難地踩過瓦礫堆，發現地上有個形狀怪異的東西。一開始她以為是從運肉車上掉下來的貨品，接著才發現那是人類的軀幹。[63]警察在斷垣殘壁中仔細翻找，尋回零星四散的人體部位，小心翼翼地放進塑膠袋裡。[64]

「自一九四一年德國發動閃電戰以來，這座城市從來沒有在一天內遭遇如此大規模的死亡與破壞。」[65]《貝爾法斯特電訊報》（*Belfast Telegraph*）的報導字字充滿哀痛，並引述了一句話：「如今的臨時派就是冷酷無情，而且毫無悔意。」《愛爾蘭時報》（*The Irish Times*）在一篇社論中指出，這場攻擊主要的受害者既不是英國陸軍也不是大企業，而是「貝爾法斯特和愛爾蘭的平民百姓」。這篇文章也忍不住質疑：「現在還有人相信這些方法能產出有意義的結果嗎？他們心目中的國家能再承受更多悲慘的回憶嗎？」[66]

身為行動的主要策劃人，布蘭登．休斯原本希望這是一場「壯觀」的行動。當炸彈一個個引爆時，他正拿著一把阿瑪萊特步槍在李森街站崗，可以清楚聽見爆炸的節奏——轟、轟、轟。他暗忖：「太多了。」下福斯地區的幾名共和軍志士聽到爆炸聲時忍不住歡呼起來，休斯卻大喊著叫他們離開街上。[67]他們放太多炸彈了。爆炸規模太龐大，他們高估了當局即時應變的能力。接下來幾年，休斯始終堅稱自己的目標不是殺人，而是摧毀建築物。[68]不論他真正的意圖為何，這起事件還是讓他心中充滿罪惡感。不過當下他也無法一直耿耿於懷，因為他即將面臨截然不同的危機。

協議停火之前的某個晚上，休斯回到貝爾法斯特，因為手下告訴他臨時派成員喬伊・羅素（Joe Russell）中彈了。休斯立刻趕去查看羅素的傷勢，發現他正緊緊揪住自己的傷口。[69]他沒去醫院，因為風險太高了，所以子彈仍然卡在他的腸子裡。休斯安排人手帶羅素跨越邊境到鄧多克，送他去一間治療受傷的共和主義者時「從來不會過問」的醫院。

可是還有一個謎團尚未解開：是誰開的槍？[70]當時羅素在家裡，有個男人敲響他家前門，羅素一打開門，那人便朝他開了一槍，然後拔腿就跑。羅素告訴休斯，他覺得那人是貼紙派成員，也就是正式派愛爾蘭共和軍的人馬。[71]個性溫和的臨時派情報官，人稱「瘋修士」的喬伊・林斯基也贊同他的說法。[72]

愛爾蘭問題期間，無照營業的酒吧遍布貝爾法斯特的鄰里，就是所謂的「地下酒吧」（shebeens）。許多傳統酒吧都被燒光或炸毀，在這座嗜酒如命的城市，為了滿足人們的需求，無照營業的酒館如雨後春筍般興起。離開自己所屬的社區實在太冒險，因此開在社區廢棄房屋內的無照酒吧因應而生，給了居民安全又方便的選擇。[73]到了一九七二年底，整個貝爾法斯特已開了大約兩百間無照酒吧。這些酒吧每天都會開門，但沒有固定的營業時間，提供的酒通常是從打劫的卡車上偷來的，賣酒的收益大多都交給掌控那個區域的準軍事組織。

有幾間無照酒吧是由正式派愛爾蘭共和軍經營的，他們的成員通常會在自己的店內聚會。其中一間叫作「燃燒餘燼」（Burning Embers），布蘭登・休斯曾經放火燒了這間酒館，因此總愛開玩笑說它真的成了「燃燒餘燼」。[74]另一間由他們經營的無照酒吧，是位在李森街的破杯酒館（Cracked Cup），之所以叫「破杯」，是因為那裡先前是賣二手瓷器的商店。[75]這間酒館的環境實在一點也不吸引人，地板腐朽、燈光昏暗，常客都坐在搖搖晃晃的椅子上圍成一圈喝酒，牆上則掛了聖母瑪利亞和派崔克．皮爾斯的畫像。[76]

為了尋找對喬伊．羅素開槍的人，休斯派遣一群槍手到破杯酒館。[77]他們大步走進酒館、掏出武器，堵住了所有的出入口。當天晚上的酒客之一名叫戴斯蒙．麥金（Desmond Mackin），他與妻子瑪格莉特和七十歲的母親一起出門慶祝父親節。[78]麥金不是正式派愛爾蘭共和軍的成員，而且當時他的兒子才加入臨時派不久。但休斯的手下卻命令麥金跪在地上，還粗暴地推開他的妻子和母親，讓麥金忍不住起身反抗。這是他犯下的錯誤。槍口的火光照亮昏暗的酒館，一顆子彈打穿麥金的大腿。[79]

開槍的人是臨時派的年輕成員，還是個乳臭未乾的少年。[80]之後他們才會知道，這群槍手在闖入破杯酒館的那天晚上，似乎一個個都喝得酩酊大醉。[81]麥金的妻子身子一軟趴在丈夫身上，不斷地尖叫著。但臨時派成員害怕引起當局注意，因此不准其他人叫救護車。接下來漫長的十五分鐘裡，他們都待在破杯酒館內，看著倒在地上的戴斯蒙．麥金因失血過多而死。[82]

媒體稱當晚的槍戰是正式派和臨時派之間的「武裝角力」，[83]而乍看之下確實是如此，一家報紙更推測這起事件可能引發「全面戰爭」。[84]然而事實上，戴斯蒙．麥金只是個無辜的旁觀者，一場草率行動中倒楣的連帶損害。隨著休斯持續尋找對喬伊．羅素開槍的人，他得出令人擔憂的結論：凶手並非正式派成員，而且恰恰相反，就是他手下的人。[85]

愛爾蘭問題期間顛覆了許多社會規範，其中鮮少有人討論到的便是愛情與婚姻關係。在天主教和蘇格蘭長老教會的文化薰陶下，貝爾法斯特可說是非常壓抑又拘謹的社會。但隨著戰火侵蝕日常生活，約定俗成的社會規範逐漸分崩離析。死亡的威脅無所不在，驅使某些人過起全新的生活，他們的新生活有時堪稱是非常莽撞和刺激。

綽號「瘋修士」的喬伊・林斯基進入修道院時只有十六歲，二十幾歲時結束修士生涯回到貝爾法斯特，在克洛納德（Clonard）地區的絲綢與人造絲工廠找到一份差事，開始尋回他在多年虔誠的禱告和冥思中失去的青春。[86]一位親戚說他「很喜歡追求女性，做一般年輕人都會做的事情。」[87]林斯基在修道院接受的教育非常紮實，他研讀許多歷史書籍，特別鑽研愛爾蘭天主教勞工階級遭受的不公平待遇。他不是來自共和主義家庭，他的父親很膽小，不願意讓孩子參與那種活動，哥哥則是在皇家海軍服役，而喬伊・林斯基最終選擇加入愛爾蘭共和軍。[88]他加入組織後與桃樂絲・普萊斯成為好友，因為她很喜歡林斯基雖然彆扭卻又溫文儒雅的舉止。桃樂絲認為他「是個成年人，在人情世故方面卻經常像個孩子。」[89]布蘭登・休斯總是將林斯基當成「怪人」，認為他是舊時代遺留下來的奇特產物。[90]他聰明又博學多聞，[91]還是個老菸槍，總是隨身帶著描寫愛爾蘭革命家麥可・柯林斯（Michael Collins）的書籍，[92]因為那是他的英雄。不過他有時會顯得與其他人關係疏離。[93]休斯並不知道，喬伊・林斯基與喬伊・羅素的妻子有染。[94]

破杯酒吧槍擊事件發生後，臨時派展開內部調查，發現林斯基找來一名年輕的愛爾蘭共和軍槍手，命令他殺害同袍兼情敵喬伊・羅素。[95]那名年輕成員之所以接下任務，是因為林斯基告訴他羅素已成為英國當局的眼線。[96]但在羅素前來開門時，年輕槍手卻突然害怕起來，於是朝他的肚子開了一槍就逃之夭夭。[97]休斯和手下開始四處打聽消息，便來諮詢他們的情報官喬伊・林斯基。林斯基不但沒承認是自己找人謀殺情敵，反而讓貼紙派揹上黑鍋。[98]

身為經常誤殺旁人的組織，愛爾蘭共和軍發展出一套縝密的內部評量機制，用以決定是否要以殺人為目標。林斯基預謀殺害其他志士，還掩蓋自己的罪行，導致另一個無辜人士喪命，種種行為都讓他必須接受軍事法庭審判。[99]這一套精心設計過的縝密程序，目的就是建立內部問責機制，他們認為相較於直接送一顆子彈到違法成員的腦袋裡，這樣的作法比較不草率。而愛爾蘭共和軍的軍事法庭，可不是以讓人僥倖脫罪聞名，再看看林斯基罪行的嚴重程度，可以想像他在劫難逃。

最近臨時派成立了一個新的小隊，如同政府上不了檯面的黑色行動一般，那也是個名義上並不存在的小小精英組織，稱為「無名隊」（Unknowns）。[100]無名隊的指揮官是矮小而嚴肅的派特・麥克魯（Pat McClure），布蘭登・休斯都叫他「小派特」。三十幾歲的麥克魯，在當時的臨時派中算是比較年長的成員。[101]愛爾蘭問題爆發之前，他在英國陸軍服役，因此不但有真正的軍事經驗，還對共和軍的敵人瞭若指掌。[102]麥克魯的作風謹慎低調，但所有認識他的人都認為他是非常有能力又盡職的軍人。[103]

無名隊不存在於臨時派的正式編組中，而是直接聽從傑瑞・亞當斯指揮。[104]布蘭登・休斯認為他們是「獵人頭組織」[105]，成員盡是精挑細選的精英，專門執行危險、機密，有時甚至是見不得人的任務。麥克魯說起話來輕聲細語，整個人散發著難以捉摸的氣質。[106]他對家庭很有責任感，雖然從不與手下的士兵交際，還是很照顧團隊夥伴。某個冬夜，巴利墨非爆發一場大型槍戰，麥克魯手下幾名年輕的志士立刻拿起武器，高聲宣布他們要加入槍戰。麥克魯只說了一句：「不准。」原因是英國士兵受過精良訓練，可以在晚上開槍，共和軍志士卻沒辦法。「你們開槍只會打到在街上被風吹著跑的報紙。」[107]他直截了當地說：「假如他們認真起來打算大開殺戒，你們根本不會察覺，一定會全軍覆沒的。」他將無名隊的成員帶到鄉下特訓，他們在偏僻的農舍裡進行軍事訓練，他們要一邊游泳渡河，一邊躲避訓練官朝水中發射的子彈。[108]

押送喬伊・林斯基越過邊界到軍事法庭，甚至可能要執行判決的重責大任，落到無名隊身上，其中一名成員的角色尤其重要，那人正是桃樂絲・普萊斯。[109]她和戴著眼鏡、家裡開酒館的好友修・斐尼一起加入無名隊，瑪麗安・普萊斯自然也是成員之一。雖然當年夏天的停火協議只持續了兩週，桃樂絲還是很享受得以遠離暴力、稍微喘息的短暫時光。停戰的日子帶了點如夢似幻的節慶氛圍，走在路上的士兵不再穿著防彈背心，當地的孩子甚至能坐上他們的吉普車。[110]桃樂絲藉著與士兵調情，從而獲得些許惡作劇成功的滿足感。[111]有一次，帶著貝雷帽的士兵問她能不能合照，她便同意了。[112]有個名叫伊恩・寇登─洛伊德（Ian Corden-Lloyd）的英國軍官，會到安德森鎮的普萊斯家找桃樂絲聊天。[113]他必定是知道或至少懷疑她是愛爾蘭共和軍的一員，不過他們談到政治話題時總是很平靜又友善，彷彿只是兩個大學生在聊天，而不是在血腥游擊戰中勢不兩立的仇敵。寇登─洛伊德曾說，他很樂意十年後再回來找她，希望屆時他們「就能告訴對方所有的真相」。

愛爾蘭共和軍的傳統是會殺雞儆猴，而公開殺害背叛者是他們鞏固組織規範的方法。但在喬伊・林斯基的案件中，臨時派卻打破傳統。某天，林斯基突然消失了。沒有任何人宣布軍事法庭的判決，沒有任何人被棄屍街頭，也沒有任何人向臨時派成員提出任何解釋，沒有任何文件記錄下真正對喬伊・羅素開槍的人是誰，或是破杯酒館槍擊事件不光彩的真相。沒有任何人出面給個說法。

林斯基經常因為工作離家許久，因此他在一九七二年八月剛失蹤時，家人並未覺得哪裡不對勁。[114]有傳言說喬伊跑到美國展開新生活，如同當時許多北愛爾蘭人。不過，這其實是精心策劃的假消息。林斯基的姪兒在紐約遇到一個愛爾蘭共和主義者，那人告訴他：「你剛好和喬伊錯過了，他不久前還在這裡。」[115]林斯基的母親三年後過世，她臨終前一直相信兒子還活著，正在美國好好生活。[116]

事實上那時他早已與世長辭。不知道該說是小小的善意還是極度殘忍，死神是以朋友的面貌來帶走喬伊・林斯基。[117]桃樂絲・普萊斯抵達林斯基的姐妹家，準備帶他跨越邊境。她沒告訴林斯基他即將伏法，而是告訴他有一場在愛爾蘭共和國的會議必須出席。

剛洗完澡、刮好鬍子的林斯基，拎著過夜旅行包走下樓梯，彷彿他只是要離開一個週末。他們上了車，往南開到愛爾蘭共和國。雖然林斯基沒說任何話，但普萊斯發現他很清楚他們要去哪裡。[118]車上只有他們兩人，林斯基身材強壯得多，可以輕易制伏她。但他只是平靜地坐在位置上，將旅行包放在腿上。他一度想向桃樂絲解釋到底發生什麼事，不過她說：「我不想知道，喬伊。我不想知道，我只是有很困難的任務要完成。」[119]

他坐在車子後座，桃樂絲從後視鏡看著他。我要帶他去搭渡輪，她暗自思忖。我要帶他去搭渡輪，然後說他逃走了。[120]他可以逃到英格蘭，永遠不回來。想歸想，她還是繼續開車。為什麼他不跳車？她忍不住好奇。為什麼他不直接砸我的頭然後逃走？為什麼他不做點什麼來保住一命？[121]然而她繼續開著車，漸漸就明白為什麼他不能做點什麼來保住一命，理由就和她無法救他一樣。他們對獨立運動的熱情奉獻，不允許他們這麼做。[122]她發誓服從所有的指令，而林斯基似乎已選擇接受命運。

當他們跨過邊境，抵達莫納亨郡（County Monaghan）時，就看到一群男子在路燈下等待。[123]林斯基謝謝桃樂絲開車送他，又叫她不要擔心，接著又握一握她的手。[124]

桃樂絲說了一句：「我們到時候見，喬伊。」[125]但她知道兩人再也不會見面了，回家的路上她的眼淚流個不停。

i．譯註：薛穆斯·托梅參與了創建臨時派愛爾蘭共和軍，而且在他們發動「血腥星期五」行動（一九七二年七月二十一日）導致九人死亡時，他就是共和軍貝爾法斯特旅的指揮官。

# 第九章　孤兒

一九七三年一月，英國廣播公司（BBC）的節目組來到聖猶達步道，他們想找麥康維爾家的孩子。[1]珍已失蹤超過一個月，北愛爾蘭民權協會（Northern Ireland Civil Rights Association）在通訊刊物中首次刊登這則報導後，逐漸引起當地媒體的注意。[2]報導的標題寫著斗大的「珍．麥康維爾在哪裡」，內文寫到養育十名子女的寡婦，在十二月七日那天「被粗暴無禮地拖出家門」，之後便不知去向。《貝爾法斯特電訊報》了解之後，在珍失蹤一個月後的一月十六日寫了短篇報導，指出孩子們都沒向警方報案。[3]隔天，《每日電訊報》便公開呼籲大眾協助解決這樁「神祕失蹤案」。[4]

英國廣播公司的工作人員發現海倫和弟弟妹妹們獨自住在公寓裡。攝影機架好後，孩子們擠在沙發上，襯著後方的黃色條紋壁紙，說出他們的遭遇。「四個年輕女生走進廚房，叫小孩子都上樓去，然後他們就走進來要帶走我媽咪。」[5]艾格妮絲輕聲說：「媽咪走到走廊上，穿上外套離開了。」

「妳媽咪離開時說了什麼？」記者問她。

「她大聲尖叫。」艾格妮絲回答。

「你們知道為什麼媽咪被帶走嗎？」

他們不知道。海倫是個長相甜美的少女，臉龐與母親一樣蒼白尖瘦，深色的頭髮往兩邊梳攏。她將比利抱在腿上，緊張地將目光從攝影機上移開。麥康維爾家的男孩膚色都很白皙，長了一頭紅髮。坐在艾格妮絲腿上的塔克穿著藍色高領上衣，當時雖然是嚴冬，他卻穿著短褲，露出瘦巴巴的膝蓋。孩子們在鏡頭前如坐針氈，眼神不斷飄移。麥可坐在海倫旁邊，差一點就擠到鏡頭外。他盯著鏡頭，不斷眨眼睛。

「海倫，我想現在應該是妳負責養家。」記者問她：「妳應付得來嗎？」

「可以。」

「你們覺得什麼時候能再見到媽咪？」

「不知道。」

「沒有任何人和你們聯絡嗎？」

艾格妮絲說他們見過奶奶。

記者問道：「她現在一定很老了吧？」

「她瞎了。」艾格妮絲回答。當年艾格妮絲十三歲。她滿懷希望地表示，母親被帶走時腳上穿著紅色拖鞋。那彷彿是童話故事中的畫面，是個線索。艾格妮絲說他們幾個兄弟姐妹會「持續祈禱奇蹟發生，努力禱告等她回來」。

麥康維爾家的孩子們之所以沒告訴警方珍失蹤了，可能與他們的奶奶有關。[6]她說自己很害怕報警，但未坦白說出原因。孩子們都深信母親很快就會回家，但情況越來越不樂觀。雖然他們可以領取珍的退撫金，但還是不太夠用。其他人可能會想，既然貝爾法斯特的社群如此緊密，大概會有人來幫忙和照顧像麥康維爾這樣的家庭，送熱騰騰的飯菜過去或幫海倫帶孩子之類的，但完全沒有。事實上，整棟黑嶺公寓的居民，彷彿都選擇無視聖猶達步道裡這一整家無依無靠的孩子。有可能單純是因為現在的貝爾法斯特人人自危，大家都顧不得別人，但也可能有更黑暗的原因。不管怎麼說，幾乎所有的住戶都選擇袖手旁觀。

珍被帶走後沒多久，確實有一名社工拜訪過她的孩子們。[7]當局接到電話通報，表示有一群孩子現在只能自力更生。一名官員將這起事件建檔，並指出他們的母親顯然是被某個「組織」綁架，所謂的「組織」就是對準軍事組織的簡稱。社工也和麥康維爾奶奶談過，她似乎不很擔心。從那次談話的紀錄來看，珍的婆婆只是一本正經地肯定海倫是個「很可靠的女孩」，應該可以照料好弟妹。[8]珍與婆婆處不來，海倫和奶奶的感情也好不到哪裡去。[9]社工是這麼寫的：「一點關愛都沒有。」

他們現在的處境對年幼的孩子而言實在不健康，社工建議將孩子「送到社福單位」，也就是交由國家撫養，讓他們在育幼院長大。但麥康維爾家的孩子果斷拒絕[10]，因為他們相信母親隨時會回家，母親回來前他們必須在家裡等著。[11]

他們困在公寓裡，只有彼此能依靠。他們越來越晚睡，水槽裡總是堆滿碗盤。[12]鄰居不但沒出手相助，反而開始向警方抱怨自己無法好好睡覺，因為現在那些孩子沒有人管，老是吵吵鬧鬧擾人清夢，隔著牆壁都聽得一清二楚。[13]甚至連天主教教會都不願意伸出援手。一名社工在耶誕節前一星期回報，雖然當地的神父知道這群孩子的處境，卻是「一點也不同情」。[14]其他孩子在想著要怎麼過耶誕節時，麥康維爾家的孩子卻在煩惱該如何填飽肚子。[15]他們沒什麼收入，只有在當屋頂瓦匠學徒的亞契能賺錢。[16]孩子們漸漸便開始闖禍。[17]麥可會在外面逗留到深夜，到商店偷食物。他和另一個兄弟從店裡偷走巧克力餅乾，被逮個正著。[18]警察問他為什麼要偷竊，麥可說因為他們幾個兄弟姐妹已經好幾天沒吃東西，快要餓死了。[19]當時麥可只有十一歲。[20]警方問麥康維爾家的孩子父母在哪裡，吉姆告訴他們：「我爸爸死了，愛爾蘭共和軍把我媽咪抓走了。」[21]

皇家阿爾斯特警隊的檔案中，並未調查珍・麥康維爾失蹤案的紀錄。[22]她是在暴力衝突最劇烈的那一年被綁架，雖然這種事情駭人聽聞，卻仍不足以引起警方重視。一名來自春田路（Springfield Road）警局的警探，確實曾在一月十七日造訪公寓，卻找不到任何實質線索，也未繼續追查這起事件。[23] 兩名國會議員聽聞此事後，稱綁架是「非常冷酷無情的行為」[24]，並呼籲各方一起幫忙尋找珍，但始終沒有任何人站出來提供線索。

貝爾法斯特與其說是城市，有時更像是一座小鎮。早在愛爾蘭問題爆發之前，愛聊些未經證實的八卦就是這裡的公民文化。珍．麥康維爾一失蹤，坊間便開始謠傳她根本不是被人綁架，而是自己偷偷離開，拋棄孩子與一名英國軍人遠走高飛。[25] 憂心忡忡的孩子們也聽說這些八卦。他們常常看見別人在交頭接耳，不論是在商店或街上看見鄰居，總是感受到他們充滿批判的銳利目光。回家之後，幾個孩子便大聲問道傳聞是否屬實：媽媽真的拋棄他們了嗎？感覺不可能。該如何解釋媽媽沒回家這件事呢？亞契．麥康維爾後來表示，那些閒言閒語無疑是在他們的傷口上撒鹽，簡直像毒藥一樣，「就是想擊潰我們的心靈」。[26]

愛爾蘭問題衍生的副產品之一，就是沉默文化。在那個街上時時有武裝組織火拚的時代，即使是尋找失蹤家人這麼單純的一件事，也有可能引火燒身。就在那年二月的某天，一群愛爾蘭共和軍青年團的年輕男孩抓住麥可．麥康維爾。[27] 他們將他帶到某個房間裡綁起來，然後用折刀刺傷他的腿，放走他之前還警告了一句：別告訴任何人你母親發生了什麼事。[28]

他們的自由生活非常短暫。[29] 二月，社福單位便開始將孩子們送往各間孤兒院。某天三個女人來到公寓，聲稱她們已簽下租約，準備搬進來住了。[30] 這種情況在貝爾法斯特比比皆是，這也是戰爭期間雖然殘忍但不得不接受的事情，簡直像一場糟糕的大風吹遊戲：只要一有家庭被迫離開房子，馬上就會有另一個

麥可、海倫、比利、吉姆、艾格妮絲和塔克·麥康維爾
（Still from BBC Northern Ireland news footage, January 1973）

流離失所的家庭住進來。孩子們拒絕離開，但政府已做出決定，最終他們被交由法院監護。[31]

綁架稱得上是泯滅人性的行為，因為親友會陷入不知被害者是生是死的煉獄飽受折磨，日後國際刑事法院（International Criminal Court）更將綁架失蹤事件定義為「危害人類罪」（crime against humanity）。[32]孩子們始終懷抱希望，認為母親會突然出現，他們就不是孤兒了。也許她只是喪失記憶，正在其他國家生活，未發現她忘了自己曾在貝爾法斯特的人生。

即使如此，當時他們就確信珍・麥康維爾一定遭遇了可怕的事。她被綁架的一星期後，某位孩子們不認識的年輕男子來到公寓門前，交給他們母親的皮包和她離開時戴在手上的三枚戒指：訂婚戒指、結婚戒指，還有一枚亞瑟送給她的紀念戒指。[33]孩子們急著想知道母親怎麼了，便問那個人珍在哪裡。「你們母親的事我一無所知。」男子回答：「只是有人叫我將這些東西交給你們。」[34]

多年後，麥可・麥康維爾回想起來，確定自己就是在這個與該名男子碰面的時刻，意識到母親已經死了。[35]

# 第十章 叛徒佛瑞德

一九七二年秋季某天，一輛洗衣店廂型車停在貝爾法斯特近郊住宅區敦布魯克（Twinbrook），莎拉．珍．沃克（Sarah Jane Warke）下車後走向其中一棟房子。[1]這輛洗衣店廂型車會定期出現在社區裡。[2]附近的店家不多，因此商人挨家挨戶上門販賣商品是稀鬆平常的事。[3]那間公司叫做「四方洗衣店」（Four Square Laundry），莎拉每週會上門來收一次髒衣服，幾天之後再將洗乾淨摺好的衣服送回來。大家都很喜歡這項服務，而且價格又實惠。大家也很喜歡年輕漂亮，又討人喜歡的莎拉。[4]司機泰德．史都華（Ted Stuart）是個來自泰隆郡（County Tyrone）的年輕人，[5]通常都不會下車，不過他也是個很好相處的人，[6]因此顧客也都很喜歡他，孩子們都親熱地喊他泰迪。[7]敦布魯克是天主教徒和新教徒混居的地區，不過以當時貝爾法斯特劍拔弩張的情勢來看，這裡相對而言算是平靜。[8]

莎拉走向其中一棟房子，一名家庭主婦出來應門，兩人交談了幾句，突然出現的巨大爆破聲，打斷了她們的談話。[9]莎拉轉身看到兩個男人不知從哪裡冒出來，一個人手提機關槍、另一個拿著步槍。兩人背對著莎拉蹲在一團煙霧之中，隔著非常近的距離朝泰德所在的廂型車駕駛座猛烈開槍。[10]站在房屋門口的莎拉嚇到動彈不得，只能無助地眼睜睜看著泰德命喪槍口。接著，其中一名槍手轉過身來面對她。[11]

經過上一次突襲未審拘留行動一敗塗地之後，英國陸軍和皇家阿爾斯特警隊情報小組決定投入更多心力，在保皇派和共和主義準軍事組織內扶植和培養線人。一九七二年，布蘭登．休斯開始懷疑D連隊有內奸。[12]他的情報官說，有個曾是鋪柏油工人的年輕志士薛穆斯．萊特（Seamus Wright）年初曾被逮捕，從那次起就會時不時消失無蹤。

二十五歲的萊特新婚不久，休斯便去拜訪他的妻子凱瑟琳（Kathleen）。[13]她說薛穆斯在二月時被英國軍隊逮捕拘禁，接著他打電話到她家附近的商店，留言說他「溜了」。凱瑟琳說薛穆斯現在人在英格蘭，她手邊有他在伯明罕的地址。[14]休斯建議凱瑟琳去看看薛穆斯，如此一來，他就將間諜嫌疑人的新婚妻子變成了間諜：她要去找薛穆斯，然後把他帶回來，再向布蘭登．休斯回報。

凱瑟琳立刻動身前往英格蘭，但抵達後薛穆斯卻拒絕和她一起回家，她只好自己回來，在李森街一間房子與休斯碰面，而她的匯報證實了休斯最大的恐懼。凱瑟琳告訴他，薛穆斯被英國人收買了。她見到丈夫時，發現他身邊有個英國人，應該是負責監視他的人。「不過或許還有轉機。」凱瑟琳告訴休斯：「薛穆斯想逃走。」[15]他正計劃逃跑，擺脫那個監視他的英國人，但他想要保障自己的人身安全，要愛爾蘭共和軍承諾不會在他回來貝爾法斯特後殺了他。以一個破壞臨時派的信任、倒戈加入敵方陣營的人而言，他的要求實在是非常大膽，因為犯下這種罪通常只有死路一條。不過休斯認為這是難得的好機會，可以瞭解英方招募雙面間諜的情況，因此答應他的要求，保障他的安全。

不久之後，薛穆斯．萊特回到貝爾法斯特，被帶到一間房子裡問了兩天話。[16]他解釋說自己第一次被英國人逮捕時，他們指控他放置的炸彈導致一個維安部隊的人員死亡。他們的態度非常強硬，堅稱自己手上有對他不利的證據，因此薛穆斯開始懷疑是有人告密，猜測是有人收了警方的錢而出賣他。英方說服他合作之後，就開始詢問他關於槍枝和爆裂物的事情，不過他們最想知道的其實是十二惡棍。他們告訴薛穆斯，只要他供出D連隊所有人的名字，就可以逃過一劫，不用背任何罪名。[17]

休斯對於自己的連隊出了叛徒感到非常失望，而且這個叛徒曝光了十二惡棍所有人的身分。[18]臨時派假裝成正規軍隊這一點實在有些諷刺，他們早期的組成結構幾乎與英國陸軍如出一轍，設有營和連隊，還有清晰明瞭的指揮鏈。這表示只要他們的敵人成功策反某一個人，即使是像薛穆斯・萊特這樣的年輕基層成員，他們也能夠大致了解臨時派的整體架構。

萊特說自己同意成為線人後，就搭機飛往英格蘭受訓成為雙面間諜。他接著又飛回北愛爾蘭，準備蒐集臨時派的情報。見休斯聽得非常專注，萊特便繼續說下去，告訴他宮殿兵營裡有個機密區域，英軍的寶貴線人都躲藏在那裡。[19]萊特說英軍有個祕密單位叫做 MRF，裡面有共和主義者和保皇派的線人。萊特解釋，陸軍控制了一群受到誘降而倒戈的人，現在他們都在為英軍臥底。[20]MRF 的成員會給他們看拍攝葬禮的新聞影片，或拍到嫌疑犯的監視器畫面，要他們指出認識的人。有時負責監視萊特的人會叫他搭上裝甲運兵車一起到福斯路。他們在狹窄的街道上徘徊，萊特就從裝甲車的砲口向外窺視，並指認路過的行人。

MRF 為這幫叛徒取了佛瑞德（Freds）的暱稱。臨時派裡沒有任何人知道這個暱稱的由來，但只要讀過法蘭克・基特森准將的著作，就會意識到所謂的佛瑞德正是指被策反的叛徒。基特森在肯亞的茅茅線人是戴著白色頭套，透過頭套的縫隙指認同伴，如今到了北愛爾蘭，變成了從薩拉森裝甲車的砲口指認同伴。萊特說每個佛瑞德是各自隔離開來的，因此他無法辨認出其他幫英國人臥底的傢伙，但他知道其中一個人的名字。「我在那裡看到一個人。」萊特說：「他是我們的人。」[21]

萊特說的人是年輕的臨時派成員，[22]認真說起來還只是個少年[23]，他是巴利墨非連隊的隊員凱文・麥基（Kevin McKee）。他是個相貌英俊的少年，擁有一雙又大又藍的眼睛、一頭蓬亂的長黑髮，[24]牙齒有點咬合過度，因此大家都叫他「小凸牙」（Beaky）。[25]他在貝爾法斯特西區長大，喜歡坐在家中前廳，用老式的收音電唱兩用機聽音樂。[26]後來他加入愛爾蘭共和軍青年團，經常朝英軍和皇家阿爾斯特警隊扔石頭。[27]如果有保皇主義者在電線桿上升起英國國旗，凱文便會爬上去把旗子扯下來，接受下方群眾的歡呼。他是非常有魅力的少年，深陷於愛爾蘭問題的浪漫與糾葛之中。雖然他渾身散發純真與稚嫩氣質，但他也會執行狙擊任務和放置炸彈。[28]他在巴利墨非的一個共和軍夥伴曾經說過：「他絕對不是沒種的人。」

某晚凱文．麥基被逮捕拘禁在春田路的陸軍營地。[29]他的兩位姑媽冒險走訪軍營一趟，看看他究竟出了什麼事，當她們抵達時，士兵卻說他逃走了。[30]後來家人收到凱文從英格蘭寄回來的信，他們便推測他一定是為了躲避軍警才逃過去。[31]

然而事實是他成為線人了。凱文被逮捕當天晚上的英國陸軍日誌中，記錄了凱文被監禁後就吐露了某棟建築物的資訊，日誌接下來詳列了一串從愛爾蘭共和軍武器堆中找到的武器，發現地點正是凱文提供的地址。[32]根據日誌紀錄，當晚麥基被逮捕的時間是近十一點，一過午夜，軍方就去搜索那間置放武器的屋子，因此他一定是立刻倒戈。薛穆斯．萊特還告訴休斯，麥基說他自己「非常喜歡」當佛瑞德，[33]而陸軍單位MRF的成員也立刻就喜歡上這個狂妄的青少年，他們喜歡他老愛虛張聲勢的樣子。[34]

法蘭克．基特森在肯亞招募被俘虜的茅茅成為線人時，發現他們需要接受「馴化」，他說這個過程就像是馴服野馬一樣。基特森會避開那些狂熱的信徒，因為要改變他們的想法實在太困難了，因此他的重點招募對象都是那些為了「社交」而投入活動的人，也就是因為朋友是成員才加入的那些人。基特森在某本著作中提到，最理想的招募對象就是「擁有冒險精神的人」，那些覺得「加入犯罪集團、拿著手槍到處跑很有趣」的人，這種人「最容易應付，因為他們最好滿足」。[35]在肯亞時，基特森就會把自己的槍交給這一類人，讓他們帶著槍四處巡邏，沉浸於冒險的快感之中，認定自己是受到團隊信賴的一員。在貝爾法斯特的MRF如法炮製，交給凱文．麥基一把手槍和肩背式槍套，讓他背在身上四處走動炫耀，彷彿他是芝加哥黑幫分子。[36]身為佛瑞德，他不但有資格攜帶武器，還可以使用陸軍基地的靶場。

臨時派找到麥基時，他身上就掛著肩背式槍套。[37]他和薛穆斯．萊特一樣在問訊中坦承自己叛變的罪行，[38]不過臨時派意識到現在的局面非常有意思。他們發現了兩個同意與英國人合作的叛徒，正常來說，叛徒應當接受軍事法庭審判，獲判有罪之後給他們一人一槍，再將兩人棄屍路邊殺雞儆猴。但英方似乎還不知道休斯已發現敵人滲透愛爾蘭共和軍，而現在萊特和麥基只要能保命，任何事都願意做。如果他們坦承的一切屬實，就表示英國陸軍精心籌劃了以臨時派為目標的間諜行動，不過還無法得知精確的規模和行動細節。現在有個大好機會擺在休斯眼前：與其處死萊特和麥基，不如利用他們蒐集英國人的情報，讓他們當三面間諜。[39]

對萊特和麥基而言，當三面間諜也許有風險，但比起立刻遭到處決，他們寧可鋌而走險。後來萊特回去繼續擔任佛瑞德，不過這次是受到臨時派的指示，只提供英方非常少量的資訊，有時甚至會放出假消息。[40]軍方要萊特在路上指認某個臨時派成員時，他會直接說那個人是貼紙派的人馬。這是一場非常危險的遊戲，如果軍方發現萊特欺騙他們，可能會讓他去蹲牢房。他也可能遭到MRF槍殺，因為偶而非法處決某個人對他們而言顯然是小事一樁。休斯命令萊特和麥基帶英國陸軍的情報回來，其實是讓他們有機會撿回一命：休斯答應他們，只要為愛爾蘭共和軍蒐集資訊，就保證「豁免」他們的罪名。[41]

而兩人也照辦了，他們告訴休斯，英國人在貝爾法斯特建立起龐大的情報偵蒐網絡。這場行動的核心是洗衣服務，還有一間位在市中心的辦公室。[42]四方洗衣店經營的是上門送洗服務，挨家挨戶收取衣物和各類織品後，再發包給貝爾法斯特一間洗衣工廠清洗。只不過在衣物送洗之前，會先經過當局檢查分析。他們會檢查外衣上殘留的爆裂物質，以此判斷他們是否在房子裡製作或存放炸彈。分析師會根據那間房子表面上的居住人數、住戶的年齡和性別比對送來的衣物，如果比對之下發現不吻合，就表示那間房子可能是武器庫或應變屋。洗衣店廂型車的天花板特別設計成空心，以便讓工兵躲在裡面，從隱密的開口拍攝行人和房子的照片。

休斯一聽說洗衣店行動的內幕，就想直搗黃龍徹底瓦解整個系統，不過傑瑞．亞當斯提醒他，要他先等等。「不要急。」亞當斯告訴他：「再多蒐集一點情報。」[43]休斯和手下發現，除了洗衣服務和市中心的辦公室，MRF還在安特里姆路（Antrim Road）的一間屋子樓上經營按摩店，有些客人在店裡放鬆身心、陶醉地享受按摩時，總會一邊與健談的按摩師閒聊，一邊不知不覺地吐露出一點消息。[44]十月上旬，休斯和手下認為他們已蒐集到足夠的情報，該展開行動了。他們無法一個接一個襲擊這些地點，因為他們只要攻擊其中一個地方，MRF就會知道自己的行動完全曝光了。因此臨時派決定在幾乎同一個時間點，對廂型車、辦公室和按摩店同時發動攻擊。[45]他們的目標是在短短一小時內，徹底消滅整個情報蒐集系統。

駕駛四方洗衣店廂型車的泰德．史都華，是英國皇家工兵隊（Royal Engineers）的臥底工兵。[46]從小就夢想成為軍人的他今年才二十歲，六月才到北愛爾蘭服役。臨時派的武裝部隊向廂型車開火沒多久，他便慘死槍下。

槍手接著轉向史都華的搭檔莎拉．珍．沃克，她立刻扭頭衝進剛剛與她交談的婦人家中。沃克也是一名臥底，她是皇家女子陸軍（Women's Royal Army Corps）的一員。她立刻拉著婦人和她的孩子一起躲藏，不假思索地告訴他們一定是保皇派發起突襲。[47]婦人帶著沃克趕往後門，幫助她逃走。[48]

槍手接到指示，不但要殺死負責送洗服務的兩個年輕人，還要瘋狂掃射廂型車頂，殺死躲在裡面的工兵。但不知他們是因為太倉促還是太驚慌，總之他們忘了掃射車頂，如果車上躲了第三名士兵，想必他是活著逃走了。[49]此時此刻在貝爾法斯特，正有另一組槍手進攻按摩店，第三支小隊則直搗辦公室，不過他們都未成功殺死其他 MRF 成員。[50]

臨時派殲滅四方洗衣店的行動大獲全勝，休斯對結果感到非常滿意，傑瑞・亞當斯則在數十年後撰寫的回憶錄中寫道，這是他們對英國人的一場「壓倒式勝利」。[51]然而現在的問題是，該如何處置萊特和麥基？

執行四方洗衣店殲滅行動當天，萊特回家告訴妻子凱瑟琳，現在他必須非常小心，因為英國人放走他之前，叫他簽了幾份與《政府機密法》（*Official Secrets Act*）有關的文件。[52]那天晚上他就失蹤了。一輛車開到他在孟買街的家門口，萊特與駕駛說了幾句話後坐上副駕駛座，車子隨即揚長而去。[53]凱瑟琳見丈夫沒回來，便到李森街找臨時派的人詢問丈夫的下落。他們說愛爾蘭共和軍沒帶走薛穆斯。[54]凱瑟琳一聽到他們這麼說，便確信丈夫是被英軍抓走了，可是軍方也否認他們與綁架事件有任何關係。[55]軍方消息人士暗示媒體，萊特可能是自己逃走了，或許是躲在蘇格蘭也說不定。[56]

差不多就在同一時間，麥基也失蹤了。[57]他的一位姑媽曾經警告過他：「愛爾蘭共和軍一直在找你。」麥基則帶著一如往常的自信回應：「我又沒做錯事。」

麥基家的人發現他失蹤之後，並未聯絡警方，因為當局介入也許只是有害無益。況且傳言已甚囂塵上，有人說麥基去上藝術學校了，有人則說在英格蘭看到他。

真相是，兩個人都被愛爾蘭共和軍帶走了。[58]他們提供了 MRF 和四方洗衣店的資訊，等同於用掉手上的最後一張王牌。突襲 MRF 的行動一結束，萊特和麥基就再也沒有利用價值。雖然布蘭登・休斯保證他們能得到豁免，不過事實上他無權做出這樣的保證。打從兩人背叛臨時派開始，就已犯下不可饒恕的罪孽，即使接下來擔任組織的三面間諜，也無法抵銷他們的罪過。組織將重責大任交到「無名隊」手中，桃樂絲．普萊斯奉命開車載兩人跨過邊境到愛爾蘭共和國。

負責運送的只有桃樂絲一人。[59]她格外憎恨告密者，從小到大的教育都告訴她要撻伐告密者。可是不論她有多麼鄙視萊特和麥基，她都不能表現出來，只能靜靜往南方驅車而去。一路上，兩人都非常放鬆。四方洗衣店殲滅行動大獲成功，因此他們深信自己保住了一條小命。有人告訴萊特和麥基，接下來會送他們到愛爾蘭共和國休息放鬆一個星期，桃樂絲也向他們打包票：「就是讓你們去休養生息、恢復精神。」就她所知，這件事是真的，不過她也懷疑事實可能正好相反。不論如何，她只能遵從命令。她在莫納亨郡讓兩人下車，將他們交給當地的小隊。

麥基被送到莫納亨郡一戶人家，[60]那是愛爾蘭共和軍成員佛哥．歐漢倫（Fergal O'Hanlon）的家，歐漢倫在一九五〇年代壯烈犧牲，成為知名歌曲〈愛國者遊戲〉（The Patriot Game）歌頌的主角。麥基必須在那裡住一陣子，等待組織高層跨越邊境來軍事法庭審判他。負責照看麥基的人很快便喜歡上他，因為他不僅會做一手好菜，還是個有趣的傢伙，又很有個性。[61]麥基曾到附近一個神父家打電話給母親，請她送幾件換洗衣物過來。[62]麥基的母親和姑媽一起開車南下，當她們抵達時，他卻已不見了，只在房子裡遇到另一個男人。「帶著他的衣服離開吧。」那人說：「他不會回來了。」[63]

到了處決凱文．麥基的時刻，負責囚禁他的共和軍志士卻發現自己無法下手扣動板機。[64]他們實在太喜歡他了。休斯聽說之後，覺得這簡直是斯德哥爾摩症候群，只是反過來了——囚禁者對人質產生了情感。因此組織從貝爾法斯特派了兩個不會感情用事的槍手過去代為執法。[65]行刑之前，他們找來神父。[66]這不是什麼稀奇的要求，當時有幾名神父很習慣在深夜接到電話後出門。負責行刑的劊子手會粗聲粗氣地把神父叫到外面，要他們開始臨終祈禱。處決本身就充滿儀式色彩，如果麥基活下來，他也會很熟悉這個行之有年的儀式：[67]頭上罩著袋子、雙手綁在背後、膝蓋跪在柔軟的草地上。子彈擊中後腦杓，身子往前撲倒。

組織決定讓萊特和麥基「人間蒸發」，這令布蘭登・休斯覺得自己受到背叛。[68]他曾經向兩人保證不會殺害他們。他餘生都將飽受罪惡感的折磨。

雖然四方洗衣店殲滅行動大獲成功，休斯和傑瑞・亞當斯卻也只是暫時阻止英軍的進一步行動。一九七三年七月，也就是隔年夏天，亞當斯正要去福斯路一間應變屋開會。[69]身為貝爾法斯特的指揮官，他每天都會與作戰官休斯和負責財務的湯姆・卡希爾（Tom Cahill）開會。[70]七月在貝爾法斯特不容易藏身，因為七月是保皇派遊行的高峰期，手頭寬裕的天主教徒大多會選擇在七月離開幾個星期。[71]天主教徒社區的街道一下子冷清許多，四處走動很難不引人注意。就在距離應變屋不到五十公尺時，亞當斯遲疑了一下，目不轉睛地盯著那棟房子，觀察附近是否有任何可疑的跡象。他在街上閒逛了一分鐘左右，接著靠在路邊一輛車的引擎蓋上。他發現車內有一名商人坐在駕駛座上翻看文件，亞當斯便朝他揮了揮手，對方也向他揮手。[72]

亞當斯確定周遭安全無虞後，便往對街走去，進入應變屋。他在屋裡與休斯和卡希爾會合，但他們才沒說幾句話，就聽見有人敲門。有人敲門不是危險的徵兆，因為英國士兵會在共和主義者居住的社區巡邏，士兵過來敲門要求進屋察看或盤問幾句是標準流程，他們可能完全不會發現自己碰巧來到一間多麼重要的房子。他們很快開始動作，當卡希爾去應門時，休斯和亞當斯趕緊從後門離開。[73]當他們走到後院時，休斯往牆外瞄了一眼，發現外頭的英國士兵人山人海，令他大吃一驚。[74]亞當斯看著士兵蜂湧而入，悠哉地掏出火柴點燃菸斗。[75]

其實坐在車上和亞當斯揮手的不是商人。[76]亞當斯在監視房子周遭時，車上那個人也在監視他。他們策劃了一場野心勃勃的行動，一大群士兵偷偷埋伏在房子周圍，但必須等亞當斯和休斯都進屋後才能發動突襲。一看見亞當斯打開前門，行動立即展開。

他們三人被帶到春田路上的警察局，在那裡接受嚴刑拷打、折磨了好幾小時。[77]亞當斯被打到暈了過去。訊問者往他臉上淋了一桶水叫醒他，繼續對他拳打腳踢。[78]其中一個訊問者是穿著細條紋西裝的高眺男子，他掏出一把手槍抵在休斯頭上，然後上膛。他揚言要殺了休斯，把他棄屍在黑山上，然後將罪行全部推到保皇派頭上。[79]

英國軍隊洋洋得意，他們發動一次突襲就抓到幾個頭號目標，其中還包括他們從未逮到過的休斯。[80]去年夏天曾與亞當斯在倫敦見面的威廉．懷特勞，親自過來恭喜所有參與突襲的人員，還帶了好幾箱香檳來共襄盛舉。士兵輪流與兩個「戰利品」合影留念，而被殘忍毒打的兩人幾乎連站都站不起來。[81]即使如此，休斯還是不斷出言挑釁，他信誓旦旦地告訴士兵：「我會逃出去的。」[82]

他們將休斯和亞當斯送上薩拉森裝甲車，接著去搭直升機，準備將兩人送到朗格甚監獄。直升機落地後，兩人戴著手銬被押送進監獄。他們一走進去，整座監獄便爆出震耳欲聾的歡呼聲。在朗格甚監獄裡的共和主義囚犯眼中，亞當斯和休斯可是了不起的大人物，是家喻戶曉的名人。他們走進這棟戒備森嚴的建築物時，覺得自己彷彿是凱旋歸來的英雄。雖然他遍體鱗傷又戴著手銬，但卻能在如此激昂熱烈的歡迎下進入監獄，休斯事後回想起來，認為那是他人生中最美好的時刻之一。[83]

# SAY NOTHING

# 第二部

## 以人為祭

# 第十一章　封鎖英格蘭

一九七三年三月八日，倫敦各大公園和紀念碑周圍的番紅花早已盛開。[1]時值初春，那是個清爽、晶瑩剔透的週四早晨。經過潮濕的冬季後，大批英國人在陽光的呼喚下走出戶外。女王也踏出白金漢宮，到花園裡欣賞第一批盛開的花朵。那天發生了交通大罷工，[2]導致火車停駛，通勤人士不得已只能開車進城。結果倫敦市中心到處都是汽車。市政府為因應激增的車輛，而暫時撤除了當天的停車限制。無論是裝卸貨物區或其他通常禁止進入的區域，還是早已停用的停車收費碼表旁，汽車都無處不在。

午飯時間剛過，[3]大約下午兩點，《泰晤士報》（*The Times*）倫敦總部的電話響起。一位名叫伊麗莎白・柯蒂斯（Elizabeth Curtis）的年輕女子接起電話，她才剛開始在《泰晤士報》新聞部工作。電話中傳來一個男人的聲音，語速很快，帶著濃重的愛爾蘭口音。一開始柯蒂斯聽不懂對方在說些什麼，後來才發現他是在滔滔不絕講著多台汽車的外觀和位置。男子只說了一分多鐘，儘管柯蒂斯仍一頭霧水，但還是盡量把內容抄寫下來。男子在掛斷電話前說：「炸彈會在一小時後爆炸。」

那天，記者馬丁・哈克比（Martin Huckerby）在新聞編輯室值班。[4]他無意間聽到柯蒂斯向同事講述炸彈的相關細節。在她提及的地點中，距離最近的是俗稱「老貝里」（Old Bailey）的倫敦中央刑事法院，只要從《泰晤士報》總部走一小段路就能到達。哈克比衝出辦公室，尋找一輛車牌號碼為 YNS 649K（假設柯蒂斯抄錄沒錯的話）的綠色福特跑天下休旅車。[5]哈克比於下午兩點離開辦公室，幾分鐘後就抵達由石磚砌成的雄偉法院。老貝里建於十九、二十世紀之交，許多著名的審判都曾在此上演。巨大圓頂坐落在沉重的磚石之上，頂上矗立著正義女神的青銅雕像，她張開雙臂，一手持著寶劍，另一手則拿著天秤。

法院周圍停著數十輛汽車，哈克比開始逐一檢查，想找出那一輛跑天下休旅車。不久他發現車就停在法院前方：[6]的確有一部綠色的跑天下休旅車，車牌為 YFN 469K，和他要找的目標條件夠接近了，他確定就是這台車。哈克比的視線穿過車窗，看見車內地板上有副黑色手套和一瓶噴霧罐。他等待警方到來，感覺像是等了一輩子之後，兩名身穿制服的警官才終於在兩點三十三分抵達，前來檢查這台跑天下休旅車。他們開始疏散該地區的民眾，[7]封鎖道路。哈克比則躲在距離跑天下休旅車約二十五碼（譯按：將近二十三公尺）的建物出入口等待著。[8]

這項把轟炸行動帶到英格蘭的計畫，至少有一部分是桃樂絲．普萊斯的主意。愛爾蘭共和軍已在北愛爾蘭各處商業中心引爆了數百枚炸彈。如果目的是要癱瘓經濟的話，他們的心血並沒白費，但附帶損害卻相當巨大。對北愛爾蘭民眾而言（無論是天主教徒還是新教徒），動不動就出現的爆炸案可能會隨時毀掉他們的人生：儘管只是去商店買一打雞蛋，說不定突然就丟了小命。也許共和軍並非有意造成平民傷亡，但平民確實有所損傷，還相當慘重，代價更是由天主教徒和新教徒共同承擔。「血腥星期五」尤其是場災難，卻幾乎不值得大驚小怪。數不盡的小型爆炸行動炸毀人們的四肢、剝奪他們的性命，漸漸腐蝕愛爾蘭溫和民族主義者對暴力運動的支持。最糟的是，由於爆炸造成的傷亡主要集中於北愛爾蘭，因此並未成功引起原本鎖定目標（也就是英國人）的關注。遠在愛爾蘭海另一頭的英國民眾似乎只隱約意識到，災難正席捲北愛爾蘭。[9]這是個值得探討的瘋狂策略：愛爾蘭人不顧一切打算傷害英國人，爆炸行動傷及的卻是自家人民，英國人則幾乎沒注意到。桃樂絲對此感到很困擾。她與無名隊的領袖小派特．麥克魯會在發起行動前圍坐於應變屋，她常這麼對麥克魯說：「這場戰爭他們也有分。」桃樂絲表示：「我們有分，他們也有分，因此有時也該把戰場拉到他們的土地上才對。」[10]她漸漸相信，「比起在愛爾蘭北部引爆二十顆汽車炸彈，倒不如真正深入帝國核心，給對方來一次痛快猛烈的下馬威。」[11]

桃樂絲提出自己的想法，麥克·史蒂歐芬開了綠燈。桃樂絲與麥克魯、亞當斯合作擬定了轟炸倫敦的初步計畫。[12]他們製造出汽油彈，偷偷運送到倫敦，打算讓一群女孩飛到英國，把汽油彈安置在牛津街（Oxford Street）上的百貨公司。但他們還沒來得及放置炸彈，就發現裝置中的酸液外漏，[13]有所損壞。於是，早已身在倫敦的桃樂絲放棄了任務，她走到泰晤士河畔，悄悄將每顆有瑕疵的炸彈倒入河中。

汽油彈沒能成功，他們決定改為安裝汽車炸彈。[14]這個想法在貝爾法斯特旅內部漸漸成形。等到要開始為這次行動招募團隊時，[15]來自不同單位的共和軍志士都到下福斯地區的應變屋集合。亞當斯解釋道，[16]他們正在規劃一項非常危險的任務。任何有意參加的志士都必須離家一段時間。亞當斯坐在椅子上說話時，桃樂絲就斜倚在椅子的扶手邊緣。為確保行動安全無虞，亞當斯並未很清楚地對這群人講解行動內容，提供的細節很少。但他也強調，所有的參與者都必須準備好面對全體國民的憤怒。[17]「這項任務可能會讓我們被送上絞刑台，」他說。「不想去的話，現在就可以起身離開了。」[18]他讓這些人每隔十分鐘輪流從後門離開，以免引起注意。[19]

桃樂絲覺得亞當斯是在大驚小怪。她猜想，這種間隔十分鐘輪流離開的誇張動作，[20]大概是從哪本關於革命領袖麥可·柯林斯的書中學來的吧。然而，不出所料，大家都開始起身離去。「各位，不要急急忙忙，可別把我給撞倒了。」桃樂絲語氣略為戲謔地說。[21]

待該走的人都走得差不多後，最後大約剩下十個人：[22]有桃樂絲的朋友修·斐尼，他也是無名隊的一員。二十出頭的斐尼是位戴著眼鏡的飽學之士，將擔任「軍需長」，負責管理行動的所有資金；他被分配到一捲厚厚的五英磅紙幣。另一位則是傑瑞・凱利（Gerry Kelly），是個來自下福斯地區的帥氣年輕人，[23]桃樂絲是第一次見到他。凱利曾因搶銀行而入獄服刑，自越獄後就一直在逃，[24]他在桃樂絲心目中是位有前途的小夥子。[25]當然還有總是不會缺席的瑪麗安。

他們都非常年輕，[26]基本上仍是孩子。這夥人裡最年長的成員就屬窗戶清潔工威廉・阿姆斯壯（William Armstrong），他二十九歲，頭髮總是俐落地往後梳。最年輕的成員是有著一對大眼睛的蘿莘・麥尼爾尼（Roisin McNearney），正值涉世未深的十八年華。蘿莘在六個月前加入臨時共和軍，[27]之前曾擔任打字員。她仍然和雙親住在一起。[28]

麥克魯身為無名隊的領袖，[29]自然希望讓聰明人來負責執行計畫。因此他決定讓桃樂絲帶頭。[30]桃樂絲自己也說，她被任命為「這整件差事的指揮官」。斐尼和瑪麗安是桃樂絲的兩名下屬，負責向她報備戰況。新兵都未有深入敵營的經驗，[31]因此麥克魯安排他們越過邊境，密集訓練他們操作炸藥和計時器。[32]

在愛爾蘭共和軍中製造炸彈是一門危險又不精準的學問，桃樂絲的布萊荻阿姨就是前車之鑑。布蘭登・休斯則會談起自己曾祖父的故事：獨立戰爭期間[i]，休斯的曾祖父曾試圖對一輛裝甲車投擲手榴彈，但炸彈卻在此時引爆，炸斷了他的手臂。[33]近年來，由於臨時派的成員練習不輟，炸彈製作技術已大幅改善。不是說愛爾蘭共和軍的志士不會再炸傷自己，他們還是會。正如某位作家筆下的觀察，這類意外反倒成了「一種可怕的『天擇』手段」[34]，用來淘汰無能的炸彈客。倖存下來的人更加小心翼翼，臨時派最終培養出一些著名的炸彈專家。他們還製作一本五十頁的插圖手冊，供新進的炸藥人員研讀。手冊說明了如何使用各種居家用具來製作詭雷，像是蠟燭油、曬衣夾、用啤酒罐製成的釘子炸彈、可以當成導火線的汽水吸管。[35]

汽車炸彈於一九七二年初首次在衝突中現身，象徵著一次可怕的轉折，因為在那之前，幾個準軍事人員可攜帶的炸彈數量和尺寸有限。但若能把炸彈藏在汽車裡，就表示一次可以承載的炸藥量很大，接下來只要將裝置開到目標位置再離開就好。若在繁忙店鋪裡放個行李箱或塑膠袋，很可能會引人注目，汽車卻是完美的偽裝，[36]因為它們無處不在。「汽車炸彈是很有效的載具，運送效率也高，」麥克．史蒂歐芬在一九七五年如此寫道，「讓特定行動可以對政府、工業和經濟造成更大損失，而且只要少數共和軍志士就能把炸彈放置在目標位置。」在貝爾法斯特的街道上，無人看管的空車成為了恐懼的根源，[37]姑且不論汽車是否真的裝有炸彈，人們一見這類空車就會逃離停車區域，當局也會立刻趕往現場處理。

二月，他們在貝爾法斯特持槍劫持了六輛汽車，[38]並將車輛開往愛爾蘭共和國。三月初，這些汽車再次出現在都柏林街道上，並且經過重新烤漆並裝上了假車牌。[39]最後只有四輛車[40]成功前往英格蘭，車款分別為福特海盜（Corsair）、希爾曼獵人（Hillman Hunter）、佛賀萬歲（Vauxhall Viva），最後就是綠色的福特跑天下。每輛車都被精心裝設了巨大的引爆裝置，塑膠袋裡藏有一百多磅的粉末炸藥，[41]還有一根形似香腸的膠狀炸彈。每部車的炸彈都藏在後座下方，以一段引爆線連接到前排副駕駛座椅下方的盒子，盒裡裝有由家用鬧鐘製成的計時器。

行動前大約一個月，桃樂絲帶著馬丁．布雷迪（Martin Brady）一同前往倫敦先行探勘。[42]布雷迪肌肉發達、眉毛濃密，是桃樂絲團隊中的一員。他先前曾在倫敦西區（West End）的一家餐廳工作過，對市裡的道路很熟悉。兩位無名隊隊員自行選定了目標，[43]再呈報給貝爾法斯特的領導階層請求核准。之後傑瑞．凱利解釋道，這些目標都經過精心挑選，目的是要「引發特定的政治問題」。[44]英國民眾可能早已適應來自北愛爾蘭的悲慘事故新聞，但在倫敦市中心發生一連串爆炸案卻能給他們當頭棒喝。行動的時機也不是隨意挑選，他們定下的日子正與北愛爾蘭公投同一天，當天民眾會票選該領土是否應保留為英國的一部分。凱利認為，他們的使命在於讓英國人認清「殖民主義的現實」。[45]

三月五日，行動小組分成兩隊。首先由斐尼帶領一支隊伍橫渡愛爾蘭海，駕駛跑天下休旅車和萬歲轎車登上都柏林往利物浦的渡輪。第二天，再由瑪麗安率領第二支車隊駕駛福特海盜和希爾曼獵人出發。渡輪到達利物浦後，汽車準備通過海關，獵人轎車卻被攔住了，[46]車牌似乎出了問題。[47]布雷迪負責駕駛，[48]年輕的麥尼爾尼則坐在後面。海關人員似乎懷疑他們打算將來自愛爾蘭共和國的外國車駛入英國，卻漏付了進口稅。[49]他們說話時蘿莘．麥尼爾尼在後座坐立難安，[50]越來越緊張。她說要上廁所，就下了車。

幾分鐘後蘿莘回到車上，[51]原本訊問布雷迪的海關人員被叫去處理一輛阻礙交通的貨卡。兩位年輕的愛爾蘭共和軍成員愣在原地，不確定海關人員回來後會採取什麼行動。但現在他們自己堵塞了交通，另一位海關人員不耐煩地揮手讓他們通過。按照原定計畫，剩下的兩輛贓車本應登上另一艘渡輪，湊齊六枚炸彈。但經過海關驚魂後，[52]小組傳話回愛爾蘭，讓夥伴們不要出動最後兩輛車，以免驚動當局。

擔任隊長的桃樂絲未搭乘渡輪，而是化名為烏娜．德夫林（Una Devlin），[53]從都柏林乘坐飛機前來。到三月七日星期三，[54]全體人員都已經抵達倫敦，他們將汽車和爆裂物留在公用室內停車場，分別入住不同的飯店。

計畫很簡單。小組會在第二天一早把汽車開往倫敦四個地點，分別為白廳（Whitehall）[ii]的英國陸軍招募中心、位於迪恩史丹利街（Dean Stanley Street）的英軍廣播電台（British Forces Broadcasting Service）、新蘇格蘭場（New Scotland Yard，倫敦警務廳的代稱），以及老貝里法院。小組會提前以電話發出警告。[55]有鑑於血腥星期五讓平民付出了慘痛的代價，小組也受命避免傷亡。[56]他們須在當地時間下午兩點前發出警告。計時器會於恰好一小時後引爆。到那時，桃樂絲和大夥都早已回到愛爾蘭。他們會從倫敦希斯羅機場（Heathrow）乘坐近午的航班返回都柏林。

週三，待一行人全都入住飯店後，小組員偵查了各個地點。「各位彼此都不認識，」桃樂絲告誡大家。[57]「你們會在街上碰頭，就當作從未見過對方。」她另外強調「不得飲酒」。日落前，桃樂絲在特拉法加廣場（Trafalgar Square）國家美術館（National Gallery）的門廊集合所有的人，[58]最後確認各自的安排，並分發第二天的機票。

接著他們休息了一晚。你可能會以為，要對一座大城發動策劃已久的恐怖攻擊，參與者理當把握動手前夕最後幾小時焦頭爛額地準備。但也許是因為他們還年輕，又或者是他們對自己心中的正義有著近乎幻覺的狂熱，很奇怪的是，桃樂絲和她的同志們毫不在乎這次任務的嚴重性和可能後果。此外，他們身處的倫敦是比貝爾法斯特更廣闊、更隨心所欲的城市。也許倫敦向來是帝國中心，但毫無疑問也是個值得造訪的好地方，於是年輕的恐怖分子們在市裡遊歷了一番。[59]蘿莘．麥尼爾尼去了白金漢宮，還有人不顧桃樂絲的勸告喝得爛醉，[60]醉得其中一人後來不得不被抬出酒吧。

品味較高雅的桃樂絲則和瑪麗安一起去了劇院。最後斐尼與她們同行，但因為想再次檢查汽車炸彈而姍姍來遲。沒有任何人覺得在爆炸前夕去看戲有絲毫不合時宜。斐尼反而還覺得，要是第二天早上出了什麼差錯，他們可能還要等上好一段時間才有機會造訪好劇院。[61]就這樣，他們前往倫敦的時間恰逢愛爾蘭劇作家布萊恩．佛芮（Brian Friel）的新劇《榮譽市民》（*The Freedom of the City*）[62]在皇家宮廷劇院（Royal Court）演出。這部由艾伯特．芬尼（Albert Finney）執導的戲劇講述的故事雖為虛構，卻極為切合時事。桃樂絲正是對劇情最能感同身受的人：三名民權抗議分子為躲避毒氣和橡膠子彈而藏身北愛爾蘭德里的市政廳。伊恩．裴斯利和邦汀少校在伯恩托雷特橋伏擊遊行民眾的前一天晚上，正是在此處煽動他們的追隨者。劇情在發生一場誤會後出現了轉折。雖然和平抗議分子躲在市政廳內，但外頭的媒體和英軍卻認定他們其實是發動武裝占領的恐怖分子。該劇的部分靈感源自於佛芮親身目睹的「血腥星期日」事件。民眾的狂熱情緒、神話編造及誤解[63]，將北愛爾蘭和平的民權運動扭曲成猛烈的大火，這正是此劇故事的重點。劇中的三名遊行分子最後都遭英軍射殺，與「血腥星期日」事發後的欲蓋彌彰互相呼應：政府召開特別法庭調查此事，做出的結論則將槍擊事件合理化。

對倫敦觀眾而言，這部劇作的題材相當敏感，看劇的人稀稀落落，[64]感覺也特別坐立不安。劇中三位主角之一是位名叫史蒂芬．瑞爾（Stephen Rea）的年輕演員，後來他表示，倫敦觀眾是「被籠罩在無知的薄霜中」觀看這部劇作。[65]雖然瑞爾是皇家宮廷劇院的新星，但他本人卻是土生土長的貝爾法斯特人。這位年輕人容貌迷人、五官柔和、眼神充滿探詢的味道，頂著一副總像是剛睡醒被壓得扁塌的濃密黑髮。碰巧的是，他和桃樂絲彼此認識。[66]瑞爾曾就讀女王大學，兩人在一九六〇年代後期的民權運動期間相識。後來桃樂絲加入臨時共和軍，他則成為一名傑出的演員，在加入皇家宮廷劇院之前曾於都柏林和愛丁堡演過戲，最終兩人也就失去了聯繫。但即將轟炸倫敦的桃樂絲，此時卻在劇院席間看著這個瀟灑、聰明又風趣的年輕人，扮演一位被誤以為是愛爾蘭共和軍成員的民權遊行人士。

這群炸彈客已安排好讓飯店在黎明前打電話叫醒他們。大家起身著裝，退房後便去取車，趁著還有好車位時將車輛開往預定地點。[67]交通大罷工正好為引爆汽車創造了理想條件：因為停車規則暫時無效，警察也會對原本應被拖吊的車輛手下留情。四輛車都順利抵達目的地：[68]希爾曼獵人開抵陸軍招募中心；福特海盜來到新蘇格蘭場；佛賀萬歲前往英軍廣播電台；跑天下則是到老貝里刑事法院。炸彈在上午七點三十分都已就位，[69]計時器設定為當天下午兩點五十分引爆。早上十點剛過不久，大多數成員便已坐上從克倫威爾路（Cromwell Road）開往希斯羅機場的公車，準備搭乘十一點二十分飛往都柏林的班機（普萊斯姐妹與裴尼則安排乘坐稍晚的航班）。[70]

當天倫敦警務處的警官們也起得很早。[71]早上七點鐘，就在炸彈客正讓四輛車各就定位時，西敏區砲排警局（Cannon Row）的特殊巡邏小組（Special Patrol Group）收到一份簡報，內容指出愛爾蘭共和軍即將發動襲擊。[72]警察接獲指令出發尋找可疑車輛。他們也特別獲派前往政府大樓等可能的目標物周圍進行安檢。[73]交通大罷工加劇了執行難度，此時的倫敦市中心正需要盡量減少車輛，[74]車輛卻反而大量湧入。當天近午，幾名警員在蘇格蘭場附近巡邏，他們注意到一輛沒有稅牌的綠色福特海盜汽車。警察檢查車子時發現汽車型號是一九六八年，車牌卻寫著一九七一年。他們還注意到另一處異樣：[75]一般車牌通常有兩個鑽孔，這面車牌卻有四個。從窗戶往裡看，[76]只見一根白色細線從前座延伸到後座，細線有一部分藏在車內的地毯下。

當局召集了一群拆彈專家。他們在後座下方發現了近兩百磅的炸藥。[77]據其中一名調查員評估，這是「一枚威力極大的駭人炸彈」。[78]福特海盜汽車內部瀰漫著爆裂物的氣味，盒裡計時器也滴答作響。[79]一名拆彈專家抬起頭來，見周圍建築的窗戶上全是低頭看他們辦正事的民眾。他大喊：「叫那些白癡離窗戶遠一點！」[80]拆彈小組的一名成員拿起連接計時器的細繩，他的搭檔則在一旁小心翼翼地將細繩切斷。[81]炸彈沒有引爆。他們拆彈成功。[82]調查人員就計時器上時針的位置推斷炸彈會在下午三點左右引爆，[83]但也很難確定，因為時鐘上的分針已被拆除。[84]他們立刻意識到兩件事：一，如果城裡還有其他炸彈，他們就必須在下午三點前把炸彈找出來；再者，計時器上的導火線很長，表示炸彈客可能打算在爆炸前想辦法逃離英國。各港口和機場的情報小組警員都收到了「封鎖英格蘭」[85]的公告。關閉所有的出境點，盤問所有準備出境的愛爾蘭人。

事後，英國當局也解釋為何警方能提早成功拆彈，讓炸彈客功虧一簣，但說明過程中一切聽來都是歸功於絕佳的運氣。[86]不過也有媒體指出，倫敦警方可能早就獲報即將發生恐攻，[87]並且得知涉及的炸彈不止一枚。普萊斯姐妹總認為這次行動是被內鬼出賣。[88]斐尼也有相同的懷疑，後來他說，「我們都被設計了。」[89]

他們是對的：這次爆炸任務幾十年後，一名情報小組的退休警官透露，他在炸彈安置的前十四個小時即收到線報，來源是臨時派共和軍的一名資深成員。[90]這位警官事先就得知炸彈有四枚，而非六枚。他還知道炸彈小隊有個名叫傑瑞．凱利的年輕臨時派共和軍，還有「姓普萊斯的兩姐妹」。

即使如此，對於在倫敦市中心四處搜索另外三枚炸彈的警察而言，這座城市似乎就是一處大型停車場，完全被停妥的汽車堵塞。他們瘋狂檢查可疑車輛，但警方連大略位置的線索都沒有，[91]因此無法找出剩餘的車輛。到處都可能有炸彈的蹤跡。就在下午兩點前，《泰晤士報》接獲警告電話，對方詳述了汽車的位置和外觀。但即使到了這時，警方內部仍有溝通不良的問題，導致遲遲未能將警察派往其餘三枚炸彈的地點。《泰晤士報》記者馬丁．哈克比在警察到之前二十多分鐘就抵達老貝里法院外的跑天下休旅車那裡，[92]過了寶貴的幾分鐘後，拆彈小組才趕到現場，警察也才開始進入周圍的建築物疏散人員。

在老貝里法院裡，[93]有幾件刑事審判正在開庭審理：一間法庭正總結一起串謀販毒案；另一法庭裡，法官則正在對陪審團說明一起謀殺案。此時有人衝進法庭，[94]讓所有的人立刻離開，因為炸彈即將在法院外頭爆炸。法院對面有間「喬治酒館」，裡頭滿是下午前來小酌的顧客，這時也有人跑進來大喊「街上有炸彈」。有些顧客只是移動到酒館更深處，[95]擠滿裡頭的座位區。但也有人看著外面陽光明媚的寧靜午後，認為這只是一場騙局，[96]決定留在原地。自三十年前遭納粹德國發動閃電戰之後，倫敦還未經歷任何嚴重的爆炸事件。人們似乎無法想像爆炸是什麼。有些好事的群眾把臉貼在窗上看著拆彈小組工作。[97]技師設法拆除炸彈，但沒有成功，前座的計時器持續滴答作響。隨著三點越來越接近，警察仍在設法疏散該地區的民眾。這時有輛校車駛來，[98]距離跑天下休旅車不到五十碼，車上載有四十九名來參觀聖保羅大教堂（St.

Paul's Cathedral）的校外教學學童。[99]計時器的指針越來越接近三點，孩子們也開始走下校車。[100]

當BBC報導警方發現第一枚炸彈並將其拆除的消息時，炸彈小組的成員大多坐在前往希斯羅機場的公車上。炸彈客沒聽到公告，[101]因此他們抵達機場時還不知道現在自己已成為搜捕目標。這些人以為任務正按計畫進行，他們會神不知鬼不覺地回到愛爾蘭。炸彈客抵達第一航廈，前往四號登機門出示機票，[102]準備搭乘表定於十一點二十分飛往都柏林的英國歐洲航空（British European Airways）班機。其實有幾位炸彈客早已登機就座，這時警官也剛好進入飛機機艙請所有的人下機。[103]

桃樂絲、瑪麗安及斐尼安排好機票搭乘愛爾蘭航空（Aer Lingus）十二點三十分的班機。[104]等他們抵達希斯羅機場，其他小組員都應該已經起飛。但三人進入機場航廈時，情報小組的警官們早已在那等著。[105]「你們要去都柏林嗎？」其中一名警官問道：「介意和我來一下嗎？」[106]

他們被帶入拘留區盤問。但團隊在執行計畫前，都以為自己在炸彈被發現之前就會出境，因此沒有任何共和軍志士能編造出半點有說服力的故事。[107]有些人聲稱來倫敦是為了找工作，[108]也有人說自己一直待在[109]貝爾格雷夫路（Belgrave Road）附近，還在當地的酒館喝醉了（不管怎樣，這也算是實情）。大家都用了假名，[110]桃樂絲堅稱自己名叫烏娜・德夫林，也否認他們彼此認識。這些人被問及炸彈時，都只是繃著臉沉默不語。（那時當局不知情，直到事後才得知，小組中有一名成員失蹤了，就是第十一名炸彈客。[111]此人在其他同夥於機場被捕前就溜之大吉，在倫敦銷聲匿跡。後來他也從來沒被逮到。）

「我沒什麼好說的，」瑪麗安在接受一名資深警官盤問時說。「你沒有權力把我留在這裡。」[112]她守口如瓶，什麼也不肯說。那時已下午兩點多，警探們知道所剩時間不多了。他們追問瑪麗安其他炸彈的位置，但她絕口不提。瑪麗安的脖子上掛著一個盒式吊墜，她一直把吊墜放入嘴裡焦慮地咀嚼著。盤問她的總督察突然想到，小盒子裡可能藏有氰化物之類的毒藥。[113]他從瑪麗安手裡搶過吊墜，卻發現只是耶穌受難的十字架。總督察越來越不耐，稱她為「邪惡的小瘋子」，還說她即將有一段時間會不見天日。[114]

但瑪麗安什麼也沒說。她和其他同夥炸彈客的舉止如機器人般，幾乎進入恍惚的狀態。[115]警探們開始懷疑他們曾接受過拒絕審訊的訓練。他們會盯著一個物體，就只是盯著，彷彿被催眠了一樣，一句話也不肯說。[116]接著，就在下午三點前，瑪麗安抬起手腕，定睛看了看手錶。[117]

總督察隱忍著怒氣說：「難道剩餘炸彈的引爆時間已經到了？」

瑪麗安只是微微笑了一下。

這時天氣晴朗，白廳的人們剛結束午餐時間，緩步回來，這時警方終於發現了停在陸軍招募中心前的希爾曼獵人汽車。[118]警官們衝進周圍的建築裡疏散所有的群眾。距離爆炸還有五分鐘，[119]皇家陸軍軍械團（Royal Army Ordnance Corps）的一名爆裂物專家打破車窗爬進汽車，想辦法要拆除炸彈。可是現在來不及了，他又匆忙爬了出去。他用一個連接長繩的鉤子勾住了連接計時器和炸藥的導火線，接著躲到建築物的轉角處開始拉扯。阻力很大，因此他請同行的中士幫忙。計時器指針抵達終點時，他們倆才剛剛開始再次拉動繩子。[120]

那一輛希爾曼獵人瞬間四分五裂，[121]被一道三、四層樓高的火焰撕裂開來。發出一聲沉悶巨響後，[122]強烈的震動將周圍地區行人從人行道上掀了起來。方圓四分之一英里內的辦公室和商店窗戶都被震碎。[123]爆炸將警察的頭盔炸飛，玻璃和金屬碎片也如小型子彈一般向四面八方噴射。[124]

一團蕈狀烏雲從街道升起，建築物間瀰漫著刺鼻的滾滾濃煙。[125]天然氣總管路破裂，[126]噴出更多的煙霧，並引發火災，消防隊員旋即抵達，開始將滅火水管拖來到悽慘的現場。人們步伐踉蹌、目瞪口呆，[127]

一顆炸彈在倫敦引爆的瞬間（G/M/Camera Press/Redux）

皮膚也被玻璃劃傷。幾十輛汽車的內裡被炸得面目全非，如紙張般皺巴巴捲成一團。[128]

爆炸聲響徹倫敦市中心。在另一頭的迪恩史丹利街，當局才剛在英軍廣播電台大樓前找到佛賀萬歲車型，成功將第三顆炸彈拆除。[129] 但警察在老貝里法院找到這輛車時，早就為時已晚。一名警官往校車狂奔，[130] 對剛下車的孩子們大吼，讓他們逃命。孩子們聽話照做了，尖叫著急忙跑向角落尋找掩護。[131]

一名警方的攝影師正在為這輛車拍照，[132] 突然間整個人被拋到對街。爆炸的威力強大到撕去了喬治酒館的整面外牆，[133] 座位區暴露在外，就像是娃娃屋裡的房間。一名警察正在老貝里疏散陪審團員，[134] 爆炸將他炸飛到二十英尺外（譯按：大約六公尺）。另一名騎自行車經過的警察則被甩在牆上，爆炸的力道撕碎了他的制服。[135]《泰晤士報》記者哈克比的臉和手都被割傷，隨後被送往聖巴多羅買醫院（St. Bartholomew's Hospital）。[136] 滿臉鮮血的民眾在煙霧中蹣跚而行，設法離開或幫助他人。[137] 但爆炸的周圍區域已徹底被一團濃密的溫熱塵土吞沒，能見度很低。[138] 學童們設法躲到了安全的地方，但傷員卻四散躺在人行道上。[139] 到處都是厚厚的碎玻璃，一如沙灘上的沙子，在人們腳下吱嘎作響。[140]

對北愛爾蘭人而言，這幅景象可能已見怪不怪，[141] 在倫敦卻令人尤其難受。對於那些年長到足以記住當時狀況的目擊者而言，這次事件勾起了當年閃電戰的回憶。兩次爆炸造成近兩百五十人受傷，救護車旋即前來救助傷亡。[142] 雪上加霜的是，那一週不只發生了交通大罷工，還有地區醫院的非醫護人員罷工。但即使如此，眼見滿身鮮血的傷患被抬進急診室，[143] 罷工人士還是撤除了罷工警戒線，進入醫院貢獻一己之力。當時一位名叫佛德列克．米爾頓（Frederick Milton）的五十八歲看護在老貝里隔壁的山門之家（Hillgate House）工作。[144] 爆炸時米爾頓渾身是血，卻拒絕了救護人員將他送醫救治的要求，執意留下來協助其他受傷的倖存者。幾小時後，米爾頓因心臟病發而昏厥，於醫院逝世。[145]

後續的驗屍結果顯示，其實米爾頓的心臟病在爆炸前就已發作，因此醫學證據並不支持謀殺指控。[146]

桃樂絲將爆炸造成的傷亡歸咎於英國當局，因為他們在接到電話警告後太慢採取行動，無法找出炸彈將之拆除，而且未能警告民眾。[147]爆炸小組的其他成員也持相同看法。[148]這種藉口顯然是便宜行事，而就道德方面而言，他們連自己也說服不了。但事實上，桃樂絲也不是全錯。[149]在爆炸發生之後，警方也坦言自身控制中心的「人為疏失」沒能弄清老貝里炸彈的相關消息，大幅拖慢了他們的反制行動。

後來一位英國檢察官推測，愛爾蘭共和軍的任務意圖就是要殺人，他們在炸彈小組於機場被捕後才撥打警告電話，這並非巧合。他表示，共和軍一得知同黨被捕即發出警告，只不過是在最後一刻設法減輕懲罰的自私手段。[150]然而，即使炸彈客再怎麼冷酷無能，他們前往倫敦的目標似乎都不太可能是大規模屠殺。「如果他們的目的是在倫敦殺人，那麼在倫敦殺人、殺害平民是很容易的，」休斯在之後說道。一如「血腥星期五」，在臨時派愛爾蘭共和軍看來，倫敦的任務是一次在理想情況下不造成流血傷亡的象徵性攻擊。但威力強大的炸藥卻容不得差錯，事與願違造成了慘痛的後果。休斯並不是特別在意炸彈造成的人民傷亡，更讓他後悔的是沒有在英國「埋藏」這些炸彈客，應讓他們躲在倫敦或倫敦近郊，待人民的恐慌消退之後，這些人就可以陸續返國。[151]共和軍卻是設法儘速讓他們離開，之後這個錯誤也會帶來一連串重大後果。

爆炸小組從希斯羅機場被送往附近的警局。他們被剝去衣物，[152]便於鑑識人員測試是否有殘餘的爆裂物。桃樂絲被拍下一絲不掛的照片。[153]一行人被分配到囚服，有幾個人接受了，普萊斯姐妹和另外幾個人則拒不接受。[154]這是一種共和原則：他們認為自己不是罪犯，而是合法軍隊中被俘虜的士兵，也就是政治犯。有鑑於這其中的差異，他們不接受普通罪犯的囚服。桃樂絲和瑪麗安只用粗糙的監獄毯子裹住身體。斐尼連毯子都拒不使用，赤裸裸地站在牢房裡。所有的嫌疑犯都被分開關押，但有次桃樂絲和瑪麗安在面談室中短暫相遇，桃樂絲對妹妹低聲說：「什麼都別說。」[155]

i・譯註：發生於一九一九年一月到一九二一年七月間，戰後愛爾蘭南北分裂，南方成立愛爾蘭共和國。

ii・譯註：位於倫敦市西敏區，是英國中央政府的所在地。「白廳」一詞除了是英國政府的代稱，也指政府大樓周遭的區域與大樓前的道路。

# 第十二章　貝爾法斯特十人幫

湯瑪斯・瓦勒戴（Thomas Valliday）是朗格甚監獄的一名囚犯，[1]他在那裡負責打雜，因此必須開著垃圾車四處巡邏，撿拾監獄各處的垃圾後放入卡車。監獄生活往往都會淪為日日重複的例行公事，瓦勒戴的工作也不例外，就只是「巡視、撿垃圾、扔進卡車」。除一般的垃圾之外，瓦勒戴有時還會找到因汙損而被丟棄的舊床墊。囚犯們居住在一間間半筒形的尼森式鐵皮屋（Nissen）裡，他們會將這些床墊和垃圾一起放在圍繞監獄周圍的刺網「鐵籠」外。一九七三年十二月的一個星期六早晨，卡車停在一處牢房外，那裡放著一張捲起的床墊。瓦勒戴上前拿起床墊時，發現重量比平常重了許多。[2]但他仍用雙臂環抱床墊，用力放入後車斗。這東西看似只是床墊，卻大概和一個嬌小男子差不多重，但瓦勒戴看起來完全不疑有他，正是因為他知道安臥在裡面裹得像熱狗捲麵包的，就是布蘭登・休斯。[3]

休斯在被捕時即告訴警方自己打算越獄，他可不是在開玩笑。前一年夏天，被關進朗格甚不到三十六小時，他就開始和同夥商討什麼是最佳逃跑策略。[4]傑瑞・亞當斯認為，考量到各種行動對目前的反抗階段有多麼重要，[5]再加上休斯也是帶頭的重要人物，理應讓負責執行行動的休斯優先越獄，亞當斯則是次要。但截至當時只有兩人曾成功突破被鐵絲網包圍、由軍隊把守的朗格甚，而他們本人都不算是真的「突破」重圍。其中一位是桃樂絲・普萊斯的兒時好友法蘭西・麥圭根，他曾是個「頭套人」，在軍方的祕密機構中遭受酷刑。一九七二年二月某日，麥圭根穿上一套借來的黑袍，[6]混入來訪的牧師團，大搖大擺地走出了前門。十八個月之後，另一位名叫約翰．法蘭西斯．格林（John Francis Green）的男子也使用完全相同的技倆成功越獄（其實格林的哥哥是位牧師，趁著來訪時兩人換了衣服）。[7]

若之後神職人員要離開朗格甚時受到更嚴格的審查，也是合情合理。因此休斯若打算逃跑，就只能另想辦法。有人想到可以躲在垃圾車的底部，搭便車離開營地。[8]這種策略讓人聯想到荷馬筆下的史詩《奧德賽》（*Odyssey*），故事中奧德修斯和一眾手下緊貼著羊肚，逃離獨眼巨人的洞穴。[9]囚犯們為休斯製作了特殊的繫帶，方便他把自己固定在卡車底盤。他也用牢房裡的雙層床架來演練，練習抓住上鋪的下側。但休斯在審訊期間遭到嚴刑拷打，現在仍然很虛弱，他不確定自己是否有力氣抓住底盤，撐到卡車開過外柵欄為止。[10]因此最後他們放棄了這項計畫。那時休斯大概很失望，但結果證明他運氣好，沒有那麼做。因為在幾個月後，另一名囚犯馬克．葛蘭姆（Mark Graham）也試圖用類似的方法越獄，結果卡車越過路上突起的減速帶，折斷了葛蘭姆的脊椎，導致他終身癱瘓。[11]

十月下旬，臨時派共和軍策劃了他們迄今最大膽的逃獄計畫。另一位臨時派領袖薛穆斯．托梅被關押在都柏林蒙特喬依監獄（Mountjoy Prison）時，一架被劫持的直升機突然出現在空中，降落在監獄的庭院裡，停留時間剛好夠托梅和他的幾個同黨跳上飛機。[12]這種先例為休斯和他的獄友們壯了膽，但也表示監獄會變得更加戒備森嚴。臨時派共和軍知道垃圾車每天都會巡視兩次，才會離開監獄前往垃圾場。[13]他們聽說警衛會用長矛刺穿每個垃圾袋，確認沒有任何人藏在裡面，才放行讓卡車離開。但愛爾蘭共和軍在監獄裡已打造出自己的情報網，這些線人表示最近守衛們都懶得使用長矛。[14]

那天，休斯爬進一張舊床墊的中間，其他人則幫忙捲起床墊將他包好。[15]在湯瑪斯．瓦勒戴的幫助下，最後他上了卡車，卡車則繼續在監獄周圍行駛，時不時停下來，把垃圾傾倒在休斯頭上。現在他只須等待而已。但監獄的廉價床墊裡塞滿了木屑，這些纖維狀粉塵到處都是，令人發癢又窒息。休斯帶了一個柳丁為自己補充水分和血糖，他一直把柳丁塞在嘴裡，但木屑進入他的鼻子，令他呼吸困難。[16]卡車不疾不徐地在營地中移動，[17]接著停了下來，此時休斯聽見瓦勒戴正對他小聲說話。[18]瓦勒戴說，他們還不能離開監獄。卡車會停下來收集更多垃圾。他建議休斯先溜回牢房，因為監獄會在下午四點數人頭。[19]如果休斯失蹤，守衛就會拉響警報、封鎖監獄。

他原地不動。而瓦勒戴已經不見人影，但休斯藏得很好，時間到了垃圾車就必須離開。他在床墊裡看不見周圍狀況，但現在他聽見有人講話的聲音，從口音聽來顯然是英軍。垃圾車最終停在英國陸軍營區，士兵就住在這裡。[20]車子沒有帶休斯穿過通往自由的大門，而是直接將他帶到營區最危險的地方。木屑進入眼睛，讓休斯一隻眼睛刺得睜不開。[21]他躺著默不作聲，希望沒人發現自己。[22]

難熬的一小段時間過去，卡車再次開動，朝著出口駛去。休斯清楚知道此時會發生什麼事：卡車會經過兩個減速坡道，接著右轉離開朗格甚。但他們還沒抵達坡道，卡車就又停了下來。休斯一動不動躺著。結果突然間，一根長矛刺穿了垃圾堆，矛頭就在他身體左側不遠處。[23]

顯然他收到的情報並不正確。休斯躺在那裡，無法動彈。一根尖刺接著刺穿了另一邊的垃圾袋。現在他決定站起來喊叫，打算投降了事，因為繼續躺著無異於自殺。尖刺再次落下的話，肯定會要了他的命。他想像自己被長矛刺穿的樣子，這是多麼荒謬的死法：被長矛釘在垃圾車的後車廂裡，身上滿是木屑，嘴裡還叼著一顆柳丁。[24]休斯在貝爾法斯特還有兩個幼子。[25]這太瘋狂了。他正準備出聲，讓上面的人知道他被包在床墊裡，卡車就發出了隆隆聲響，繼續開動。[26]垃圾車先通過了一個安全坡道，接著又通過了另一個。最後，休斯感覺到卡車右轉，這時他知道他們已經離開了營地。

卡車沿著開闊的道路行駛，休斯掏出隨身攜帶的一把小折刀，試圖切穿床墊讓自己脫身。但那把刀卻派不上用場，刀刃還直接被弄彎了。他手腳並用，掙扎著爬出床墊，期間還把一些垃圾撞到了路上。他擔心司機會透過後照鏡注意到掉落的垃圾，但卡車卻一直在行駛。

在希爾斯伯勒路（Hillsborough Road）的盡頭，休斯知道他們會在某處右轉，然後左轉。要想不被發現的話，此時似乎是跳出後車箱的最佳時機。因此休斯趁著卡車轉彎之際跳到街上。他目送卡車遠去，擔心司機可能會發現他。但卡車只是繼續朝著垃圾場的方向前進。

休斯渾身髒兮兮站著，一隻眼睛腫得睜不開了。傑瑞．亞當斯早已安排了一輛汽車在外面接應，但由於卡車行駛時間比預期要長得多，休斯顯然錯過了會合時間，汽車已經不在那裡。休斯不像「七壯士」那樣可以從梅德斯通號逃脫後直接走進城鎮的酒吧，獲得酒吧顧客贈送換洗衣物和用來逃亡的汽車。狀況截然相反，現在休斯正身處保皇派的大本營。這不僅是敵對勢力的地盤，他和朗格甚監獄之間的距離也不夠遠。要是他們數人頭數不到他，周圍地區就會全被軍隊包圍。休斯必須前往愛爾蘭共和國。現在他是北愛爾蘭的頭號通緝犯，所剩時間也不多了。

炸彈在外頭引爆的同一時間，麥可．曼斯菲德（Michael Mansfield）正坐在老貝里法院頂層的圖書館裡。[27]樓下發出一聲巨響，碎玻璃灑滿了曼斯菲德整身。[28]三十二歲的曼斯菲德是一位抱負遠大的英國律師，他舉止略顯浮誇，有著一頭蓬鬆的頭髮，聲音洪亮。[29]最近他才剛在老貝里法院了結一件長達數月的審判，迎來律師生涯的第一件重大勝績。[30]受審者是所謂的「憤怒幫」（Angry Brigade）：一群英國本土的無政府主義者，他們會在保守黨首長的家中放置炸彈，長遠的目標是引發全球革命。曼斯菲德所代表的被告是年輕女子安吉拉．威爾（Angela Weir），在本案受到無罪釋放。起訴她有罪的根據是一件手寫的證據，曼斯菲德在親自調查後成功反擊政府的專家，否定了他們的說法。求學期間他培養出激進的政治理念，容易被充滿難題的案件吸引（這類難題常帶有質疑威權及抵抗的本質）。[31]曼斯菲德用自己在憤怒幫一案中賺到的錢買下一輛小車，是二手的勝利兩千（Triumph 2000）。[32]

由於發生交通大罷工，曼斯菲德在爆炸當天開車上班。他遲到了，原本還擔心找不到車位，結果他發現那天放寬了停車限制，曼斯菲德心想說不定可以在老貝里法院的正門附近找到停車位。結果他運氣不錯，一輛綠色福特跑天下的不遠處正好有空位。[33]

炸彈引爆時，曼斯菲德沒受重傷，但他的勝利兩千卻被炸得稀爛。[34]不久後，曼斯菲德被問及是否願意為爆炸案的始作俑者辯護，也就是桃樂絲和瑪麗安．普萊斯這兩位炸毀車子的年輕愛爾蘭炸彈客。積極進取的訴訟律師常會接手惡名昭彰的客戶，這是法律界一項悠久的傳統，也尤其因為曝光通常能為他們的執業資歷加分。但愛爾蘭共和軍爆炸案是公認對倫敦的嚴重羞辱，因此許多在業界已紮下根基的律師都會遵守原則，不受理此案。[35]

但曼斯菲德願意接案。他很想見見普萊斯姐妹。曼斯菲德見到她倆時，除了立刻被兩姐妹的美貌吸引，也對她們堅持理念的決心感到印象深刻。[36]兩姐妹抱著膝蓋、蜷縮在塑膠椅上，向他講述北方天主教徒受盡凌虐、遭到拘禁和「血腥星期日」的故事。她們也回憶起在伯恩托雷特橋被保皇派暴徒毆打。[37]曼斯菲德並不比兩姐妹大多少。他以自己激進的政治觀為傲，但他選擇實踐政治理想的手段不是透過激烈的革命，而是法律。令他驚訝的是，普萊斯姐妹選擇了另一種處事方式，一種真正「處於邊緣」的生活樣態。[38]

桃樂絲和瑪麗安，以及其他八名被捕的人全數遭到起訴，理由是他們密謀引發「本質上可能會傷及人命的爆炸」。[39]通常這類審判理所當然會在老貝里法院進行。但這法院於炸彈引爆後還在重建，[40]而政府希望加快訴訟程序。此外，若是在爆炸行動設法摧毀的法庭中審判爆炸案的被告，可能會有偏頗之嫌。因

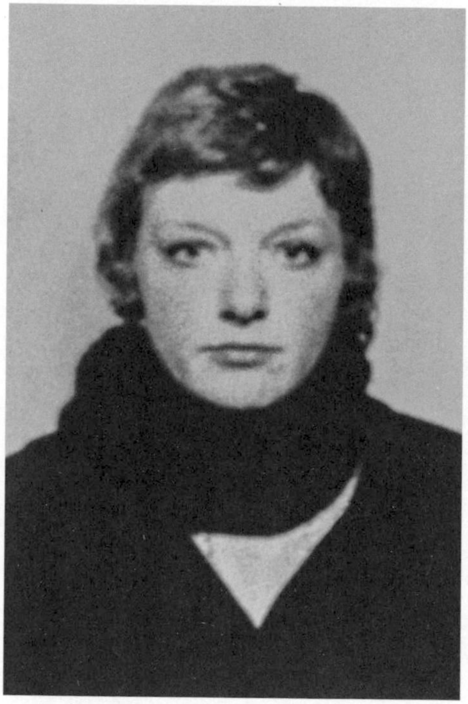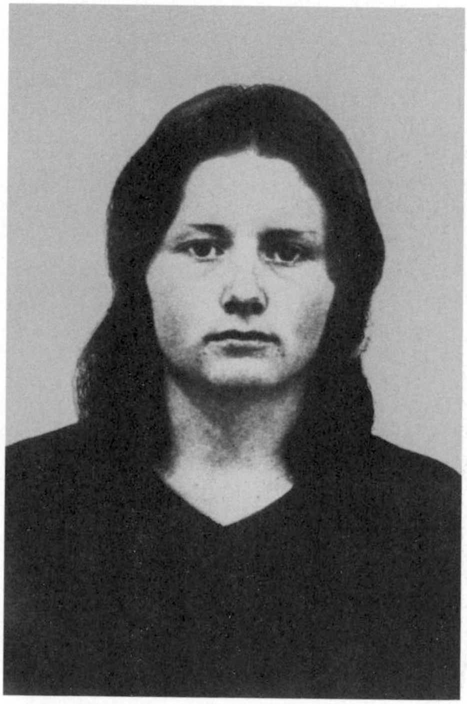

桃樂絲和瑪麗安・普萊斯的嫌犯照

此，於一九七三年秋季開始的審判改至溫徹斯特堡（Winchester Castle）進行，那裡有十三世紀的宏偉廳堂，由中世紀石磚、大理石柱和彩色玻璃建成。正是在同一座廳堂裡，華特・羅利爵士（Walter Raleigh）於一六〇三年因密謀推翻國王詹姆斯一世（James I）而被判叛國罪成立，往後十三年都身繫囹圄。[41]其中一面牆上掛著一片亞瑟王圓桌桌面的巨大橡木仿品，表面的綠色色塊以都鐸玫瑰徽章為中心向外散射。[42]

普萊斯姐妹和同案其餘被告在前往溫徹斯特堡的監獄巴士上唱著反叛歌曲。[43]整個審判過程中，每日早晨被告都會由摩托車和警車車隊護送進出。[44]爆炸案使得人心惶惶，因此整個過程都採取極端誇張的維安手段。[45]政府為預防汽車炸彈，對周邊地區下了全面的白天停車禁令。警方也派狙擊手在屋頂周圍巡邏。[46]（這也許不是全無道理：後來發現共和主義者曾試圖在關押被告的監獄對街買下房子，[47]目的是在地下挖通一條隧道，直接進入牢房把人劫走。結果因為當地的女性屋主捨不得出售房屋，計畫才未成真。）巴士在層層戒護下駛入溫徹斯特堡之際，桃樂絲和瑪麗安還向外面的圍觀群眾比了勝利手勢。[48]

這場審判是一件大事，引起了廣泛的關注。因參演《春光乍現》（*Blow-Up*）而聞名的女演員凡妮莎・雷德格瑞夫（Vanessa Redgrave）自願為被告繳納保釋金，[49]而且若有被告需要住處，她也願意提供自己在西漢普斯特德（West Hampstead）的房子——只是當局並未允許任何炸彈客保釋，他們自然無法享受如此慷慨的招待。英國民眾和媒體尤其關注桃樂絲和瑪麗安，[50]她們被冠上「恐怖姐妹」的稱號，被描繪成極度危險的人物。桃樂絲在《泰晤士報》筆下成了政治激進主義和反主流文化不穩定特質的典型代表，[51]表示她「熱中於更廣義的暴力世界革命，支持切・格瓦拉、黑豹黨（Black Panther）和巴勒斯坦游擊隊的多元目標」。該報還寫道，或許姐姐桃樂絲更具支配能力，但「在瑪麗安的柔和嗓音與天真外表下，隱藏的是個精通游擊戰術的十九歲女孩」，她使用步槍的從容不迫為自己贏得了「阿瑪萊特步槍寡婦」的稱號。[52]《每日鏡報》（*Daily Mirror*）透過對兩姐妹的描述證實了一種令人憂心的趨勢，並指出「大家都說女性是被動又愛好和平的生物，只想待在家裡照顧孩子，這種傳聞終於在炸彈和子彈的巨響聲裡終結。」這份八卦報紙還直接拿普萊斯姐妹與巴勒斯坦劫機犯萊拉．哈立德比較，將這些婦女的暴力行為診斷為女權主義的危險副產品，是一種「致命的解放」。[53]

本案於九月開始審理，檢察總長彼得．羅林森爵士（Peter Rawlinson）在開庭時指出，雖然汽車炸彈在倫敦是大新聞，卻是北愛爾蘭日常生活的一環。羅林森是位風度翩翩、嗓音悅耳的大律師，[54]報界給他的綽號是「司法界的大導演勞倫斯．奧立佛（Laurence Olivier）」。「炸彈客安置好汽車炸彈後，就能走到安全之處，」羅林森表示，「等到炸彈引爆，他們早在數英里外安然無恙。這是非常懦弱的行徑。」[55]羅林森在詳述可怕的事發經過時，特別指出桃樂絲．普萊斯是組織的領袖，說她是「在這次爆炸行動中扮演要角的女孩」。[56]

兩姐妹堅持不低頭。團隊中只有十九歲的威廉．麥克拉農（William McLarnon）在審判第一天即認罪。除此之外，其餘被告全都堅稱自己是無辜的。[57]桃樂絲說，自己在爆炸前一天飛往倫敦，為的是與妹妹和朋友修．斐尼一起短暫度個假。她會使用烏娜．德夫林作為化名，是因為自己身為知名共和主義者的女兒，總是會受到當局的騷擾，報假名幾乎已經成為習慣。[58]女孩們在法庭上顯露出輕浮又事不關己的態度，還一副樂觀開心的樣子。檢方拿出曼斯菲德那一輛勝利兩千被炸爛的照片時，她們還笑了出來[59]——車主比較笑不出來，他告訴她們自己原本可能會在車裡。

審判為期十週，大多時候被告都拒絕回答任何問題。但有大量間接證據都證明他們與這些罪行有關。羅林森花了好幾天，用總共十二小時來陳述檢方的聲明，描述了爆炸案的來龍去脈，以及針對每個人的特定指控。[60]桃樂絲在希斯羅機場被警察攔下時，手裡正提著一個黑色帆布購物袋。[61]裡面除了布萊恩．佛芮的劇作節目表和被稱作是「大量化妝品」的東西，警方還發現兩把螺絲起子和一本線圈筆記本。[62]筆記本有幾頁寫滿了隨意的註記：一頁是與聖母瑪利亞有關的神學沉思，另一頁則是食物清單和相應的卡路里。[63]但調查人員也注意到有幾頁被撕掉了。一名法醫專家證人檢查了筆記本中剩餘的空白頁，並向陪審團指出，頁面上留下了隱約的書寫凹痕，是炸彈計時器的示意圖。[64]

這對曼斯菲德的辯護而言是個艱難轉折。儘管他曾經成功翻轉筆跡專家的證據，卻無法為筆記本的內容辯駁。然而，當曼斯菲德還在與定罪物證周旋，就面臨了另一道更艱鉅的難題：其中一名被告決定與檢方合作。

來自貝爾法斯特的打字員蘿莘・麥尼爾尼是團隊中最年輕的成員。麥尼爾尼在爆炸發生後數小時內接受警方訊問時，最初用的是一套與其他炸彈客相同的說詞，並堅稱自己不是愛爾蘭共和軍的成員。「我不知道你在說什麼，」她表示。「我只是來這裡度假。」[65]

但隨著審訊展開，她的態度也開始有所軟化。「我相信愛爾蘭必須統一，」她告訴調查人員。「但我不相信暴力。」於是他們繼續向她套話，最後她脫口而出：「我不能說，不然我會被子彈爆頭。」

她說，自己是在六個月前才加入愛爾蘭共和軍。[66]某天晚上，麥尼爾尼在酒吧裡唱著愛國歌曲，這時有人走上前來，問她是否準備好為愛爾蘭做點什麼。她告知警方自己在爆炸案中扮演什麼角色，但堅稱自己只是個無足輕重的小人物，是團體裡的邊緣人。[67]儘管她供認不諱、與當局合作，麥尼爾尼仍堅持不認罪。雖然她在爆炸後進行了詳細的供述，但直到審判開始，其他人才發現她背叛了大家。[68]

即使對普萊斯姐妹和她們的共同被告人來說，無罪釋放的機會看來微乎其微，但這並未削減他們的銳氣。審判期間，桃樂絲和瑪麗安坐在被告席的盡頭，她們會微笑著向觀眾席上的支持者揮手。當他們的老朋友艾蒙・麥坎（來自德里的行動主義者，與兩姐妹在伯恩托雷特橋遊行中相識）來到觀眾席與她們的家人同坐時，她們也對他眨了眨眼、揮揮手。艾伯特和克莉西・普萊斯那時早已飛往倫敦參加審判，兩位家長的儀態筆挺又驕傲，讓麥坎驚訝不已。[69]這也讓麥坎想到，在他們強悍鎮定的態度背後，要眼睜睜看著兩個女兒面臨無期徒刑，內心的痛苦肯定難以言喻。

被告在審判時都穿著自己的衣服，桃樂絲選擇了搶眼的穿搭：罩衫、連身裙、毛衣。[70]她總是很懂得表演，而審判無疑已成了一座舞台。[71]隨著訴訟程序持續推進，桃樂絲在爆炸案發生時還很短的紅髮也逐漸長了起來。

然而，若說桃樂絲在審判過程中有時顯得漫不經心，她偶爾卻也會展現出激昂的決心。彼得・羅林森問她是否支持愛爾蘭共和軍的「目標和原則」時，桃樂絲說可能會，「前提是彼得爵士對『目標和原則』的詮釋與我的相同。」接著羅林森要求桃樂絲細說她覺得這些目標是什麼，桃樂絲表示：在她看來，愛爾蘭共和軍認為「長期目標在於愛爾蘭的南北統一，讓所有的人享有充分的公民權與宗教自由。」

法官賽巴格・蕭（Sebag Shaw）打斷對話，詢問桃樂絲是否認為應該使用暴力來推動這些目標。桃樂絲表示：「我沒有這麼說。」[72]——她談的是目標，而不是可以用來實現目標的合理手段。她以這種方式與檢察官和法官周旋，他們戴著假髮下的威嚴嚇不倒她；無論是周圍的富麗堂皇、維安人員的陣仗，還是對她的指控有多麼嚴重，都嚇不倒她。隨著審判持續，桃樂絲和其他被告也開始公然打斷蕭法官，[73]他們駁斥法院的道德權威、嘲笑證人、一同蔑視整個訴訟程序，並以此為樂。

十一月，判決出爐的那天，桃樂絲・普萊斯身穿綠色毛衣，頭上繫了一條粉紅色髮帶。[74]法院戒備森嚴，進來的人在門口都會被搜身。[75]被告被護送到被告席上，還有十五名隨行獄警擠坐在他們身後的座位裡。[76]曼斯菲德認為，所有的維安措施似乎都是為了營造「一種有罪的氣氛」。[77]整個審判過程中，都會有一名隨扈坐在大家看不見的位置，也就是蕭法官正後方，[78]但今天他就大方坐在法官身邊席上的空位。稍早，附近的百貨公司還接到好幾次炸彈恐嚇，臨時法庭的旁聽區擠滿了前來支持被告的鼓譟愛爾蘭人。[79]等到全由男性組成的陪審團準備宣布判決，此時四隊便衣警探走進來，坐在他們身後。[80]隨著訴訟程序開始，警衛也採取最後一道維安措施：把法院大門閂起來。

在判決普萊斯和其他被告之前，首先蕭法官宣布陪審團無罪釋放蘿莘．麥尼爾尼。[81]麥尼爾尼是個畫著細長眉毛的嬌小女孩，身穿白色披肩和粉色襯衫。蕭法官對麥尼爾尼表示，他希望她已經懂得「不要輕易嘗試凶殘的暴力行動」。他說：「我不知道妳踏出這個法庭後會面臨什麼危險。」[82]——他指的是她背叛同夥，可能讓自己身陷險地。麥尼爾尼被帶出大廳時，其餘被告開始齊聲哼起歌，瀰漫著一股不祥的氛圍。[83]這首歌是〈死亡進行曲〉（The Dead March），出自古典音樂家韓德爾（George Handel）的神劇《掃羅》（*Saul*），也是葬禮的標準曲目。修．斐尼從口袋掏出一枚硬幣，他把硬幣扔向麥尼爾尼，大喊：「給妳的臭錢！」[84]她則一邊哭泣，一邊衝出法庭。[85]

其餘被告均被定罪。等到宣判罪刑時，蕭對他們都處以最高刑責——即所謂的無期徒刑。實際上對其中五名炸彈客來說是二十年。至於普萊斯兩姐妹及斐尼，因為事件是由他們帶頭策劃，蕭則給予更嚴厲的罰則：三十年。只聽桃樂絲說道：「這和死刑沒兩樣。」[86]

蕭本人似乎也對這麼嚴厲的刑罰感到不好意思，他宣布將普萊斯姐妹和斐尼的刑期減至二十年。[87]但幾位被告仍表示不滿。[88]心煩意亂的法官命令他們在法庭上保持安靜。「不！」普萊斯姐妹倆卻同聲說道。

被告在整個訴訟過程中，都絕口不提自己愛爾蘭共和軍的身分，現在卻全部說了出來。他們發表著尖刻的政治演講，旁聽區裡的親朋好友則在一旁鼓掌：「我是愛爾蘭共和軍志士，就站在你面前！」[89]瑪麗安．普萊斯也宣告：「我視自己為戰俘！」

「支持臨時派共和軍！」觀眾大叫。「絕不投降！」[90]

「各位不得將被告席當作政治舞台，」蕭法官喊道。「這裡是法庭！」[91]但現在判決既已發出，根本沒有人在聽。

「勝利掌握在愛爾蘭民族手中！」修．斐尼高喊。「愛爾蘭絕不屈膝！」[92]

蘿莘．麥尼爾尼被一隊武裝警衛簇擁著離開。[93]當局為她安排了全新身分，她也得到新姓名和相關證件，[94]政府並且告誡她永遠不得返回北愛爾蘭。麥尼爾尼在安德森鎮家中的家當也被帶走妥善保存，待她開始新生活後再寄還給她。「不要搞錯了，」貝爾法斯特有位臨時共和軍領袖告訴媒體。「她絕對躲不掉。」[95]但臨時共和軍從未逮到麥尼爾尼。她從法庭上消失了，徹底成為另一個人，從此消聲匿跡。

桃樂絲及瑪麗安．普萊斯被從溫徹斯特堡帶走之前，即宣布她們將開始絕食抗議。[96]她們會持續拒絕進食，直到取得政治犯身分，並返回北愛爾蘭服刑為止。[97]兩姐妹被帶到布里克斯頓監獄（Brixton Prison）。這裡關押的全是男性，但姐妹倆給人的觀感是如此危險，因此將她倆安置在這裡是個合理的例外。桃樂絲在獄中給母親克莉西寫了一封信，她在信中表示，英國政府要麼同意她們的要求，送她們回國服刑；要麼等著餓死她們，再將屍體運往貝爾法斯特舉行葬禮：「無論如何，我們都會設法在新年之前回到北愛爾蘭。」[98]

# 第十三章　玩具銷售員

亞瑟・麥卡利斯特（Arthur McAllister）是玩具銷售員。他租下香桃木田公園（Myrtlefield Park）附近一棟磚砌優雅公寓的一樓，公寓坐落於貝爾法斯特郊區的中產階級社區。[1]即使在北愛爾蘭問題最嚴重的時期，有時派系之爭和準軍事槍戰似乎仍主要是工人階級的現象，在綠樹成蔭的郊區裡，這類紛擾很少觸及更穩定富裕的社群。麥卡利斯特的公寓前方有長春藤木架，周圍老樹扶疏、碧草如茵。每天早上，他都會帶著裝滿玩具樣品和目錄的公事包出門。麥卡利斯特會爬進車裡，在大貝爾法斯特地區來回穿梭，走進商店，看看自己的商品是否能引起店主的興趣。他是個身材矮小、一絲不苟的男人，鬍子總是刮得乾乾淨淨，頭髮也經過細心修剪。[2]就麥卡利斯特的工作來說，他的衣著似乎不必如此正式：終究他只是個上門推銷產品的銷售員，但每當他挨家挨戶地拜訪，他身上的三件式西裝卻讓自己看起來像個銀行家。[3]

一九七四年春季某天早晨，一隊警車和裝甲車駛過街道，突然在香桃木田公園的公寓外停下，打破了郊區的寧靜。[4]英國陸軍一直在監視這個地方。其實，前一晚早就有個身穿迷彩服的士兵躲在前院的杜鵑花叢中。[5]這位盯哨的士兵待得太久，同袍擔心他可能會吃不飽，想悄悄給他補給能量。結果帶著炸魚薯條路過的人不小心把食物扔錯了灌木叢，白費一番功夫。

他們監視的目標，以及早上突襲的目標，正是玩具銷售員本人。車隊發出尖銳聲煞住，士兵和警察旋即衝進房子，他們在裡面找到了麥卡利斯特，將他壓制在牆上。他憤慨地說自己是清白的。像當局這樣闖入無過失的小老百姓家中，他覺得非常不屑。但警官們似乎並不相信他其實是一名玩具銷售員，甚至不相信他的真名是亞瑟·麥卡利斯特。

「可以了，小黑，」其中一名警官說。「你逃得夠久了。」[6]

布蘭登·休斯乘坐垃圾車成功逃離朗格甚監獄後，最終設法搭上一群吉普賽人的便車，[7]接著又搭上了另一部車，才發現原來司機是英國人。休斯坐在副駕駛座，突然想到這個英國人可能是監獄裡那天沒值班的守衛（休斯才剛從那裡逃出來）。但即使這個人是朗格甚的員工，他也沒弄清楚便車乘客的身分。休斯就這樣一路逃到紐里，他早在那裡藏好了一些錢，以備不時之需。他從紐里叫了計程車，越過邊境前往鄧多克。

休斯一安全抵達愛爾蘭共和國，便開始思念貝爾法斯特。他在朗格甚吃了幾個月的牢飯，更渴望重新開始行動，但休斯知道自己不能回到貝爾法斯特西區的老巢。那裡太惹人注目，他太出名了。若說去年夏天休斯與亞當斯一同落網是當局的重大勝利，那他成功逃獄就更令他們尷尬了。休斯要想安全返回貝爾法斯特，唯一的方法就是隱姓埋名。於是他決定偽造新身分。他在香桃木田公園租下這間公寓一樓，開始打造自己的新身分，取名為亞瑟·麥卡利斯特，還剃掉他的招牌小鬍子、剪了頭髮重新染色。[8]當初休斯與亞當斯在福斯地區被捕後，警方拍下了他倆的邋遢壞蛋模樣，因此休斯要努力呈現出截然相反的形象。亞瑟·麥卡利斯特是真實存在的人，或者該說是曾經存在——他在襁褓時就死了，但出生年份應該和休斯差不多。[9]休斯使用這個名字，以這個名字建構人格。他成功創造出毫無破綻的假身分——間諜圈都稱這種身分為「傳奇」。〔日後他曾表示，這種偷天換日的技巧是受到一九七三年驚悚片《豺狼之日》（*The Day of the Jackal*）的啟發。〕[10]

休斯成為來自香桃木田公園的中產階級玩具銷售員亞瑟．麥卡利斯特之後，就表示他可以回到貝爾法斯特了。更重要的是，從此這座城市對他敞開大門：突然間，他可以穿越派系界限，拿著裝滿玩具的公事包，隨心所欲前往各地舉行祕密會議。有時他會在路上被英軍攔住，但休斯的故事總能令他們買帳。畢竟，他總是帶著一箱玩具和一張寫著「亞瑟．麥卡利斯特」的駕照。[11]臨時派共和軍知道，英國人一想到休斯成功越獄、在大街上逍遙法外就氣急敗壞，而他們偶爾也會以身犯險，在休斯喬裝打扮現蹤後公開誇耀。有次，米爾敦公墓（Milltown Cemetery）舉行了復活節紀念活動，當局本應密切監視，但之後愛爾蘭共和軍宣稱休斯「在英國陸軍的眼皮底下」出席了活動。[12]

「我那時的任務就是讓英國佬嚐一嚐戰爭的滋味，」後來休斯說。「這是我的長處，我也成功了。」[13]他靠亞瑟．麥卡利斯特這個假身分掩護，策劃了一系列充滿野心的行動。但在那段期間，他最大膽的計謀就是成功竊聽陸軍總部。[14]對間諜活動有興趣的可不只有英國人。休斯曾請教共和軍的技術專家，看看是否有辦法滲透軍隊的通訊內容。有位當地的電話工程師曾至利斯本造訪蒂耶普瓦勒軍營（Thiepval Barracks）的陸軍總部，好安裝新的竊聽器。這位工程師並非愛爾蘭共和軍的一員，卻是他們的支持者，他暗中在陸軍情報室的電話上安裝了竊聽器，同時在線路上連接了聲控錄音機。因陸軍情報部門會定期聯絡警方的情報小組，因此至少在理論上，休斯可以藉此取得兩個組織內部運作的珍貴情資。[15]

裝設竊聽器的那一位技師，開始每隔幾天就前往香桃木田公園的公寓，每次都留下一批新的錄音帶。但有個問題：錄音帶的音質含混不清，無法理解。[16]休斯覺得聽起來就像是米老鼠。看來軍方早已對電話做過擾頻處理，以此為額外的預防措施。的確有一種設備可以解碼這類通話，但它不是那種走進電器行就能買到的東西。老實說，唯一有這種設備的地方就是陸軍總部。因此，休斯請技師返回利斯本，指示他竊取一部軍方的解碼裝置。[17]而他也做到了。

也許休斯一直在監視當局，但他沒意識到，當局從某個時間點起也開始監視他。不知何故，他們終究得知了他的藏身之處，[18] 推斷這位衣冠楚楚的玩具商人，表面上住在爬滿長春藤的公寓裡，實際上卻是越獄的愛爾蘭共和軍指揮官布蘭登·休斯。究竟風聲是如何走漏給警察和軍方，我們無從得知。但對於當時的旁觀者而言，有個很明顯的可能原因。正如休斯被拘留後的一份報告指出：「臨時派肯定會展開深入調查，找出內部是否有重要的臥底人士。」

於是警方突襲休斯的住處，發現了四支步槍、一挺衝鋒槍和三千多發子彈，還有來自陸軍總部的六捲錄音帶。他們也發現一批資料，內容簡要列出了一套應急計畫，正是後來所謂的共和軍「末日方案」。[19] 資料裡設想，若天主教與新教雙方全面開戰，休斯和他的同夥就只得保衛天主教區。裡面還有幾張繪有疏散路線的地圖，以及一份準備好的聲明，上面寫道：「我們被迫進入緊急狀態，愛爾蘭共和軍除了保護人民之外，別無選擇。為保障進軍順利，我們可能有必要採取嚴厲手段。」這些文件預言未來將有一場大動亂，屆時愛爾蘭共和軍廣播電台也會宣布食物補給的相關資訊。[20]

休斯第一次被捕時，逮到他的人痛打了他一頓，還與他合影拍下勝利照片。這次就不同了。現在他們想要吸收休斯，就像吸收薛穆斯·萊特和凱文·麥基一樣。情報小組在休斯被拘留的期間告訴他，休斯身為貝爾法斯特地區各種行動的中心人物，正是能夠幫助他們的不二人選。他們只是想避免衝突——而為了要結束這場腥風血雨，休斯肩負重責大任。休斯告訴對方自己沒興趣。但也許可以用別的方式收買他？[21] 這些人遞給他一個裝滿錢的手提箱，但被休斯拒絕了。「他們想用五萬英鎊來收買我當臥底，」後來休斯回憶道。「我告訴他們，即使是五千萬也無法動搖我。」[22]

# 第十四章 終極武器

布里克斯頓監獄被高聳磚牆包圍，是一棟陰沉肅穆的巨型建築物。[1]這裡在十九世紀有段時間曾經關押過女性囚犯，但桃樂絲和瑪麗安．普萊斯在溫徹斯特堡被定罪後不久成了那裡唯二的女性囚徒。裡頭充滿緊迫逼人的男性氣息：監獄人滿為患，到處都是男人。他們在牢房裡踱步、穿著汗衫和棕色囚服在休閒區遊蕩，肩上搭著毛巾走向淋浴間。桃樂絲和瑪麗安被隔離在各自的牢房中。[2]她們每天都會在院子裡運動半小時，被護送著穿過布里克斯頓沒有盡頭的長廊，此時都會引來獄友的品頭論足。[3]傳言說姐妹倆放風期間，監獄裡的男人還會販售窗戶旁可以俯瞰運動場的座位。[4]桃樂絲覺得，布里克斯頓監獄甚至聞起來就像是個男人。[5]獄裡每一寸地方都散發著被關押男性的氣息，牢房裡貼著一張張色情圖片。[6]

「無論你去哪裡，身邊總是有『螺絲』（a screw，譯按：監獄黑話，指獄警）。」[7]後來桃樂絲回憶道。在監獄裡的黑話中，「螺絲」就是獄警。兩姐妹也被分配了編號，桃樂絲是二八六一八五號犯人。[8]理論上，她們在接下來二十年都會被冠上這種新的機構身分，只是兩姐妹都不打算在監獄裡待那麼久。她們在進入布里克斯頓監獄前就已經停止進食，除了水之外什麼都沒吃。爆炸小組還有幾個被定罪的成員曾試過短期絕食，但桃樂絲和瑪麗安打算有必要的話就絕食至死。[9]被關押在不同監獄的修．斐尼和傑瑞．凱利也加入她們的行列。[10]他們的訴求很簡單，就是被當作政治犯遣返，改在北愛爾蘭的監獄服刑。

普萊斯姐妹選擇這種特殊的抗議方式，也讓人想起愛爾蘭存在已久的抵抗傳統。愛爾蘭人早在中世紀就開始用禁食來表達異議或譴責。[11]這是一種被動攻擊型的典型武器。愛爾蘭詩人葉慈（W. B. Yeats）在一九〇三年的一部劇作中[12]就講述著七世紀愛爾蘭有位詩人在王宮門口絕食的故事：

一種古老愚蠢的習俗，如果有人
被冤枉，或自認為被冤枉，
就在他人的門檻上絕食至死，
那麼人們，從今以後，
都會對著同樣的門檻發出沉重的呼喊。

一九二〇年，有位愛爾蘭共和主義詩人兼政治家名叫特倫斯．麥克史威尼（Terence MacSwiney），因煽動叛亂罪被關押在布里克斯頓監獄。他絕食七十四天，要求當局釋放自己。但英國人不肯，他就這樣絕食至死。[13]麥克史威尼的死在國際上引發軒然大波，[14]在他身著愛爾蘭共和軍制服入土之前，數萬民眾列隊走過他的棺木旁，以表達他們的敬意，更有其他數千人在世界各地的城市集會抗議。他強而有力地體現出一種自我犧牲的哲學，促成了愛爾蘭共和主義殉道的新興傳統。[15]麥克史威尼宣稱：「有能力征服的，不是重創他人的人，而是承受最大苦痛的人。」每當有人因絕食而死，要衡量道德上的因果關係可能會很棘手。嚴格說來，也許麥克史威尼才是選擇了結自己生命的人，但他宣告除非英國人同意自己的要求，否則不會再次進食。他在這麼做的同時，似乎也將生殺大權轉移到了逮捕他的人的手中。他的棺材以蓋爾語刻著這段銘文：於布里克斯頓監獄遭到外國人謀殺。[16]

桃樂絲與瑪麗安攝於獄中（Belfast Exposed Archive）

普萊斯姐妹停止進食的同時，獄警也會在牢房裡放一盤食物來引誘她們。但兩姐妹仍堅決不碰食物。最終，獄警再也沒留下食物。[17]然而，每天早上有一位好心的波蘭護士仍然會送來一壺柳橙汁。

「護士小姐，只要水就好，」桃樂絲總這麼說。[18]

「沒關係，我還是放著吧。」護士如此答道。

兩姐妹入獄前身形高大健壯。隨著她們的體重開始下降，桃樂絲對此倒是輕描淡寫。「我胖胖的臉頰都消風了，」她在那年一月給家人的一封信中寫道。「我一定是還在長大，我的『嬰兒肥』都不見了！」[19]她還開玩笑說現在瑪麗安的棕色大眼睛都占據了她的大半張臉。但桃樂絲一向臨危不懼，大難臨頭還能開點玩笑，她從一開始就明白，絕食終究是一場雙方意志的較量——絕食者繼續挨餓的意志，還有對手持續拒絕自己要求的意志。也許特倫斯・麥克史威尼丟了性命，但他贏得了與英國人的對峙：他的死引來大眾對愛爾蘭獨立志業前所未有的關注與國際支持。「先眨眼的人就輸了，」[20]後來桃樂絲表示。「我還很小時就明白這一點了。」

有兩位年輕的愛爾蘭女子可能會在獄中絕食而死，就在當年麥克史威尼喪命之處，這件事是絕佳的宣傳題材。姐妹倆在審判期間就已經是媒體大肆報導的對象，現在更成為了另一種八卦小報連續劇的寵兒，每天報紙和廣播都不間斷地更新她們持續惡化的健康狀況。[21]她們被稱為「炸彈女孩」，報導的重點不在於兩姐妹繼續誓言不進食的毅力，而是她們的青春年華和性別，還有嬌弱的女性氣質[22]（同樣持續絕食的修・斐尼和傑瑞・凱利受到的關注就要少得多，媒體也從未強調他們的「男孩」身分）。

「熱湯、火雞、火腿、馬鈴薯、聖誕布丁和白蘭地奶油醬，」臨時派共和軍運動的一則報紙廣告在一九七三年聖誕佳節間如此寫道。「大家聖誕快樂。桃樂絲・普萊斯正在迎向死亡。」[23]報紙在描述普萊斯姐妹和英國人之間的意志角力時，使用的語言不僅讓人想起麥克史威尼，也讓人聯想到十九世紀的大饑荒。當時愛爾蘭有一百萬人被放任死於疾病和飢餓，還有一百萬人以上不得不遷移他處。[24]而即使愛爾蘭人在飢荒中挨餓，愛爾蘭港口仍有滿載食物的船隻準備出航——為的卻是出口給英國人。[25]愛爾蘭和其他地方有許多人都認為，英國人應該要為這場飢荒負起一部分責任。這次飢荒不僅展現出他們的冷酷與漠不關心，更漸漸變得像是蓄意謀殺。最早就曾有部廣為流傳的小冊子，將這次大飢荒描述為「對愛爾蘭的最後征服」。[26]

若說英國人在大飢荒時期把飢餓當成武器，那麼現在飢餓正被轉而用來對付他們。[27]桃樂絲・普萊斯一直認為，監獄是真正考驗愛爾蘭共和軍志士對信念有多麼忠誠的地方。現在，她正告訴所有願意傾聽的人，自己早已視死如歸。「各位志士為了我們的志業而犧牲在貝爾法斯特街頭，我們的死與他們的死並無不同，」她在一封信中指出。「我覺得，我們會成為第一批赴死的女性，也為此感到非常自豪。如果我們被放任死在布里克斯頓，我們也會很榮幸，在特倫斯・麥克史威尼離世的五十多年後，與他死在同一座監獄裡。」[28]她認為，這樣的結果證明大英帝國從未從錯誤中汲取教訓。英國的人力、財力和武力總是比愛爾蘭強大，[29]但桃樂絲認為，真正的「終極武器」其實是「自己的身體」。[30]

英國政府高層面對這種奇特的反抗形式，並未掉以輕心：如果絕食抗議的人死了，就會是一場大災難。要是讓這種事發生，官員們擔心會有「大規模的報復暴力行動」。但政府並未屈服於兩姐妹的要求，而是採取強硬手段來應對。[31]十二月三日，絕食已經持續兩個半星期，這天一群醫生和護士走進桃樂絲的牢房。他們帶桃樂絲到另一個房間，把她壓進已用螺栓固定在地板上的椅子，接著開始用床單把她綁好，固定她的身體。桃樂絲試圖掙扎，但她很虛弱；她已經超過兩星期沒吃東西了。這些人把她壓住，她驚恐地看著一雙手撬開她的下巴。有個物體被粗暴地塞進她張開的嘴裡，那是一塊木頭，木頭的中間有個洞。

另一雙手則拿出一根細長的橡膠軟管，接著將尖端插入木塊的孔中，開始將軟管滑入她的喉嚨。管子緩緩穿過她的喉嚨，令她無法呼吸，她覺得噁心作嘔，近乎窒息。[32]她試著咬住管子，但嘴裡的木頭讓她無法這麼做。幾名人員往後固定住她的身體，接著她感覺到有液體順著橡膠管流下，進入了她的腹部。

雖然只花幾分鐘，管子裡的東西就流入桃樂絲的體內，但對她來說感覺卻像是永遠不會結束。[33]還沒等他們取下管子，她就把食物吐了出來。她回憶起自己被迫吞下的食物：「他們餵給我的東西」，裡頭混合了各種已攪碎的食材——生雞蛋、柳橙汁，還有液狀的康普蘭（Complan，一種含有牛奶、礦物質和維生素的濃縮飲料）。[34]灌食結束後，桃樂絲被放到操場，在那裡碰到了還沒被灌食的瑪麗安。桃樂絲將這段痛苦的經歷告訴妹妹，表示自己無法再忍受一次。瑪麗安則說，妳不必再忍受一次，可以停止絕食。

不，桃樂絲答覆她。我們要麼一起停手，不然絕不罷休。[35]

兩天後，監獄裡的醫生也開始強迫瑪麗安進食。[36]這成了一種可怕的儀式。[37]每天早上十點，都會有醫護人員來到她們的牢房、將她們綁起來，再將食物灌入兩姐妹的喉嚨。「我們正學習怎麼在管子進入身體時更輕鬆地呼吸，」桃樂絲在一封信中寫道。

強制餵食是一種很有爭議的手段，曾被用於另一群不守規矩的女性，也就是英國的女權主義人士。一九一三年在哈洛威監獄（Holloway Prison），英國女權運動人士西維亞・潘克赫斯特（Sylvia Pankhurst）也曾遭強行灌食，她稱其為酷刑，並表示「最痛苦的莫過於那種屈辱的感覺」。[38]

「我不想被強迫吞下那些東西，」[39]桃樂絲在一封信中寫道。「雖然我的身體無法抵抗，但不表示我不能以精神抵抗，拒絕他們的可怕行徑。」有時兩姐妹會在管子仍在喉嚨裡時嘔吐，幾乎把自己噎死。[40]她們有些信件被發表在報刊上，激起民眾對強制餵食的極大反彈。一開始英國內政部至少還有所回應，稱採取這些措施只是為了幫助絕食者，而且監獄裡的官員並沒有讓囚犯自殺的習慣。[41]

一九六九年初，學生領袖伯納黛特．德夫林在伯恩托雷特橋帶領人民進行民主遊行幾個月後，就當選為英國國會議員。這時已是一九七四年一月，她以議員身分探訪普萊斯姐妹，桃樂絲的樣貌讓她震驚不已。[42]她的頭髮原本是鮮艷的深紅色，此時卻「已經失去了顏色，甚至褪為淺黃，髮根都成了白色，」德夫林說。加上桃樂絲會在灌食期間抗拒關押她的人、咬住木塊，導致她的牙齒也開始鬆動和蛀爛。[43]兩姐妹的臉色都變得蠟黃，走路時也步伐踉蹌。[44]

部分負責灌食的人員非常刻薄。有位醫生就嘲笑這對姐妹的信念，在餵食期間開玩笑說這「都是為了志業」。[45]另一位女管理員則說阿爾斯特地區愛爾蘭人的繁殖速度就「像兔子一樣」，還得靠英國人過活。[46]

「我們為你們造橋鋪路！」桃樂絲回擊道，她可沒有虛弱到願意放棄爭辯。「我們原本在自己的國家過得好好的，直到你們英國人奪走這一切……愛爾蘭人會在這裡，都是因為你們！」

其他官員則是比較友善。兩姐妹與獄醫伊恩．布萊斯（Ian Blyth）就處得很融洽。他稱她倆為「我的女孩」。而隨著絕食持續進行，布萊斯也會提出要和她們比臂力。她們深知演這齣戲的目的是要記錄她們的體力消耗得有多快，因此樂於配合。[47]內政部派了一名精神科醫生來檢查兩姐妹。他證明普萊斯姐妹完全明白自己在做什麼。瑪麗安在總結醫生的診斷時表示：「問題是我們太清醒了。」[48]這位精神科醫生認識英國內政大臣羅伊．詹金斯（Roy Jenkins），瑪麗安問他詹金斯是否可以親自來見她們。[49]醫生則告訴她，詹金斯永遠不會與她們碰面，因為詹金斯知道如果自己見到她們的慘狀，就會直接把她們送回家。

對於政府來說，這是一場不可能化解的危機。即使普萊斯姐妹的身體持續凋零，她們仍展現出偶像般的氣度。後來詹金斯回憶道：「她們有成為愛爾蘭烈士的絕佳條件：兩位年輕、苗條、皮膚黝黑的女孩，對恐怖主義虔誠又忠心。」他擔心「要是這兩個魅力無窮的愛爾蘭少女死了」，肯定會後患無窮。[50] 詹金斯私下認為她們的遣返要求「並非全然不合理」。但他覺得，政府在這種脅迫下完全不能表現出退讓的態度。[51] 詹金斯認為，恐怖主義是一種「會蔓延的思想」。[52] 要是屈服於絕食人士的要求，只會證實他們的方法有效，鼓勵他人起而效法。

但如果政府的解決方式是強制餵食，就會變成一場失敗的公關操作。許多英國民眾都覺得這種做法是一種酷刑。根據普萊斯姐妹的醫療記錄，她們在灌食過程中有時會暈倒。[53] 有一次，兩姐妹拒絕餵食，獄方強行將她們的嘴巴撐開，還打開收音機來掩蓋她們的尖叫聲。[54] 在英國駐都柏林大使官邸外的一次抗議活動中，有位精神科醫師就公開譴責這種做法，表示這與強姦無異。[55]「這裡的醫生告訴我們，他以為這些人只要幫桃蒂（桃樂絲）灌食兩三次，就會讓她崩潰，」瑪麗安在給家人的一封信中寫道。「但要讓我們的寶貝崩潰可沒那麼容易，她是個堅強的孩子。」[56]

有些父母要是知道自己高中剛畢業的女兒打算把自己餓死，可能會勸她們放棄抵抗。但普萊斯家可不是這樣。「很多人來到世上，只是吃飯、工作，最後死去，卻從未為世界帶來任何貢獻，」兩姐妹的父親艾伯特・普萊斯這麼告訴記者。「就算她們死了，至少還有所作為。」[57]

母親克莉西也抱持類似的看法。「我撫養女兒，是為了讓她們履行對國家的義務，」她說。「看她們受苦讓我心碎，但我以她們為榮。我不會要兩個女兒放棄。我知道勝利最終是屬於她們的。」[58]

克莉西前往監獄探視女兒時，總是一副堅強的樣子。她們興高采烈地聊著，絕口不提絕食的事。直到探視結束前，在克莉西準備離開時，她才說：「現在妳們都吃些什麼？」

「我們只拿水，媽媽。我們只喝水。」桃樂絲說。

「好，」克莉西沉著地回答。[59]「多喝水吧。」

觀看絕食的過程雖然病態，卻無疑是一種娛樂。絕食考驗人類的忍耐極限，對好事的人來說可說是一種奇觀，有點像是環法自行車賽（Tour de France），賭注卻是攸關生死。這也是絕食者和當局之間的「懦夫博弈」。這件案子變得非常惡名昭彰。「都柏林人」（Dubliners）之類的樂團為支持普萊斯姐妹、修·斐尼和傑瑞·凱利，還舉辦了公益演唱會。[60] 布里克斯頓監獄的圍牆外經常發生抗議活動。[61] 內政大臣詹金斯在倫敦的宅邸還曾出現六十名女子大聲疾呼支持絕食人士。[62] 有名父親的年輕女兒在倫敦爆炸案中受了重傷，但他還是呼籲讓兩姐妹返回愛爾蘭。[63] 即使是保皇的親英派準軍事組織阿爾斯特防衛協會，也要求英國政府將兩個女孩送回北愛爾蘭，不然就乾脆讓她們死掉算了。[64]（桃樂絲在家書中表示自己對這種認可感到「受寵若驚」，還說「這表示在關鍵時刻我們都是愛爾蘭人。」[65]）

兩姐妹密切關注自己的報導，每天都收聽有關自己身體狀況的廣播。[66] 這對桃樂絲來說是一種奇怪的經歷。她在心中消化這兩位愛爾蘭女孩絕食的故事，似乎故事中的主角其實是別人。[67] 她不太能相信自己就是大家談論的對象。儘管如此，她還是很清楚這類報導的宣傳價值，桃樂絲會在家書中談及自己的身體狀況，她很清楚這些信會散布給媒體。桃樂絲一輩子都被稱為「艾伯特的女兒」，能像這樣闖出自己的名號她也很高興。她還在一封信中調侃艾伯特，讓克莉西問他「喜不喜歡被稱為『桃樂絲和瑪麗安的父親』？」[68]

爆炸事件後過了將近一年，兩姐妹仍被強制灌食，這時案件出現奇異的轉折。一九七四年二月，十七世紀荷蘭畫家維梅爾（Johannes Vermeer）的一幅畫作（畫中是一位彈著窄吉他的年輕女孩），在漢普斯特德的某家博物館遭竊。[69]《泰晤士報》收到了兩封打字寫成的匿名信，要求將桃樂絲和瑪麗安·普萊斯送回北愛爾蘭，信中更威脅說如果不這樣做，這幅畫將「在聖派翠克節（Saint Patrick's Day）當晚人們恣意狂歡的同時被燒毀」。

為了證明這個威脅是來真的，其中一封信還附上維梅爾的一小塊畫布。[70]還有另一個奇怪的巧合：桃樂絲兩年前到倫敦旅行時，曾參觀懸掛這幅維梅爾畫作的肯伍德府（Kenwood House），更駐足觀賞同一幅畫。[71]而克莉西・普萊斯則在一份聲明中呼籲拿走這件藝術品的人將其歸還。她指出，桃樂絲本人是學藝術的學生，也特別請求偷畫者千萬別毀掉畫作。[72]

五月的某個晚上，有個可疑的包裹出現在倫敦史密斯菲爾德市場（Smithfield Market）附近的教堂墓地。[73]包裹以報紙包好，再用繩子繫起來。一隊員警被派往聖巴塞羅繆大教堂（Church of St. Bartholomew the Great）。時局如此緊張，包裹裡很有可能是炸彈。但事實並非如此：包裹裡放的正是那幅畫，正如桃樂絲的要求，偷畫賊將其安然歸還。

同一時期，又有人以普萊斯姐妹的名義再次竊走藝術品。在愛爾蘭共和國威克洛郡（County Wicklow）的一棟房子裡，有價值數百萬英鎊的古典名作遭竊。[74]失蹤的有委拉斯奎茲（Diego Velázquez）、維梅爾、魯本斯（Peter Rubens）、戈雅（Francisco Goya）和梅茲（Gabriël Metsu）的畫作各一幅。一封勒贖信再次出現，要求「立即將絕食抗議人士送回愛爾蘭服刑」。後來這些畫作一樣也成功尋回。[75]

六月某天晚上，一位年邁的愛爾蘭伯爵[76]和妻子在參加完晚宴後，回到兩人在愛爾蘭南部蒂珀雷里（Tipperary）的住處。夫妻倆發現有幾個奇怪的男人埋伏在家門前的車道上。其中一名男子用手槍擊打伯爵，一行人接著將伯爵的妻子拖過礫石路，把他們塞進一輛車裡，蒙上他倆的眼睛，最後駕車離開。綁匪告訴這對夫婦，他們已被扣為「用來換取普萊斯姐妹的人質」。在槍口的威脅下，夫妻倆被關在一個陰暗的房間裡好幾天，但最後兩位肉票喜歡上綁匪，還把這次經歷當作一場冒險。伯爵事後表示，綁匪「再好心不過了」，還補充說每天早上他都有全套愛爾蘭早餐可以吃，午餐則有牛排和排骨。綁匪甚至還給他看報上的賭馬報導。由於普萊斯姐妹的案情出現重大轉折，伯爵和妻子最終獲得釋放。

五月，英國政府決定停止為普萊斯姐妹灌食。到此時，兩姐妹們都盡力在灌食的過程中保有尊嚴。[77]她們不想表現出任何恐懼。但雙方在某個時間點似乎陷入了僵局：雖然強制餵食可能會對兩位造成精神和身體創傷，但也讓她們活了下來。因此，姐妹倆選擇改變策略，而非懷著敵意忍受灌食。有一天，她們「盡全力抵抗」，正如桃樂絲在信中所述，「不出所料，這種場面讓人尊嚴盡失，過程中有掙扎、制伏，還動用鋼鉗，我放聲尖叫，相信我，因為鋼鉗讓我疲軟的牙齦痛得不得了。」[78]這是一場戰鬥。兩姐妹奮力掙扎，讓醫生很難將管子安全插入她們的胃裡。普萊斯姐妹告訴這些醫生，要是出了什麼差錯，就能給他們「殺死我們的特權」。[79]經過幾次緊張對峙後，獄醫們乾脆停手，拒絕繼續灌食，因為這太危險了。他們是經醫療診斷後決定結束灌食，與政治判斷無關。[80]

無論如何，改變政策的原因還是須由內政大臣詹金斯來出面解釋，他宣布在經過一百六十七天「令人不適的」人工灌食「任務」後，布里克斯頓監獄的醫生們已經停手，因為「兩姐妹連最低限度的配合都不願意。」詹金斯將部分責任歸咎於艾伯特和克莉西．普萊斯，因為夫妻倆並未阻止女兒「慢慢自殺」，反而是「慫恿她們繼續絕食」。[81]

停止灌食後，桃樂絲和瑪麗安非常興奮。[82]她們幾乎馬上開始每天減掉一磅。桃樂絲一方面數著一磅磅減去的重量，另一方面不時量體重，對自己控制身體的能力感到驚嘆。「我們現在已不再渴望食物，這讓我們更加強大，」她在給朋友的信中寫道。[83]桃樂絲開始以最無情的方式看待自己的身軀，好像把身體當機械。「現在，我是自己專屬的工具，」她思忖道。「我也是善用工具的工匠，正在雕琢自己。」[84]

在布里克斯頓監獄，據說有個地方被稱為「末期牢房」。對桃樂絲來說，這聽起來總是很不吉利，但等到自己與瑪麗安終於搬入這裡，牢房看起來倒是非常奢華。現在，姐妹們可以住在同一個房間裡，而不是被分開關押。房間旁邊甚至還有私人廁所，若要小便的話（因為此時她們只會產生尿液）就不必再仰賴尿壺。

「每分鐘都更靠近天堂了！」[85]桃樂絲開玩笑說。牢房裡有一面鏡子，桃樂絲會凝視自己，長長的睡裙掛在骨瘦如柴的軀體上，她想像自己看起來就像某個先前囚犯的鬼魂，在邊側的牢房裡徘徊不去。

這時，據其中一位治療她們的醫生評估，普萊斯姐妹「完全是在靠自己的身體過活」。[86]她們變得極度虛弱，連走過房間都能讓桃樂絲覺得疲倦，她的心臟像打鼓一樣在胸腔裡怦怦作響。[87]她們無法長時間以同個姿勢坐或躺著，否則骨頭壓在皮膚上會產生褥瘡。為了緩解問題，她們的床改為「減壓氣墊床」，有一層薄薄的循環氣墊。[88]

「日子一天天過去，我們也漸漸衰弱，」桃樂絲在致母親的信中寫道。[89]姐妹倆並肩躺在床上，三名獄警時刻守衛著。[90]桃樂絲擔心瑪麗安——擔心她會更急著離開，有更強的決心面對死亡。有時，桃樂絲會和她說話，回憶過往或閒聊，努力像以前一樣開心地聊天。她會向瑪麗安看去，只見她臉色蒼白、瘦骨嶙峋、閉著雙眼、嘴唇半開，手指因挨餓變得細長瘦弱。[91]妹妹這副樣子嚇壞了桃樂絲，她會說：「瑪麗安，醒醒。」不要早一步離開，她心想。不要早一步離開。

「現在我們必須認真思考姐妹倆是否可能會結束生命，」詹金斯在六月初提出警告。他曾考慮去探望普萊斯姐妹，希望能勸阻她們不要尋死。但他決定還是不去，理由在於，自己身為掌控她們命運的人，他有責任「後退一步」，保持冷靜。[92]

艾伯特．普萊斯到末期牢房探望女兒之後，現身告訴媒體她們已準備好赴死。「她們很高興，」他說。「她們很高興自己快死了。」[93]臨時派共和軍已經做好採取暴力手段的準備，警告說如果兩姐妹死了，「英國政府將承受慘痛的後果。」[94]

據媒體報導，有位神父曾探訪兩姐妹，還主持了臨終儀式。[95]桃樂絲在給朋友的一封信中寫道：「好的，請將我們的愛獻給所有的親人與好友。」她總結道：「我們已經為前方的路做好了準備。」[96]

後來，事態急轉直下，出乎英國人的意料。六月三日，另一名愛爾蘭絕食抗議人士麥可・高恩（Michael Gaughan）死於懷特島（Isle of Wight）上的帕克赫斯特監獄（Parkhurst Prison），高恩也是愛爾蘭共和軍的志願軍，但他並未參與這次轟炸行動。[97]他因在倫敦搶劫銀行而入獄，他開始絕食時，桃樂絲很生氣。她從十一月開始絕食，他則是從次年四月開始，她覺得高恩只是在跟著瞎起鬨，「當我的馬後炮。」[98]消息發布時桃樂絲正在看電視，她聽見「一名愛爾蘭共和軍絕食囚犯已經死亡」，她感覺到胃在翻攪，她想知道對方是修・斐尼還是傑瑞・凱利。[99]之後當局宣稱高恩是死於肺炎，但他的家人懷疑他的死因其實是灌食引起的併發症，[100]會發生這種事一點也不難想像。

這時內政大臣詹金斯開始面臨後來他所說的「威脅的預兆」。[101]最近他一直在思考特倫斯・麥克史威尼，還有他死後引發的巨大指責浪潮。如果普萊斯姐妹死了，人們會有什麼反應？詹金斯不願讓人覺得他會因脅迫而做出任何決定，但私下他開始擔心，如果桃樂絲和瑪麗安成功了，自己這輩子可能都會成為眾矢之的。這不只表示詹金斯不得不放棄到南阿爾瑪（South Armagh）度假的念頭。愛爾蘭人無處不在。沒有任何地方是安全的：如果讓那兩個該死的女孩如願以償，他擔心「我可能再也無法在波士頓、紐約或芝加哥的街道上自由安全地行走了。」[102]詹金斯不情願地承認自己別無選擇，只能妥協。

六月八日，桃樂絲、瑪麗安、傑瑞・凱利和修・斐尼發表了一份共同聲明。他們寫道：「我們從兩百零六天前開始絕食抗議，要求取得我們的政治犯身分，並轉送至北愛爾蘭監獄。」聲明繼續寫道，因為羅伊・詹金斯已保證會將他們送回北愛爾蘭，因此他們決定停止絕食。「我們的任務從來都不是為了自殺，」他們表示：「因為我們不打算自殺，只是為了滿足公正、無疑是最低限度的要求。」[103]

這些人並未即被遣返。[104]桃樂絲和瑪麗安沒有被送回愛爾蘭，而是先被轉移到杜倫監獄（Durham Prison）的女性囚犯區。但在一九七五年三月的某天午餐時間，杜倫監獄獄方命令所有的囚犯都進入自己的牢房。桃樂絲心裡有預感，可能就是這一天了。她走進牢房開始收拾東西。她穿上外套，收拾了幾件隨身物品。隨後典獄長走進來，宣布他們要回家了。「其實——不該說是回家。你們要去的是阿爾瑪。」

「這樣就差不多夠了。」她答道。[105]

瑪麗安跑進她的牢房，姐妹倆緊緊抱在一起，幾乎無法呼吸。[106]她們將其餘隨身物品塞進袋子裡，監獄看守催趕著她們進入大廳。桃樂絲心中滿溢著興奮之情，還給了典獄長一個擁抱。[107]

姐妹倆被帶到空軍基地。[108]飛機起飛，英國的景象漸漸遠去。機上有個穿制服的男子煮著咖啡。飛機在海面上飛行了一段時間，桃樂絲望向窗外，突然瞥見了下方的綠色土地。[109]她淚流滿面。

「還沒到愛爾蘭，」瑪麗安說。「那是英屬曼島（Isle of Man）。」

飛機又飛行了一段時間。桃樂絲往外看去，再次看見了遠方的綠地。「瑪麗安，我們到了嗎？」她問道。

「我覺得到了。」瑪麗安說。

普萊斯姐妹下機時，英國陸軍攝影師為她們拍下照片，閃光燈打亮了傍晚的天空。[110]兩位女孩很高興能夠回家，但她們到達的時間卻不如人意。她們的阿姨布萊荻．多蘭已經早一步在二月去世了。[111]布萊荻算是小有名氣的共和主義代表人物，大家為她舉行了相當盛大的葬禮。為了監控出席葬禮的人，當局還派遣攝影師到場。葬禮四天後，克莉西．普萊斯死於胰腺癌。[112]不久前，這位母親還看來似乎會比兩個女兒活得更久，不會先她們而去。桃樂絲和瑪麗安很難過，她們申請喪假參加克莉西的葬禮，但請求遭到拒絕，因此改為送了一個復活節百合花環。[113]四百人的送葬隊伍緩緩從高山路行進到米爾敦公墓。[114]艾伯特低著頭與棺材一同前行。一位頭戴愛爾蘭共和軍黑色貝雷帽和墨鏡的少女吹著風笛，帶領著莊嚴的遊行隊伍。

# 第十五章　俘虜

麥康維爾家的孩子們在母親失蹤後的幾個星期，都緊緊黏在一起，試著保住家園。他們必須待在原地，以免珍回來時找不到人。但最終社會福利機構介入，派遣兩輛汽車前來黑嶺公寓，準備安置這些孩子。[1]海倫．麥康維爾將她的弟妹們送上車，保證「等媽媽回來」之後他們就可以回家。[2]孩子們擠進座位後，海倫抬起頭，只見黑嶺公寓的鄰居們聚集在水泥陽台上，靜靜地看著他們。「你們都去死吧。」她低聲咕噥，接著一行人驅車離去。[3]

最年長的孩子安妮仍在醫院裡。[4]羅伯特仍被拘留中，亞契已經年長到可以工作和照顧自己，艾格妮絲則留在麥康維爾奶奶身邊。但海倫、麥可、塔克、蘇珊、比利和吉姆都被帶到了南貝爾法斯特。車子駛過漫長蜿蜒的車道後，停在一座以紅磚砌成的宏偉四層孤兒院前，名為「拿撒勒之家」（Nazareth Lodge）。[5]事實證明這裡的環境很惡劣。住在拿撒勒之家的許多孩子自小就受到國家監護，似乎對機構裡的生活早已麻木。[6]但麥康維爾的孩子們是在家中長大，母親失蹤和之前父親去世帶來的陰影一直揮之不去，現在他們已經自生自滅了幾個月。孤兒院由一群嚴厲的修女管理，她們是出了名的虐待狂。[7]有個先前曾住在拿撒勒之家的人將這裡比作「狄更斯筆下的鬼地方」，因為那裡荒涼又窮困，遭受毆打和嚴厲的懲罰都是家常便飯。

大約在這時，麥可．麥康維爾成了逃脫大師。自他從黑嶺公寓被帶走的那一刻起，他就一直想方設法偷偷溜回貝爾法斯特西區。[8]他是個不安分又世故的孩子——總是惹麻煩，心中充滿憤怒。有一次，他與福利機構打交道時，有名官員暗指他的母親「拋棄」了自己的孩子。麥可對此喊道：「你說謊！」[9]

一九七三年三月，也就是桃樂絲．普萊斯策動倫敦爆炸案的同一個月，麥可和塔克因在商店裡行竊而被傳喚到貝爾法斯特的法庭，當局決定讓他們離開拿撒勒之家——其實是完全離開貝爾法斯特，改為安置於德拉薩男孩之家（De La Salle Boys' Home）。[10]德拉薩男孩之家距離唐郡（County Down）二十二英里（譯按：約三十五公里），位於科庫賓村（Kircubbin）附近。到新住處的車程沒花多久時間，但對麥可而言，卻感覺像是長路迢迢。[11]該機構是由一棟維多利亞式大宅改建而成，坐落在綠意盎然的鄉野，還有多棟較新的小屋專供兒童居住。這塊地很大，總共有兩百五十英畝，在貝爾法斯特由磚頭和水泥構築而成的狹小空間度過一生之後，這裡感覺開闊又充滿野性。場地包含學舍、游泳池、足球場各一座，另有幾個網球場，[12]甚至還有一張撞球桌。[13]

那些年曾被安置在那裡的某位人士表示，科庫賓村是「一場徹底的惡夢」。[14]後續的政府調查顯示，整座機構充斥著一種「體罰文化」，一點小事都可以是修道士和非神職員工訴諸暴力的藉口。孩子們受到拳打腳踢、被皮帶綑綁，細木條抽打在指關節上，因過度用力而應聲折斷，力道之大讓他們有種指尖可能會被切斷的感覺。[15]

即使麥可勇敢又聰明，他仍只是個十一歲的孩子。那時塔克九歲。院裡有一些年紀較長的孩子，這種虐待文化已深植在他們心中。[16]他們毫不留情地霸凌麥康維爾家的男孩。經營孤兒院的天主教修士們總是一次購入大批衣服，所以孩子們的衣著總是不合身[17]——襯衫袖子長過手肘、寬大的成人褲子令他們必須繫上皮帶，這種流落街頭的孤兒穿著，更讓人覺得這是貝爾法斯特可憐孩子的煉獄，只會出現在故事書裡。科庫賓的成人會讓孩子們出門工作。工作人員有時會把他們雇給附近的農場採收馬鈴薯，作為出租勞動力。[18]

晚上，大家會在昏暗的電視房裡看節目，[19]身著長袍的修士會吩咐幾個孩子過來坐在他們的腿上。性虐待在男孩之家相當猖獗。[20]麥可自己從未被騷擾過，但到了夜晚，他會躲在被窩裡，看著大人拿著手電筒走進一片漆黑的宿舍寢室，將睡著的男孩從床上拽下來。[21]

麥可和塔克逃了。[22]他們覺得自己有責任回到貝爾法斯特，以免媽媽出現時找不到人。可是男孩們每次逃跑都會被送回來，每次回來都會挨打。麥康維爾家的男孩屢屢逃跑，因此最後科庫賓的員工沒收了他們的鞋子。[23]這些人覺得，即使兩個男孩有辦法逃走，或逃到鄉間小路搭便車返回貝爾法斯特，赤腳還是能夠放慢他們的速度。

也許那時當局壓根沒意識到科庫賓牆內上演的你追我跑，但即使他們確實對男孩家的環境略有所知，仍未停止繼續將其他孩子送到那裡。最後雙胞胎比利和吉姆離開了拿撒勒之家，被重新安置到科庫賓。[24]汽車從貝爾法斯特沿著斯特蘭福德灣（Strangford Lough）往孤兒院駛去，男孩們滿懷恐懼地坐在後座。當時他們七歲，成為了科庫賓最小的孩子，把他們送到那裡無異於羊入狼群。年紀較大的孩子會對他們施暴，比利甚至遭大人性侵。男孩們無法向任何成人尋求協助，因為猥褻兒童的員工太多，使得大家都默許這種行為。一位先前住在那裡的人解釋道，所有的修士「都是一丘之貉」。[25]在北愛爾蘭天主教機構的遭遇給麥康維爾家的幾個孩子留下深深的創傷，讓他們對任何神職人員產生了恐懼。即使他們長大成人，看到身穿黑袍的男性神職人員仍會讓他們感到焦慮。〔經營這間孤兒院的德拉薩修會（De La Salle Brothers）後來承認，那些年在科庫賓村的性侵害事件相當普遍。管理拿撒勒之家的拿撒勒修女也坦言，院裡有慣常的施暴行為。〕[26]

海倫．麥康維爾年紀已長，當局不能違背她的意願，將她強制安置於機構中；但她太年輕，不足以擔任其他手足的法定監護人，所以她在外自力更生，和亞契或朋友住在一起。[27]海倫在一家製作壽衣的公司找到了工作，[28]另外也當起了服務生。待在拿撒勒的那段時間，她邂逅了一位名叫薛穆斯・麥肯德里（Seamus McKendry）的同齡男孩，當時麥肯德里在孤兒院當木匠學徒。初次相遇後他們就失聯了，但兩年後海倫當服務生時，他們在重逢後墜入愛河。兩人在海倫十八歲那年結為連理。[29]

有時，世界之大但卻似乎沒有麥可・麥康維爾的容身之處。麥可終究因為逃跑太多次而再次被移送，這次來到了離紐唐納茲鎮（Newtownards）不遠處的一所「培訓」學校。[30]這所學校叫作利斯內文（Lisnevin），[31]前不才在當地社區的抗議聲中成立，是用來「安置」男孩們的宿舍。說這個地方是學校也有點委婉：其實利斯內文是少年拘留所，專門關押那些太過粗野或任性、連科庫賓等地都管束不了的孩子。[32]麥可的新室友有像他這樣的逃跑慣犯，還有因入室盜竊、犯下傷害罪和從事準軍事活動被捕的一群青少年流氓，他們都與社會格格不入。主樓是由一座大宅改建而成，是過往宏偉莊園的中心地帶。現在主樓主要是充當「隔離室」，也就是沒有家具的小房間，窗戶上裝有欄杆，用來單獨監禁犯錯的孩子。整座學校由四周高高的圍欄圍住，[33]圍欄不僅通電，還配有警報器，只要有人想逃跑，就會觸動警鈴。

也許利斯內文像是殘忍的勞改機構，但麥可覺得還不賴。後來他也自我解嘲說利斯內文是他待過最棒的居所。[34]那裡的員工總喜歡說圍欄是用來阻擋外人，而不是用來監禁裡的人。也許是因為利斯內文隔絕了北愛爾蘭問題造成的悲劇和狂熱，讓他們得以創造一個空間，讓麥可・麥康維爾這樣的受害者最終可以安定下來，開始療癒自己。那是個無教派機構，住在裡頭的天主教和新教徒經常發生教派衝突。[35]但麥可避開了這些麻煩事。他認識了一位好心的修女法蘭西絲（Frances）。法蘭西絲很關心他，也和麥可的手足們成為了朋友。[36]多年後，即使她已搬到美國，每年聖誕節仍會寄卡片給他們，並在信裡附上摺好的一美元。這只是個小小的動作，但對於失怙失恃的麥康維爾家孩子們來說，卻是意義非凡。

週末麥可可以放假，就像從監獄中休假一樣，所以他會回到貝爾法斯特，和亞契或海倫待在一起。這些孩子在一起時從不提起他們的母親發生了什麼事，因為太痛苦了。[37]但他們身為一家人的感覺開始褪去。孩子們漸漸各奔東西，在無情的大環境中自謀生路。麥可一滿十六歲就離開利斯內文，開始尋找工作和住處，追尋自己的人生。先前他有將近三分之一的歲月都生活在機構裡。但機構的運作方式就是如此：等你年滿十六歲，他們就打開大門，幾乎沒有讓你為這種突然的解放做足準備。沒有人教你如何租房、找工作或用水煮雞蛋。只是讓你離開。

玩具推銷員的假身分被識破後，布蘭登．休斯又回到了朗格甚監獄，這時傑瑞．亞當斯仍是他的獄友。亞當斯曾兩次嘗試逃獄。[38]但他欠缺休斯的計謀，不僅被抓回監獄，還因為逃獄遭增加判刑。亞當斯已經適應了朗格甚的生活。過去在外面生活時總是在跑路，每晚都睡在不同的床上，因敲門聲擔心受怕，永遠不知道自己會不會在街上被認出來後遭槍殺，所以他居然發現監獄裡可預期的固定生活步調令人大可放鬆心情。[39]囚犯居住的尼森式鐵皮屋周圍環繞著鐵絲網，被稱為「鐵籠」，每座鐵籠都有編號。休斯和亞當斯一起住在第十一號鐵籠。[40]兩位革命分子在入獄前關係就很密切，但現在他們更分享同一間牢房的密閉空間，使彼此的關係更加緊密。[41]鐵皮屋的環境抵禦不了冷風又很克難，寒風颳過營地。他們在冬天會把襪子穿在手上，充當保暖手套。[42]

他們在無休止的談話中互相扶持。亞當斯一向很像個學者，他鼓勵身邊的人要堅強起來。一眾囚犯籌組了講座和討論會。[43]他們會在「鐵絲網」（也就是區隔不同囚籠的圍欄）前會面，討論政治、歷史和外頭戰爭的最新消息。文化課程是由一位稚氣未脫又固執的年輕愛爾蘭共和軍囚犯負責籌辦。這個人會寫詩，後來也成為共和主義囚犯的正式新聞發言人，他的名字叫作巴比．桑茲（Bobby Sands）。後來亞當斯表示，這個地方感覺就像是「我們刺網內的象牙塔」。[44]亞當斯的談吐風趣詼諧又有魅力，頭腦也相當敏銳。然而，儘管他很合群，他某部分的性格卻仍不為眾人所知。休斯開始覺得自己不僅不信宗教，甚至對宗教持反對態度，而亞當斯卻悄悄地浸淫在天主教中。晚上，休斯會閱讀古巴強人卡斯楚的講稿；[45]亞當斯則朗誦玫瑰經。

到了一九七〇年代中期，亞當斯陷入了兩難局面。臨時派共和軍自一九六九年興起，開始直接與聯合主義集團鬥爭，自那一刻起，人們就有一種感覺：要將英國人逼入絕境，只要給予猛烈的最後一擊就好。這樣的戰略論點不僅能解釋為何在北愛爾蘭問題早期，人們的行動速度如此瘋狂，也解釋了為何大家士氣如此高昂，能夠吸引及激勵群眾。然而，隨著衝突進入第六個年頭，事情看來沒那麼簡單。[46]經過多年的暴力行動之後，民眾對臨時派的支持已逐漸減少（共和軍聲稱自己代表全體公民，但在這些暴力行動中，首當其衝的往往正是這些公民）。而與此同時，英國人似乎也已準備好應對無限期的衝突。亞當斯和休斯在鐵絲網前與下屬交談時，可以看到監獄正在建造新的設施——也就是所謂的H區（H Blocks）。一旦建成後，監獄就有空間能夠關押更多的準軍事組織成員。

亞當斯的父親老傑瑞也是一名愛爾蘭共和軍成員，他曾於一九四〇年代參與軍事活動，恰好見證了共和主義「雖敗猶榮」的淵遠歷史。亞當斯自小就看著衝突早期的老將相約於「重罪俱樂部」（Felons Club）聚會，他的父親也是協助成立此社交俱樂部的一員。艾伯特．普萊斯這樣的人會在那裡喝酒，講述戰爭故事，思考過往的局面是否有可能扭轉。用一位史學家的話來說，似乎「失敗比勝利更適合他們，因為在壓迫和隨之而來的孤立之下，愛爾蘭共和主義在某種意義上反倒得以蓬勃發展。」[47]一九七〇年代初期，每年一月臨時派共和軍都會宣布，今年他們會一勞永逸驅逐英國人，後來卻已成了老生常談。亞當斯這一代人目睹了西貢的陷落，對他們而言，讓政權突然倒台似乎是輕而易舉。[48]但歷經多年的血腥衝突之後，這每年一月都會立定的決心開始顯得像是癡心妄想。毫無疑問的是，共和主義的失敗內含一種注定要毀滅的浪漫，一種枉然的詩意。但傑瑞．亞當斯偏偏不是個浪漫派。

這次他告訴夥伴們，這場鬥爭一定要有所斬獲。這一代愛爾蘭共和主義者不會輕易將接力棒交給下一代；他們必須在有生之年推動變革。[49]然而，亞當斯在這麼說的同時，也開始表明：期待立竿見影的結果太過天真。共和運動反而必須為後來所謂的「長期戰爭」做好準備。[50]別再告訴人們只要再一年就能贏得戰爭了。最好要調配你的資源，規劃一場可能需要更長時間的戰鬥。

要得出這個論點並不容易。多年來共和軍的兵士們遭保皇派擊敗、吃過英軍子彈、被警察嚴刑拷打。他們拋家棄子四處奔波，現在卻與亞當斯和休斯一起被關在朗格甚監獄。若能告訴他們「只要再努力一點，一切很快就會結束了」，大家會心甘情願地接受。但現在能告訴大夥兒的卻截然相反：「我們要習慣這種生活，因為戰鬥不會在我們下次採取積極進攻後就結束。可能會花上好幾年，甚至是好幾十年。」

亞當斯在談論勝利的可能意義時，也開始巧妙地修飾自己的說詞。[51]重要的是準備好長期抗戰，但也要意識到，衝突的終結可能不僅仰賴軍事勝利，也仰賴某種政治協議。亞當斯在鐵絲網前告訴年輕的共和軍成員，武裝抗爭只是走向終點的一道途徑，並非結局本身。

「你們是政治人物，」他告訴大家。

「我們並不是，我們是軍隊，」他們回答。

「不，各位必須有這個認知，」亞當斯堅稱。「政治很重要。」

亞當斯在朗格甚的城牆內贏得了大家的敬重和忠誠，但他想將自己的理念傳達給正在貝爾法斯特和德里作戰的志士們。所以從一九七五年起，他開始為共和軍的官媒《共和新聞週報》(*Republican News*) 撰寫一系列文章。[52]由於加入愛爾蘭共和軍是非法的，以自己的名義撰寫這類文章可能會有風險，因此亞當斯使用的化名是「布朗尼」(Brownie)。每次寫完新的專欄，他都會偷偷把文章送出營地。祕密文件(也就是他們所謂的「密報」)會定期進出朗格甚。這些備忘錄和信件會以小字寫在捲菸紙上，然後偷偷塞給來訪的友人或配偶。[53]愛爾蘭共和軍正是通過這種方式，得以讓身陷囹圄的指揮體系成員與外面的同志保持著密切聯繫。

《共和新聞週報》的主編是個長著娃娃臉的政宣人員丹尼·莫里森(Danny Morrison)。[54]「布朗尼」的專欄有時很輕鬆愉悅，展現出亞當斯冷面笑匠的特質。有時則感情豐富，然而，他的多愁善感往往很刻意，顯得較不真誠。一般而言，這些文章的目的在於讓外界了解囚犯的生活狀況。但亞當斯也透過這些專欄與自己心中漸生的衝突哲學進行角力。[55]他常會將草稿交給布蘭登·休斯尋求意見，才送出去發表。但休斯從來不是個懂得分析的人。有時他必須要讀過一篇專欄三遍，才有辦法掌握亞當斯的論旨。

亞當斯於一九七七年獲釋。服刑的最後一天，亞當斯與休斯在院子裡散步，討論策略。[56]他漸漸認為新芬黨(與共和軍密切相關的政黨)必須與武裝組織「更密切地」合作。他也認為共和軍必須重組。傳統上共和軍是模仿英軍的階層制度。但亞當斯覺得共和軍必須改頭換面，[57]採用蜂巢式的微型結構，這種結構在拉丁美洲的準軍事組織中更為典型。這樣他們會更安全：如果有人被當局逮到，接受對方訊問或與之合作，這人就只會知道自己所屬組織裡的人，而不是整個軍團。亞當斯提出的重組計畫相當野心勃勃，這也是讓共和軍能夠長期抗戰的藍圖。在朗格甚監獄的最後一天，亞當斯把家當都收在咖啡色紙袋裡，在走出牢門前給了休斯一個擁抱。[58]亞當斯開玩笑說，休斯的任務比較讓人羨慕，因為他只要在朗格甚待著、從幕後掌控大局就好。[59]雖然亞當斯獲得自由，卻肩負著重組共和軍這項更艱鉅的任務。

事實上，休斯的任務絕非易事。未審拘留至一九七五年末已正式結束。[60]從此以後，政府不再將準軍事嫌犯當作政治犯無限期關押，而是把他們當作一般罪犯來起訴。[61]也許這看來只是語義上簡單的分類問題，但這樣的區別切入了共和主義者身分的核心。將愛爾蘭共和軍志士稱為罪犯，等於是在說他們訴諸武力的依據並不合法。即使倫敦政府面對的是炸彈和流血事件，可能仍會固執地拒絕將北愛爾蘭問題稱為戰爭，但對愛爾蘭共和軍而言，休斯和他的同夥都是軍人，如果被俘，應該被當作戰俘關押。未審拘留自身有其問題——任誰都可能未被起訴就遭逮捕，還未審判就被監禁多年。但被拘留的人一般都能在監獄裡穿自己的衣服，可以與準軍事同夥自由交流。現在，由於未審拘留已經結束，所以只要有人因從事準軍事活動而被定罪，都會被監禁在朗格甚新設施H區的單獨牢房中。監獄會發放制服，無論你是自願加入愛爾蘭共和軍還是普通竊賊——大家穿的制服都一樣。[62]

一九七六年秋天，共和主義囚犯發起反抗，拒絕穿著監獄發放的衣服，開始所謂的「毛毯抗議」。[63]囚犯全身赤裸，只用毛毯裹住自己的身體，一如普萊斯姐妹在倫敦被捕之後的做法。這些抗議人士唱的一首小曲正能體現他們的意圖：

我拒穿囚服
也不願溫順服刑
英國或許會
對愛爾蘭的戰鬥
判處八百年的罪刑[64]

抗議人士想要的是「特殊政治犯」地位，將自己歸類為戰犯。[65]但當局拒絕接受他們的要求。朗格甚監獄內，因犯和獄卒之間的關係漸漸惡化，雙方開始互相較勁。[66]抗議人士拒穿衣服，但一開始他們還會離開牢房洗澡和上廁所。守衛很氣這種目中無人的態度，有時會在囚犯前往廁所的途中毆打他們，不讓他們用毛巾遮掩及擦乾身體。因此抗議人士開始拒絕踏出牢房半步，讓守衛不得不逐一從牢房收集要清空的尿壺。[67]但囚犯也開始翻倒尿壺，任由小便從牢門下方滲出流到走廊上。於是毛毯抗議演變成「拒洗抗議」，現在更發展成「髒汙抗議」。[68]監獄地板上流過一大泡尿，守衛別無他法，只能清理乾淨。現在問題是：抗議人士應該如何處理自己的糞便？他們向獄中指揮官休斯提出這道難題，休斯則給了個建議：塗抹在牆上。[69]

休斯和他的手下赤裸、骯髒，鬍鬚又長又亂、全都糾結在一起，頭髮也沒洗，現在他們更開始用自己的糞便在監獄的牆上作畫，抹成如梵谷筆下月亮般錯亂的圖樣。[70]這地方變得越來越像瘋人院。隨著蛆蟲和疾病的威脅來襲，一隊獄卒闖入汙穢不堪的牢房，拖出骨瘦如柴的囚犯，接著用水管沖洗這些人，同時間另一隊人馬則用水和消毒劑清理骯髒的空間。但把抗議的囚犯關進乾淨的牢房也沒什麼用處，這些人只需一次新陳代謝週期，就能獲得毀掉牢房的利器。[71]有位來訪的神父在巡視過牢房之後，將這些人比擬為「生活在加爾各答貧民窟下水道裡的人」。

若說這場磨難（荒誕劇場中的前衛實驗）乍看之下有什麼可笑的怪異之處，其背後卻是我們更熟悉的東西：又是一場邊緣策略（brinksmanship）[i]的遊戲，只不過囚犯的要求相對簡單。他們訴求的權利是不穿囚服、與其他囚犯自由交流及接收信件。但每次雙方改採更激烈的手段，似乎都只會加強對手的決心。究竟誰會先行讓步？

雖然亞當斯已經離開監獄，但他仍透過「密報」與休斯保持密切聯繫。[72]他成功重組臨時派，建立了北方指揮部（Northern Command），將重心從都柏林轉移。[73]亞當斯認為，除非為抗爭注入政治面向，否則這場持久戰不會贏，他也越來越強調這點。「我們無法光靠共和軍的軍事勝利來建立共和國，」他在一九八○年代的一場活動上表示。「我們必須意識到，光憑採取軍事手段不可能取得成功，帝國主義者也早已明白這點。」[74]

也許亞當斯是在鼓吹政治運動與武裝抗爭並行，但他可沒勸導大家放棄暴力手段。一九七九年八月，伊麗莎白二世的表哥、曾為印度末代總督的路易斯・蒙巴頓（Louis Mountbatten）勛爵乘坐他的漁船航行於斯里戈郡（Sligo）海岸附近的多尼哥灣（Donegal Bay），此時一枚無線電遙控炸彈引爆，將船隻炸成碎片，讓他因此喪命，同船身亡的還有兩位家人和一位來自恩尼斯吉林（Enniskillen）的當地男孩。[75]

同年，新任首相柴契爾夫人入駐倫敦唐寧街十號官邸。她是保守黨領袖，因為堅定的信念而素有「鐵娘子」之稱。二戰期間，柴契爾夫人還是個來自英國東密德蘭（East Midlands）的小女孩，她的家鄉葛蘭森（Grantham）遭到納粹轟炸。[76]在北愛爾蘭事務上，柴契爾最親信的顧問是屬於鷹派的艾瑞・尼夫（Airey Neave），他曾擔任她的競選總幹事。[77]尼夫曾是戰俘，並從聲名狼藉的科爾迪茲城堡（Colditz Castle）納粹集中營逃脫。柴契爾夫人常與尼夫交流，她的想法有一部分受此影響，上任時她認為北愛爾蘭的狀況有點類似二次大戰前的蘇德台區（Sudetenland）：該地區原隸屬於捷克斯洛伐克，居民大多是德裔，後來在戰爭前夕遭納粹德國吞併。北愛爾蘭的天主教徒就像蘇台德區的德裔居民，也許他們是地理劃分上的受害者，但在柴契爾夫人看來，這不代表他們有權力可以輕易脫離本國、加入鄰國。細微的人口組成因素加劇了北愛爾蘭問題，柴契爾夫人在了解相關消息時，總會喃喃地說：「所以，這就像是蘇德台區。」[78]

若說柴契爾似乎打算在愛爾蘭問題上採取強硬態度，那麼在她上任不久前發生的事故更加鞏固了她的立場。一九七九年三月三十日，艾瑞・尼夫將車開出下議院的停車場時，駕駛座下方的一枚炸彈引爆，令他因此喪命。[79]炸彈並非由臨時派共和軍裝設，而是另一個共和主義團體「愛爾蘭民族解放軍」（National

Liberation Army）動的手腳，他們也承認發動這次襲擊。飽受打擊的柴契爾夫人仍努力保持她一貫的冷靜態度。[80]噩耗傳來後，她旋即表示尼夫一直是個「自由鬥士：勇敢、堅定又真實」。這樁在她接任首相前不到兩個月發生的謀殺案，造就了柴契爾的堅定立場，對任何形式的愛爾蘭共和主義都絕不妥協。

柴契爾夫人就任之初，朗格甚監獄裡的數百名男子正在進行髒汙抗議。[81]這些示威人士的意志力非比尋常。「你是在違背從小到大接受的社會化過程，」其中一位抗議人士說。「學到所有的基本衛生和禮儀都棄之不顧。」[82]共和派似乎還嫌與獄卒的關係不夠緊張，更開始鎖定殺害下班的監獄職員。[83]但英國人仍不會妥協。一九七六年，北愛爾蘭事務大臣羅伊・梅森（Roy Mason）終結了未審拘留和特殊政治犯地位，他將愛爾蘭共和軍囚犯稱為「暴徒和黑幫」。[84]柴契爾夫人的語調聽來也沒兩樣。「才沒有政治謀殺、政治轟炸或政治暴力那回事，」她堅決表示。[85]「我們絕不妥協，不會有特殊政治犯地位，」柴契爾在一次簡潔的表述中說道，「犯罪就是犯罪。」[86]

一九八〇年秋天，布蘭登・休斯採取更激烈的手段來回應當局。[87]他宣布絕食抗議計畫，並徵求志士加入。囚犯們士氣高漲，有一百多人自告奮勇。他們選出一隊七人小組，由決定參與抗爭的休斯來領導。[88]他自己不準備做的事情，也不會要求下屬來做，休斯一直以此為傲。十月的最後一週，這些男人開始拒絕進食。有好幾個星期，休斯端坐在牢房裡，身子日益虛弱，他的雙頰凹陷，邋遢的黑鬍子和長髮讓他看起來像個古代占卜師。獄醫大衛・羅斯（David Ross）對休斯很好。每天早上，羅斯都會帶來一瓶新鮮的山泉水，說這比監獄裡的自來水還要好。他會坐在床沿和休斯談天說地，聊一聊釣魚與山河。[89]

布蘭登・休斯是無與倫比的戰略家，聲名響亮，但他在抗議一開始就犯了重大的策略錯誤。因有七個人同時參與絕食[90]，所以最後總有一人會最先瀕臨死亡，另外六人則必須選擇結束絕食、保住這個人，或者選擇繼續抗議任其死亡。其中一位二十六歲的年輕抗議人士來自紐里，名叫尚恩・麥肯納（Sean

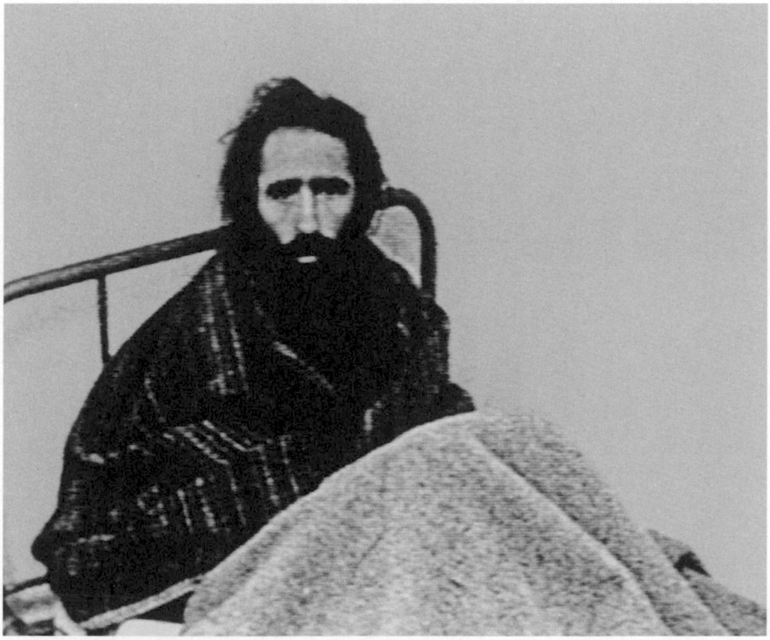

正在絕食的布蘭登·休斯（Pacemaker Press）

McKenna）。[91]原本休斯不希望麥肯納參與抗議，但麥肯納堅持加入。絕食開始後，很快他就病倒了，最終只能坐在監獄醫院的輪椅上。隨著絕食抗議持續，麥肯納變得更加害怕，有一次他對休斯說：「黑人，別讓我死。」休斯則向麥肯納保證，自己不會讓他死。[92]

就在聖誕節前，麥肯納開始不時陷入昏迷。[93]休斯看見勤務員用擔架把麥肯納推過醫院院區。休斯也見兩名神父和羅斯醫生站在一起。[94]如果休斯不插手，這個年輕人必死無疑，休斯自己也會違背諾言，就像違背當初自己要從寬處理薛穆斯．萊特和凱文．麥基的諾言一樣。但如果休斯真的介入，抗議就結束了；抗議人士會一時失去目標，前功盡棄。休斯能嗅到醫院病房裡軀體漸漸潰爛的氣味。[95]他也察覺到自己身體正在自我腐蝕的氣味。最後他喊道：「餵他吃東西！」[96]就這樣，抗議結束了。

醫生吩咐勤務員準備一些炒蛋。[97]休斯在絕食五十三天之後，又開始進食，他慢慢恢復元氣，體重也慢慢恢復。但他對這次絕食抗議的失誤深感羞愧。[98]囚犯們幾乎立刻決定發動第二次絕食。這一次他們將絕食時間錯開，讓一個人先開始絕食，差不多一星期後再讓下一個人開始，再隔差不多一星期才讓第三個人開始。[99]這樣一來，大家就不用集體決定是否要繼續，每個絕食人士都能自行決定要不要交出性命。由於休斯仍在復原，因此囚犯為第二次絕食抗議推選出新的領袖。這人會是第一個開始停止進食的人，也可能是第一個死去的人。他們選擇了負責籌辦人文課程的年輕志士巴比．桑茲。

i．譯註：冷戰時期的政治術語，意即把敵手逼到戰爭邊緣，讓其屈服。

# 第十六章　發條娃娃

美麗的小城阿爾瑪向來以兩間大教堂著稱，距貝爾法斯特約一小時車程，就像羅馬城一樣，城裡有七座山丘。天際線主要由兩大教堂的塔樓構成，教堂附近矗立著一座維多利亞時代的女子石砌監獄。在北愛爾蘭問題出現之前，阿爾瑪監獄幾乎未關押過十幾名以上的女囚。[1]大多數囚犯都是因醉酒、賣淫或詐欺而被關押。但在一九七〇年代，桃樂絲和瑪麗安來到這裡之際，獄中已經關押著一百多名女子，其中有許多人曾涉及共和主義活動。[2]由於兩姐妹據稱可構成極大危險，將她們移監到女子監獄的決策引發了一些爭議。有位聯合主義政客更將這樣的監禁安排比喻成「把蟒蛇放在紙袋裡」。[3]

普萊斯姐妹走進監獄高牆內，只見一群愛爾蘭共和軍女性早已聚在一起高舉自製布條，上面寫著「歡迎桃樂絲和瑪麗安回家」。[4]隨著兩人走進監獄更深處，別的女性也在盯著她們，緊張地從牢房進進出出。「是她們嗎？」[5]有人低聲說。姐妹倆已成了名人。「我們時常聽說這兩個女生的事，我以為會看到兩具骷髏。」她們的一名獄友後來回憶道。然而，當時她卻心想，「她倆就像電影明星。」[6]還有其他女子早就表示要趁兩姐妹抵達之前把這個地方打掃乾淨。

有人把姐妹倆介紹給艾琳・希基（Eileen Hickey），她是愛爾蘭共和軍在監獄裡的指揮官，做事毫不馬虎。眾人都知道她很有威望，連獄卒都要聽她的話。[7]但阿爾瑪的守衛比桃樂絲之前遇到的都要寬鬆許多。他們不太管事，懶洋洋地倚在窗台上，給囚犯許多空間。[8]其中一名女子炸了一些馬鈴薯。桃樂絲津津有味地吃著，她已經好多年沒吃過這麼好吃的東西了。[9]

這個已然成形的社區顯然比布里克斯頓監獄更有人情味。但經過兩年拘禁後，再加上為絕食付出的心力和抗爭引發的宣傳效果，普萊斯姐妹算是準備好要收起政治鋒芒了。年齡總能抑制一個人對前線革命的渴望，而她們倆也年紀漸長。過去兩姐妹一直努力爭取被遣送回阿爾瑪，從一開始就表示她們不會為了倫敦爆炸案道歉，而且樂意服刑，就某種意義上來說，她們已得償所願。一九七五年三月，她們被授予特殊政治犯地位。[10]這表示她們不必像其他囚犯一樣到監獄的洗衣房和縫紉室工作。她們可以穿自己的衣服，待在專門收容特殊政治犯的新建區域。[11]這地方被稱作C翼（C Wing），空間相對寬敞。裡頭就像飯店套房一樣，附有電視房和方便用餐的廚房。[12]

帶頭的獄卒是個暴牙女，囚犯們都稱她為「大蘇西」（Big Suzie），她不像英國的守衛那麼冷酷無情。[13]這裡的保安措施要寬鬆得多，女囚也不會被迫長時間待在牢房裡。[14]白天，桃樂絲會畫畫和寫信。[15]她和瑪麗安還能參加函授課程。[16]兩人會製作手工藝品出售到外頭，為她們的理念募資。[17]桃樂絲會製作皮革製品，雖然她不太喜歡。[18]她曾寫信給上議院的英國議員芬納・布羅克威（Fenner Brockway），這位議員在兩姐妹於布里克斯頓監獄服刑期間一直支持她們。她在信中寫道，自己為他的九十二歲生日做了一個錢包，她把錢包放進信裡時還開玩笑說，議員看到「來自北愛爾蘭的小包裹」大可不必驚慌[19]——裡頭沒有炸彈。晚上被關押在各自的牢房裡以後，她們還是能夠隔著柵欄聊天。有人會以愛爾蘭語帶頭用念珠禱告。[20]有時大家會講鬼故事。對桃樂絲來說，阿爾瑪監獄就像沒有老師的寄宿學校。[21]這段時間她們拍下了一張照片，可看見兩姐妹與一群微笑的囚犯擺著姿勢，即使大夥兒是在坐牢，還是有一種莫名的魅力。

但即使新生活比過去還美好，她們仍是在監獄裡，日子很快就變得枯燥乏味。日復一日，桃樂絲

阿爾瑪監獄內的瑪麗安與桃樂絲（左一與左二）

（Still from the documentary Car Bomb. Directed by Kevin Tooles. U.K.: Many Rivers Films, July 2008.）

開始盯著牢房窗外的天空，那一小片藍色方塊。[22]阿爾瑪監獄內有些女囚開始進行髒汙抗議。[23]但普萊斯姐妹沒參加。她們正悄悄退出政治運動。「事情開始變調，你也開始有所質疑。」桃樂絲之後說道。[24]一九七八年二月，愛爾蘭共和軍襲擊拉蒙之家飯店（La Mon House），當時裡面住滿一般民眾。[25]這次炸彈炸死了十二個人，另外還有幾十人嚴重燒傷。「那種事發生後，我不禁心想：究竟是怎麼回事？」桃樂絲回憶道。「我被關在這裡，是因為我想要把人燒死嗎？我被關在這裡，是因為我想要把人炸成灰燼嗎？」[26]後來愛爾蘭共和軍命令桃樂絲不得與其他拒絕參加髒汙抗議的共和主義女子往來，因此她退出了組織，因為她無法從命。桃樂絲和瑪麗安都因犧牲奉獻而獲得愛爾蘭共和軍的傳奇地位，但用桃樂絲的話來說，從那時起，她成為了「自由業共和主義者」。[27]

在寫給芬納·布羅克威的信中，桃樂絲表示她也開始重新思考暴力行動能帶來多少成效。「桃樂絲和妹妹瑪麗安一樣，（已經）相信愛爾蘭共和軍的暴力行為是大錯特錯，」布羅克威在信中向上任剛滿一年的北愛爾蘭事務大臣韓福瑞·阿特金斯（Humphrey Atkins）表示。「我告訴桃樂絲，也告訴瑪麗安，要是她們因譴責自己先前的行動而獲得釋放，那她們可能會被愛爾蘭共和軍槍殺，因此待在監獄裡更安全。」[28]但當時普萊斯姐妹正在努力應付比政治更壓迫、更直接的折磨。

「我們與食物、進食無法保持正常的關係，」[29]桃樂絲後來說道。在英國數個月的捱餓和灌食使她們再也無法正常攝取養分。桃樂絲表示，在絕食抗議期間，「我的身體說需要食物，但我卻告訴身體，『不，你不能要食物……如果我給你食物，這場仗我們就打不贏了。』這時我想要培養出堅若磐石的意志，否則就會忍不住吃東西。因為這就是身體的運作方式，人類就是這樣。吃東西，過生活。」桃樂絲繼續說，有了這種自我克制的經歷，灌食只會加劇創傷，因為「灌食再度疏遠了我們與進食的過程，將食物放入身體的整個過程。」她總結道，因此「我們都對食物的功能產生了非常、非常、非常扭曲的觀念，我們兩個都很難與進食的過程重建適當的關係。」

阿爾瑪監獄的狹小空間內可能具有某種社會傳染因子。最近設施裡有其他幾個女子都受厭食症所苦。[30]兩姐妹雖已不再絕食，但現在她們也都停止進食。瑪麗安的體重開始急劇下降。最終一份政府的機密評估得出總結：「讓她留在監獄裡，就等於放任她死去（而且是因為沒有導致任何人喪命的罪行）。」[31]

一九八〇年四月三十日，瑪麗安獲釋，而且自願以假名前往貝爾法斯特的皇家維多利亞醫院（Royal Victoria Hospital）接受治療。[32]一位政府發言人表示，瑪麗安「這三年來一直在接受加護治療」，但她不能再待在阿爾瑪了。[33]瑪麗安於五月一日出院。[34]這消息引起一片嘩然。英國小報更暗指這是她精心設計的越獄計畫[35]——厭食症只是愛爾蘭共和軍最新想出來的聰明詭計。

桃樂絲很高興看到妹妹恢復自由之身。瑪麗安原本瀕臨死亡，但現在她可以活下去了。然而，桃樂絲內心深處卻感到很矛盾。「因為我們一起經歷了所有的事情，我一直都希望、也以為我們會一起重獲自由。」後來她回憶道。兩姐妹總是被眾人相提並論——她們是艾伯特的女兒、抗議學生、無名隊的成員，也是囚犯和絕食人士。這是她們第一次沒一起行動。對桃樂絲而言，感覺「就像是和我的連體雙胞胎分開了。」[36]

巴比・桑茲和布蘭登・休斯一樣，都是在新教徒社區裡長大的天主教徒。但桑茲七歲時，鄰居發現他們一家人都是天主教徒，導致他們被逐出家園。[37]最後桑茲加入愛爾蘭共和軍。他於一九八一年三月一日開始絕食，[38]最後一口食物是監獄發配的柳丁，味道很苦。[39]「我正站在通往另一個顫慄世界的邊緣，」桑茲開始絕食時在一張衛生紙上寫道。「願上帝憐憫我的靈魂。」[40]兩個星期後，第二名抗議者開始絕食；

再一週後，則輪到第三名抗議者，最後總共有十名男子在朗格甚監獄絕食。我們沒有理由認為柴契爾夫人會對這次絕食抗議展現出比上次更深的同情心。柴契爾夫人說：「暴力分子所追求的志業已名聲掃地，他們面臨失敗，最近幾個月選擇打出的牌，可能是他們最後一張牌了。」[41]

但在桑茲開始絕食四天後，[42]一位名叫法蘭克．麥奎爾（Frank Maguire）的政要去世，引發後續一系列戲劇化的事件。麥奎爾是個民族主義者，在英國下議院占有席位，代表北愛爾蘭的費曼納（Fermanagh）和南蒂龍（South Tyrone）選區。他驟然離世後選區必須補選。一開始麥奎爾的兄弟考慮競選接替他的席位，但有些共和主義人士找到他，勸他重新考慮。這時他們正在醞釀一項不太可行、但也許相當巧妙的計畫：讓巴比．桑茲從監獄中競選席位。這絕對會是一大宣傳噱頭——還能夠引起共鳴。讓絕食者競選公職，藉此贏得民眾對絕食抗議的關注和支持，還有什麼更好的方式？要是桑茲贏了，就能扭轉絕食抗議的權力動態：也許英國政府會放任幾個蓬頭垢面、裹著毯子的男人死在監獄裡，但如果死掉的是國會議員呢？[43]

這步險招代表臨時派共和軍已徹底偏離原貌。[44]共和主義人士在歷史上是曾推舉過候選人競選公職，但共和運動長期以來一直對議會程序抱持懷疑態度。這幾代有許多共和主義者一直堅持「棄權主義」的傳統——也就是完全置身於政治之外。人的革命熱情似乎很容易被體制沖淡。這是正式派愛爾蘭共和軍和臨時派愛爾蘭共和軍於一九六九年分裂的部分原因[45]——正式派共和軍似乎已經變得過度涉足政治，政治則難免會帶來和解。

「幾十年來，至少在北愛爾蘭，共和主義者不投票是一種傳統。」傑瑞．亞當斯曾經把這句話掛在嘴邊。但後來他開始提出論證，說明愛爾蘭共和軍和新芬黨必須成為更大的政治組織，此時亞當斯才第一次預見某種也許可行的全新共和政治模式。他誓言：「總有一天，新芬黨將成為這片土地上的強權。」[46]

亞當斯一直在思考如何讓鬥爭變得更加政治化，桑茲參選代表著一個絕佳機會。也許北愛爾蘭有很多人不支持愛爾蘭共和軍的暴力行為，但會很樂意投票給絕食抗議的共和主義者，讓他當選公職。亞當斯與《共和新聞週報》的主編丹尼．莫里森合作，開始塑造新的哲學。從表面上看來，這似乎體現出一種矛盾：新芬黨將競選公職候選人，愛爾蘭共和軍則繼續為英國帶來血腥的戰爭。最後莫里森用一句著名格言來詮釋此一策略，他在新芬黨的集會上問道：「如果我們一手握著選票，另一手拿著阿瑪萊特步槍，有人會反對我們在愛爾蘭掌權嗎？」[47]

一九八一年四月十日，巴比．桑茲獲選國會席次。[48]他已經有四十一天都未進食。但即使在這時，他的訴求還是沒達成。桑茲的狀況持續惡化，現在柴契爾夫人也面臨危機。四月二十五日，她與北愛爾蘭事務大臣韓福瑞．阿特金斯晤談。[49]「桑茲顯然心意已決，」阿特金斯表示。

「他剩下的時日不多了，」柴契爾夫人說。

「大家都說他只剩兩、三天，」他說。「可是柴契爾夫人，實不相瞞，他們真的也不知道。」

「當然了，」柴契爾夫人尖銳地回應道，語氣顯露惱怒。「因為不是隨便誰都有經驗處理這種事。」

阿特金斯指出，由於抗議人士錯開了絕食的時間，即使桑茲死了，即使政府能夠承受強烈反彈和形象重創，下一個絕食者仍可能會在幾週後死去。「大家都非常希望我們能避免每週都發生這種事，」他說。「我覺得中間一定會有人放棄。」

柴契爾夫人推測，「如果死了第一個、死了第二個、再死了第三個，結果什麼也沒發生，」那愛爾蘭共和軍的領導階層可能就不會允許大家繼續絕食。

「感覺對我們的形象不是很有幫助，」阿特金斯說。

「的確，」柴契爾夫人表示同意。「這不太光彩。」

桃樂絲・普萊斯也密切關注絕食抗議的消息。但自從瑪麗安離開阿爾瑪後，她開始逐漸迷失自我。[50]「沒有瑪麗安，我感到很迷惘。」她回憶道。桃樂絲的體重迅速下降，她似乎越發孤獨，越發不穩定。一九八〇年五月某天，她吞下十幾顆安眠藥。[51]我們不清楚桃樂絲是真的打算自殺還是在求救，但監獄醫院為她洗了胃。

「我的一舉一動就像是發條娃娃，」她寫信給議員芬納・布羅克威，講述自己麻木、空虛的日子，她唯一的慰藉就是睡覺。隨著自己即將年滿三十歲，她也想到自己二十幾歲的年華幾乎都在監獄中「浪費」了。[52]她想過生孩子，說這種「自然本能」可能永遠不會實現。「我確實覺得受傷很深，」她寫道，「我的餘生都會留下深刻的傷疤。」

自瑪麗安・普萊斯獲釋之後，她只探訪過桃樂絲幾次。[53]等她探視結束準備離開，桃樂絲會黏著她、不讓她走。[54]多年前桃樂絲曾承諾，只要能在北愛爾蘭服刑，她就會毫無怨言服滿刑期，現在她卻感到更加忿忿不平。「不公平，」她寫信給布羅克威。「到三月我就服滿八年刑期了，就連殺人犯都沒服刑這麼久，我卻要為了裝設炸彈被終身監禁。」[55]桃樂絲身為無名隊的一員，也參與過其他真正會傷及人命的行動。但她未因為那些行為而受到指控，現在她也不提那些事。桃樂絲反而強調，現在她對愛爾蘭共和軍連「口頭上的支持」都沒有了，而且她已經「感覺自己被拋棄，成為他們志業的叛徒，因為我已宣布這項志業不再屬於我」。即使如此，她還是宣誓效忠朗格甚的絕食抗議人士。「我會吃東西（盡厭食症患者的全力！），但精神上我會和他們一起生活和挨餓。」她寫道。

布羅克威被這些信件深深打動，他直接向柴契爾夫人求助，表示姐妹倆在倫敦引爆炸彈時，是「陷入了青春期的情緒」，她們向他保證，兩人是在「沒有人會受害」的條件下才參與那次行動。布羅克威聲稱自己「幾乎是她們的精神顧問」，也表示兩姐妹「都已明白暴力是不對的」。[56]他向柴契爾夫人保證，如果釋放桃樂絲，「儘管會讓她身處險境」，她還是會致力於「勸導自己的天主教徒同胞不要使用暴力」。

柴契爾夫人可沒那麼容易被說服。「我知道你相信桃樂絲已經放棄了暴力，」她寫道，委婉暗示布羅克威可能太輕信狡猾的普萊斯兩姐妹了。[57]柴契爾夫人在信中表示，她曾探詢桃樂絲目前的健康狀況，而「醫生認為她的性格比妹妹強硬得多。」柴契爾還搞混了一件事。她在一封布羅克威來信的空白處匆匆寫下這段文字：「我很意外瑪麗安很少去看她。就雙胞胎姐妹而言，這一定很令人難受。」[58]柴契爾誤以為她們是雙胞胎，這足以印證普萊斯姐妹有多麼親密無間。但柴契爾指出，即使如此，桃樂絲似乎對共和主義人士仍懷有「同情」，如果釋放她，「我很懷疑老朋友們會不再理會她。」

在巴比・桑茲參選的同時，桃樂絲・普萊斯也迅速衰弱。作家提姆・帕特・庫根曾至阿爾瑪的C翼拜訪過她，對桃樂絲的智慧留下深刻印象，但認為她有「狐猴般的氣質」。庫根指出，桃樂絲「會在穿著上展現品味、仔細保養頭髮和指甲，藉此緩解疾病帶來的影響」，[59]但她已筋疲力盡，大多時候已無法活動。

一九八一年四月三日，愛爾蘭紅衣主教湯瑪斯・奧菲奇（Tomás Ó Fiaich）致函柴契爾，表示他曾拜訪桃樂絲，一個月以來她都被關在醫務室裡，「無精打采、沒有同伴、幾乎無法走路、上下樓梯也需要攙扶。」[60]紅衣主教在她的狀況惡化前曾拜訪過她，他記得桃樂絲的個性很活潑。主教指出，她成了「憔悴的幽靈，提早衰老，再也沒任何生存慾望」。他希望柴契爾夫人能了解「那位女孩確實正在死去」，還指出要是她死了，可能會招致人民指責、引發暴動。紅衣主教懇求柴契爾釋放桃樂絲，說「即使下星期就讓她出獄，也可能為時已晚」。

儘管如此，柴契爾夫人仍然不願讓步。她回信給奧菲奇，說她能理解普萊斯一家人的「焦慮」，但她無意釋放桃樂絲。「我會命人持續密切關注普萊斯小姐的狀況。」她說。[61]四月中旬，桃樂絲從阿爾瑪被緊急送往貝爾法斯特馬斯格瑞夫公園醫院（Musgrave Park Hospital）的戒護病房。[62]到她入院時，體重只剩七十六磅。

醫院之外，北愛爾蘭再次陷入混亂。貝爾法斯特和德里時常上演街頭鬥毆。[63]醫院裡的人每天都說巴比．桑茲很快也會被送來這裡。[64]有一段時間，桃樂絲覺得這位令她倍感親近的年輕絕食者似乎也會來到戒護病房區陪伴自己。即使桃樂絲蒼白虛弱，這也是值得期待的事。她希望自己能夠向桑茲致上最後的敬意。

他從未來到醫院。一九八一年五月五日，巴比．桑茲去世。[65]這是他絕食的第六十六天，正如特倫斯．麥克史威尼六十年前的死一樣，這個故事成為世界各地的頭條新聞。後來傑瑞．亞當斯回憶道，桑茲死去「造成的國際影響，比在我一生當中於愛爾蘭上演的其他事件都還要轟動」。[66]十萬人湧上貝爾法斯特街頭，目送桑茲的棺材被抬到墓地。[67]愛爾蘭邊界兩頭，人民對共和志業的支持全面高漲。柴契爾夫人對自己的強硬態度完全沒有悔意。「桑茲先生是一名被定罪的囚犯，」她在他死後宣告。「他還有辦法為自己的人生做出選擇。但被他所屬組織殘害的許多人呢？他們被剝奪了選擇權。」[68]

然而，雖然全世界都在關注柴契爾夫人與巴比．桑茲的生死意志較量，她卻已悄悄展現出自己能夠憐憫桃樂絲．普萊斯。[69]桑茲去世前兩週，桃樂絲就已「因醫療原因」獲釋，她未服滿的二十年刑期也獲免除。官方對此決策的解釋是她「面臨迫在眉睫的危險，可能會突然崩潰和死亡」。

後來有好幾年，桃樂絲一想到巴比．桑茲死去，而自己被釋放的那一刻，就會放聲痛哭。[70]普萊斯姐妹曾與英國王室對峙過兩次，兩次她們對自己身體的傷害都足以讓她們占上風。桑茲可能沒那麼幸運，因為他死了。但比起活著，殉道反而讓他取得更大的成就，就這點而言他很幸運。韓福瑞．阿特金斯和柴契爾夫人推測十名絕食人士之中至少會有一人放棄，是他們失算了。桑茲死後，又有九人緊隨其後，整個夏天一個接一個地餓死。[71]

但桃樂絲・普萊斯感覺自己與巴比・桑茲的連結更加深刻。「我們被『強制灌食』了很長一段時間，因此我們沒死，」她多年後寫道。「英國醫學會（British Medical Association）做出拒絕對囚犯『強制灌食』的決議後，接著英國議會就匆匆通過法案……禁止將管子塞進囚犯的喉嚨來保住他們！」[72]普萊斯姐妹結束絕食抗議後不久，世界醫師會（World Medical Association）即發布一項具有里程碑意義的聲明，認定強制灌食違反醫學倫理。[73]政府一旦決定停止強制餵食桃樂絲和瑪麗安，英國的政策也確實有所變化，當時的內政大臣詹金斯便宣布英國監獄不會再強制餵食絕食人士。[74]桃樂絲・普萊斯於一九七四年以特殊的手法取勝，卻無意間創造出在七年後讓十名絕食人士餓死的條件。[75]在往後幾年裡，她總是心想：自己對他們的死是否也應承擔一部分的責任？

# 第十七章　田野日劇團

桃樂絲．普萊斯被釋放的消息一公開，便造成群情激憤。狂熱的保皇派牧師兼政治人物伊恩．裴斯利表示，暫停讓她服刑是「令人髮指的醜聞」，認為桃樂絲仍對社會構成非常真實的威脅，因為她「心中藏有謀殺動機」。[1]一些觀察家指出，韓福瑞．阿特金斯一直被普萊斯姐妹「當成傻瓜」[2]——桃樂絲和瑪麗安都是毫無悔意的恐怖分子，她們故意搞出飲食失調症，就是為了想辦法出獄。當時大眾還不甚了解厭食症，而稱這種病症為「瘦身病」，彷彿表示造成這種痛苦的並非絕食或強制灌食，而是虛榮心。裴斯利等人都從完全負面的角度揣想：桃樂絲會被釋放，可能是因為達成了某種祕密協議，與巴比．桑茲和朗格甚監獄的其他絕食者有關。

幾年後，桃樂絲常說起「坐牢多年後，來到一個全新的世界、一個截然不同的世界、一個必須重新學習生活的世界」是什麼樣的感覺。[3]經過八年多的牢獄之災，她與家人團聚、開始康復，體重也開始慢慢增加。嚴格說來，她現在是「假釋出獄」，[4]也就是說她的自由是有附帶條件的，如果她違反那些條件，政府可以隨時將她送回監獄。而其中一項條件是不得離開北愛爾蘭。但桃樂絲獲釋幾個月後，她申請在愛爾蘭共和國度過一個月的暑假。[5]英相柴契爾夫人親自審查這項請求，最終批准了。

然而，桃樂絲想要的不只是到南方度假。她想徹底搬遷到都柏林。比起貝爾法斯特，都柏林的氣氛向來都更輕鬆、不那麼緊繃、更有文化活力。那裡的咖啡廳和運河總能讓人感覺自己身處在與北方衝突不同的世界，似乎是桃樂絲追求嶄新抱負的理想地點：她想成為一名作家。她幾乎馬上就找到工作，擔任報紙的自由撰稿人。就某方面而言，她天生就是這塊料；桃樂絲本來就很懂得針砭時事，因此即使她已遠離準軍事前線，還是能夠間接參與政治議題。一九八二年十二月，桃樂絲獲釋一年半後，她於《愛爾蘭新聞報》（*The Irish Press*）發表了一篇關於厭食症的報導，她在文中指出，其實這種疾病完全取決於控制能力，而戴安娜王妃和好萊塢影星珍．芳達（Jane Fonda）等知名女性都曾為此所苦。她表示，厭食症與「高於平均的智商」有所關聯[6]——但這說法有誤。

桃樂絲在搬到愛爾蘭共和國前後都受到英國情報部門的監視。這次監視的報告指出，並無證據顯示她仍持續參與「任何非法組織或任何類型的恐怖活動」。[7]事實上，還有一份情報報告表示，在桃樂絲獲釋後不久，她的愛爾蘭共和軍老夥伴曾找她參與一項任務，但她拒絕了。[8]

桃樂絲一直都對藝術很有興趣，現在每天她都在撰寫自己在布里克斯頓監獄的經歷，還提到要出版成書。[9]一九八二年《愛爾蘭時報》有篇短文指出，這本書會說明「桃樂絲從身為愛爾蘭共和軍成員到開始支持和平主義（而且最終在阿爾瑪監獄期間退出運動）的思想轉變」。也許桃樂絲真的已經開始將非暴力思想當成自己的個人哲學。但我們仍有理由懷疑她是否已完全放棄共和主義的武裝抵抗傳統。這篇短文由媒體小心翼翼地發布，很有可能是為了取悅英國當局，左右他們決定要多嚴格控管桃樂絲出獄後的生活。桃樂絲將自己的布里克斯頓手稿交給艾蒙．麥坎，但麥坎覺得內容很枯燥——其中寫的只不過是她在獄中的日常紀錄。不過桃樂絲仍設法在高威市（Galway）的某份文學雜誌上發表了一篇選自手稿的文章，[10]內容不時閃現抒情的語言，講述夏日陽光如何溫暖末期牢房的地板，以及她如何「打著赤腳感受到地板在記憶中的溫度」。

桃樂絲出獄後，又重新聯絡上來自貝爾法斯特的演員史蒂芬．瑞爾。[11]他倆於學生時代初識；而爆炸前一天晚上，桃樂絲也在倫敦看過瑞爾登台演出。比桃樂絲大五歲的瑞爾有著瘦骨嶙峋的粗獷美貌，舉止溫和。他透出一種話少簡約的氣質，但和桃樂絲一樣帶有辛辣、惡毒的幽默感。他會在隨意開玩笑時移開目光，等到講出笑點再突然直直看向你。[12]

瑞爾自小在充滿女性的家中長大，有母親、父親、祖母及三位姊妹。[13]但桃樂絲生長於來自安德森鎮的共和主義家庭，瑞爾則是一名新教徒，他在一九五〇年代長大成人，比桃樂絲稍微年長。在貝爾法斯特的小角落，瑞爾受到的文化薰陶更加兼容多元。「我長大的地區很多元，有多元的鄰居和多元的朋友，我父親很愛喝酒——喝得挺兇，和新教徒和天主教徒都能喝，因為這地方就是這樣。」他曾經如此解釋道。[14]小時候，瑞爾曾參與一齣兒童劇《小紅帽》演出，扮演大野狼，當下他就決定要成為一名演員。[15]首先他必須逃離貝爾法斯特。他熱愛這座城市，但覺得那裡沒有發展的空間，無法讓人功成名就。[16]瑞爾雖是新教徒，但他也同情民族主義的理念。他覺得，天主教社群忍受半個世紀的壓迫之後，難免會有所反彈。[17]最終瑞爾在貝爾法斯特西區生活了一段時間，他在當地社區慶典登台演出時，被其他新教徒視之為背叛。[18]

一九六〇年代，瑞爾就讀女王大學，並在幾次學生抗議活動期間結識桃樂絲。但隨著北愛爾蘭問題出現，桃樂絲也被捲入革命活動，當時瑞爾人在都柏林，於知名的修道劇院（Abbey Theatre）當演員。他對這裡也不滿意，認為「愛爾蘭是在糟蹋人才」，於是他又遷居倫敦發展。[19]後來桃樂絲在布里克斯頓監獄絕食，接著在阿爾瑪與柴契爾夫人較勁，瑞爾同時間則正在倫敦闖出知名度，他在皇家宮廷劇院、老維克劇院（Old Vic）和國家劇院（National Theatre）扮演的一系列角色都備受矚目，偶爾也會出現在英國的電視節目裡。[20]

那幾年，瑞爾在英國舞台上也面臨著愛爾蘭演員共有的困境：他應該將自己突出的阿爾斯特口音軟化到什麼地步，要把自己塑造得多像英國人？[21]他很有模仿才華，當然可以「操弄」英語，人們都建議他這

桃樂絲·普萊斯與史蒂芬·瑞爾
（Colman Doyle/ Courtesy National Library of Ireland）

麼做，這樣才有助於發展演藝事業。[22]但瑞爾和桃樂絲一樣固執，他下定決心，自己寧願當個失業的愛爾蘭人，也不願為了找工作，而把自己弄得聽起來像是自小在英格蘭的薩里郡（Surrey）長大。畢竟，愛爾蘭文明的偉大成就之一，正在於採用英語並加以改動，創造出不同的音調。瑞爾表示，也許愛爾蘭人在政治衝突中輸給了英國人，但「在語言方面卻取得了勝利」。[23]

一九八三年秋天的某個星期六，桃樂絲和瑞爾結為連理。他們選擇在阿爾瑪的聖派翠克大教堂（St. Patrick's Cathedral）舉行婚禮，[24]這裡離桃樂絲先前在C翼的住處不遠，稍微走上山坡就到了。儀式由監獄裡的神職人員瑞蒙・墨瑞神父（Raymond Murray）主持，他曾一直積極遊說當局釋放桃樂絲。也許兩人是考慮到老貝里炸彈客和倫敦知名演員的結合可能會引發軒然大波，因此選擇祕密結婚，只有兩名證人在場。[25]後來，有家英文小報聯絡上墨瑞神父，但神父拒絕提供細節。「這對夫婦要求我不要討論婚禮，」他說。「我發誓要保守祕密。」[26]

在此期間，瑞爾也重新聯絡上劇作家布萊恩・佛芮，在倫敦爆炸案的前一天晚上，瑞爾演出的正是佛芮的作品。[27]一九八〇年，兩人共同創辦了名為「田野日」（Field Day）的新劇團。田野日劇團以劇作《翻譯》（*Translations*）的全球首演揭起序幕，後來這部劇被視為佛芮的傑作。《翻譯》以一八三三年多尼哥的一所學校作為背景，劇情講述英國軍隊執行的一項調查，目的是要確定當地的愛爾蘭地名，再以英語翻譯或同音詞來取代。該劇於德里的市政廳開幕。這座市政廳建築是聯合主義的象徵，因此已屢屢成為愛爾蘭共和軍的目標。開幕當晚，工人還在修繕先前攻擊造成的損傷，建築物有部分仍搭著鷹架。[28]因此選擇這個場地雖帶有一點淘氣的成分——但也隱含些許希望。

佛芮和瑞爾決定讓新劇團每年都製作一部戲劇，並在愛爾蘭巡迴演出。[29]劇團漸漸吸引到一群傑出的參與者和支持者，其中包含詩人薛穆斯・丁恩（Seamus Deane）和薛穆斯・希尼（Seamus Heaney）。[30]田野日的政治觀點是個敏感議題。佛芮自小信奉天主教，有些觀察家認為這個劇團是民族主義組織，也有評論家將田野日稱作「臨時派共和軍的文化分支」。[31]不過，雖然他們演出的戲劇常帶有明顯的政治色彩，卻往往只是拐彎抹角表達其中的政治觀，瑞爾也堅決反對被歸類為任何意識型態。他說，田野日的工作是「最廣義的政治行動」。[32]根據瑞爾的說法，劇團的部分理念在於，如果在一個分裂國家的邊界兩側，整個愛爾蘭都能聽到相同的故事，可能會產生一些凝聚的效果。[33]劇團董事會是由三名天主教徒和三名新教徒組成（「我們全都沒參加宗教活動了。」其中一位董事表示）。但其中沒有聯合主義者。[34]

這樣其實就表示瑞爾每年要花大約五個月的時間四處巡迴演出。桃樂絲也因為婚姻順理成章加入了劇團，她經常和瑞爾一起旅行。[35]桃樂絲會幫忙管理劇團的帳務和通信，記錄旅行的里程和油資，把車子開到維修廠（她稱之為「汽車醫院」）。[36]他們在愛爾蘭島上闖南走北，到部分三十年來從沒有專業劇團的地區巡迴演出。[37]在農村地區，開著拖拉機的農民還會停下來，下車後緩步走到臨時舞台前看戲。[38]

即使如此，重大的職涯發展正在倫敦召喚著瑞爾，讓這段關係面臨一個明顯的問題：桃樂絲住在都柏林，與田野日在共和國四處旅行，嚴格說來已經違反了她的出獄條款。桃樂絲和瑞爾婚後不久，英國就有傳言說她會陪丈夫到倫敦參加新電影的首映。[39]英國小報敲響了警鐘：惡名昭彰的「炸彈女孩」是否會貿然重訪她曾轟炸的城市？[40]最後桃樂絲沒有前往倫敦，但她私下確實曾多次請求英國政府取消自己的居住限制，或者至少允許她去英國探望丈夫。[41]

她小心翼翼地從貝爾法斯特的普萊斯家寄出這些書面請求。[42]但其實當局早知道她大多時候都住在都柏林，已違反了出獄條款。這些請求傳到了柴契爾夫人耳中，柴契爾夫人一直覺得桃樂絲城府很深，她對下屬寫道：「我覺得這人只是在假意順從。我們絕對不能妥協。」[43]

過去桃樂絲曾經違抗柴契爾夫人，並占了上風，現在她又再次進行挑戰。一九八五年五月，在一座與法國隔海相望的英國東南部小鎮福克斯通（Folkestone），警察攔下了一輛汽車。[44]車裡的正是史蒂芬·瑞爾和桃樂絲·普萊斯。兩人被問及居住地址時，提供了倫敦的地址。這對夫婦住在邁達韋爾（Maida Vale）地區的公寓裡，[45]就在BBC攝影棚的轉角處，離老貝里法院只有幾英里遠。

桃樂絲直接違反出獄條款返回倫敦，對柴契爾夫人來說就是眼中刺。福克斯通事件發生後，北愛爾蘭事務大臣建議政府更改釋放桃樂絲的條款，配合她早已住在英國的事實，直接允許她留下來。[46]但柴契爾不會接受。十一月，一位助理寫道，桃樂絲「仍和丈夫住在邁達韋爾地區」。[47]他指出，如果再把桃樂絲關起來，將會引起北愛爾蘭天主教徒的「立即反彈」。他繼續進言：再者，如果他們真的讓桃樂絲再次入獄，她可能會直接停止進食，最後他們就會回到當初的局面。助理表示，雖然這對夫婦理論上可以繼續住在北愛爾蘭，但「已經闖出名號的演員，很難在那裡繼續發展職涯」。唯一的選擇似乎就是更改桃樂絲的出獄條款。警方情報小組的報告指出：「根據現有證據，並無實質理由將她視為大不列顛的威脅。」[48]但柴契爾不願更改條款。其實，她寧願讓桃樂絲無視這項規定，自己再假裝沒注意到，也不願承認自己曾經被迫改變立場。[49]

部分公務員擔心，這對夫婦的「反常立場很可能會引起民眾的注意和批評」。[50]但柴契爾不會放棄。「我認為不應允許瑞爾夫人住在這裡，」她寫道。「她是在特定條件下被遣送到北愛爾蘭，如果她和丈夫想住在一起，他們可以住在北愛爾蘭。」她還刻意以不相干的拘謹口吻補充道：「如果她還待在英格蘭，就會被關進監獄。」[51]

英國各家報紙一直對桃樂絲很有興趣，他們很快就發現她人在倫敦，與知名演員過著時髦的婚後生活。報導以輕鬆的筆調寫著，老貝里炸彈客「在國家劇院與一眾明星啜飲香檳」。[52]瑞爾計劃在維多利亞皇宮劇院（Victoria Palace Theatre）演出音樂劇《上流社會》（*High Society*），當時引起了一陣騷動，而王太后也安排要出席觀看。被定罪的愛爾蘭共和軍恐怖分子桃樂絲會在現場嗎？她會和王太后握手致意嗎？「桃樂絲已經說過，不會參加任何皇家演出之夜，」瑞爾的經紀人告訴媒體。「這是個敏感議題，也完全由她自行決定，但桃樂絲說她會在家。」[53]經紀人為了讓回答更加得體，再補充說，「家」是指貝爾法斯特。

後來瑞爾表示，他決定與知名的前愛爾蘭共和軍武裝分子結婚，此舉並未損害自己的職業生涯。[54]「做我這一行的人對這件事的態度很開明，」他說。[55]但瑞爾難免常會被問及妻子的過去，每次面對這種問題，他往往都會發怒。瑞爾希望媒體關注他的工作就好，而不是打探他的人生，更不用說打探他配偶的過往或政治立場了。

儘管如此，為了宣傳新作品，瑞爾還是不得不接受採訪。[56]大家都知道，只要有誰提及瑞爾結婚的對象，瑞爾就會立刻中斷訪談。負責報導瑞爾的記者也將此引為笑談：永遠，永遠不要提及這位夫人。[57]但瑞爾選角的方式對自己沒有任何好處。他似乎經常扮演悲情的持槍分子——尤其是愛爾蘭共和軍的持槍分子。「我想呈現的，在於讓人們理解為何善良老百姓會參與其中，」他說，「還有事態是如何越演越烈。」[58]瑞爾有一回罕見地談到妻子發動倫敦爆炸案的過往，強調那天喪生的男子是死於心臟病發。[59]

有一次，在一九八八年某部紀錄片的訪談中，瑞爾被問及自己願意為政治投注多少心血。「我永遠不可能成為軍人，」瑞爾說。「我辦不到。我覺得，其實你想問的是我是否願意採取暴力行動。」[60]他頓了一下繼續說：「我個人做不到，但我認為暴力不只是道德問題，也不只是現階段的道德選擇。它是一種本能反應，而現有制度也充滿暴力。」

訪談人問他，政治變革是否有可能以非暴力手段達成。

「我不知道，」瑞爾說。「有人成功過嗎？」

當局認為桃樂絲已不再構成威脅，是正確的判斷。至少就桃樂絲自己來說，她已經放棄以暴力行動作為統一愛爾蘭的手段。但這不表示她也放棄了共和主義。她會為貝爾法斯特市議會的新芬黨候選人拉票。[61]雖然桃樂絲的共和背景是走強硬路線，但她也適應了選舉政治的走向，還有一手拿阿瑪萊特步槍和一手拜票的策略。一九八三年，她的老長官傑瑞・亞當斯親自進入了政界。自亞當斯派遣桃樂絲轟炸倫敦以來，已經過去了十年，現在他正代表貝爾法斯特西區謀求國會大廈的席位。亞當斯將頭髮修剪整齊，衣櫥裡游擊時代的休閒套頭衫也漸漸被燈芯絨和粗花呢衣料取代。[62]亞當斯的口才和善分析的頭腦一直讓他有種教授的氣質，現在他看起來就像是個教授。他甚至還抽起了煙斗。亞當斯決定採取選舉策略，一部分原因在於巴比・桑茲的參選成功（雖然桑茲還沒能接任職位就去世了）。為了向愛爾蘭共和軍傳統的棄權主義致敬，亞當斯宣布，自己當選的話，將抵制英國國會，也不會親身出席議會。桃樂絲支持他，也開始參與競選活動。「票投新芬黨！」她喊叫道。「票投傑瑞・亞當斯！」[63]選舉當天，她幫忙將選民送到投票所。亞當斯也成功當選。

# 第十八章　染血的信封

一九八八年春天是貝爾法斯特的喪葬時節。三月六日，梅瑞德．法瑞爾（Mairéad Farrell）與另外兩位同夥在英國海外領土直布羅陀（Gibraltar）的街頭中槍身亡。[1]法瑞爾是個留有深色頭髮的三十一歲纖瘦女子，曾與桃樂絲和瑪麗安．普萊斯一起被關在阿爾瑪監獄。但她與普萊斯姐妹的不同之處，在於法瑞爾出獄後即重操舊業。法瑞爾加入了共和軍一同前往位於西班牙南端的直布羅陀。他們打算發動炸彈攻擊。但有一天這行人手無寸鐵在街上走著，還沒找到機會安置炸彈，就被英國的便衣突擊隊堵到，然後擊斃。[2]有人說這表示英國陸軍執行的是一項「開槍格斃」（shoot-to-kill）的祕密任務。三名志士的遺體被聲勢浩大地運回北愛爾蘭，龐大的送葬隊伍抬著他們的棺木走過貝爾法斯特，數千名哀悼者尾隨其後。

喪禮是由艾力克．瑞德神父（Alec Reid）協助主持。瑞德五十六歲，一張長臉布滿皺紋，還有一對眼皮下垂的小眼睛。他自小於愛爾蘭南部的蒂珀雷里長大，瑞德還是個青少年時就加入了天主教團體「救贖主」（Redemptorists）：這個團體由天主教神父組成，致力於拯救窮苦無依者。[3]在一九六〇年代初期，北愛爾蘭問題爆發之前，瑞德搬到貝爾法斯特，[4]並加入克洛納德修道院（Clonard Monastery），這座修道院建於十九世紀末，是一棟宏偉的古老哥德式建築，橫跨共和主義的勢力範圍福斯路和保皇派地盤老教堂路之間的界線。修道院的創辦人漸漸後悔選了那個位置，據說他曾表示：「可能沒有任何人買過比這裡更麻煩的地產。」[5]但這讓瑞德神父處在一個很有利的位置，可以近距離目睹北愛爾蘭問題。

不過，他做的不只是在一旁觀察。瑞德注意到，有些神職人員往往只埋首經文。但他喜歡說自己是個「街頭教士」，[6]總是處於危險時刻，也自詡為貧民外交官，默默地解決爭端。有時他也會陷入準軍事鬥爭。這可能很危險，有位神父就曾經質疑瑞德，將自己置身如此險境是否為明智之舉，但他向對方說：「好人必須做到底。」[7]瑞德堅信對話的力量：如果能讓人們好好談一談，即使是仇恨最深的敵人也能找到共同立場，瑞德如此相信。[8]

瑞德神父在一九七〇年代時常造訪朗格甚監獄，在此期間漸漸與布蘭登・休斯和傑瑞・亞當斯熟識。亞當斯住在克洛納德附近，他從小就會每週去一次修道院接受宗教教育。[9]亞當斯出獄後，瑞德神父會幫忙為這位年輕領袖和他還在坐牢的同夥（像是休斯）傳遞消息。瑞德似乎不時會參與密謀，休斯還給他取了個綽號：「幕後推手」。[10]

雖說瑞德扮演著信差的角色來協助臨時派共和軍，但這不表示他也容忍這些人的行動。他內心反而對撕裂社區的暴力行動深感不安。瑞德是個沉靜的人，他的神職人員同事經常看到他在修道院花園裡踱步，手裡拿著菸陷入沉思。[11]瑞德認為，自己的工作是代表受害者，為下一個可能在衝突中喪生的人發聲。他並未支持特定派別；[12]他唯一支持的對象是那些已經（還有未來會）被做掉的人。瑞德相信，即使在最黑暗的時代，人們仍有機會獲得恩典；在最可怕的情況下，人們仍能效法耶穌的典範；也許這場戰爭會喚起人性的險惡之處，但也會喚起最良善的一面。「在北愛爾蘭問題中，你會遇見上帝。」他這麼說。[13]

共和軍葬禮現場的英國安全部隊總是緊張情勢的源頭。大街上有這麼多知名的共和軍成員，皇家阿爾斯特警隊及軍隊很少會錯過監視這類場合的機會，他們當然要前來拍照和蒐集情資。但對於送葬者來說，這種唐突的行為可能會讓人感覺不被尊重，也帶有恐嚇、甚至是自鳴得意的意味——要是入土者是死於英國人的槍下，就更是如此。然而，隨著梅瑞德・法瑞爾和她兩位同夥的棺材被抬著穿過貝爾法斯特西區的街道，現場卻看不到警察或士兵。顯然當局已接獲指示不要靠近。[14]在貝爾法斯特西區滿是凱爾特十字架的米爾敦公墓裡，第一口棺材入土之時，傑瑞．亞當斯和其他的共和主義大人物聚集在一個新挖的墳墓旁，周遭有成千上萬的哀悼者。五年前亞當斯贏得西敏宮席次，現在是國會的一員了。他經常主持共和主義人士的葬禮。[15]

瑞德神父開始誦念祈禱文。但他禱告時抬起了頭，只見靜止的人群邊緣有點動靜。遠處有個男人，一個身穿深色風衣的魁梧男子。他不懷好意地走向送葬者。這人把手伸進夾克裡，掏出一顆東西，看起來像是光滑的黑色雞蛋。[16]瑞德立刻想到那一定是塊石頭[17]——對於貝爾法斯特人來講，扔石頭是家常便飯。[i]現在看來，這男人竟然有膽冒犯神聖的葬禮儀式，在這裡扔石頭。果然，那人揚起臂膀，將東西擲了出去。接著瑞德聽見了尖銳的爆裂聲。[18]那不是石頭，卻是一枚手榴彈。

人們驚慌失措、四處亂竄。他們躲在墓碑後面，滑入新挖墳墓的泥坑裡。亞當斯察覺這可能會引發暴動，立刻拿起擴音器吼道：「請大家保持冷靜！」[19]轟隆一聲！又有一顆手榴彈爆炸了。幾名送葬者開始衝向那人，打算將他制伏。但他們還沒來得及碰到對方，這人就拔出手槍開始射擊。

現場旋即上演了一場慢動作追逐戰。[20]槍手沿斜坡往M1高速公路的方向撤出墓園，一邊開槍一邊投擲手榴彈，數十名送葬者跟著他，在墓碑之間穿梭尋求掩護，小心翼翼地前進。槍手在到達車輛呼嘯而過的M1之前，就已經用完了彈藥。追著他的人蜂擁而上，將這人打得昏迷不醒。槍手被捕後，身分經確認為麥可．史東（Michael Stone），他是貝爾法斯特東區的保皇派人士，[21]也是阿爾斯特防衛協會的一員。那天他來到葬禮上，希望能殺死傑瑞．亞當斯和其他的共和主義大人物。史東未成功擊中亞當斯，但他確實殺死了另外三名送葬者，傷者多達六十幾位。[22]

於是共和軍又安排了盛大的葬禮，為這次攻擊的三名受害者送終。[23]局勢緊張到幾乎已至極限。墓地謀殺事件之後，亞當斯暗指當局選擇避開葬禮並非偶然[24]——他們會這樣做，可能是因為與這位保皇派槍手勾結，非常清楚他的計謀。

接下來的星期六，瑞德神父在聖艾格妮絲教堂（St. Agnes's Church）參加死者之一凱文・布雷迪（Kevin Brady）的殯葬彌撒。[25]神父走出教堂時，龐大的送葬隊伍正沿著安德森鎮路（Andersonstown Road）走往墓地。布雷迪原是一名計程車司機，[26]因此除了一般的送葬者之外，還有一小隊黑色計程車充當儀隊，一同緩緩行駛。死者的入土之處，就是幾天前他們喪命的地方。[27]人們聚集在街上，感到憤怒又沮喪。傑瑞・亞當斯也是哀悼者之一。瑞德神父走出教堂，加入了遊行隊伍，尋找走在棺材後的布雷迪家親屬。[28]

但就在瑞德走到家屬身邊時，現場出現一陣騷動。[29]一輛低矮的銀色福斯轎車出現在人群邊緣的馬路上。車子突然加速，又突然停下，被領頭的黑色計程車陣攔住。[30]人群中瀰漫著一股不安的情緒。又有誰要發動攻擊了嗎？福斯汽車猛地迴轉，以危險的速度向後猛衝，接著又停了下來。車子立即被人群包圍，車內有兩名男子。數百名送葬者對著這台小車蜂擁而上，車裡其中一個男子手上閃過了某個東西。[31]「他有槍！」有人大喊。[32]「是警察！」另一人喊道。其中一人確實揮動了手槍，慌亂之際對空鳴槍。[33]但即使陷入暴動的民眾讓車子進退不得、幾個人爬上車頂、有人踢了窗戶，送葬者開始把兩人拖下車，對他們拳打腳踢，撕裂他們的衣服，他們倆仍從未向群眾開槍。[34]

兩人不是警察。他們是英國軍人：兩名英國下士，名叫德瑞克・伍德（Derek Wood）和大衛・豪斯（David Howes）。[35]當時兩人在附近開著車，事實證明他們調頭的決定是個致命誤判。豪斯和伍德一發現自己駛進了送葬路線，就手忙腳亂地打算逃跑。但那時他們已被黑色計程車包圍，遭到人群淹沒。[36]

有人拿著扳手來砸擋風玻璃。[37]瑞德神父目睹這兩人被拉下車，接著被拖進附近的公園。[38]暴動的人群扒光了他們的衣服，兩名下士身上只剩內衣和襪子，接著被人群打倒在地。現場瀰漫著一種瘋狂的氣息，[39]任誰都能感覺到。瑞德在靠近現場時就知道這兩人快被槍殺了。他爬到兩位士兵的中間，手臂分別環住兩人。[40]瑞德躺在地上，希望這樣可以阻止襲擊者扣動扳機。「誰快來叫救護車！」他大聲吼道。[41]但有個聲音在上方咆哮：[42]「起來，否則我他媽的也射死你」，接著有雙粗暴的手把瑞德從地上拉了起來。

兩位士兵被扔進一輛黑色計程車，[43]車子來到大約兩百碼外便士巷（Penny Lane）附近的一塊空地。瑞德朝著那裡跑去，卻聽見了槍響。[44]大衛・豪斯那年二十三歲；他才剛抵達北愛爾蘭準備開始服役。[45]德瑞克・伍德二十四歲，[46]原本計劃很快就要回家。兩人被留在瓦礫中，四肢癱軟，臉色蒼白，就像海灘上擱淺的鯨魚。[47]一架直升機在空中緩緩盤旋。但沒有人出手干涉。

瑞德神父朝兩人跑去。其中一人顯然已經死了，另一人卻微微動了一下。瑞德俯身靠近，發現還有呼吸的聲音。瑞德瘋狂張望周圍站著的人，問是否有人懂得如何急救。沒有人回應。他們只是站在那裡看著。瑞德蹲伏在士兵的身體上，嘴對嘴設法讓他恢復元氣。但最終呼吸還是停止了，有人說：「神父，那人已經死了。」[48]

瑞德抬起頭，此時站在不遠處的一位攝影師拍下了一張照片，這張照片也許會成為北愛爾蘭問題中最無法磨滅的影像：身穿黑衣的神父雙膝跪地，照顧一個剛剛死去的人，死者則像基督一樣張開雙臂躺在神父面前。瑞德直視鏡頭，目睹了恐怖的災難，他自己薄薄的嘴唇上也沾滿了死者的鮮血。[49]瑞德不知道兩位士兵是不是天主教徒，但他還是為他們倆都塗了油，就像幾天前在米爾敦公墓，他也為被殺的哀悼者塗了油。接著神父為亡者舉行了臨終儀式。

自一九六〇年代後期暴力事件開始以來，已經過去了二十年，瑞德承受著所有流血事件的重擔。「人們已經受夠了，」他在槍擊發生幾小時後接受採訪時說。[50]「人們必須互相傾聽，但沒有人這麼做。」他

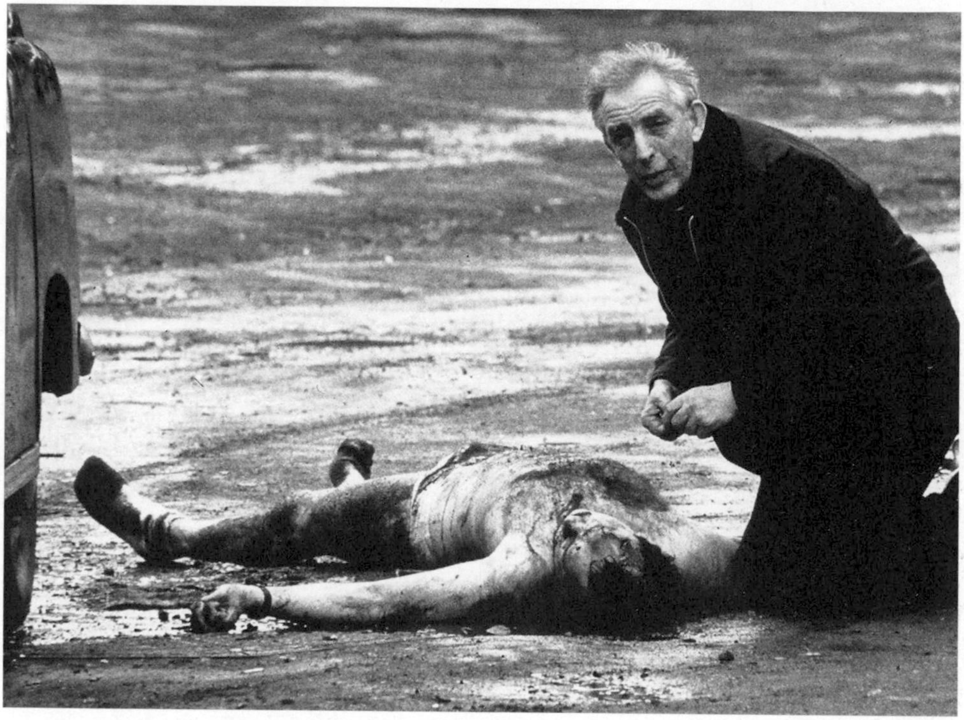

為大衛·豪斯中士舉行臨終儀式的艾力克·瑞德神父（REX/ Shutterstock）

補充道，「肢體暴力是窮人絕望的表現。」[51]但碰巧的是，雖說瑞德那天抵抗暴動的群眾、照料被殺害的士兵，但其實他也早就在幕後策劃了一些事。他正在醞釀一項計畫：一項可以結束衝突的大膽祕密計畫。

那天早上，瑞德神父離開聖艾格妮絲教堂的安魂彌撒之前，拿到了一份祕密文件。[52]多年來，他一直設法阻止雙方教派的準軍事人員和民眾訴諸暴力。[53]但他開始認為，結束衝突最可靠的方法就是說服愛爾蘭共和軍停止戰鬥。[54]瑞德向傑瑞・亞當斯提出了這個問題，發現他已經準備好要接受這個想法。也許亞當斯對未來的願景已有所不同；也許他已經發現選票和子彈並非相輔相成，實際上卻是相互矛盾；也許他只是已經筋疲力竭。不論原因是什麼，瑞德發現，自己最初對亞當斯提出這個問題時，已經在「推開一扇早已敞開的門」。[55]後來，瑞德因說服亞當斯走上和平之路而備受讚譽。但與兩人皆過從甚密的布蘭登・休斯則認為，亞當斯似乎從未被神父說服。休斯回憶道：「我覺得從一開始，亞當斯才是說服他的人。」[56]

亞當斯看見了神父有潛力當領頭羊，因為他的品格無可挑剔。「唯一能做到所有事情的組織，就是教會。」他這樣告訴瑞德。要實現和平，只有教會才擁有所需的地位、信譽，以及與各方人馬的溝通管道。[57]要讓愛爾蘭共和軍有願意放下武器的可能，或許就必須制定聯合的和平策略，讓共和軍、社會民主工黨（Social Democratic and Labour Party，簡稱 SDLP）的非暴力民族主義者，以及愛爾蘭共和國政府三方達成共識。[58]

也許這個方法理論上聽起來很吸引人，但實踐起來卻非常有難度。社會民主工黨的領導人是約翰・修姆（John Hume），他的衣服總是充滿皺褶，卻是位精明幹練的德里市政治家，比亞當斯年長十一歲。修姆是溫和派天主教徒的英雄人物，曾多次譴責愛爾蘭共和軍的暴力行為。「他們用炸彈毀掉工廠，卻嚷嚷著抱怨失業問題，」一九八五年他說。「他們在教室裡射殺老師、殺死校車司機、在校園裡殺人，卻還打算告訴我們什麼是教育。他們殺戮、重傷人們，也在醫院裡發動攻擊，然後再告訴我們要如何保護國家醫療保健服務（National Health Service）。他們搶劫郵局、讓人們領不到福利金，然後再向我們鼓吹要保護窮人。」[59]對修姆而言，共和運動虛偽不實，所謂「選票和子彈」只是一場損人利己的騙局，一切似乎都太過精打細算。「其中真正的策略和目標很明確，」他說。「就是要讓軍事部門盡量製造不滿和被剝奪感，失業問題越嚴重越好。再用人民的不滿餵養政治部門。總有一天，新芬黨會消失在他們自己的矛盾之中。」[60]

修姆發表以上言論六個月後，[61]瑞德神父寫了一封長信給修姆。「我唯一的目標是要幫助那些會被殺害的人，如果放任目前的情況繼續下去，這些人都會死，」神父表示。瑞德指出，自己多年來在共和主義圈子裡默默耕耘，已得到了他們的信任。「我確定，如果情況處理得當，我們就能說服愛爾蘭共和軍結束他們的行動。」他這麼寫道。

瑞德將信寄出的同時，修姆正公開表示，只要愛爾蘭共和軍繼續採取暴力行動，他們就不會接受與新芬黨對話。[62]修姆總是說，只要目標是達成和平，他願意與任何人對談。[63]但愛爾蘭共和軍對這種肚量幾乎不買帳。一九八七年秋天，愛爾蘭共和軍在恩尼斯吉林鎮的國殤紀念日（Remembrance Day）活動中引爆一枚威力強大的炸彈，炸死了十名平民和一名英國士兵，另有六十多人受傷。[64]愛爾蘭共和軍事後宣布這次爆炸案是個錯誤：其實他們原先的目標是附近有英軍參加的儀式。亞當斯為這次襲擊表達歉意，並與其切割。[65]但這次轟炸遭到嚴厲譴責，也突顯了臨時派不被眾人所喜的地位。修姆批評這次襲擊是「純粹的野蠻行為」。[66]像這樣與臨時派為敵可能會招致危險：幾個月前，愛爾蘭共和軍才對修姆的住處投擲燃燒彈。當時他人不在屋裡，但妻子和小女兒都在，她們僅僥倖逃過一劫。[67]

儘管如此，一九八八年一月十一日，修姆仍在克洛納德修道院會見了傑瑞・亞當斯。[68]先前他們就曾經交談多次[69]——但都是私下進行。若修姆讓人見到自己與亞當斯有所來往，可能會危及自己的政治生涯。[70]但若亞當斯讓人見到自己與修姆這樣的溫和派交談，也同樣會讓自己身處險境，也許還更加危險。亞當斯在臨時派一直小心行事，他扮演著軍師的角色，而非作戰人員。要是人們懷疑亞當斯正在開啟任何停火談判，可能會讓人覺得他已經背棄了武裝抗爭。在一九八八年，這種想法可能會讓人丟掉小命。

但瑞德神父並未誤信對話的力量。對立雙方相處得很好。一九七二年英方談判人員曾經歷過的反差，此時修姆也有相同體驗：大家都聽說過傑瑞．亞當斯的可怕傳聞，但等到本人真正走進談判室，卻一點也沒有傳言中火爆妖怪的樣子。[71]他風度翩翩、直率又帶有鄉紳氣質，是個可以合作的人，一個政治人物。一開始，亞當斯和修姆同意交換文件，他們會在文件中列出各自組織的立場，以便制定規範，用來達成潛在的和平協議。貝爾法斯特狹小得令人緊張，需要一點間諜手段才能把守住兩人的祕密交流。[72]兩位英國下士遇害的那天，瑞德神父奉命參加凱文．布雷迪的殯葬彌撒，有人會交給他一份文件。在安魂彌撒中，神父拿到一個棕色信封，裡頭裝著陳述新芬黨立場的文件。瑞德離開教堂時帶著文件，在他照料兩名被殺害的士兵時，文件正好在他的口袋裡。瑞德試圖為士兵進行人工呼吸，手上沾了鮮血，血液則弄髒了信封。[73]瑞德留下屍體後，回到克洛納德修道院，將文件改放進乾淨的信封裡。[74]隨後他帶著這顆脆弱又珍貴的和平種子前往德里，親自交給約翰．修姆。

一九八三年亞當斯首次當選國會議員，英國政府解除了禁止他進入本島的禁令，好讓他能夠前往西敏宮就職。但無論如何，亞當斯都無意真正參與議會。[75]整個一九八〇年代，亞當斯都在玩一場精心策劃的遊戲。一九八三年，他當選新芬黨主席。然而，亞當斯已認知到最終仍必須實現和平：單靠武裝力量，勢必無法成就統一的愛爾蘭。

他不能直接對愛爾蘭共和軍的眾人提出這個新論點，因為如果讓志願者知道他的意圖，他們可能會把他趕出共和軍，要不就是乾脆殺了他。同時間，隨著亞當斯越來越投入政治抗爭，他又面臨到另一個挑戰：愛爾蘭共和軍仍是非法組織。一直以來，若有志士被問及自己是否加入了愛爾蘭共和軍，他們理應拒絕回答，因為承認共和軍身分就足以讓自己入獄。但亞當斯正將自己的角色從游擊隊領袖重塑為政治家，他又再走了一步險招：亞當斯開始告訴大家，自己一直是個純粹的政治人物，是滿腔熱血的共和主義者，也是新芬黨的領袖——但並非志士，他從未直接參與或捲入武裝鬥爭。「我不是愛爾蘭共和軍的一員，也從未加入愛爾蘭共和軍。」他總是這麼說。[76]

當然，只要是曾經關注消息的人，都知道這句話很可笑。眾所周知，亞當斯不只是愛爾蘭共和軍的成員，還是極為重要的領袖之一。他年輕時曾在喪禮上被拍下照片，照片裡的亞當斯就戴著愛爾蘭共和軍的黑色貝雷帽，站得直挺挺。他於一九七二年從朗格甚出獄，還加入愛爾蘭共和軍代表團前往倫敦與英國政府談判。（多年後，尚恩．麥克．史蒂歐芬被問及此代表團是代表新芬黨還是愛爾蘭共和軍，他回答是愛爾蘭共和軍。再被問及其中是否包含亞當斯，麥克．史蒂歐芬則低吼道：「全部都有。」[77]）回溯到一九七〇年代初期，媒體曾將亞當斯定位為愛爾蘭共和軍成員。[78]英國的安全和情報部門也一直認為他是愛爾蘭共和軍的要角。

一九七六年，復活節起義六十週年之際，亞當斯在《共和新聞週報》上發表了一篇文章。他以筆名布朗尼講述了與探監牧師的一次相遇。亞當斯在文中與牧師辯證，極力主張暴力手段合乎道德，認為準軍事主義不是愛爾蘭共和軍成員自找的形象，而是外人強加給他們的身分。[79]「無論對錯，我都是愛爾蘭共和軍志士，」亞當斯寫道。「我選擇的道路涉及武力，但只有人民真正從中受惠，我才能確定自己的行動是合情合理的。」

亞當斯寫下這幾行字數年後，開始堅稱自己從來不是愛爾蘭共和軍的一員。[80]因此，即使他是北愛爾蘭武裝鬥爭中更常見的熟面孔，他也否認自己曾參與過這場鬥爭。新芬黨總部位於福斯路上一座搖搖欲墜的建築。裡頭的空間是作為政黨辦公室，亞當斯可以在這裡接受媒體採訪及會見選民。反對者開玩笑說，這個新興政黨在國內每家銀行都有開戶，他們不時會被槍口抵著去領錢。[81]亞當斯被問及這類指控時，曾抗議說新芬黨的社區活動與競選活動的資金來源不是準軍事行動，而是從抽獎、捐款和「蛋糕展」募得。然而，總部外牆上滿是愛爾蘭共和軍蒙面槍手高舉突擊步槍的彩色壁畫。[82]這樣的矛盾後來成為亞當斯表面形象轉變的標誌：樸實的離奇想法與武裝暴動互相交會，蛋糕展與流血事件也交織在一起。[83]

這種矛盾可能只是權宜之計。長期以來，皇家阿爾斯特警隊一直對他們眼中的愛爾蘭共和軍暴力行動首腦懷恨在心。如果亞當斯承認自己是共和軍的一員，他們就會毫不猶豫逮捕他。其實，英國政府曾於一九七八年嘗試以所謂的共和軍身分起訴亞當斯，因為他的用字遣詞似乎承認了自己在愛爾蘭共和軍中扮演的角色。但他否認指控，起訴也遭駁回。[84]一九八二年，紐約的共和主義支持者發行的《愛爾蘭人報》（*The Irish People*）寫道：「臨時派共和軍這種組織不合法，而其政治派別卻是合法的。在這種社會中，傑瑞．亞當斯這類運動人士就能扮演神祕的角色。」[85]這篇報導接著寫道，亞當斯「非常嫻熟地善盡自己的義務」。亞當斯曾穿著高領毛衣出現在照片裡，在訪談中對媒體對待自己的方式表示憤慨。他說，他經常被「意有所指地」問及自己是否會「繼續」縱容暴力，還說：「我有點受夠了。」《愛爾蘭人報》詢問亞當斯認為「血腥星期五」（在貝爾法斯特平民區引爆炸彈的行動，由布蘭登．休斯監督）是否合理，他則回答：「當然我不會合理化任何殺害平民的行為。我對於民眾死傷自然也感到非常遺憾。」但他繼續說：「而愛爾蘭共和軍的政策並非殺害平民，因此我無法以相同的理由譴責他們誤殺百姓。」

這種似是而非的詭辯成了亞當斯的另一個招牌，他操著自己的愛爾蘭口音，總能以從容篤定的態度發表意見，許多亞當斯的批評者都開始厭惡他在表示「遺憾」的同時卻又帶有警告的態度。但亞當斯堅持認為，若要計較暴力行為是否合乎道德，愛爾蘭共和軍與英國政府應有相同的檢討標準。「只要有戰爭，很不幸的是，平民都會遭殃和死亡，」他指出。「在愛爾蘭政治中，槍支的存在不只是愛爾蘭人的責任。最先把武器帶到愛爾蘭的是英國人，也是他們為了留在愛爾蘭而繼續動用武力。」他又說：「選票再多，也無法讓他們離開。」[86]

亞當斯一直熱中於社區事務，而且身為貝爾法斯特西區的議員，他對當地政治的日常繁忙工作展現出驚人的熱情。在好奇學童和忠誠助理的簇擁下，他會沿著小街挨家挨戶地拜訪，聆聽選民對路人亂丟垃圾的不滿，還有抱怨他們與住房管理局（Housing Executive）的爭執，亞當斯也會感同身受地同聲咕噥。「沒關係，早上布萊恩會先打電話給他們，然後過來看看發生了什麼事。對吧，布萊恩？」[87]亞當斯就是這樣向選民保證，同時這位布萊恩或其他助理也會盡責地在筆記本上用潦草字跡做筆記。

亞當斯身穿俐落的西裝外套、鬍鬚經過精心修剪，手上隨時都拿支煙斗，渾身充滿了公共知識分子時髦又些許自負的氣質。他出版了一本書，[88]講述自己在福斯地區的朦朧童年回憶。他養成了摸摸鬍鬚，看似若有所思的習慣，還任命了一名新聞祕書。[89]

新芬黨開始設立「諮詢中心」，為選民提供福利金領取等簡單事項的諮詢服務。[90]革命團體扭捏地轉型成政治組織，這種事有點好笑：某次，新芬黨大張旗鼓地決定，不再容忍將「射擊膝蓋」這種惡劣手段當成懲罰年輕人反社會行為的措施。前德里槍手馬丁・麥吉尼斯曾於一九八二年北愛爾蘭議會（Northern Ireland Assembly）選舉中贏得席位，他也鄭重宣布，「經過一番討論，愛爾蘭共和軍認為，射擊年輕小夥子的腿，讓他終身殘廢，並不是公平公正的懲罰。」麥吉尼斯繼續說：「我們希望改為採取更有社會參與感的預防方法。」[91]新芬黨員成了一群立意良善的社區活動家，社會民主工黨中有部分民族主義者將這種突如其來的形象轉變比作「處女生子」。[92]

此時亞當斯堅稱自己從未親自下令或參與任何暴力行動，但他不會放棄暴力手段。他在當選新芬黨主席後的第一次演講中，[93]明確表示應該繼續發起暴力行動——與政治活動同步進行。不過，即使亞當斯已開始思考要如何結束衝突，也開始採取行動，同時愛爾蘭共和軍的確也發起更為致命的攻擊。一九八三年聖誕節前，臨時派在倫敦的哈洛德精品百貨（Harrods）引爆了一枚炸彈，炸死五人，另有九十人受傷。[94]（亞當斯表示炸彈「出錯了」。[95]）隔年十月，共和軍志士在布萊頓大飯店（Grand Brighton Hotel）某個房間裡放置了一枚定時炸彈，因為柴契爾夫人和內閣因會議需要而住在那裡。[96]炸彈引爆炸死了五人，但未波及柴契爾夫人。愛爾蘭共和軍發表聲明，徹底展現出恐怖主義的戰略優勢：「今天我們不走運，但你們記住，我們只要走運一次就好，你們得一直走運下去。」[97]

亞當斯表示，布萊頓爆炸案不僅合情合理，更是必要手段。他說，這些死者是「因為英國人來到這個國家而造成的可悲病症」。這次爆炸案並非如某些人所說，是對民主的一次打擊，實際上卻是「捍衛了民主」。[98]也許柴契爾夫人僥倖躲過這次襲擊，但她動搖了。私底下，她開始認為臨時派最終會成功得手。「最後他們可能會殺了我，」她會說。「但我不喜歡把自己盛在盤裡雙手奉上。」[99]

亞當斯和他的勁敵柴契爾夫人一樣，認為這場衝突可能會殺了自己。一九八三年，皇家阿爾斯特警隊試圖阻止新芬黨車隊展示三色旗，亞當斯在過程中遭到逮捕。[100]隨後亞當斯於一九八四年春天在貝爾法斯特接受審判。這位貝爾法斯特西區的議員現正面臨行為不檢和妨礙警察的指控。[101]有天，他趁著訴訟程序的午休時間離開了治安法院，和幾位同夥爬上汽車，短暫駛回貝爾法斯特西區。奔波多年之後，亞當斯往往會刻意讓自己的行蹤難以預測。[102]但他的審判是一則大新聞，眾人都知道那天他會到貝爾法斯特市中心出庭。亞當斯對自身安全的疑慮漸增，甚至為了自衛還申請攜帶槍支的許可。[103]但不意外，這個請求被皇家阿爾斯特警隊拒絕了。亞當斯早已開始預測自己的死亡，他說：「我覺得我百分之九十會被暗殺。」[104]

政治人物傑瑞·亞當斯（Jacqueline Arzt/AP/REX/Shutterstock）

車子離開法院後不久，就因為霍華街（Howard Street）上的車流而慢了下來，此時旁邊出現一輛棕色汽車。車上兩名槍手向亞當斯和他的同夥開了十幾槍。[105]亞當斯中了三槍，分別打在脖子、肩膀和手臂上，但他沒有被擊斃（車上其他三人也受了傷，但沒有人死亡）。「基督說過，拿劍的人最終會死於劍下，」伊恩・裴斯利牧師聽聞這次槍擊事件後表示。「我看過太多讓傑瑞・亞當斯欣喜萬分的棺材，因此無法為今天發生的事情感到痛苦與悲傷。」[106]

槍手很快就被逮捕，身分經確認後發現他隸屬於一個名為阿爾斯特自由戰士（Ulster Freedom Fighter）的組織。但亞當斯躺在皇家維多利亞醫院的病床上，聲稱當局早已知悉會有這次襲擊，也希望槍手會得手。[107]這次暗殺行動之後，英國議會沒有任何人表示同情或譴責，證明了亞當斯仍是個政治棄兒。他們都以冷若冰霜的沉默看待槍擊的消息。[108]

i・譯註：指民眾常對警方丟石頭，但也許不同教派的民眾之間也會互扔石頭。

# 第十九章　天藍色緞帶

一九八六年，布蘭登・休斯服了近十三年的刑期後，終於從朗格甚出獄。[1]剛開始休斯與傑瑞・亞當斯、亞當斯的家人一起住在貝爾法斯特西區。當休斯還在獄中時，他的婚姻就破裂了。他透過獄友得知莉莉與另一個男人過從甚密。「我把她叫到監獄，告訴她沒關係，」後來他回憶道。「她還年輕，該好好享受幸福人生。她總說我最在意的就是作戰，她是對的。我很自私，我忽略了我的家人。」[2]出獄後，休斯來到莉莉家，與她的新伴侶握手致意。

休斯身陷囹圄這麼多年，重返城市令他不知所措。一切似乎都不一樣了。有時休斯會去散步，卻只發現記憶中的舊街道已不復存在，彷彿是在夢中，取而代之的卻是不同的新街道。有一次，他在住家附近迷路了，還得讓陌生人帶自己回家。監獄生活雖然單調，卻有種可以預測的寬慰之感。相較之下，貝爾法斯特就顯得嘈雜刺耳又不安全。休斯身處人群時感覺並不自在。只有在下午安靜時，他才會冒險上酒吧。[3]

休斯感覺得到，亞當斯正在玩弄政治，然而他自己對正在萌芽的和平進程卻一無所知。現在他仍然認為自己是個戰士，而一向很懂政治的亞當斯則是貨真價實的政治人物。貝爾法斯特有些地方是硬漢專屬的聚集地，休斯往那裡一坐就能融入，但亞當斯不能，因為即使在他硬是否認自己愛爾蘭共和軍的身分前，也從來沒有人把他當作戰士。[4]話雖如此，休斯和亞當斯一直合作無間，休斯也對戰友非常忠誠。若說亞當斯缺乏鬥志的表現對休斯來講已經成為包袱，那麼休斯還是希望能靠自己的聲譽來力挺摯友，為亞當斯

「在共和軍內部扮演有利的左臂右膀」。如果亞當斯是製圖師，休斯就是他的工具。休斯會陪同亞當斯走訪全國，幫忙穩固新芬黨的選票，但他可能還沒完全體會到，兩人一同出現在公開場合其實幫了亞當斯天大的忙。如此一來，亞當斯就能不斷重申自己並非愛爾蘭共和軍一員，但明眼人都能看出其實那是謬論，因為緊隨在他身旁的蓄鬍猛漢，可是共和軍的英雄布蘭登・休斯。[5]

休斯是共和主義的代表人物——綽號「小黑」的絕食志士休斯，他非常清楚自己這樣的形象可以被當作政治賣點。休斯出獄後同意前往美國，提振武裝運動的士氣，同時籌募資金。愛爾蘭裔美國人的數量遠超過愛爾蘭境內的愛爾蘭人。這樣異常的人口分布驗證了數百年來貧困、飢荒和歧視導致的移民現象，美國的愛爾蘭人也強烈支持愛爾蘭獨立事業。事實上，波士頓或芝加哥對武裝抗爭的支持，有時似乎還比貝爾法斯特或德里的人更為熱烈。只要自己的家人不會出門買個東西就被炸成碎片，人們對革命運動的浪漫憧憬似乎就更容易維持。愛爾蘭有些人對這些「假愛爾蘭佬」感到不屑，因為他們遠在美國享受安穩生活，卻鼓動阿爾斯特的血腥戰爭。但愛爾蘭共和軍長久以來確實一直仰賴美國支援。多年前休斯就是首先從美國採購了阿瑪萊特步槍。

休斯來到紐約市，會晤了募款組織「愛爾蘭北方援助會」（Irish Northern Aid Committee，簡稱 Noraid）的代表。會議上，有位頑固的愛爾蘭裔美國捐款人向休斯表示，臨時派打仗的方式完全錯誤。這男人告訴他，應該要擴大目標範圍才對。射殺任何與英國政權有關的人——制服上有皇冠的人都格殺勿論。[6]

「郵差也是嗎？」休斯打岔道。「要射殺郵差？」[7]

當然連郵差也殺，男子回答。

「好，」休斯說。「我幾週後回貝爾法斯特……我們再買一張票，你和我一起回去，射殺那些該死的郵差。」

那位捐款人拿一個裝滿錢的手提箱要給休斯。但他們聊得越多，休斯就越發現那傢伙的政治立場令人反感。休斯仍然自認為是社會主義革命志士，但他發現，一九八〇年代支持愛爾蘭共和軍的保守愛爾蘭裔美國人並不完全支持社會主義。最後，休斯一怒之下脫口而出：「我不需要你的臭錢！」[8] 於是那人就帶著手提箱離開了。

出獄後，休斯直接重返愛爾蘭共和軍。他走遍邊境兩端，規劃著武裝行動。但每當他與前線志士因任務而有所互動，都感到有些不安，隱約覺得愛爾蘭共和軍可能已變得過於政治化。有時休斯會想：像自己這種不折不扣的戰士，是否已遭歷史淘汰而過時了？他前往都柏林時，也去了位於帕內爾廣場（Parnell Square）的新芬黨總部。這個地方充斥著光明正大的政治活動。但休斯環顧四周，感覺自己在這座嶄新舞台上沒有角色可扮演，一種格格不入的感覺揮之不去。他拜訪了愛爾蘭共和軍前參謀長薛穆斯・托梅，他於一九七三年乘直升機從蒙特喬依監獄逃了出來。托梅比休斯大三十歲，他早已被邊緣化，遭傑瑞・亞當斯和他身邊的人擠出共和軍的軍事委員會，休斯發現他獨自住在都柏林的小公寓裡。休斯表示，那地方相當破舊。在愛爾蘭共和軍裡度過了大半輩子的下場就是這樣？休斯見托梅晚景淒涼，他才想到他們的革命事業沒什麼養老計畫。幾年後托梅去世，休斯幫忙將靈柩從都柏林運回貝爾法斯特，抵達時除了托梅的妻子，沒有其他人來迎接。[9]

一九八九年新年過後幾天，[10] 桃樂絲・普萊斯和丈夫史蒂芬・瑞爾的男嬰出生，他們取名為芬坦・丹尼爾・修格（Fintan Daniel Sugar，宣布喜訊時稱他為「丹尼」）。僅僅一年多後，他們迎來了次子奧斯卡，是以愛爾蘭作家王爾德（Oscar Wilde）的名字命名。[11]「這可憐的小傢伙長得像我（我覺得啦），但也許他長大就不像了，」桃樂絲在給朋友的信中寫道，「有認識的保姆嗎？」[12] 她極為疼愛自己的孩子，瑞爾說她「愛得都瘋了」。[13]詩人薛穆斯．希尼還為兩個男孩創作了一首詩。[14]他把詩寫在日式扇子上，夫妻倆把扇子掛在自家牆上（這首詩從未出版過）。桃樂絲在監獄裡曾擔心也許自己永遠不會有孩子，但現在她有了，有機會過上還算正常的生活。他們一家四口定居倫敦，但在貝爾法斯特還是有個家。「我希望他們有愛爾蘭的童年，操著愛爾蘭的口音長大，」史蒂芬．瑞爾談及兒子時說道。「我不想養出兩個假英格蘭男孩。」[15]

桃樂絲還在寫自傳，也會定期找各家出版社商談。但正如瑞爾曾在採訪中所說，「發表文章從來沒有好時機。」[16]桃樂絲已經退出政治活動。但她的丈夫仍和老上司傑瑞．亞當斯有著不同尋常的聯繫。瑞爾崛起成為國際級明星之際，亞當斯已經是英格蘭的全民公敵。亞當斯的沉著氣質令人心生膽怯，中等聲調透著博學氣息，是個極度懂得分化人心又散發危險氣息的人物：他正直有魅力、能以絕佳口才為恐怖主義辯護。或許柴契爾政府是忌憚他的意識型態會煽動大眾，因此實施了一項特殊限制令，「禁止」愛爾蘭共和軍和新芬黨發布廣播。意思就是，如果亞當斯出現在電視上，依法英國的廣電公司必須將他消音。[17]他們可以播放亞當斯的影像、傳達亞當斯的演講內容，但不得播放他的聲音。因此廣電公司想出了可行但卻也有點荒謬的替代方法：如果亞當斯出現在電視上，會有演員幫他配音。臉是亞當斯的，他說的話就是他說的話，但說話的聲音不屬於他本人。

幫這位新芬黨主席配音的只有幾個愛爾蘭演員；亞當斯在媒體上的曝光頻率很高，因此有很多工作必須分配。其中一位演員就是史蒂芬．瑞爾。「沒有什麼能阻止我們聘請最優秀的演員，」一位新聞製片人在一九九〇年被問及瑞爾時表示，接著他說：「我們對他的結婚對象沒興趣。反正我覺得他是新教徒。」[18]瑞爾自己的說法則是，幫亞當斯配音的決定不是為了表達任何特定意識型態傾向，而是為了對抗審查制度。無論人們如何看亞當斯，至少都應該聽聽他的說法，瑞爾表示：「我們得知道事情的全貌，否則永遠無法解決問題。」[19]

瑞爾在演藝圈持續走紅，但遇到有人問及桃樂絲或她的過往，他仍不願回答。可是瑞爾並不排斥藉由作品來探討北愛爾蘭問題。一九九二年，他主演了電影《亂世浮生》（*Crying Game*），導演是與他合作無間的尼爾・喬丹（Neil Jordan），這部片讓瑞爾的國際知名度又更上一層樓。瑞爾在片中扮演一名愛爾蘭共和軍槍手福格斯（Fergus），他的任務是要看守某個難逃一死的囚犯：由佛瑞斯・惠特克（Forest Whitaker）飾演的英國軍人。兩人相處這幾天，看守卻和俘虜發展出情誼，結果到了福格斯該扣動扳機時，他卻發現自己下不了手。詭異的是，這情境令人想起二十年前，桃樂絲・普萊斯為無名隊做的骯髒事：她手握方向盤，一邊哭泣，一邊陪著朋友喬・林斯基等待死亡；還有將凱文・麥基帶到莫納亨郡，結果綁架他的人越來越喜歡他，最後甚至拒絕對他開槍，還得從貝爾法斯特找來另一隊槍手代為下手。

片中米蘭達・李察遜（Miranda Richardson）飾演一名紅髮的愛爾蘭共和軍志士。「我在貝爾法斯特待了幾天，讓自己沉浸在那種氛圍中，」多年後，有人問及李察遜扮演這個角色時的感想，她如此表示。「瑞爾向我介紹了他的妻子桃樂絲，她曾是臨時派共和軍的一員，曾絕食抗議過，是真正的女英雄。我們一起去了酒吧，這次經驗很特別。她簡直像電影明星一樣受歡迎。」[20]

瑞爾堅持表示，福格斯的角色絕不是以自己的配偶為原型。但他的確承認桃樂絲可能對自己的詮釋有所影響。「我唯一能說的是，我不覺得捲入衝突的人都本性邪惡，但我們一直被灌輸這種觀念，」他說。「也許劇情多少讓人能對桃樂絲的處境產生同理心，但……我從來沒有刻意思考過。」瑞爾在討論這部電影的主題時還說，「透過苦難來實踐救贖，這是我的最愛」，[21]這可能是普萊斯一家的信念。

瑞爾自己的意識型態則是不為人知。「你不能先入為主認為我的政治理念和我妻子一樣，你也不能先入為主以為她的政治理念和二十年前一樣，」他於一九九三年這麼告訴倫敦《泰晤士報》。[22]這是事先備好的答案，早已為了宣傳活動排練過，大多時候瑞爾都是這樣回答。但他偶爾也會說溜嘴。瑞爾在接受《娛樂週刊》（*Entertainment Weekly*）採訪時，先是重申了同樣閃爍其詞的答案，但接著他就表示：「我不會因為我太太的政治背景而覺得丟臉，我認為她也不該覺得丟臉。我覺得這二十年來統治北愛爾蘭的人才應該自慚形穢。」但瑞爾發現自己偏離了腳本，才尖刻地補了一句：「看吧，這就是政治聲明。」[23]

一九九二年十二月，瑞爾和桃樂絲帶著孩子們一起前往紐約，趁瑞爾在百老匯登台的機會待了幾個月。[24]這座城市和桃樂絲很合得來。要是有另一種人生，也許她只會是個戲迷。桃樂絲長著一頭火紅的頭髮，口才好又善於社交，應該會輕易融入紐約，當個離經叛道的文化人。「她會是某個瘋狂的鄰家阿姨，搬到紐約，老戴著圍巾在劇院裡四處穿梭，」她有位朋友這樣評論道。「要不是因為北愛爾蘭問題，她肯定會是這樣的人。」[25]

在《亂世浮生》裡，福格斯最終屏棄了武裝鬥爭。對瑞爾來說，這是一段自我「重塑」的故事，[26]「有了駭人的經歷之後，成為更好、更完滿的人。」善良老百姓參與了共和主義運動，卻只能眼睜睜看著這場衝突漸漸失去控制。[27]瑞爾指出，其中有些人已經發現，是時候說出「我已經受夠了」。[28]

一九九四年八月，愛爾蘭共和軍宣布停火。[29]艾力克・瑞德神父促成的祕密談判似乎有了成果。桃樂絲・普萊斯和其他共和主義人士獲召前往貝爾法斯特西區的某個社交俱樂部集合，聽上頭宣布這一決定。三位代表坐在桌後，概略說明了計畫內容。共和軍方面把停火當作是正向的舉措——的確不算是勝利，但也不是失敗。在英國人完全沒有承諾要撤出北愛爾蘭的情況下，為什麼愛爾蘭共和軍願意放下武器？這個問題令人費解。有人猜測是因為死亡人數眾多。桃樂絲則舉起手問道：「現在的意思是，事後看來，當初我們不應該進行武裝鬥爭嗎？」

愛爾蘭共和主義的鋒芒總帶有些許不容妥協的絕對主義。「無論現在或未來愛爾蘭各政黨可能會如何自我反省，我們都會保持冷靜，確定我們是為清楚、乾淨、純粹的志業付出，[30]」視死如歸的復活節起義先烈派崔克・皮爾斯曾這麼說。「我們擁有力量與內心的平靜，就和那些從不妥協的人一樣。」但停火與和平進程的本質正好就是談判、內省和妥協。四分之一個世紀以來，人們血流成河，就是為了這個簡單又絕對的抱負：趕走英國人。然而，這項抱負尚未實現，讓參與運動的成員困惑不已。領導團隊向卸任和現任的戰士們保證，共和軍並沒有放棄動武，停火只是一種戰術，隨時有可能撤銷。但這感覺就像是在安撫，以編造出的說詞來避免部隊心生不滿，為的就是預防內部如一九六九年臨時派與正式派分裂那樣再次出現分歧。在停火談判過程中，英方對愛爾蘭共和軍做出重大讓步：表達出願意接納新芬黨的善意。[31]正如一位前愛爾蘭共和軍志士所說：[32]「作為停戰的回饋，新芬黨有機會以傳統政黨之姿登場，也許更重要的是，新芬黨會成為有助於結束北愛爾蘭長年衝突的政黨。」[33]

隔年夏天，[34]位於貝爾法斯特市中心登戈爾廣場某棟漂亮老舊建築裡的亞麻堂圖書館（Linen Hall Library）舉行了一場成立新組織的記者會。該組織的使命就是為了解開「失蹤人士」之謎，也就是在北愛爾蘭問題期間被綁架撕票的人，他們的遺體仍是下落不明。出席者聚集在一起，衣領上都繫著天藍色的緞帶。珍・麥康維爾的女兒海倫是其中一位講者。「一九七二年，四名女子和八名男子闖入我們家，帶走了我的母親，」她說。「後來我們再也沒有見過她。現在，我想特別對那些女綁匪說，看著她們自己的孩子時，再想想對我母親的所作所為，難道不會感到內疚？」[35]

海倫此時已經三十七歲了，與珍失蹤時的年齡相仿。[36]她與丈夫薛穆斯・麥肯德里的婚姻穩定，自己也生了幾個孩子。但母親被綁架後，麥康維爾家的手足們無法像個正常家庭那樣生活在一起。海倫曾有機會與麥肯德里帶著孩子們一起遷居澳洲。但她覺得自己不能走，因為「她心裡還是有個微小的希望，覺得母親可能會回來」，麥肯德里如此解釋。[37]

若說麥康維爾家孩子們的童年處境已經很艱難，那他們的成年生活也沒有容易到哪裡去。[38]有幾個孩子找工作遇到困難，還有幾個染上毒癮或酗酒。吉姆在家中排行老么（和他的雙胞胎兄弟比利一樣），他在一九八〇年代曾被拘留在青少年管教中心，還因持械搶劫在英格蘭服刑。[39]相較之下，麥可是更穩定的孩子之一。他於十六歲離開戒備森嚴的利斯內文教養院，之後有段時間與亞契住在一起，後來又和海倫同住了一陣子。但麥可和海倫起了衝突，有段時間還流落街頭。[40]他會和朋友待在一起；這裡待一晚，那裡待一晚。但最後他終於找到了工作。麥可十七歲時某晚在舞會上認識了一位名叫安吉拉的女孩。他們開始交往，最後也結為夫妻。麥可做過各種工作。他曾經任職於貝爾法斯特的德羅寧汽車廠（DeLorean），裡面有條裝配線專門生產車門形狀像海鷗翅膀、充滿未來主義風格的汽車。

一九九二年，珍・麥康維爾疾病纏身一輩子的長女安妮過世，享年三十九歲。[41]海倫端詳著躺在棺材內的姐姐，才猛然發現她與珍極為相像。[42]她發誓要盡其所能查出母親的遭遇。海倫的丈夫麥肯德里開始在貝爾法斯特四處打聽。某次他冒險進入福斯路上的一間酒吧，大家都知道那裡是愛爾蘭共和軍的聚會場所。可是他一提到岳母的名字，酒吧裡就陷入一片靜默。有個老傢伙往麥肯德里手裡塞了一張賭注時間表，讓他去隔壁下注。只見男子在時間表上寫道：滾。[43]

附近地區也有其他家庭的親人失蹤。其中一位名叫瑪格麗特・麥金尼（Margaret McKinney），她的兒子布萊恩於一九七八年被綁架。「我走了，媽咪，」他這麼告訴她，接著就爬上自己姊妹的車子離開了。當年他二十二歲，母親再也沒有見過他。[44]多年來一直有傳言說布萊恩已移居英格蘭或墨西哥。[45]留給麥金尼的卻是揮之不去的不確定感，這種疼痛令人心悶、無法抹滅，她將之比作牙痛。[46]最後，她召集到一群同樣受親人失蹤所苦的家庭。他們因恐懼而沉默多年，因此能夠公開談論長久以來痛失至親的創傷，即使無法宣洩，也是一種解脫。[47]大多數家人早就不再指望親人能活著回來，但他們還是想找回屍體。「現在我可以接受布萊恩死了，」麥金尼說。「但我無法接受的是，不能去墳墓弔唁他。」[48]多年來，她一直不願為兒子小時候睡過的床更換床單。「我曾經爬到他的床上，把他的衣服裹在自己身上，看看能不能作個夢。睡著之後，我就能在夢裡見見他。」她回憶道。[49]但每次醒來，她都會發現兒子仍然沒有回來。

失蹤人士的家屬彼此認識時，發現一直困擾所有人的，都是同樣揮之不去、令人不寒而慄的問題：他們的親人是在什麼時候遭到殺害？他死前受過苦嗎？[50]她有被折磨嗎？他在被埋進土裡之前就已經死了嗎？人們偶爾會主動提供線索。艾力克・瑞德神父不時會得到一些消息，再轉達那些古怪的線索。[51]有次，謠傳某些屍體被埋在俯瞰著貝爾法斯特的黑山上，[52]但搜索工作卻一無所獲。停火後，這些家庭有了安全感，終於可以公開自己的處境。為了讓大眾更瞭解這段過往，[53]他們會佩戴藍絲帶，用來紀念這些失蹤人士，也將藍絲帶送給了美國前總統柯林頓（Bill Clinton）和南非前總統曼德拉（Nelson Mandela）等著名人物。

麥康維爾一家和其他家屬最終公開這些消息之後，許多媒體紛紛以驚人的方式回應：鑒於英國民眾向來比較熟悉智利或阿根廷等地發生國內衝突時的可怕事件，這讓他們在報導時取得有力的切入點。[54]家屬非常樂意強調兩者的相似之處：阿根廷失蹤人士的母親們曾聚集在布宜諾斯艾利斯（Buenos Aires）的五月廣場（Plaza de Mayo），而愛爾蘭失蹤者家屬組成的團體正是受此啟發。[55]在北愛爾蘭問題期間失蹤的人不到二十個。然而，這個國家如此之小，每次只要有人失蹤，就能在整個社會引起軒然大波。一九七五年，才十七歲的科倫巴・麥克維（Columba McVeigh）被愛爾蘭共和軍綁架後便再也沒有露面。一九七七年，年輕氣盛的軍官羅伯特・奈拉克（Robert Nairac）於南阿爾瑪從事臥底工作時消失。一九八五年，失蹤的則是來自紐里的三十二歲男子薛穆斯・魯迪（Seamus Ruddy），當時他正在巴黎當老師。

家屬大聲疾呼追查真相之際，剛好是和平進程推進與愛爾蘭共和軍宣布停火時，但此一機緣巧合只會讓傑瑞・亞當斯置身尷尬境地。他將自己定位為一個有遠見的人，能夠著眼遠處，望向衝突以後的未來，但失蹤人士的家屬同時也越發憤慨，大聲指名要他給個交代。「我們向傑瑞・亞當斯和愛爾蘭共和軍發出的訊息很簡單：我們這些家屬已經受了太多折磨。請為我們結束這場惡夢，」薛穆斯・麥肯德里於一九九五年表示。他語帶不滿地接著表示：「我們認為，要是這個問題沒有解決，若新芬黨還妄想成為完全民主的政黨，那也太虛偽了。」[56]

麥肯德里曾拜訪過新芬黨的領導階層，要求他們進行內部調查，查出究竟珍發生了什麼事。[57]某天他在超市遇見亞當斯，衝著他脫口而出：「傑瑞，你是要把我太太當白痴嗎？」[58]一九九五年夏末，亞當斯發表了一則措辭謹慎的聲明，承諾會協尋屍體：「我呼籲任何握有失蹤人士線索的人盡快聯繫家屬。」他如此表示。[59]

# SAY NOTHING

# 第三部

## 終局

# 第二十章　祕密檔案

一九九五年十一月某個寒冷的日子，時任美國總統的柯林頓前往德里發表演講。自三年前他上任以來就一直很關心北愛爾蘭的和平進程。他已核發了傑瑞．亞當斯前往美國的簽證，這是很關鍵的一步，可結束新芬黨的孤立狀態，讓亞當斯能夠合法地參加會談。[1]他還曾多次於華府會見約翰．修姆。在德里，向民眾介紹柯林頓的人正是修姆，說明這位美國總統是如何懷抱夢想：「下個世紀，我們將會創造歷史，擁有一片在街道上再無殺戮的大地，年輕人也不會遷居其他國家。」

在閃爍的聖誕燈飾下，柯林頓走上市政廳外的講台。他裹著一件深色大衣，看上去年輕、堅定又樂觀。四處都是人，擠得德里狹窄的街道水洩不通，古城牆的拱門之下滿是人潮。[2]「對於像我這樣的訪客而言，這座城市的景象，與一年半前尚未停火時截然不同，」柯林頓說。「街道上沒有士兵，平民可以進出城牆。」他也談到「握手言和」，並引用了愛爾蘭詩人希尼的詩句：

歷史說，踏入墳塚之前
不要懷抱希望
然而，一生一次
令人心馳神往的

正義潮汐仍可能漲起
希望與過往也終成同韻詞。[3]

冰冷的空氣中，有一種充滿機會的歡欣鼓舞之感。停火狀態最終還是於一九九六年劃下了句點，當時愛爾蘭共和軍在倫敦舊港區（Docklands）引爆一枚炸彈，傷及一百多人。[4]愛爾蘭共和軍發表聲明，指責英國政府堅持要求他們放下武器，才肯與新芬黨談判。部分媒體猜測，或許亞當斯事前對爆炸事件並不知情，他可能因致力於和平進程而疏遠了愛爾蘭共和軍的武裝部門。但第二次停火於一九九七年開始，這次則得以維持。一九九八年四月，談判人員在貝爾法斯特郊區喬治時代風格大宅希爾斯伯勒堡（Hillsborough Castle）隱匿了一週，商討和平協議的細節。[5]英國新任首相東尼・布萊爾（Tony Blair）也親自參與談判，只以三明治和巧克力棒果腹，談判三天期間才離開城堡一次。首席談判代表來自美國，是曾任緬因州參議員的喬治・密契爾（George Mitchell）。[6]他生性安靜，很有耐心。但他把自己對締結和平協議的承諾比作恐怖分子絕不妥協的信仰；就像某位小說家所說的，他有「狂熱分子般的固執」。[7]

各代表爾虞我詐，對各種枯燥的官僚問題爭吵不休，探討的議題包含北愛爾蘭新國民議會的結構、準軍事組織具體的繳械方式、囚犯的狀況，以及北方六郡與愛爾蘭和英國政府之間未來的關係等。城堡外頭，雨夾著雪下著，新教和天主教學童聚集在大門口，唱著歌祈求和平。[8]傑瑞・亞當斯端了一盤飲料出來給他們喝。

最後，在星期五耶穌受難日（Good Friday），各方談判人員終於從古堡走出來，宣布他們已達成各方都可接受的協議：一個結束三十年衝突的機制。北愛爾蘭仍將是聯合王國的一部分，但擁有權責下放的議會，並與愛爾蘭共和國保有密切聯繫。這份協議承認島上大多數人都希望建立統一的愛爾蘭，也承認六個郡的大多數人都贊成繼續留在聯合王國。其中的關鍵原則在於「同意」：如果在某個時刻，北愛爾蘭大多數人都想與愛爾蘭統一，那麼聯合王國和愛爾蘭政府都有尊重該選擇的「約束性義務」（binding obligation）。但在那之前，北愛爾蘭仍會是聯合王國的一部分，新芬黨同意撤銷其「棄權主義」的原則，允許黨內代表在新成立的議會中任職。

達成協議幾個月之後，亞當斯在十八世紀末以暴力手段反抗英國統治的愛爾蘭共和主義英雄沃夫・東恩墳前發表演講，他說：「我們會結束英國對我國的統治，鬥爭將持續到我們成功為止。」亞當斯是達成協議的要角，他為自己營造出的模糊立場，也許正是各方談判人員能與之打交道的原因。即使在達成協議之後，柯林頓總統對亞當斯仍感好奇。一九九九年，柯林頓在電話中對布萊爾首相表達他的納悶：「我不明白他和愛爾蘭共和軍之間究竟有什麼協議。」[9]原本許多人礙於外界觀感，不想與恐怖分子談判，但亞當斯杜撰出「我從來不是準軍事人員」的故事，藉此創造了一種政治空間，讓人們願意主動與他交涉。[10]

演講中，亞當斯無法篤定地宣布勝利。但他語帶樂觀地表示：「《耶穌受難節協議》代表一個階段的結束，也代表著嶄新鬥爭階段的開始。」他想要見證「全新的愛爾蘭」，亞當斯說。「沒有槍響的愛爾蘭。永遠持續下去。一個全體人民全都和平共處的愛爾蘭島，也與鄰近的英國人和平共處。因痊癒與民族和解而團結的愛爾蘭。」[11]

兩年後，保羅・比尤（Paul Bew）以訪問學者身分前往大西洋彼岸的波士頓學院。[12]比尤是鑽研愛爾蘭史的教授，通常任職於皇后大學。他還曾擔任阿爾斯特聯合黨（Ulster Unionist Party）黨魁大衛・崔波（David Trimble）的顧問，崔波也是促成耶穌受難日談判的重要角色，這時擔任北愛爾蘭的首席部長。波士頓學院是愛爾蘭歷史和文學的學術堡壘，擁有受人景仰的學術資產。二〇〇〇年春天，學院的行政部門正在尋找方法來紀念持續長達三十年，終於結束的北愛爾蘭衝突，比尤向波士頓學院所屬約翰・伯恩斯圖書館的館長鮑伯・歐尼爾（Bob O'Neill）提出，或許學院該考慮以某種形式將北愛爾蘭問題這段歷史記錄下來。比尤建議，或許波士頓學院可向參與過北愛爾蘭問題的相關人士蒐集口述史料，為這段衝突建立歷史記錄。「下一代的研究生會用得上。」比尤表示。歐尼爾喜歡這個想法。但新的研究計畫需要一位主持人。比尤提議聘請一位名叫艾德・莫洛尼的資深貝爾法斯特記者，莫洛尼曾是《愛爾蘭時報》和《週日論壇報》（*Sunday Tribune*）受人尊敬的記者兼主編。

選擇莫洛尼可說是大膽之舉，他向來以敏銳的頭腦、高明的手腕記錄著北愛爾蘭問題。他於一九六〇年代就讀女王大學，親眼目睹了民權運動的興起和北愛爾蘭問題的開端。[13]他本人也參與過示威活動，結識了桃樂絲・普萊斯、艾蒙・麥坎、伯納黛特・德夫林和當時的其他激進分子。莫洛尼身為一名新聞記者，對這場衝突的報導細緻入微，接二連三披露各種重要的故事。他的外表並不討人喜歡：他在嬰孩時期就染上小兒麻痺症，腿上戴著金屬支架，一輩子都走路僵硬。但他無所畏懼、不願在戰鬥中退縮是他廣為人知的特質。他的殘疾讓他終生都能對弱者感同身受。莫洛尼的頭髮變得灰白時，他的濃眉仍是黑色，令他看上去就像一隻頑強的獾。政府曾於一九九九年利用法庭命令試圖逼迫莫洛尼交出他與保皇派準軍事人員的訪談筆記。[14]他冒著入獄的風險拒絕了，接著他將政府告上法庭，並且獲判勝訴。

莫洛尼曾為伊恩・裴斯利寫下一本重要的傳記，在共和主義和保皇派兩大社群都取得了廣泛資源。他與傑瑞・亞當斯曾有段時間關係非常不錯。有次，亞當斯正在逃亡時，兩人坐在飯店房裡聊天，而且因為任何人離開都不安全，莫洛尼就在地板上睡了一晚。亞當斯在一九八〇年代對政治越來越投入，每隔幾個月莫洛尼就會去福斯路的新芬黨辦公室探望他。亞當斯會泡一壺茶，兩人就坐在後面的房間裡聊天。但最終他們的關係惡化。莫洛尼越發認為亞當斯是在故意誤導愛爾蘭共和軍的成員。[15]他懷疑亞當斯私下早已決定要為了和平進程放棄軍隊武器，但他與周圍的人都對組織其他成員守口如瓶。當時莫洛尼已開始撰寫一本新書：《愛爾蘭共和軍祕史》（*A Secret History of the IRA*），這本書援引他數十年的報導來講述這段過程。但他披露的某些故事與新芬黨的路線互相衝突，因此招來了敵意。馬丁．麥吉尼斯給他起了個綽號叫「艾德．屁洛尼」。一天晚上，還有人劃破他的汽車輪胎。二〇〇一年，莫洛尼為了與妻子的娘家住得近些，離開貝爾法斯特，遷居紐約的布朗克斯（Bronx），但也是因為他開始在北愛爾蘭感到有些不適。此外，他覺得自己的整個職業生涯都在報導當時歐洲最大的故事：北愛爾蘭問題。而現在故事結束了。

莫洛尼接受了比尤想將北愛爾蘭問題記錄下來的初步想法，並提出更具體的建議：波士頓學院應該帶領口述歷史計畫，讓前線戰鬥人員可以坦率講述他們的經歷。[16]然而，還有個挑戰：因傳統上人們不得談論準軍事活動，北愛爾蘭問題有許多關鍵事件的細節都仍籠罩在沉默的迷霧中。也許和平進程已讓新芬黨正常化，但愛爾蘭共和軍仍是非法組織。光是承認自己是其中一員，就可能會遭到刑事告訴。準軍事人員害怕當局，但他們甚至更害怕彼此。任何違反沉默信條的人都可能會被貼上「抓耙仔」的標籤——這是他們對告密者的蔑稱。[17]他們對於抓耙仔可是不留活口的。武裝分子往往很排外，對外人有著很重的疑心病。但莫洛尼心想，也許現在可以想辦法採訪相關人士，向受訪者保證他們說的話會待他們死後才公布。這樣一來，就可以趁著衝突前線的人還活著、對這場衝突記憶猶新時接觸他們，然後承諾會完全保密他們的身分，因為檔案會像時間膠囊一樣被封存起來，直到他們不會被政府起訴或被同儕唾棄為止。保羅．比尤對這個想法興致勃勃。他談到「用錄音帶做紀錄」時，語氣好似是在談論一瓶瓶的陳年紅酒。[18]

也許波士頓學院的學者已準備好保證這類訪談紀錄只會用於後代，但他們想採訪的人憑什麼相信這種說法？坦白說，要帶著筆電的博士生說服頑強的槍手敞開心扉，似乎不太可能。因此，莫洛尼提出了一個顯然離經叛道、但說不定很巧妙的解決方式：退役的準軍事人員不會將祕密洩露給研究生，但也許他們會願意與其他退役的準軍事人員交談。

二〇〇〇年某個夏夜，莫洛尼和波士頓學院的圖書館長鮑伯・歐尼爾前往貝爾法斯特市中心一家名叫迪恩斯（Deanes）的時尚高檔海鮮餐廳用餐。迪恩斯的創辦人是一位當地廚師，曾在倫敦五星級飯店凱萊奇（Claridge's）掌廚過，後於一九九〇年代回國創業。迪恩斯是非常新穎的貝爾法斯特餐廳，代表著和平可能會帶來的國際化未來縮影。兩人要在那裡會見安東尼・麥金泰爾。麥金泰爾身材魁梧，蓄著蓬亂的山羊鬍子，前臂布滿了濃密的刺青，大家都知道他的綽號叫做「老麥」。他在貝爾法斯特南區長大。十六歲時，他謊報年齡，加入了臨時派共和軍，然後因謀殺一名保皇派準軍事人員而入獄十七年。[19]老麥在入獄前沒完成高中學業，但在監獄裡，他讀膩了《聖經》，反而對教育產生興趣。他這麼做有部分原因是為了安撫母親，她一直對他放棄學業很是失望。但這也是度過夜晚的好方法。老麥越來越珍惜深夜裡其他囚犯入睡時的安靜時光，讓自己可以獨自閱讀。

老麥於一九九二年出獄，最終在女王大學獲得榮譽學士學位[i]，接著繼續攻讀博士學位，他的指導教授正是保羅・比尤。他完成了一篇關於共和主義運動的論文，取得博士學位。[20]但這個學位沒提供他任何穩定的工作。老麥剛出獄時，曾一度淪落到要入店行竊。二〇〇〇年，他邂逅一位名叫凱麗・托梅（Carrie Twomey）的美國年輕女子，她臉上長著雀斑，一頭深色棕髮，還有雙藍眼睛，當時托梅正在貝爾法斯特就學。[21]他們倆墜入愛河，婚後生了兩個孩子。

艾德・莫洛尼第一次見到老麥，是在一九九三年的共和主義者葬禮上，這位前愛爾蘭共和軍成員隨後成為他的消息來源之一。因老麥同時熟稔學術和街頭用詞，莫洛尼認為他會是波士頓學院研究計畫的理想訪談人。比尤也贊成招募這位以前指導過的學生，同時很欣慰學校的研究計畫可能會讓老麥的口袋裡多點錢。[22]二〇〇一年，波士頓學院收到了一筆二十萬美元的捐款，來自一位願意支持該計畫的富有愛爾蘭裔美國商人。[23]他們打算採訪共和主義和保皇派的退役準軍事人員（起初莫洛尼也想納入警察部隊成員的口述內容，但最終沒有落實這個想法）。[24]莫洛尼招募到一位名叫威爾森・麥克阿瑟（Wilson McArthur）的貝爾法斯特東區人來負責訪談保皇派人士，他在保皇主義圈子中人脈很廣，也已獲得了女王大學的學位。[25]在迪恩斯的晚飯結束前，莫洛尼、歐尼爾和老麥一致認為，由於這個主題非常敏感，因此必須嚴加保密整個任務流程。[26]

後來這個計畫成為了眾所周知的「貝爾法斯特口述史研究計畫」。計畫似乎解決了《耶穌受難節協議》裡的一個明顯缺失。為了實現和平，談判代表僅著眼於未來，而非過去。此協議規定要釋放身陷囹圄的準軍事組織成員，其中有許多人曾犯下窮凶惡極的罪刑。但卻沒有任何條款能夠建立真相與和解機制，讓北愛爾蘭人民能夠應對過去三十年來那一段有時陰暗複雜、時常令人感到痛苦的國族史。南非結束種族隔離之後，就有這樣一個過程，讓人們站出來講述自己的故事。[27]在這個例子中，大家對交換條件都很清楚：說出真相，就能獲得法律豁免權。南非模式有些缺陷：有人批評其中的敘事並不完整，往往受政治因素干預。但至少人們盡力完成敘事。

這種過程在南非會可行的部分原因，在於種族隔離之後的贏家很明顯。相較之下，北愛爾蘭問題卻是以僵局作結。《耶穌受難節協議》設想出一種「共享權力」的安排。但感覺雙方都沒有真正取得勝利。表面上是出現了一些變化：皇家阿爾斯特警隊更名為北愛爾蘭警務處；民權抗議試圖挑戰的結構性歧視基本上已然消失。北愛爾蘭一直致力於歷史紀念，但卻沒有正式的過程可以弄清楚如何紀念，甚至是理解北愛爾蘭問題。

傑瑞・亞當斯拒絕承認自己曾加入過愛爾蘭共和軍，只會讓這種懸而未決的不安感變得更加複雜。如果北愛爾蘭人想確認是否能安然坦承自己在衝突中扮演的角色，那亞當斯的持續否認就表示絕不安全。詩人薛穆斯．希尼在詩作〈無論說什麼，說了等於沒說〉（Whatever You Say, Say Nothing）裡寫下：「喔，暗語、握手、眨眼與點頭之地」，談的正是北愛爾蘭問題。當時瀰漫著一種氛圍：即使人們興致盎然迎接嶄新的日子，過去充滿火藥味的陰謀仍將揮之不去。

二〇〇一年，馬丁．麥吉尼斯率先打破愛爾蘭共和軍的沉默守則，承認自己曾是臨時派的一員，並於一九七〇年代初期於德里擔任二當家。[28]但麥吉尼斯會願意承認，是因為「血腥星期日」事件的調查正在進行中——如此一來他就能免受起訴。新芬黨作為一個政黨，現正蒸蒸日上，聲勢比以往更為浩大。表面上，愛爾蘭共和軍因和平進程而遭排擠，甚至同意放下武器。但即使如此，準軍事部隊長久以來為愛爾蘭人的生活蒙上如此深刻的陰影，似乎不太可能輕易消失。一九九五年夏天，有一回亞當斯在貝爾法斯特的集會上發表演講。他一副政治家的派頭，身穿清爽的夏季西裝，正在查看自己的提詞卡。但他將準備好的講稿講到一半，頓了頓，人群中卻有人高喊：「將愛爾蘭共和軍帶回來！」

群眾歡呼的同時，亞當斯輕輕笑了一下。接著他靠在麥克風前說：「各位也知道，他們並未離開。」[29]

只有一小群人知曉貝爾法斯特口述史研究計畫，他們認為，沉默的氛圍籠罩著北愛爾蘭，大家講話都是遮遮掩掩，這表示亟需建立一個讓人們可以坦率談論自身經歷的空間。波士頓學院的愛爾蘭研究教授湯姆．哈奇（Tom Hachey）也參與了這項計畫。他表示，建檔的目的不在於傳統學術研究，而是要努力打造可供後代反思的資料庫；他發下豪語，表示這是一項「宗派暴力現象學」的研究。[30]

但若要落實這項目標，就必須絕對保密。願意講述自身經歷的人都會得到一份合約，其中規定他們所說的話未經同意不得公開發布，直到他們去世為止。要保密的不僅僅是訪談本身：這個計畫的存在本身就是祕密。參與計畫的人會說明他們曾涉及的罪行。如果讓當局知道有這些口供，他們可能會想辦法逮住這些人。正因如此，波士頓學院才會是口述歷史典藏庫的理想所在地，正如艾德．莫洛尼所說：在大西洋的另一端，無論是就空間或法律層次而言，都與英國和愛爾蘭警方有很大一段距離。美國是個中立之地。即使當局用某種方式得知了這項研究計畫，在《美國憲法第一修正案》（First Amendment）的保護下，加上波士頓學院的機構影響力，任何想取得訪談內容的人都將徒勞無功。[31]

二〇〇一年春天，老麥開始進行訪談。他在共和主義圈子裡有很多朋友。但即使如此，他也必須小心行事。身為祕密組織，愛爾蘭共和軍是出了名的容易出現閒言閒語。事實上，並不是沒有人說話，大家都會討論，但往往只對著自己人討論。也許有些惡行的始作俑者在貝爾法斯特西區廣為人知，但要是你敢對局外人（例如記者或英國人）吐露任何一個字，你就是個抓耙仔。[32]無論波士頓學院的訪談員多有誠意，他們都是外人。如果有消息走漏，讓人知道前武裝分子向這些拿著錄音機的人傾訴，就很容易有人會丟掉性命。

在另一個關鍵層面，老麥也算是局外人。就如許多臨時派戰士一樣，《耶穌受難節協議》也令他夢想破滅。領導復活節起義的派崔克．皮爾斯曾經寫道：「任何人若把自己當成愛爾蘭人，卻屈就於其他『最終解決方案』，而不是堅持主張要和英國分離，就等於對愛爾蘭民族不忠，罪惡深重……倒不如從未來到世上。」[33]這樣的專斷思維形塑出共和主義神話的精髓：只要接受漸進式變革，就無異於背叛。[34]在老麥看來，新芬黨竟會接受讓英國繼續統治愛爾蘭，這是非常大的讓步。老麥相信，亞當斯早已出賣了武裝鬥爭。

新芬黨的領導階層很清楚這種觀點，並開始詆毀像老麥這樣的批評者，稱他們是「反對派」的共和主義者或「與和平進程唱反調」。愛爾蘭共和軍一直很擅長維持內部紀律，至於作為新興政黨的新芬黨，則是投注了大量心血來保住有關北愛爾蘭問題與和平進程的特定敘事。新芬黨的任何成員似乎都沒有偏離本黨主張。[35]某位學者曾表示，這樣的現象讓新芬黨得以「壟斷共和主義武裝鬥爭的記憶」。[36]

由於老麥對新芬黨持反對立場，因此無論是要傑瑞．亞當斯還是與他同一陣線的人同意坐下來記錄口述歷史，都不太可能。事實上，老麥連問都不想問他們，因為要是讓領導階層知曉有這個計畫存在，幾乎可以確定的是他們肯定會讓計畫叫停，放話說只要參與其中就會受到懲處。

因此，接下來幾年，老麥都在尋找那些出於某種原因不再親近亞當斯的共和主義人士。他這麼做的同時，也竭力避免被人察覺。他使用加密電子郵件與莫洛尼通訊，盡量減少與研究計畫相關的書面紀錄。[37]他會將一台數位迷你磁碟錄音機塞進背包，冒險前往貝爾法斯特和更遠的地方進行訪談。他與訪談對象多次會面，每個人總計都花上十幾個小時。某個特定對象的訪談結束後，老麥會請一位可信的打字員製作逐字稿。接著，他會將錄音和逐字稿郵寄到波士頓學院，讓鮑伯．歐尼爾將檔案存放在伯恩斯圖書館最安全的地方：也就是所謂的「寶庫」。歐尼爾是一位「檔案維安」專家，還出版了一本書探討此主題。他堅信：「為保衛委託給自己的寶藏、成為肩負重任的保管人，所有的圖書館員和檔案管理員都必須認真、仔細掌握安全措施。」[38]

為讓資料機密多一層保障，老麥將訪談資料郵寄到波士頓學院時，也會隱匿口述歷史提供者的姓名，只用一個字母代替。只有在另一組單獨文件裡，參與者的字母代號才會與實際姓名連結，也就是每個人簽署的實際合約，裡頭保證他們的口供都會受到保密。[39]

有一天，老麥出門見了一位自己認識多年的前愛爾蘭共和軍成員，他第一次見到這個人，是一九七四年在監獄裡。兩人關係匪淺，因此這次訪談會感覺隨和又親切。這名男子和老麥一樣，對和平進程深感失望，並與傑瑞・亞當斯和新芬黨斷絕了關係。現在他打算把故事說出來。在老麥最終郵寄給波士頓學院的資料中，這名男子的身分僅以代號C作為代表。而他的真實姓名，則是布蘭登・休斯。

i・譯註：按英國學制，成績優異者畢業時才能獲頒榮譽學位。

# 第二十一章　山窮水盡，走投無路

二〇〇一年布蘭登．休斯接受安東尼．麥金泰爾的採訪時，還住在沒落許久的黑嶺公寓。這一片社會住宅因環境太糟糕而引起外界極力抗議，因此在一九九三年珍．麥康維爾遭綁架時，她居住的那棟樓與其他矮樓都一同遭拆除。[1]一九八〇年代，一群有心人士組成了所謂的「拆屋委員會」（demolition committee），任務是讓黑嶺公寓不再住人，只要有人搬離那棟公寓就會有自稱「拆屋小組」的人帶著大鐵鎚，將那一戶屋內的浴缸、水槽、馬桶、電器配件和窗戶都砸爛，就連完好的門也不放過，下一戶人家還來不及入住，房子就被拆了。[2]政府索性將整棟大樓夷為平地，為下一個開發案鋪路。大樓拆除後，取而代之的是一排排井然有序的紅磚房，每一幢房的前院都鋪好了水泥。整個黑嶺公寓只剩下一棟二十層樓高的大樓還未遭殃，這棟樓的屋頂和十九、二十樓一如既往地由英軍使用，而往下走到十樓就會來到布蘭登．休斯的家。[3]

對休斯而言，那裡是最適合不過的住所，因為從那裡往下看就是貝爾法斯特西區的街道，而這裡的市民都把休斯視為戰爭英雄。雖然戰火已停息，而且英國、愛爾蘭與北愛爾蘭三方已簽訂《耶穌受難節協議》，讓北愛爾蘭回歸平靜的日子，但貝爾法斯特街道的牆壁上仍能看見色彩繽紛的壁畫，一個個都是當年投身於革命運動的民間英雄畫像，其中包括一名雙眸深邃、笑容燦爛的男子，那正是休斯年輕時的模樣。不過近年來休斯卻日益消沉，像是他在家裡迎接訪客時會自嘲地說：「歡迎來到我的小牢房」，[4]或整天待在家裡獨自酗酒抽菸，好幾天都不會離開家裡半步。年過五十的休斯，招牌的烏黑亮髮早已褪成銀灰色也變得稀疏，目前須依賴領取身心障礙者生活補助費過日子。他年輕時曾跑過商船，後來也在工地裡幹過苦力活，但之後就再也沒有從事別的工作，在求職方面也屢屢碰壁。他常說：「坐過牢的人都不太可能真正擺脫監獄。」[5]

休斯非常崇拜革命英雄切．格瓦拉，因此家中擺滿了他的照片。[6]照片裡的格瓦拉笑得很開心，或嘴裡叼著菸在吞雲吐霧，或在喝咖啡。休斯看著這些經典的照片，心頭湧上一股暖流，但同時這些照片也顯得特別諷刺。格瓦拉比休斯有福氣，為革命捐軀時還英姿煥發，身上沒有一絲皺紋，鬍鬚也沒有任何白毛，他在一九六七年遭玻利維亞軍槍斃時才三十九歲，可謂英年早逝。而且格瓦拉在古巴發起的革命運動最終以成功落幕，但同是革命運動，休斯和傑瑞．亞當斯在北愛爾蘭率領的運動卻只能以失敗收場：至少休斯是這麼想的，而且這種感覺一直在他心裡揮之不去。

對休斯而言，《耶穌受難節協議》的簽訂根本意味著北愛共和分子最終妥協，並正式放任英國人繼續留在愛爾蘭土地上。休斯的雙手沾滿了鮮血，他以革命之名奪走不少人命，只因為他堅信這會換來愛爾蘭的南北統一，然而，現在的他已認清現實：原來革命運動的領導高層早就為妥協做好準備，還刻意隱瞞他和其他前線戰士。在休斯看來，他們使出這套陰招一定是他親愛的戰友傑瑞．亞當斯所指使的。休斯的公寓裡除了擺放各種向格瓦拉致敬的裝飾品之外，牆上還掛著一張框起來的老照片，那是一九七〇年代休斯和亞當斯在朗格甚監獄拍的，只見照片中兩人勾肩搭背，亞當斯頂著一頭蓬亂的及肩長髮，身穿一件衣領開叉的 Polo 衫；休斯則穿著一件白色的緊身T恤，上面還寫著「墨爾本愛爾蘭人俱樂部」（Melbourne Irish Club）。兩人站在鐵絲網柵欄前笑得見牙不見眼。雖然兩人的友情已走到盡頭，但休斯仍將當年的照片掛在牆上，提醒自己當年兩人有多好。[7]幾十年來，休斯和亞當斯的關係親如手足，然而，這段友情從來就不是對等關係。最近休斯還時常苦笑地說，自己就像愛爾蘭共和軍的武器一樣「退役了」，實際上就是利用後遭丟棄。[8]

休斯顯得越發焦慮。這位昔日的「血腥星期五」事件主謀，如今面對貝爾法斯特人多的市區也只能避而遠之。他特別喜歡黑嶺公寓的設計，那裡邊界分明的感覺就像在牢房裡一樣，休斯在那裡彷彿能與世隔絕，那裡的一切都在他掌控之中，這讓他感到很是安慰。[9]他也透過酗酒獲得一絲絲短暫的慰藉，無論醫生如何勸他戒酒，他就是無法放棄對酒精的依賴。[10]

老麥記得十六歲那年和休斯初次見面，休斯入獄時是個風雲人物，雖比老麥年長十歲，但特別喜歡老麥，兩人一拍即合。[11]老麥透過歷次訪談發現，對這些準軍事組織的老兵們來說，沉默幾十年後再次開口聊起往事還挺療癒的，雖然有些受訪者一開始不願多聊，不過話匣子一打開就滔滔不絕，無論是作戰經歷、不堪回首的往事、讓人捧腹大笑的趣事，或只能往肚子裡吞的委屈，都一吐為快。[12]老麥在傾聽受訪者的心聲時會流露同情，他低聲鼓勵著對方，在對方展現幽默感時也會真誠地開懷大笑，時不時還會搬出自身經歷與對方分享。他在採訪中提問時還會插入一句：「可不可以請你講得再仔細一點？讓波士頓學院未來的莘莘學子也可以參考一下。」

正如波士頓學院口述歷史計畫主持人艾德．莫洛尼所料，受訪者都很信任老麥，畢竟他們大多都認識老麥，要麼曾經一起生活過，要麼一起出過任務，或曾是獄友。老麥和休斯來回進行了好幾次訪談，每一次都是坐在休斯的公寓裡聊天，嘴裡還叼著一根菸。某次休斯還開玩笑說他餘生的買菸錢都要波士頓學院負責，等到他因為抽菸太多罹癌後就要反過來提告學校。[13]兩人聊到休斯的童年，休斯提到母親過世後父親都怎麼過日子，也談到他在商船上的經歷，以及「覺醒」後投身社會主義革命的歷程，到後來為革命運動所策劃的上百個行動，以及為此在獄中度過的歲月。他們聊到血腥星期五事件時，休斯堅持「那天沒有

休斯攝於黑嶺公寓的家中（Press Eye）

計劃要殺人」，也坦言：「我對這起事件感到非常愧疚。」

不過休斯最常提到的還是傑瑞．亞當斯。[14]老麥曾和亞當斯一起在朗格甚監獄服刑，並深知亞當斯和休斯曾經非常要好。然而，多年後休斯對於這個昔日戰友只有滿腔憤怒。他恨透了《耶穌受難節協議》，還開玩笑說大夥的確都受難了。[15]他想到那些他奪走的生命和那些他派去白白送死的共和軍志士，感慨地問道：「操！我做這一切到底是為了什麼？」休斯一直堅信這些犧牲會換來愛爾蘭的統一，反觀亞當斯卻踏入政壇成為有錢人，還一心求和，可見他早已打算在塵埃落定後步入仕途。支持亞當斯的人都視他為一代歷史人物，覺得他獨具慧眼，甚至認為他應該獲頒諾貝爾獎。然而，在休斯看來，亞當斯很有可能因為野心蓬勃而上當了，或被英國人玩弄於股掌，那可是比中了圈套更要不得。共和軍曾在獄中針對革命運動相關的策略進行培訓，他們提到，英國政府有個很關鍵的平亂策略就是「把敵營領袖塑造成容易搞定的對象」。休斯認為，在兩方簽下和平協定後，亞當斯就不自覺被英方任意塑造成他們想要的模樣了。[16]

凡在武裝衝突中擔任司令官的人都須背負這樣的責任：他們一個命令很有可能就會讓屬下一命嗚呼。面對那些因他的指令而喪命的年輕志士和無辜的百姓，休斯始終無法從陰影中走出來，那些畫面在他腦海裡持續浮現，揮之不去。他告訴老麥，血腥星期五事件爆發當天他在前線指揮大夥，但發號施令的卻是亞當斯。休斯表示：「這些事都是傑瑞說的算。」

然而，亞當斯卻一口否認自己參與過革命運動的武裝衝突，如此一來他在面對血腥星期五等悲劇事件就不必背負道德上的責任，只不過他這麼做形同於和休斯等昔日屬下一刀兩斷。[17]「這整件事讓我覺得很噁心，」休斯說。「到頭來那些人的死都要由我這樣的人扛下來。」若說最後這場屠殺般的行為能成功把英國人趕出愛爾蘭的話，那麼休斯還可以讓自己的所作所為合理化，但事到如今，他連原諒自己的理由也被剝奪了。「事實證明，這些人都白白送命了。」他說。

休斯和心魔交戰的同時，亞當斯卻顯得一身輕，不但無須和休斯一樣飽受心理折磨，還四處出現在各種照片裡，顯然早就走出過去的陰影了。這讓休斯感到無比錯愕。亞當斯之前明明就是共和軍的成員啊！「這是眾所周知的事，」休斯告訴老麥。「這件事英國人都知道，街上的人也知道，就連流浪狗都知道，但他居然有臉否認。」

休斯身為革命運動武裝衝突的老兵，照理說，他在革命圈子裡的地位應該穩如泰山，但自從他拒絕加入亞當斯的行列一起走上求和的道路，就遭到向來聽從亞當斯指示的新芬黨排擠。休斯自己須向國家領取生活補助費，反觀那些「連槍都沒開過」、「從未投身革命卻踩在革命義士屍體上」的人卻在戰後的貝爾法斯特當上達官貴人，這對休斯而言是莫大屈辱。休斯還抱怨，亞當斯那幫人都過著無比奢華的日子，這與他們對外表現的社會主義革命家形象背道而馳。休斯還稱他們為「穿著亞曼尼西裝的部隊」。[18]

另外，革命運動所引發的武力鬥爭在經歷多年的洗白後，如今逃不過被消費、物化的命運，甚至還有人以武力鬥爭為主題設計貼紙黏在車上，這個現象讓休斯感到十分擔憂。雖說革命烈士在革命圈內向來備受敬仰，但休斯坦言，有些仍健在的烈士因投身革命而付出了慘重代價，卻慘遭遺忘，因為人們看到的只有壁畫裡的他們。「那些『毛毯人』（blanket men）[i]在獄中酗酒，最後孤單地死去，人們為紀念他們而做了壁畫，這無論對誰都是百害而無一利，」休斯說。「我最不樂見的就是現在的年輕人把當時的事件想得過於浪漫，因為真相根本不是那樣，看我就知道了。」[19]

過了不久，亞當斯得知他的昔日戰友竟背叛了他。兩人在二〇〇〇年見面時，亞當斯對於休斯公然指責他的事表示不滿，並質問休斯到底是和誰混在一起才誤入歧途。休斯還記得亞當斯說他「交到壞朋友了，應該儘早遠離他們才是。」[20]他認為亞當斯只是想藉機封住他的嘴，但亞當斯這麼做只有加深休斯對他的埋怨。[21]某天休斯在家裡發現一個小型的黑色竊聽麥克風，想當年大概只有英軍才會在他人家中安裝竊聽器，如今休斯非常篤定家裡的竊聽器是共和軍安裝的。

老麥在其他採訪中也明顯感受到受訪者對革命運動的幻滅感，他在採訪瑞奇・歐羅（Ricky O'Rawe）時也是如此。年近五十的歐羅個子不高卻很壯碩，他是巴比・桑茲的好友，也曾與休斯住過同一間牢房，並在一九八一年的獄中絕食運動中擔任抗議者的主要發言人。一開始歐羅並不願參與老麥所負責的「貝爾法斯特口述史研究計畫」，因為他在過去二十年裡一直藏著一個黑暗的祕密，他擔心如果和老麥分享他過往在共和軍裡的經驗，隱藏許久的祕密也會不小心公諸於世。但最後老麥還是成功說服歐羅接受採訪，並時常在傍晚時分帶著錄音筆到歐羅家裡進行訪談。頭幾次的訪談內容都較為溫和，歐羅都在訴說自己的家庭背景。他的父親在一九四〇年代就加入共和軍，因此他從小就聽著共和軍的軍歌長大，十幾歲就隨著父親加入共和軍了。歐羅還談到自己和傑瑞・亞當斯一起被關押在梅德斯通號監獄船上的經歷，也和老麥分享自己因為沒錢喝酒而去搶劫，為此他被共和軍長官開槍打傷雙腿，以示懲罰，事後歐羅還認為他遭處分完全是自找的。[22]兩人正在進行訪談時，忽然在新聞上看到兩架飛機撞上紐約的世界貿易中心（World Trade Center），這消息讓兩人嚇呆了，但蓋達組織（Al Qaeda）的屠殺行為是否讓兩人聯想到愛爾蘭歷史悠久的政治暴力行為，那就無從得知了。

歐羅好幾次都表示自己「不想討論絕食運動的事」，他在前八次訪談中也確實對此事隻字不提，但到了第九次、也就是最後一次訪談那一晚，他們再次提到這個話題時，歐羅曾經誓死保密的故事最後還是脫口而出了。

一九八一年的夏天，巴比・桑茲和另外三名絕食抗議者在獄中喪命，隨後獄中談判的責任便落在歐羅肩上，他聲稱當時英國首相柴契爾夫人曾私下向他們提出談和條件，還幾乎可以滿足他們所有的訴求。[23]雖然英國政府並未完全讓步，但在一些重大訴求上卻做了妥協，像是允許抗議者在獄中穿便服。歐羅和另一名負責談判的人員偷偷將此消息傳到監獄外的共和軍領袖耳裡，[24]表示大夥較傾向於接受英國政府的談和條件並結束這場絕食運動。但他們等到上頭的回覆卻是認為柴契爾夫人提出的條件欠缺誠意，要他們再堅持一下，[25]那還是傑瑞．亞當斯吩咐的。

後來又死了六名抗議者，第二次絕食運動才宣布結束。[26]民眾一直相信是抗議者自己堅持要繼續絕食，而歐羅也不曾站出來表示異議，但後來他開始懷疑，所謂的民間說法只不過是一些「精心編造的傳奇故事」。隨著事件日益聳動，這些故事便開始在人民心裡根深柢固。然而，歐羅私底下卻感到十分愧疚，後悔當初沒站出來堅持己見，也想不通為何亞當斯等人要堅持讓抗議者繼續絕食，而不允許他們接受英國政府所遞出的橄欖枝。

歐羅經過多年的思索，開始發展出一套可怕的理論：當年巴比．桑茲在競選議員時，以「和平抗議者」的形象引起廣大民眾對北愛爾蘭共和運動的支持，這甚至比之前共和軍使用武力來得有效多了。一九八一年五月五日，巴比．桑茲在獄中去世後，竟有十萬餘人走上街頭抗議。共和軍的大小事宜皆由軍事委員會（Army Council）決定，雖然歐羅對委員會的討論內容全然不知，但他漸漸相信亞當斯為了博取廣大群眾的同情與支持，最終選擇了讓抗議者繼續絕食。歐羅得出的結論是，那次的絕食運動讓亞當斯徹底醍醐灌頂，並開啟了北愛爾蘭共和主義政策的「新世界」。[27]因為那場絕食運動，亞當斯首次感受到選舉制度所能帶來的改變，他在延長絕食運動的同時也看到一個前所未有的大好機會，可以吸引更多人支持北愛爾蘭的共和運動，反正代價僅是六條人命。[28]

歐羅的話匣子一打開就滔滔不絕地向老麥訴說這些故事。說著說著他突然開始哽咽，先是黯然淚下，後來便像孩子般嚎啕大哭。過去二十年來，歐羅肩上一直背負著六條人命，他沉默了二十年後第一次談論此事，感覺就像是將心裡的毒素都排出體外似的，他坦言：「操，我管不了那麼多了，今天一定要說出真相！那些人都他媽的白白犧牲了！」[29]

或許是亞當斯動了歪腦筋，認為抗議者陸續壯烈犧牲的形象有利於新芬黨立足北愛爾蘭政壇。歐羅想到這個可能性同時也不得不承認，若非當初亞當斯決定延長獄中的絕食運動，他們也沒辦法迎來和英國政府停戰的機會。後來艾德．莫洛尼寫道[ii]：「多虧那場絕食運動，新芬黨才能成功闖入政壇。新芬黨想透過政治完成大業，但共和軍卻堅持武力抗爭，雙方之間的矛盾最終促成了北愛的和平進程，使北愛衝突告一段落。要是當初上頭沒阻止獄中抗議者接受英國政府遞出的橄欖枝，事情的發展很有可能就不一樣了。對此有人認為，為達到目的不擇手段再合理不過，而和平的代價再高也值得。」[30]然而，在歐羅看來，這是一場漫長的遊戲，玩家需不斷算計他人，甚至不惜犧牲六條人命，而能夠將這場遊戲玩得游刃有餘的人，想必是個政治天才，但同時也一定具有反社會人格。[31]

休斯想到自己在第一次絕食抗議中存活下來，不禁感到愧疚。他在與老麥的訪談中大談此事，並透露自己時常想起那次以失敗告終的抗議活動。那時有一個名叫尚恩．麥肯納的年輕抗議者因絕食而陷入昏迷，休斯因此主動終止了那場抗議。他不斷猜想，如果當初自己成全麥肯納送命、不插手阻止的話，接下來的事情會如何發展？是否就不會發生第二次獄中絕食抗議？第二次絕食抗議的十位抗議者是否就不會因此丟了性命？他在腦海裡盤算著一切可能性，而肩上的壓力似乎大得讓他有些喘不過氣。有一天休斯在鄧多克巧遇麥肯納，那時距離第一次獄中絕食抗議結束後已過了很長一段時間。麥肯納除了腦部受損以外，還因當年的絕食行為而導致永久性視力衰退，他一見到休斯便埋怨道：「操你媽的，黑人。當年應該讓我死掉算了。」[32]

休斯時不時也會萌生輕生的念頭，他和麥肯納一樣，因當年的絕食抗議而害得身體活受罪，不用多久連雙眼也要看不見了，因此休斯的一隻眼睛開始戴起眼罩，在冬天看起來特別像個海盜。[33]他時常在家裡坐著往窗外看，窗外景物的輪廓參差不齊，休斯一看就是好幾個小時，他抽著一支支菸，凝視著外面的學校操場、教堂上的尖塔，以及遠方的造船廠，那還是一百多年前將鐵達尼號帶到世間的地方呢。老麥的太太凱麗・托梅認為休斯彷彿離不開窗邊，她感嘆道：「我一直覺得他下半輩子會都在這扇窗邊度過，他既沒有往外一跳、一了百了的決心，也沒有回過頭來重新振作的勇氣。」[34]

有一次休斯向老麥說：「我腦海裡清楚浮現出監獄醫院的畫面，我到現在還能聞到……人死時會散發一種味道，那是死亡的味道，我們在絕食抗議那段期間，那一股死亡的臭味瀰漫在空氣裡，直至今日還在我腦海裡揮之不去。到了現在偶爾還是會聞到那種汙濁的味道。這些年來我都無法像現在這樣與你侃侃而談，真的沒辦法，我做不到，我只能硬是把那段回憶拋在腦後。」

休斯在訪談中也提到善良的羅斯醫師。[35]那位醫師在休斯和夥伴們絕食抗議時悉心照顧著他，還帶山泉水給他喝。縱使巴比・桑茲聲稱羅斯醫師是「操控心理大師」而對他保有戒心，但羅斯醫師對休斯的好，他一直都放在心上。後來休斯得知，羅斯醫師在目睹第二次獄中絕食抗議的十人一一喪命後，也在一九八六年開槍結束了自己的生命。[36]

休斯向老麥坦誠，他之所以能在採訪當中說出真相，是因為他知道自己的口述史料會一直到他辭世之後才公諸於世。休斯還說，一九七三年的倫敦爆炸事件是經由亞當斯准許才得以進行，後來桃樂絲・普萊斯與其他共犯也因此事件被判坐牢。休斯沉思了一會兒說：「這麼說吧，有些話說了也無傷大雅，但有些話真的不能亂說。雖然我不會刻意站在聚光燈底下說自己害了某位士兵遭槍擊，也不會到處宣揚之前參與了襲擊英格蘭的行動，但我絕不會否認我的所作所為。不過現在有人卻這麼做了，曾經的我會不惜生命為他擋下子彈，而且之前還差點因為他而丟了性命，如今他卻站出來否認自己做過的一切，否認那段歷史，也否認了那一場由他親手指揮的戰爭。我想到就覺得噁心，他根本就沒把死者的犧牲看在眼裡。」[37]

隨後休斯回憶起桃樂絲・普萊斯曾加入的共和軍祕密部隊「無名隊」。一九八〇年代，這個地下部隊的前指揮官小派特・麥克魯突然人間蒸發了。麥克魯在退出共和軍後曾當過計程車司機，後來有人問他是否願意重操舊業再次投入長期抗戰，但麥克魯表示拒絕，說他已經受夠了。休斯聽說後來麥克魯移民到加拿大並在那裡過世。老麥問休斯，如果麥克魯指揮「無名隊」只是在奉命行事，那麼真正掌權的老大到底是誰？究竟是誰下的命令？[38]

「他們向來都只聽傑瑞的指令。」休斯回他說。

當老麥問起珍・麥康維爾的失蹤案時，休斯坦誠那次行動是得到亞當斯的許可才進行的。在休斯看來，麥康維爾遭殺害是罪有應得。

「誰叫她是個抓耙仔？」他說。

■

i・譯註：如前所述，共和軍志士們入獄後因為拒穿囚服而只用毛毯裹住身體。

ii・譯註：這段話來自於艾德・莫洛尼幫歐羅的書所寫的前言，書名是《餘生：一場絕食抗議與改變了愛爾蘭歷史的祕密交易》（*Afterlives: The Hunger Strike and the Secret Offer that Changed Irish History*），於二〇一一年出版。

# 第二十二章　抓耙仔

誰都有可能成為眼線。愛爾蘭作家連恩・歐佛萊赫蒂（Liam O'Flaherty）在一九二五年出版的小說《告密者》（*The Informer*）中，講述了愛爾蘭都柏林市警方線人「老吉」（Gypo Nolan）的故事：一名革命分子因涉嫌謀殺遭警方通緝，被摯友老吉供出來後，最終死在警方手中。[1]老吉深知，打從自己向警方供出朋友的那一刻起，這座人人關係緊密的城市就沒有他的容身之處，他深怕這件事會水落石出，並開始疑神疑鬼，覺得自己肯定完蛋了。就像書中形容的那樣：「就連再尋常不過的腳步聲都聽起來很可怕，彷彿是邪惡的魔咒在作祟。」愛爾蘭人對於「抓耙仔」特別反感，也時常把這些告密者比喻成惡魔，也就是毫無義氣可言的卑鄙小人。[2]亞當斯曾說，抓耙仔「在北愛爾蘭只能當過街老鼠。」[3]然而，事實上英國人早在數百年前就開始在北愛爾蘭安插間諜和臥底。[4]北愛爾蘭問題爆發初期，法蘭克・基特森曾對策反（counter-gangs）的手法提出自己的一套見解，後來由MRF採納並付諸行動，只不過手段還尚未成熟。多年後，基特森的做法也被英軍、其軍情單位以及皇家阿爾斯特警隊廣為效法，而且手段高明，目的是由內而外突破準軍事組織的防衛。

身材魁梧、氣勢逼人的警察崔佛・坎貝爾（Trevor Campbell）曾在皇家阿爾斯特警隊情報小組任職，他在德里（他總是沿用舊名，稱之為「倫敦德里」）待了兩年後，於一九七五年調職到貝爾法斯特，此後的二十七年裡，坎貝爾一直捲入當地的鬥爭，完全脫不了身，而他最擅長的就是與線人合作。[5]

坎貝爾回憶道：「一開始也沒什麼規定或法規，反正就是亂槍打鳥，能抓就抓。」而對於要找線人的話該對哪些人下手，或找到線人後該如何處置等事項，當局也沒能提出確切的計畫，不過久而久之，前線人員的手法倒是越來越熟練。要在北愛爾蘭安插眼線，最大的難處在於地方太小，簡直與培養皿無異，想和貝爾法斯特的眼線碰面，還得到約在郊區或鄉下才行，然而，這些眼線大多是井底之蛙，自小在城市某一區生活，從未離開附近的地區，要他們坐火車、搭巴士到鄉下，只怕他們會迷路。坎貝爾時常和線人約在城外沿海的村子裡見面，這些線人一下車就彷彿發現新大陸一樣，覺得太神奇了。坎貝爾喜歡和線人在郊區會合，不過地點不能太偏僻，像南阿爾瑪等偏鄉裡，當地居民對於路上行駛的每一輛車都了如指掌，一看到來歷不明的車子就足以讓他們提高警覺。

儘管如此，最困難的也不是物色一個安全的地方與線人見面，而是要想辦法聯絡到線人。北愛爾蘭問題爆發初期，大部分當地居民的家中沒有電話，若有的話也須與左鄰右舍共用線路，隨時都能遭多管閒事的鄰居竊聽。可想而知，要偷偷聯繫祕密線人，這個方法根本行不通。照理說，想要告密的人大可使用公共電話通風報信，只不過大部分公共電話早在貝爾法斯特戰亂時期遭人破壞。若告密者有幸找到完好無損的公共電話，也有可能在路上被某個熟人給撞見，他們一定會追問告密者在電話亭裡和誰講電話。

因此坎貝爾想出各種「極具創意」的方式來通知線人是時候見面了。一開始，坎貝爾還模仿冷戰時期一些較拙劣的做法，像是用粉筆在路邊的磚牆上做記號，但不用多久，他自己就想到更多更具創意的點子，譬如他偶爾會冷不防地突襲貝爾法斯特的某一戶人家，只因那戶人家剛好住在線人家對面。雖然這些不幸被選中的無辜人家莫名其妙遭突襲，一定覺得很冤枉，但坎貝爾深信，唯有這麼做才能明確地讓線人知道：我們該見面了。

然而，貝爾法斯特不像德國柏林那麼大，甚至還比東柏林小，若在這座小城市上演諜對諜的戲碼[i]，恐怕會發生很多意想不到的事。卡色累拘留所（Castlereagh Holding Center）位於貝爾法斯特東區，那裡戒備森嚴，而且出了名的殘暴，甚至會對嫌犯進行嚴刑拷打，逼他們就範。[6]某次坎貝爾在那裡審問一名共和軍成員，那名男子看似老練，並且遭拘捕已不是一兩次的事了，坎貝爾多次試圖把他收編，但每每以失敗告終。依照當時的法律，若嫌犯遭拘捕，拘留時間不得超過三天，因此警方必須在三天內正式對嫌犯提出指控，否則只能把人給放了。坎貝爾與那名共和軍成員在審訊室聊了三天三夜，裡面沒有對外窗，因此空氣無法流通。在這種情況下，有些遭警方逮捕的共和軍成員會堅持保持緘默，不但默不作聲，還會瞪大雙眼怒視坎貝爾。有些則滔滔不絕說個不停，目的是把坎貝爾累壞並從他口中獲取資訊。像是坎貝爾小時候在哪裡長大？支持哪一支橄欖球隊？成家了嗎？家人都住哪裡？雖然坎貝爾想要和這些偵訊對象打好關係，但他深知如果自己不小心說漏嘴，就有可能帶來不堪設想的後果，因此他盡可能在不透露自己隱私的情況下與這些人閒話家常。坎貝爾眼前的傢伙正好屬於健談型，不過他和坎貝爾一樣守口如瓶，不但沒透露任何一絲對坎貝爾有用的資訊，還堅持不當警方的眼線。男子講了一大堆屁話，而且態度十分輕鬆，這讓坎貝爾佩服不已。時間滴滴答答地流逝，三天後，坎貝爾不得不將男子釋放。

坎貝爾已經有七十二小時沒回家了，太太早已對他堅持上夜班不休假的行為不滿，還一直抱怨他的不是。因此釋放那名共和軍成員後，坎貝爾便立刻回家梳洗並帶著太太出門約會。兩人開車到海岸附近一間不賴的海產餐廳用餐，這間餐廳在當地遠近馳名，因此許多遊客都慕名而來。餐廳裡高朋滿座，坎貝爾夫婦入座、點餐後，便在海景的陪伴下開始用餐。兩人才剛用完第一道料理，坎貝爾抬頭就看到站在吧檯區、背對著他的一名男子。吧檯後方擺著瓶瓶罐罐的酒飲，上方還有一面大鏡子，坎貝爾在鏡子裡看到男子的長相，驚覺這名與他四目相覷的男子，正是他過去三天一直在偵訊的那個人。

「我們可能來不及吃主餐了，」坎貝爾說，而他的目光一直停留在那名男子身上。一般來說，坎貝爾在開車時都會特別注意周遭環境，因此他並不認為那名男子一路尾隨他們到了餐廳，而是在機緣巧合下在那裡出現。儘管如此，坎貝爾仍覺得那次巧遇實在有點危險，因此他找了個藉口離開座位走向吧檯，並故作冷淡地向那名男子打招呼，彷彿兩人平時很常見面似的。

男子也向坎貝爾打了個招呼，便隨口問他：「那是你太太嗎？」

「她是個有夫之婦沒錯，」坎貝爾回他說。

「就我對你的了解，她丈夫應該另有其人吧。」男子揶揄道。

坎貝爾聽了男子開的玩笑後嘴角微微上揚，接著他經過一番字斟句酌，小心翼翼地問他：「你一整晚都會坐在這個吧檯嗎？還是等等就要去打電話了？」

男子沉默片刻後低聲說：「請你回到那位女士身邊好好享用晚餐，然後給我滾遠一點。」

坎貝爾回到座位後，太太便問他：「那個人是誰啊？」

「就一個工作上認識的人啊，」坎貝爾不願多說，便輕描淡寫地帶過。

坎貝爾的座右銘是：誰都可以成為眼線。不過有時必須天時地利人和才行。打個比方，一個人可以被抓去問話十五次，而每一次都寧死不屈，但說不定第十六次就不一樣了，或許這個人剛好遇到什麼困難，像是和大夥鬧翻了，或陷入窘境急需現金周轉，這時他們的處境已大不如前，態度可能也就不一樣了。貝爾法斯特的許多準軍事組織成員都來自貧民區，其中選擇成為英軍眼線的人大多都是無業遊民，只能靠領取政府補助勉強過活。只要時機對了，坎貝爾的出現就會像一場及時雨，可以幫助這些人脫離困境，但前提是，他必須把握時機遞出橄欖枝。

不過，如果坎貝爾特別看中的人選剛好過得很順遂，生活上也沒發生什麼劇變，那或許是時候為這個人製造一些小插曲了。坎貝爾回憶道：「我們可能會安排讓他丟了工作或丟了房子。」那些必須養家餬口的人一旦面臨全家大小都有可能露宿街頭的危機，腦筋就會特別靈活，懂得變通。如果坎貝爾看中的人選必須開車通勤，那麼坎貝爾會在他車上動手腳，讓那人背負昂貴的修車費用。坎貝爾表示：「當你發現那個人已經走投無路了，這時你就該趁虛而入。」

然而，這個做法雖能有效地誘惑線人上鉤，但也有可能留下禍端。有些線人是所謂的「五元黨成員」（five-pound touts），也就是小人物。他們一般都是當地人，時不時會提供一些無關緊要的情報來賺取小額外快。但有些線人的身分可不一樣了，他們是正港的英國政府眼線，所提供的情報也非常有分量，因此他們領到的賞金也相當可觀。然而，這也讓他們的身分很容易曝光，畢竟這些人大多都來自較落後的社區，居民都沒什麼錢。在這種環境裡成長的線人突然發了一筆幾百元、甚至是幾千元英鎊的橫財，怎麼可能不引人注意？或許這些線人可以謊稱自己在賽馬場上走運了，或在哪裡發財了，但這招只能用一次，之後就不管用了。

那些最厲害的線人可以和英國政府合作多年，甚至是數十年。然而，要他們隱藏這個雙重身分，實際上是把他們推入火坑。尤其是在北愛爾蘭這片土地上，如果臥底的身分曝光了，那就難逃被子彈爆頭的命運，而家人也會因此蒙羞一輩子。這些線人的內心都非常孤單，因此久而久之，坎貝爾也變成他們的精神支柱。沒錯，他的確是利用這些線人不怕死的決心把他們引上鉤，也會在線人不願就範或想終止合作關係時勒索他們，但很多時候，坎貝爾也是唯一知道他們祕密的人，因此對這些線人而言，坎貝爾既是醫生也是社工，甚至是神父一樣的存在。至於坎貝爾，線人的問題就是他的問題，無論是線人家裡須進行整修，或是聖誕節要給孩子準備禮物，坎貝爾都義不容辭提供幫助。

照理說，眼線召募員都希望自己的線人潛伏在敵營深處的圈子裡，但坎貝爾卻發現，最好的線人並非這些圈內的核心人物等傳統「情報目標對象」（intelligence target），而是他們身邊的貼身跟班，也就是俗稱的「目標接洽人」（access agent）。與其直接找上傑瑞．亞當斯，不如收買他的司機，說不定還能獲得更多更有價值的情報。亞當斯的私人司機羅伊．麥克沈恩（Roy McShane）於二〇〇八年身分曝光，他正是英國政府的眼線。[7]

當然，英國政府安插的眼線會對整個革命運動造成怎樣的打擊，共和軍成員都心裡有數。一九七〇年代，布蘭登．休斯帶著手下第一次審問薛穆斯．萊特和凱文．麥基時，得知英軍養了一群綽號為「佛瑞德」的線人，還聽說法蘭克．基特森有意在革命分子當中安插內鬼，以搞垮整個革命運動。幾年後，臨時派成立了一個負責共和軍內部安全的小組，這個小組不僅可以對共和軍的新成員進行審核，還可以審問那些有可能是英軍眼線的人。後來大家都將這個糾察小組稱作「爆頭小組」（Nutting Squad），因為那些承認自己是英國政府眼線的人都逃不過被「爆頭」的命運，說白了就是爆頭小組會瞄準這些叛徒的頭部，並一槍把他們給斃了。[8]

數十年來，爆頭小組裡最讓人聞風喪膽的人物莫過於「佛萊迪」（Freddie），也就是阿弗雷多．史卡帕蒂奇（Alfredo Scappaticci）。[9]史卡帕蒂奇是砌磚工人，他身材魁梧，臉上還留著兩撇濃密的八字鬍。他的家族是從義大利移民來的，他則是從小就在貝爾法斯特南區長大。史卡帕蒂奇的父親在當地經營一台小有名氣的冰淇淋車，車身上還印有他們家族的姓氏，因此大家都笑佛萊迪是「義大利佬」，或直接叫他「史卡布」（Scap）。史卡布在北愛爾蘭問題爆發初期加入革命運動，後來被關押在朗格甚監獄。

史卡布經常和一個名叫約翰．喬伊．麥吉（John Joe Magee）的男子一起將一些共和軍裡的可疑人物抓回去拷問，逼問他們是否與英軍狼狽為奸。[10]史卡布的做法由始至終都一成不變：他先將嫌犯帶到一間安全屋，將他們的雙眼蒙起來，逼他們坐在椅子上面向牆壁。[11]一切就緒後，史卡布就開始審問嫌犯，一問就是好幾個小時，甚至是好幾天。期間，史卡布還不忘威脅、貶低嫌犯，若這些都沒用，那麼史卡布就會開始對嫌犯拳打腳踢，直到對方乖乖認罪為止。布蘭登・休斯常說：「每個軍隊都有一些心理變態的神經病，」[12]但史卡布卻特別惡劣；他時常騙這些嫌犯說，只要他們肯認罪，就會饒他們一命。然而，當嫌犯真的抖出真相，或被屈打成招，史卡布都會將嫌犯的供詞錄下來，再把人給殺了。無論他對嫌犯嚴刑拷打時做出什麼承諾，這些人背叛了共和軍，下場都是必死無疑。史卡布的「傑作」會突然出現在城外的荒地或郊區坑坑巴巴的馬路邊。[13]這些受害者的手腳都遭捆綁且全身上下都是烙印及各種遭受折磨的痕跡。他們的雙眼被貼上一小段紙膠帶，看起來很是猙獰。

等到死者的屍體出現了，史卡布會親自拜訪他們的家屬，並將死者生前的供詞播放給家屬聽，再細說為何死者遭處死，有時甚至還會透露一些露骨的細節。坎貝爾早已耳聞史卡布的駭人事跡，也清楚知道那些被爆頭小組抓走的人都將落得什麼下場。法蘭克・賀加提（Frank Hegarty）曾擔任臨時共和軍的軍需官，有一次，共和軍剛從利比亞（Libya）新進了一批武器，賀加提向英國政府情報單位裡專責與他接頭的窗口透露武器的位置，隨後便逃亡到英格蘭，並藏身於一間由英國國內情報安全部門「軍情五處」（Military Intelligence Section 5，簡稱 MI5）所安排的安全住處。如果賀加提一直待在英格蘭的話，那或許就能逃過死劫，但偏偏他卻想家了，因此打電話給還在老家德里的母親。母親說，馬丁・麥吉尼斯時常登門拜訪，還拍胸脯向她保證，只要賀加提願意回到德里向共和軍解釋清楚他的所作所為，就會饒他一命。[14]然而，當賀加提真的回國時卻被爆頭小組帶回去問話，事後他的屍首便出現在邊境附近的馬路邊。（麥吉尼斯於二〇一一年堅持表示賀加提遭處死的事與他「一點關係都沒有」。）[15]但早在一九八八年，也就是案發兩年後受訪時，他就曾表示，共和分子都知道「投靠敵營」必須付出什麼代價。當採訪人員追問所謂的代價為何，麥吉尼斯答道：

「當然是死路一條。」[16]）因此坎貝爾時常警告自己底下的線人：「不管發生什麼事都不要招供，否則就死定了。」[17]

老麥與布蘭登．休斯進行訪談時，休斯一口咬定珍．麥康維爾之所以遭處死是因為她是個抓耙仔。據休斯透露，臨時共和軍的人員在麥康維爾家中找到一台貌似是英軍提供的無線對講機。休斯還表示，麥康維爾「還讓她的孩子們到處搜集情報，自己則監視那些住在黑嶺公寓的共和軍志士的一舉一動。」

休斯坦言，麥康維爾會引起臨時派的注意，是因為當地一個共和軍戰士在路上碰到麥康維爾的兒子，小男孩告訴那位戰士，他們家裡有個東西是「媽咪」帶回家的。「我派了一群人到麥康維爾的家裡搜查，」休斯表示，結果他們真的找到那台對講機，隨後麥康維爾就遭共和軍逮捕審問。休斯還說，麥康維爾親口承認自己利用那台對講機向英方通風報信。不過休斯提醒老麥當時自己並「不在現場」，因此這些事他都是聽手下們說的。麥康維爾認罪後，休斯的人馬查扣了她的對講機並警告麥康維爾幾句，之後便把人放了，讓她回家與孩子們團聚。

然而，幾個星期後他們又在麥康維爾家中搜出另一台對講機。「第一次我就警告過她了，」休斯回憶道。「但事到如今，我知道她難逃死劫。」但即使如休斯所言，麥康維爾真的是個告密者，也難以想像她能為英方提供任何有利的情報，頂多也不過是一些無傷大雅的消息。但休斯和戰友們根本不在乎這些，對他們來說，抓耙仔就是抓耙仔，無論他們提供的資訊實際上造成多少傷害，都罪該萬死，並且必死無疑。

然而，休斯堅持表示，他並不知道麥康維爾會遭祕密處分並埋在地裡。他說：「用現代說法就是『被消失』。」雖然休斯自認是個左派的自由鬥士，但共和軍此做法卻與暴政國家無異。在老麥看來，[18]「無論是以前的智利軍政府或柬埔寨往日的紅色高棉政權（Kampuchea），只要有暴君在的地方就有人民『被消失』。」但休斯強調，即使是在一九七二年如此動蕩的年代，臨時共和軍也絕無輕易殺人或讓人憑空消失。他們殺了麥康維爾讓她十個孩子都失去母親，還將麥康維爾的屍體埋在並未留名的墓地，現在想想這些行為的確很不人道，但這也是經過多次激烈討論才做的決定。

據休斯敘述，當時一個當地的共和軍領袖艾佛．貝爾甚至認為，不該安葬麥康維爾。貝爾是革命圈內的強硬派，[19]他曾參與過一九五〇年代的邊境戰爭[ii]，也於一九七二年夏天陪伴傑瑞．亞當斯去倫敦參加和談會議。那場會議結束不到半年，貝爾就與貝爾法斯特的共和軍領袖爆發爭執，因為雙方對於麥康維爾死後是否該埋葬一事無法達成共識。休斯記得貝爾曾說：「把她幹掉後又埋起來有個屁用？根本就沒人知道她為什麼被處死啊！」他認為比起低調處理麥康維爾，還不如趁機殺雞儆猴，讓那些有意告密的人都打退堂鼓。在貝爾看來，若殺了人卻不把屍首拿出來展示下馬威，那麼他們殺人就只能是「純粹為了報仇雪恨」。

然而，貝爾的想法卻遭否定，而且正是遭傑瑞．亞當斯反對。

「你說亞當斯不接受這個做法？」老麥問道。

「沒錯，」休斯回覆道。

「他還下令讓麥康維爾被消失？」

「對，他下令把麥康維爾埋在土裡，」休斯說。休斯還推測，臨時派的成員發現麥康維爾是個抓耙仔，因此她必須得死，但麥康維爾是個女人，而且是守寡的單親媽媽，她的死訊若傳開來，那將嚴重損壞共和軍的名聲。因此最後大夥決定將麥康維爾祕密處死並讓她人間蒸發。休斯表示，共和軍的內部結構層級分明，究竟是誰准許了那次行動，人人心知肚明，毫無疑慮。「下令殺死那名女子的人只有一個，」休斯說。「現在那個賤人竟然是新芬黨的黨主席。」[20]

負責共和軍內部安全的「爆頭小組」於一九七二年仍未成立，因此亞當斯只能把珍．麥康維爾送往愛爾蘭的機密任務交給小派特．麥克魯的「無名隊」執行。他的祕密部隊成員負責把麥康維爾護送到刑場，而成員之一正是桃樂絲．普萊斯。

普萊斯是老麥的摯友。他們在《耶穌受難節協議》簽訂後一拍即合，並發現彼此都對於這樣的結果非常不滿。[21] 一九九〇年代中期，普萊斯一家移居都柏林，[22] 雖然普萊斯很喜歡那個城市，但她仍希望兩個兒子不會因此丟了他們原有的貝爾法斯特口音。[23] 她與史蒂芬．瑞爾岌岌可危的婚姻最終於二〇〇三年結束，[24] 但普萊斯仍繼續住在他們位於都柏林馬拉海德（Malahide）的大房子裡。馬拉海德位於都柏林郊外的北海岸，還算是個富裕的地區。普萊斯一天到晚都沉浸在過去的回憶裡，就連家中的牆壁也掛滿她年少輕狂、惡名昭彰時的「戰利品」，例如裱了框的報紙剪貼、褪色的老照片以及各種表現愛國的布條。[25] 儘管時隔多年，普萊斯仍無法以正常心面對食物。她會邀請客人到家裡享用下午茶，並準備新鮮的咖啡蛋糕，但她總會看著客人享用餐點，自己卻一口都不吃。「我並不特別愛吃東西。」普萊斯總是這樣和客人說。[26]

最後普萊斯夢寐以求的寫作生涯也是無疾而終。她沒有出版自己的回憶錄，而是選擇重返校園一陣子，並在都柏林三一學院（Trinity College Dublin）就讀法律系。[27] 普萊斯比同屆同學年長，個性古怪的她成天戴著顏色鮮艷的帽子去學校，上課時還會一臉疑惑地把頭歪一邊。她在發表意見時從不舉手，而且對她而言，上課最大的樂趣莫過於開玩笑地打斷老師授課。在普萊斯年輕的同學們眼裡，她根本就是個怪咖。

有一次，普萊斯走進女廁時發現裡面大排長龍。原來女廁正在進行整修，裡面有好幾間廁所的門已經拆掉了。「妳們在等什麼？」普萊斯問道。

「這些廁所都沒門呢，」在排隊的一名女生解釋道。

「一看就知道妳沒坐過牢！」普萊斯回她說，接著大步走向其中一個沒有門的隔間如廁。[28]

普萊斯尖酸、詼諧的個性一輩子都沒改變過，她就和酒一樣，釀得越久越有味道。但仔細觀察又會發現普萊斯似乎擺脫不了心魔，她覺得自己大半輩子都困在回憶的漩渦裡翻箱倒櫃，一個不小心就會挖掘出過去回憶的碎片。[29]普萊斯年輕時所經歷的風霜，包括她曾對自己和他人所做過的一切，都在她心裡揮之不去。[30]如今她的昔日戰友們都被創傷後壓力症候群糾纏，就連睡覺都會夢到數十年前那些傷天害理的事，他們從噩夢中驚醒時還會冒出一身冷汗。[31]至於普萊斯，好幾次她在開車時想抬頭看看後照鏡裡的兩個兒子，不料映入眼簾的卻是已故戰友喬伊．林斯基。[32]某天她在都柏林三一學院上課時，課堂上正在討論政治犯，普萊斯忽然生氣地站了起來開始一一列出那些共和運動獄中絕食抗議者的名字，說完便氣呼呼地離開教室，之後再也沒回去上課。[33]

《耶穌受難節協議》的簽訂對有些人來說象徵著一種背叛，而對普萊斯而言更是如此。「這種妥協的行為根本就和普萊斯一家的使命感背道而馳，」普萊斯的友人艾蒙．麥坎表示。[34]「桃樂絲受到的打擊比很多人還要大。」普萊斯曾親手引爆炸彈、搶劫銀行，也曾親眼目睹朋友死去，還差點賠上自己性命，只因她堅信如此大動干戈終究會換來北愛爾蘭的獨立，這是她與家人世世代代誓死捍衛的信念。「看看新芬黨這些作為，我寧願好好享受一頓好吃的早餐也不願浪費時間和他們同流合汙，」普萊斯在一個愛爾蘭廣播節目中透露。[35]「我們共和軍志士不僅要去送死，」她說，「還得去殺人，你知道嗎？」

心理學有個叫作「道德創傷」（moral injury）的概念，與一般創傷稍有不同，主要會影響退伍軍人如何面對自己在戰亂時期做出違背良心的行為。[36]普萊斯的道德創傷特別嚴重，她深深覺得共和運動最終妥協了，導致自己在面對以前做過的壞事時，連進行道德合理化的權利都被剝奪了。更糟的是，那個一手將共和運動推向求和之路的罪魁禍首，還是普萊斯的昔日好友兼指揮官傑瑞・亞當斯。過去普萊斯向來對於亞當斯的命令都言聽計從，如今亞當斯卻翻臉不認人，想和普萊斯以及整個共和運動的暴亂行為撇清關係。這讓普萊斯氣壞了。

二〇〇一年，在一場於梅奧郡（County Mayo）舉辦的共和運動紀念活動上，普萊斯竟起立表示她「實在無法忍受」聽到那些人否認自己曾是共和軍成員。[37]「傑瑞是我的指揮官好嗎！」普萊斯大聲嚷道。新芬黨一點也不欣賞普萊斯的直率，好幾次還有幾個凶神惡煞的男子上前請普萊斯安靜。[38]新芬黨限制言論自由的行為再明顯不過了，這對本就滿腔怒火的普萊斯而言根本是火上澆油。一九九〇年代，北愛爾蘭共和軍漸漸轉型並推動求和，同時也開始分裂並冒出一個個分支，有些還誓言要繼續拿刀動槍以達到目的。普萊斯偶爾會參加這些組織的聚會，[39]但她從未正式加入這些組織，[40]而是會質問他們：「回到戰亂日子對你們到底有什麼好處？」[41]

話雖如此，普萊斯仍無法放下過去。她的兩個兒子丹尼和奧斯卡都對政治不感興趣，普萊斯還調侃道，當她和兩個孩子分享自己年少輕狂的歲月時，她口中的種種事件對孩子而言，竟「與石器時代的歷史一樣古老且事不關己。」[42]一九九八年，北愛爾蘭發生一系列因宗派分歧而起的謀殺事件，普萊斯的丈夫史蒂芬・瑞爾曾表示：「大家對於陷入戰爭已經習以為常，根本無法想像沒有戰亂的日子會是怎樣。」[43]如今北愛爾蘭已迎來太平盛世，普萊斯卻遲遲無法習慣和平的日子。老麥創辦了一個名叫《毯子祕辛》（*The Blanket*）的線上期刊，投稿人都是一些對北愛爾蘭共和運動的發展抱有滿腔不滿的人，而普萊斯就是其中之一。普萊斯經常投稿到《毯子祕辛》，投稿內容大部分在撻伐亞當斯，例如她於二〇〇四年撰文表示：「傑瑞・亞當斯擔心引起民間恐慌，因此說法很隱晦，但他的意思是，他們終究會解散……共和軍終究會解散……那些槍支都會埋在水泥裡不見天日……有些人會踏入政壇謀得一官半職，其他人也都能安居樂業，有些人會為社區服務、有些人會開店、有些人會開計程車，偶爾會有敲詐或詐騙的事件發生，這就是世道。」[44]

普萊斯和布蘭登・休斯一樣，對於革命烈士被當成商品一樣消費感到非常憤慨。亞當斯曾表示，如果巴比・桑茲還在世的話，一定會義不容辭踏入政壇。「亞當斯說巴比一定會全力支持求和，」普萊斯寫道。[45]「我時常在想，如果我在布里克斯頓監獄裡如他們所預期的那樣壯烈犧牲，有誰會替我發言呢？他們口中的我又會如何讚揚《耶穌受難節協議》呢？」（後來桑茲的家人也開始厭惡新芬黨打著巴比的旗號到處募款，並要求新芬黨停止此一行徑。）[46]普萊斯還抱怨道，亞當斯在面對一些北愛共和派的特定群體演講時，會刻意提起普萊斯那一位聖人般的阿姨布萊荻。[47]普萊斯時常回憶起這場革命運動的點點滴滴，心裡不斷糾結著：難道我們殺人放火就只是為了走到今天這地步嗎？[48]難道我們犧牲性命只能換來這樣的結局嗎？這一切都是為了什麼？[49]普萊斯日有所思、夜有所夢，有時連做夢都會看到亞當斯。[50]

儘管如此，普萊斯的自身經歷還是讓她引以為傲。二〇〇三年，來自美國的泰拉・基南（Tara Keenan）拜訪普萊斯時，普萊斯對這名研究生說：「我認為我所做的一切都讓世人看見，為了堅守內心的信念，哪怕一個人再平凡都有可能在身體和精神層面上不斷突破自我。」聽了普萊斯這番話，不知情的人還會以為她曾經是三鐵運動員而非準軍事組織的成員呢。「一個凡人做出了不同凡響的事，」普萊斯繼續說。「這就像一個母親看到孩子遇到危險時，為了救孩子連車子都抬得動一樣。我們誰都不知道自己的能力極限在哪裡。」[51]

老麥和普萊斯提起自己正進行「貝爾法斯特口述史研究計畫」，普萊斯隨即表示自己願意受訪。兩人約在普萊斯家裡進行訪談，一聊就是好幾個小時，而老麥的錄音機也不停地錄。普萊自豪地聊起自己的原生家庭世世代代都為愛爾蘭的獨立運動犧牲奉獻，也談到她十幾歲時因當時盛行的民權運動而變得越來越激進。此外普萊斯還提到她在倫敦執行任務引爆炸彈的事，以及事後坐牢多年和絕食抗議的過往。

普萊斯曾在他們一次訪談開始之前表示，她想討論自己在珍・麥康維爾的失蹤案裡扮演什麼角色，但最終被老麥一番說辭勸退了。「貝爾法斯特口述史研究計畫」之所以邀請老麥與受訪者進行訪談，是因為老麥的身分一點也不中立，他甚至與受訪者都來自同一個族群，經歷過同一段歷史事件。普萊斯是老麥的好友，那年老麥與妻子凱麗的婚禮上，普萊斯穿著一身閃亮的金色禮服，還把手搭在布蘭登・休斯的肩上合影。老麥的兒子出世後，普萊斯還答應認他當乾兒子。如今，普萊斯宣布自己已做好準備，抖出這個北愛爾蘭問題爆發以來最駭人的祕密，老麥發現自己在打開錄音機前居然有幾分猶豫。「身為史學家，我很樂意得到這些資訊，」他向普萊斯坦言。「但身為朋友，我不得不提醒妳，妳還有孩子，一旦妳承認自己參與了珍・麥康維爾的失蹤案，妳就會和《聖經》的該隱一樣背負殺人罪，兩個兒子也會被指指點點。」（譯按：這段稍微改寫；該隱殺了人，但桃樂絲的兒子們沒有，殺人的是她自己。）[52]

老麥按下按鈕開始錄音的那一剎那，普萊斯改變心意決定不將她的故事公諸於世。後來老麥將桃樂絲・普萊斯的訪談音檔和文字稿都標上英文字母H，也就是普萊斯的專屬代號，並寄回波士頓學院。在這些檔案裡，普萊斯對珍・麥康維爾的事件隻字未提。

「我有點失望，」後來老麥說。「她居然把我的告誡聽進去了。」

■

i・譯註：冷戰時期柏林（包括西柏林與東柏林）曾是西方強權與蘇聯集團所屬間諜組織的兵家必爭之地。

ii・譯註：一九五六到一九六二年之間愛爾蘭共和軍發起的軍事行動，一般通稱「邊境戰爭」（border campaign），代號「收穫行動」（Operation Harvest）。

# 第二十三章　沼地女王

有泥炭沼地的地方就一定會看見傑夫・納布佛（Geoff Knupfer）的身影。納布佛是一名退休的英格蘭警探，他擁有彷彿能看透人心的藍色雙眸，臉上的鬍子則修剪得乾淨俐落。他到愛爾蘭尋找遺體時都身穿一件搶眼的亮橘色的反光外套，在泥炭沼地紫色的石楠花和苔綠色的草地陪襯下，納布佛顯得格外顯眼，猶如燈塔一般。納布佛曾在曼徹斯特擔任警探，最後熬到刑事偵緝警司（detective chief superintendent）的職位才退休。三十年以來，納布佛負責偵辦各種搶劫與謀殺案，過程中他發現自己有個「過人之處」——他特別擅長挖掘出人類遺骸。[1]

曼徹斯特的「泥炭沼地凶殺案」（Moors Murders）是當地有史以來極為駭人聽聞的謀殺案之一，凶手是一對名叫麥拉・辛德利（Myra Hindley）和伊恩・布雷迪（Ian Brady）的瘋狂情侶檔，兩人於一九六三至六四年間殺害了五名當地兒童，並將受害者的屍體埋葬在郊區的泥炭沼地裡。最初警方只找到兩具屍體，但在距離案發時間二十多年的一九八六年，案情突然有了轉機。那一年納布佛結識了被判無期徒刑的麥拉・辛德利，正在服刑的辛德利答應幫助納布佛尋找其他受害者的遺體，並搭乘警用直升機到泥炭沼地協助警方的搜尋行動。健康欠佳的辛德利拖著過重的身子步行在凹凸不平的泥炭沼地面上，每一步都走得非常不穩，幸好有納布佛扶著她走過那片遭強風侵襲的沼地，搜尋團隊才終於找到寶琳・瑞德（Pauline Reade）的遺骸。[2]瑞德遇害時年僅十六歲，遇害當天她正要出席一場舞會，路上卻慘遭辛德利和布雷迪下毒手，不幸身亡。瑞德的屍體因在泥炭裡埋葬數十年而保存得非常良好，好到讓人毛骨悚然。然而，納布佛表示，在遺骸重見天日、接觸到空氣的那一瞬間，「我們只能眼睜睜看著她開始腐化。」[3]

納布佛在這方面表現亮眼，後來也加入愛爾蘭「被消失人口」的搜救團隊，在愛爾蘭展開搜尋行動。一九九九年四月，為推動英國與愛爾蘭之間的和平進程，兩國政府共同成立了「尋找被害者遺骸獨立委員會」（Independent Commission for the Location of Victims' Remains）。縱觀歷史，為逝者舉辦葬禮是人類文明非常注重的習俗，可追溯到古希臘、古埃及，甚至更久遠以前的古文明時期。有些人選擇讓親人入土為安，有些人則選擇用火葬送親人最後一程，但無論選擇為何，都能看見人類本能地刻意為死亡增添儀式感。但那些在戰亂中「被消失」的人都死生未卜，這對他們的親友而言最殘忍不過了，因為不確定親人是否還在世而無法好好向他們道別，只能一輩子都停滯不前。

阿根廷、智利籍作家艾瑞爾・多夫曼（Ariel Dorfman）曾寫道：「我們無法悼念一個還未死去的人。」[4] 智利前獨裁者皮諾契特（Augusto Pinochet）的軍事政權執政期間，憑空消失的人數超過三千人，[5] 而在阿根廷，遭受同樣命運的民眾可能高達三萬人。[6] 至於土地面積較小的北愛爾蘭，當地的「被消失」人口則相對少了許多。據「尋找被害者遺骸獨立委員會」調查顯示，北愛問題爆發期間，共有十六人「被消失」，[7] 就連這項數據都足以反映這個地方有多小。在其他經歷相似的國家裡，被埋在未留名墓地的總人數甚至在民間引起爭議，還掀起一股討論熱潮。反觀北愛爾蘭，受害者人數則少得可在信封背面一一列出：[8] 喬伊・林斯基、薛穆斯・萊特、凱文・麥基、珍・麥康維爾、彼得・威爾森（Peter Wilson）、艾蒙・莫洛伊（Eamon Molloy）、科倫巴・麥克維、羅伯特・奈拉克、布蘭登・麥格羅（Brendan Megraw）、約翰・麥克勞瑞（John McClory）、布萊恩・麥金尼（Brian McKinney）、尤金・賽門斯（Eugene Simons）、傑拉德・伊文斯（Gerard Evans）、丹尼・麥克隆（Danny McIlhone）、查理・阿姆斯壯（Charlie Armstrong），以及薛穆斯・魯迪。要列出死者的名字並不困難，真正的挑戰在於找到他們的遺骸。

調查員開著車在地方小路間穿梭，還與當地居民會面，其中包括當過槍手的人、調酒師、農民和神職人員等等。調查員的請求很簡單，那就是：聽到什麼、記得什麼，都告訴我們吧。請幫助我們找到這些遺骸。當年政府推出法案成立「尋找被害者遺骸獨立委員會」，這項法律同時也能保障知情人士的部分權益，確保他們在有限範圍內得到法律豁免權，可免於起訴。

一九九九年春天的一個早上，成立獨立委員會的法案才通過不到一個月，就有兩名神父在警方的陪同下前往一座位於鄧多克郊區的中世紀墓園。他們走到墓園裡一個安靜的角落，並在那裡的杜鵑花叢底下找到一副全新的棺材，看似是有人匆匆忙忙將棺材丟棄在墓園裡的。[9]這副棺材裝的是艾蒙・莫洛伊的遺體，莫洛伊是英軍的線人，在一九七五年遭共和軍殺害時年僅二十一歲。[10]看來似乎是有人將莫洛伊的遺骸挖出來並裝進這副棺材裡，再連夜把棺材丟在墓園裡。

莫洛伊的家屬領了他的遺體並替他辦了喪禮，讓他再度入土為安。不久後，有位神父在新聞上得知莫洛伊的消息後便找上他的家人，說是有事要和他們說。這位尤金・麥考伊神父（Eugene McCoy）向莫洛伊的家屬透露，二十五年前的某一天晚上，他驚聞一群男子突然敲他家的門。那群男子把麥考伊帶到勞斯郡（County Louth）一個偏僻的地方，[11]那裡有一間移動式住屋，麥考伊進去後發現一名男子被綁在床上，那正是艾蒙・莫洛伊。他們打算在當晚殺了莫洛伊，但莫洛伊請求他們讓他在死前向神父懺悔。麥考伊離家時太匆忙，竟把玫瑰念珠落在家裡。這時，一名看似是這個行刑隊老大的男子掏出自己的念珠遞給麥考伊並說：「用我的吧。」

被綁在床上的艾蒙・莫洛伊感到驚駭不已。他深知自己即將離開人世，並請麥考伊神父替他把遺言轉告家人：請您轉告他們，我不是抓耙仔。事實證明那不是真的。[12]後來眾所周知，莫洛伊的確是英方的眼線，不過他臨死前的遺願是希望家人能夠從麥考伊口中聽到他不是。北愛問題爆發期間，神職人員往往須面對道德上的兩難，但他們未必都能做出正直的決定。那天晚上，麥考伊神父在離開那間移動住屋後，並未去尋找莫洛伊的家人替他轉告遺言，甚至也沒去報警。[13]

艾蒙．莫洛伊的遺體重見天日一個月後，「尋找被害者遺骸獨立委員會」又在莫納亨郡的沼澤地挖出兩具屍體，分別是布萊恩．麥金尼與他的朋友約翰．麥克勞瑞。當年兩人偷了共和軍的槍支後還搶了一間酒吧，隨後便遭共和軍下毒手。[14]布萊恩的母親瑪格麗特．麥金尼（Margaret McKinney）在兒子失蹤後，不斷致力於為「被消失」人士的親屬爭取權益。至於麥康維爾一家，那年夏天某日，孩子們都聚集在庫利半島（Cooley Peninsula）勞斯郡的海灘上——看來受害者遺骸的搜尋行動似乎有所進展。那片海灘距離貝爾法斯特約五十英里（譯按：約八十公里），沙灘上的岩石長年飽受海風侵蝕，漸漸變得歪七扭八，整體環境看似荒涼，令人心生孤寂。共和軍託人帶話，表示珍．麥康維爾的葬身地就在那片海灘上，隨後一台台挖土機拖著龐大的車身在海灘上移動，它們彎曲的機械手臂不斷挖出一堆堆土石，而且動作笨拙，看起來就像史前生物一樣。[15]現場的警察都身穿螢光色的反光外套並各自拿起氣鑽、十字鎬、鏟子、耙子等工具開始動工，而麥康維爾家的孩子則在一旁守候。

對這一家的兄弟姐妹而言，能夠在海邊齊聚一堂也算是團聚，但有些人反倒覺得很不自在。麥康維爾家的孩子們年紀輕輕就喪母，隨後國家想方設法試圖拆散他們，卻遭到他們極力反抗。他們彷彿早就知道，一旦分開或許就再也無法像小時候一樣團結了。後來大家各奔東西，但偶爾還是會互相聯絡。多年後他們再次團聚，盼望著能夠盡快找到母親的遺骸，然而，今非昔比，有些孩子甚至已經忘了該如何與兄弟姐妹相處才像一家人。[16]儘管如此，歲月風霜卻無法磨滅一件事：麥康維爾家的孩子簡直是一個模子刻出來的。他們大部分都遺傳到母親細長的臉蛋、高凸的顴骨和薄薄的櫻桃小嘴。不過如今才三、四十歲的他們，看上去卻比實際年齡更蒼老，神情憔悴，兄弟們的手臂都紋滿藍黑色刺青。他們兄弟姐妹聚在一起時顯得易怒、暴躁，而他們談到母親時，都習慣說「『我』母親」，好像自己是獨生子女一樣。[17]

當年珍．麥康維爾遭綁架時，兒子吉姆年僅六歲，在日後的歲月裡，他進出監獄已是司空見慣的事。[18]至於亞契，他和部分兄弟姐妹一樣酒癮纏身且脾氣暴躁。[19]他表示：「如果有人說錯話，我會立刻發飆。」他還說：「如果他說話戳到我痛處，那就別怪我抓狂了。」這些孩子不曾接受過心理輔導，因此他們根本沒有機會學會消化內心的悲痛與憤怒。他們一想到愛爾蘭共和軍就氣得發抖，不僅因為共和軍害他們母親「被消失」，更是因為共和軍竟然認為母親是英軍的眼線。母親離世不久後，孩子們周遭的人就開始東家長西家短的，說母親因為向英軍通風報信才遭處死。這些孩子年紀輕輕就喪失雙親，還被送到以嚴肅尖刻、性掠奪風氣聞名的愛爾蘭孤兒院活受罪。他們要經歷這些就已經夠悲慘了，還要一輩子背負著社會對他們的偏見，簡直是雪上加霜。

共和軍的代表於前一年就向海倫坦誠，她母親的死是他們臨時派成員所為。[20]到了一九九九年春天，共和軍在一次聲明中表示珍．麥康維爾「親口承認自己是英軍安插的眼線。」[21]共和軍終於鬆口承認麥康維爾遭殺害一事，也有望協助尋找她的遺骸，雖然這讓孩子們都感到很是欣慰，但他們堅持反對母親生前是英方眼線的說法。[22]在他們看來，母親既是新教徒又是寡婦，卻居住在民族主義盛行的天主教徒社區，又恰逢國內因教派分歧而引起的鬥爭，在這種緊張的氛圍底下，一些思想狹隘、滿懷仇恨的族群很有可能把麥康維爾視為眼中釘。麥康維爾遇害前曾在黑嶺公寓照顧一名受傷的英國士兵，後來有人在麥康維爾家大門上用油漆塗寫「英國佬情婦」幾個字，不禁令人聯想到美國小說《紅字》（*The Scarlet Letter*）裡，象徵淫婦的紅色烙印。麥康維爾的孩子時常把這個故事掛在嘴邊，吉姆還回憶起他一生都遭外界殘酷地排擠，並

留守在海邊的麥康維爾家兄弟姐妹：亞契、麥可、吉姆、蘇珊、海倫、羅伯特、艾格妮絲和比利
（Paul Faith/PA Images/Getty）

表示：「我常和那些說我母親是抓耙仔的人打起來。大家連看都不肯看我們一眼，我們一走進酒吧，他們就把位子讓給我們，我們就在那裡自得其樂。」[23]

如今孩子們最想做的就是還母親一個清白。亞契懷疑母親遭殺害是因為共和軍誤把她當成別人了。[24]當年共和軍正在尋找一名疑似潛伏在黑嶺公寓的臥底女性，亞契認為他們有可能抓錯人了。麥可則對母親可能是臥底一事表現得嗤之以鼻。在他看來，那時父親才剛罹癌過世不久，母親膝下還有十個孩子，她因過勞而鬱鬱寡歡，精神狀況更是每況愈下。[25]母親每天都躲在公寓裡抽菸，在帶小孩之餘還要兼顧手洗衣服等家事。像這樣一名婦女又能提供什麼情報呢？針對母親有可能已經招供的說法，海倫則表示：「在他們嚴刑拷打下，她不是被屈打成招才怪。」[26]

挖土機每天都在泥土裡翻找，但始終不見珍．麥康維爾的蹤影。有一次，調查人員翻出一具屍骨，讓眾人十分激動，但他們很快就感到失望了，因為那其實是一隻狗的骨骸。[27]久而久之，大家都變得緊張兮兮，而好心的當地居民也開始帶著熱騰騰的飯菜到挖土現場供麥康維爾家的孩子享用，還有人送了他們一大箱的香菸。[28]

「我們要把她埋在哪裡？」有一天麥可突然問手足們。[29]

「貝爾法斯特西區，」海倫回他說。「那些人殺了媽，是他們害我們沒有媽媽。」海倫想要把母親埋葬在米爾敦公墓，那裡主要安葬一些支持共和運動的人，海倫還想在母親的墓碑上刻上這些字：珍．麥康維爾遭愛爾蘭共和軍綁架與殺害後於此地長眠。[30]

雖然麥康維爾家的小孩都和海倫一樣感到憤憤不平，但他們終究不敢輕易得罪那些臨時派成員。吉姆表示：「針對共和軍做過的事，我們不予置評，反正大家心裡有數。」他還說：「我們社區的民眾都以共和派支持者居多，我們都不想惹麻煩。當年那些人都幹了哪些好事，他們一輩子都要為此受折磨。我覺得是時候原諒他們了。」[31]

「我不知道你們是怎麼想的，反正我不可能原諒他們，」比利毫不客氣地說。「我無法原諒那些王八蛋所做過的一切。」

麥可・麥康維爾只能眼睜睜看著大家爭吵，有時還會捲入其中，這讓他心裡非常難受。他坦言：「原以為發生這種事會讓我們更團結，沒想到反而害我們更疏遠了。」[32]

在共和軍圈內，這些「被消失人口」已成為一種政治包袱，是共和軍成員的奇恥大辱。[33]一九九五年，美國總統柯林頓還特地向傑瑞・亞當斯和新芬黨施壓，他表示：「至今仍有許多家庭無法好好向他們的親人道別或到他們墳前祭拜，他們失散多年卻遲遲未能團聚。是時候成全他們一家人團圓的心願了。」[34]一九九八年，共和軍元老兼亞當斯的親信巴比・史托瑞（Bobby Storey）開始拜訪一些前臨時派成員，並詢問他們是否還記得當年珍・麥康維爾發生了什麼事。[35]他找上當年支持將麥康維爾的屍首棄於街上的艾佛・貝爾，也找上桃樂絲・普萊斯。普萊斯不敢相信亞當斯竟派人問她麥康維爾究竟怎麼了，她奉勸史托瑞，若想知道真相，不妨「去拜訪傑瑞。」[36]

事實上，那段期間亞當斯正巧與麥康維爾家的孩子會面。一九九五年，他帶著一幫貼身保鏢到海倫與丈夫薛穆斯的家拜訪，海倫心想，亞當斯「看起來就像大明星一樣。」亞當斯和麥康維爾家的孩子一樣，從小在九個兄弟姐妹的陪伴下長大。雖然亞當斯嘴上表示哀悼，但海倫發現他並不敢直視她的雙眼。[37]此外，亞當斯在拜訪麥可時也表示：「無論如何我都要為整個共和運動對令堂所做過的事表示歉意。」[38]亞當斯最拿手的招數就是以這種避重就輕的方式推卸個人責任，畢竟正如他所言，他不曾加入過共和軍。亞當斯甚至向一家報社透露：「這些人都是二十五年前當地戰火最激烈時遇害的。戰亂期間總會發生一些很糟糕的事。」[39]

亞當斯與麥康維爾家的孩子會面初期就明確表示，自己在珍・麥康維爾失蹤時有不在場證明。他說：「她失蹤時我剛好在坐牢，真是謝天謝地。」[40]然而，這並非事實。實際上，亞當斯於一九七二年六月出獄參加倫敦的和平談判，而麥康維爾則在同年十二月遭綁架。亞當斯再次被關押已經是隔年七月。事情曝光後，亞當斯表示：「請不要斷章取義，我只不過是把日期搞錯罷了。」[41]

亞當斯找上麥康維爾家的孩子並承諾會將他們母親的案子查得水落石出，彷彿整起事件是個天大的謎題。此行為讓布蘭登・休斯感到十分震驚，他曾在一次「貝爾法斯特口述史研究計畫」的訪談中向老麥坦言：「他去拜訪那女人的家人，還答應要調查她的失蹤案，但那女人會被處死，他媽的，就是那傢伙親口下的令！你說這有天理嗎！」[42]休斯還說，這種事只有「卑鄙無恥又不擇手段的魔鬼」才做得出來。

事實上，這些受害者遺骸的搜尋行動似乎比預期中更耗時。「共和軍有辦法在星期五就將那名受害者的遺體找出來還放進棺材裡，」海倫的丈夫薛穆斯在當局找到艾蒙・莫洛伊的屍體後說道。「那他們就該過來幫幫我們啊。」[43]但並不是每一座祕密墳墓都那麼好找，這些墳墓之所以沒做任何記號，是為了讓它們融入當地風景，好隱藏它們的存在。然而，隨著歲月流逝，不僅是人們歲數增長、記憶跟著淡去，就連當地的地形也在歷經風霜後有所變化。[44]或許在有些人的記憶裡，當年有位受害者就埋在某個糧倉附近，但這個糧倉很有可能在數十年前就遭拆除了，而在一九七〇年代有些地方種了一排排的小樹苗，如今卻可能已經長成一大片樹林了。對此，臨時派發布聲明表示：「共和軍的領導階層在處理此事向來責無旁貸，絕無怠慢。」文中還提到搜尋行動受到歲月流逝的百般阻撓，字裡行間流露出該組織的強烈防衛心。

麥康維爾一家在其他與他們命運相同的家庭身上得到一絲慰藉。他們好幾戶人家都是「海浪創傷互助協會」（WAVE Trauma Center）的成員，時常聚集在一起成為彼此的支柱，一起度過親人「被消失」後的日子。

有些成員的遭遇根本不是筆墨所能形容，例如在凱文・麥基失蹤後，他的母親瑪利亞（Maria McKee）便開始出現精神錯亂的現象。瑪利亞有好幾次在半夜將其他正在睡夢中的孩子吵醒並幫他們穿上大衣，再逼他們出門找凱文，但他們每一次都空手而歸。[45]瑪利亞還會騷擾左鄰右舍，並用力敲打鄰居家的門大喊：「我兒子在哪？你對凱文做了什麼？」[46]有時瑪利亞則會準備一盤食物並告訴孩子們：「這些是留給凱文的，快放到保溫櫃裡。」[47]彷彿凱文只是出門跑個腿，不久後就會回家似的。

後來警方在搜查麥基一家的住處時找到一把槍，瑪利亞因此遭逮捕，還在阿爾瑪監獄裡待了幾個月。當時普萊斯姐妹也在同一所監獄裡服刑，瑪利亞還讓桃樂絲幫她梳理頭髮，而她卻不知道，原來把她兒子載到愛爾蘭去槍斃的人正是這個女人。[48]在當局找到艾蒙・莫洛伊的遺體後，瑪利亞便現身其喪禮上，並幻想那場告別式是為她兒子所辦，然而，事實證明她一生都沒等到兒子遺體被尋獲的那一天。[49]不過瑪利亞的家人與親戚都不曾忘記過凱文，還堅持把家中孩子取名為「凱文」以表示緬懷。無論是凱文的長輩、同輩或晚輩，似乎只要家裡添丁，都會取名叫「凱文」。[50]

愛爾蘭風景的一大特點在於放眼一望，到處都是泥炭沼地。泥炭沼地底下有一層濃厚的酸性沼土，因而形成不透氣的缺氧環境，並有益於防止有機物體腐爛。這意味著人們時不時就會在泥炭沼地裡翻出愛爾蘭的歷史文物，像是泥炭採收人員偶爾會在土裡翻出古人留下的下顎骨、鎖骨，甚至是一整副完好的屍首。[51]這些歷史文物都保存得非常良好，並且可以追溯至幾千年前，甚至到青銅器時代。這些受害人似乎都在生前淪落為祭祀儀式中的祭品，而且還在臨死前慘遭殘暴的待遇。一般來說，這些受害人都是被逐出當地的社交圈子後遇害並埋在地裡，時隔多年他們重見天日，無論是頭髮或皮革般的肌膚，都保存得完好無缺。一九七〇年代，北愛爾蘭衝突正進行得如火如荼，那時詩人薛穆斯・希尼在看了一本出版於一九六九年的書後，開始對這些沼澤木乃伊（bog people）深感興趣。[52]那本書探討了在日德蘭半島（Jutland）泥炭沼地裡挖掘出的幾具沼澤木乃伊，那些木乃伊似乎都在生前被當作祭品供奉。在書中的照片裡，他們裸露著彎曲的身體，有些人還遭割喉，這讓希尼聯想到從古至今在愛爾蘭流傳的一些「野蠻的儀式」。[53]後來希尼提筆寫了一系列描述這些沼澤木乃伊的詩，其中包括〈沼地女王〉（Bog Queen），這首詩的敘述者是一名埋在土裡多年的女性，文中描述這具屍體被挖掘後的心聲：「吾髮遭修剪／吾身無遮掩／全因一把除草鐮。」[54]

希尼從小就在自家農場採收泥炭長大，他曾說愛爾蘭的沼澤「記載了地底下與地上發生的每一件事。」[55]儘管共和軍「替天行道」的行為遭到廣大民眾唾罵，但實際上縱觀愛爾蘭歷史卻能發現，當地人民「被消失」的事件早在數十年以前就頻頻發生。[56]一九二〇年代，愛爾蘭獨立戰爭爆發後，舊共和軍也濫用私刑，硬生生讓人民人間蒸發。確切的受害人數至今仍無從得知，[57]因為時不時還會找到更多受害者的遺骸，這些骨骸在泥炭裡長眠多年，以至於染上了泥炭的深棕色，乍看之下還會誤以為是樹根，完全看不出是人類遺骸。

在庫利半島的海灘上，一台台挖土機花了五十天的時間挖了一個和奧運泳池一樣大的坑。麥康維爾家的孩子每天都在海邊等候，他們盼望能夠在土壤裡找到一些蛛絲馬跡，哪怕是一顆紐扣、一根骨頭、一隻拖鞋，甚至是母親生前一直別在衣服上的尿布用安全別針也好。有時到了夜晚，他們兄弟姐妹會坐在溫暖的車內眺望著顏色漸漸暗沉的愛爾蘭海，欣賞浪花撞擊沙灘的景象。[58]那次的搜尋行動最終喊停，似乎是因為共和軍在提供珍．麥康維爾墳墓的座標時出了錯。聽到消息時，艾格妮絲臉上的睫毛膏都伴隨著淚水花了，她含淚表示，當年母親被抓走時，「他們就把我們當笑話看了，現在我們又要成為他們的笑柄了。」[59]

後來麥康維爾家的兄弟姐妹都紛紛離開海灘。他們分道揚鑣各自回到自己的家，然而，到處都是母親的蹤影。雖然他們無從得知母親的死是由誰在幕後指使，也不知道母親最終死在誰的手裡，但他們卻記得那一年十二月某晚，闖入他們家中將母親強行帶走的那些年輕鄰居的面孔。那幫人早已長大成人，有些還已經結婚成家了。但造化弄人，有些麥康維爾家的孩子都已經忘記母親生前長什麼樣子了，甚至只能靠僅存的一張照片回想母親的容貌，然而，他們卻能夠一眼就認出當年把母親帶走的那些人。[60]有一次，海倫和孩子們到麥當勞用餐，不巧撞見當年把母親抓走的其中一名女子，那名女子也和家人在一起，還對海倫嘶吼，叫海倫別煩她。[61]

又有一次，麥可在福斯路攔下一輛黑色計程車，上車後抬頭卻發現司機竟是當年把母親帶走的其中一名男子。後來這輛計程車還是照常上路，只是車裡的兩人都相對無言。麥可不知道自己還能說什麼，便選擇沉默，而車子到達目的地後，他也照常把車費遞給那名男子。[62]

# 第二十四章　撲朔迷離的騙局

二〇〇二年的聖派翠克節晚上，一幫歹徒坐在車子裡緩緩開向卡色累軍警聯合行政區（Castlereagh complex）的鐵門。他們三人穿著一身筆挺的西裝，彷彿有正事要辦似的。時間是晚上十點，這時貝爾法斯特東區靜悄悄的，而向來戒備森嚴的軍警聯合行政區也僅有二十來人在執勤。[1]那天晚上，崔佛．坎貝爾並不在警局裡，他與各種準軍事組織的成員過招數十年，終於要準備金盆洗手享受退休人生了。[2]更何況，坎貝爾曾任職的皇家阿爾斯特警隊早在四個月前就因為《耶穌受難節協議》的規定而不復存在，更名為宗教立場稍顯中立的「北愛爾蘭警務處」（Police Service of Northern Ireland）。[3]新成立的警務處立志在聘雇員工上達到多元共融的目標，並沖淡北愛爾蘭警方向來濃厚的新教色彩。

儘管如此，卡色累軍警聯合行政區仍看起來像是戰區的前進作戰基地。[4]那裡高聳的圍牆上方還有帶刺的鐵絲網當「點綴」，種種因素導致卡色累軍警聯合行政區成為全歐洲戒護程度極高的地方之一。那三個歹徒在鐵門外面不疾不徐地亮出證件，[5]警衛看到他們手持軍人識別證便揮手讓他們進去。事實上，進出那裡的人除了英國警察以外還有軍人，以及一些為情報單位效勞的匿名人士，因此人員組成比一般地方警察局複雜多了，警衛根本記不住每一位員工的臉孔。卡色累軍警聯合行政區向來防備嚴密，而且區內警察與軍人無處不在，只有傻子才會試圖私闖那種地方。被關押在卡色累拘留所的人個個都下場淒慘，因此每個準軍事組織成員都是想著要怎樣逃離那裡，而不是設法進去：因此壓根沒有人想過那裡竟然會遭外人入侵。那三個歹徒走到櫃檯並再次掏出證件，值班的警衛漫不經心地揮了揮手並讓他們進入大樓。

三人走過一條條走廊，他們腳步沉穩、目標明確，可想而知那次行動規劃得十分縝密。那次行動鎖定的是「二二〇號辦公室」：貝爾法斯特二十四小時全天候的祕密情報大本營，城裡數以百計的臥底和線人都可撥打指定的熱線給警方、軍方甚至是軍情五處的專責聯絡窗口。然而，二二〇號辦公室恰巧正在進行裝修，因此工作人員早已移至別處辦公了，不過這消息歹徒們早就知道了。

那天晚上僅有一名情報小組警官在二二〇號辦公室的臨時辦公處值班，其主要任務是顧好辦公室內的電話。值班期間，該位警官聽到有人敲門，不假思索便把門打開，但他即刻感到下巴被用力打了一拳，馬上倒地。三個歹徒迅速用膠帶封住警官的嘴，並以布袋套住他的頭，再把他的手腳綁在一張辦公椅上。之後歹徒還為警官戴上耳機，再用隨身聽往警官的耳裡大聲播放音樂。[6]歹徒拿起桌上的鑰匙，打開房裡的抽屜和檔案櫃，開始翻找裡面的文件。他們時不時還會去檢查警官是否還有脈搏，以及呼吸是否正常，但這個舉動也只維持了一下，後來歹徒就索性不管了。警官戴著耳機、雙眼遭蒙蔽，實在是無從得知歹徒是否還在辦公室裡，但最終他還是試著扭動身子掙脫，然而，當他成功擺脫眼罩時，卻發現櫃子已經被掃蕩一空，而那幫小偷早就逃之夭夭。這些歹徒偷走的筆記本和資料夾都藏著許多機密資料，例如潛伏在共和軍和其他準軍事組織裡的臥底所使用的代號等資訊，可謂極其寶貴。那天晚上，歹徒在所有人的眼皮底下逃離了那棟樓，所幸他們不小心掉了一枚領針，那是整起案件的唯一線索。[7]領針上面寫著「救救 RUC 吧」幾個字（譯按：RUC 是「皇家阿爾斯特警隊」的縮寫），至於歹徒別上這個領針是為了喬裝潛入卡色累軍警聯合行政區還是為了諷刺那裡頭的人，那就無從得知了。

無論如何，歹徒三人一定是吃了熊心豹子膽，才敢在不穿戴面罩且手無寸鐵的情況下，明目張膽地走進貝爾法斯特反恐行動的大本營，還帶著一大疊機密文件逃離現場，滿載而歸。可想而知，警方馬上亂了陣腳，[8]並立即聯絡其底下的線人，告知他們臥底的身分有可能已曝光。此外警方也須協助這些線人逃亡，後來竟有三百餘人被重新安置。案發後，共和軍成為頭號嫌疑犯。一名從事保全行業的消息人士向BBC新聞透露，那次的偷竊行動違反了和平共識，因此已構成「戰爭行為」。[9]對此共和軍表示否認，還反駁說那起事件根本就是卡色累軍警聯合行政區的內鬼自導自演。外界普遍拒絕共和軍的說法，並認為共和軍才是幕後黑手，不過該行政區內部人員似乎確實有和作案歹徒裡應外合的嫌疑。隨後一名該行政區的男性廚師被帶去偵訊：[10]這廚師是丹尼斯・唐納森（Dennis Donaldson）的友人，而唐納森正是任職於北愛爾蘭斯托蒙議會大廈（Stormont）的新芬黨官員兼前共和軍領袖。據一則新聞報導猜測，卡色累軍警聯合行政區之所以遭入侵，有可能是為了揭開「某位線人的廬山真面目。」這個人「是英國警方的眼線，在所有潛伏於臨時共和軍的臥底當中，他的地位之高可說是數一數二，堪稱臥底界的傳奇人物。」[11]這則報導也透露，該位線人的代號是「牛排刀」（Steak Knife）。

多年以來一直有謠言指出，共和派領導高層中就藏著某名英方的臥底，後來還爆出這個臥底的代號，不過確切稱呼卻疑雲重重，有些人認為他叫做「牛排刀」，也有些人認為他是「凶刀」（Stakeknife 或 Stake Knife）。雖然臥底的確切代號眾說紛紜，但唯一不變的是，他在人們口中絕對是個危險人物，他猶如致命的短劍——一把可以直接捅進共和軍要害的匕首。[12]甚至在一九九九年還有一篇報導表示，「凶刀」在英方成立於阿爾斯特省的情報網路裡，彷彿「皇冠寶石」一樣珍貴。[13]

後來這個謠言也傳入桃樂絲・普萊斯耳中。二〇〇三年三月，普萊斯在都柏林的家中對訪客說：「你知道嗎，現在大家都在討論『凶刀』這個人，就是那個一等一的臥底啊。聽說他在共和派圈子裡地位非常高，但我不知道他的真實身分就是了。」[14]桃樂絲坦言，雖然有時她在氣頭上會開玩笑說「凶刀」就是傑瑞・亞當斯本人，但她「並不認為他真的是『凶刀』」。

共和派一想到「凶刀」有可能真的潛藏在他們當中就心生恐慌，他們甚至懷疑這一切是英方故意造謠以打擊共和派大夥的士氣。冷戰時期，美國中情局（Central Intelligence Agency，簡稱 CIA）官員詹姆斯・耶穌・安格頓（James Jesus Angleton）深信其部門藏著一名俄羅斯安插的臥底，並耗費多年想把臥底揪出來，然而，最後不但徒勞無功，還連累中情局無法有效地執行任務。[15]後來，事實證明安格頓一直都在捕風捉影。安格頓為了揪出藏身於中情局的「臥底」而變得疑神疑鬼，還曾表示從事防諜工作就猶如置身「一片鏡海中」。由此可見，沉迷於捉臥底的行為可使人陷入瘋狂絕境，甚至是自我毀滅。爆頭小組的佛萊迪・史卡帕蒂奇和隊中夥伴們為共和軍效勞多年，期間他們抓走不少涉嫌向英軍通風報信的可疑人物，並在完成審問後將其處死，以致一九八〇至一九九四年間，因涉嫌與英方合作而遭共和軍處死的受害人數竟超過四十人，[16]他們在遇害後還毫無尊嚴地遭棄屍。雖然許多受害者生前的確曾與英國政府合作過，但事實上卻也有人含冤而死。[17]後來共和軍還承認，有些死在爆頭小組手裡的受害者根本就不是英軍的線人。然而，儘管被丟棄在郊區馬路邊的受害者屍體與日俱增，但共和軍始終無法徹底剷除英軍所安插的眼線與臥底。共和軍深受困擾，像是他們的祕密武器庫經常被英方發現，抑或他們在出任務時一直慘遭暗算。無論爆頭小組幹掉多少可疑人物似乎都沒用，因為共和軍內部總是藏著殺不完的內鬼，他們根本防不勝防。

當年布蘭登・休斯出獄後，一個名叫喬伊・芬頓（Joe Fenton）的共和軍合作夥伴找上他，還說可以為他提供住宿。[18]芬頓表面上是個在福斯路上班的房仲，但暗地裡的他實為英軍的臥底，[19]主要任務是為共和軍成員提供可用於藏身的「安全屋」，而這些安全屋早已布滿監聽器。芬頓會騙這些共和軍成員說自己神通廣大，有辦法把全新的彩色電視弄到手，還謊稱電視是贓物，但實際上這些電視都已裝上竊聽器。[20]然而，紙包不住火，芬頓背叛共和軍的事終究還是東窗事發。他被帶到史卡帕蒂奇的跟前問話，而且還招供了。即使後來他成功掙脫爆頭小組的魔掌並奮力逃跑，但終究還是難逃一死。[21]爆頭小組先是開槍擊中芬頓的背部，再往他的臉開了一槍，最後將他的屍體丟棄在貝爾法斯特郊區的暗巷裡。

久而久之，休斯心裡愈來愈不踏實。[22]他向老麥坦言：「我發現組織裡有內鬼，而且內鬼的階級很高。貝爾法斯特讓我很沒安全感。」在休斯看來，貝爾法斯特遍地都是英軍的臥底，他還為此向傑瑞．亞當斯吐露心聲，但亞當斯卻說休斯疑心病發作，還叫他別胡思亂想，然而，事實證明，休斯的疑慮是對的。中情局的詹姆斯．安格頓畢生都在捕風捉影，但愛爾蘭共和軍的情況可不一樣，其潛藏的臥底已經多得讓人一個頭兩個大。後來某名曾任職於英國情報單位，擔任線人專責聯繫窗口的情報人員遞交書面陳述文件給法庭，表示到了北愛爾蘭問題進入尾聲之際，據其估計，每四個共和軍成員裡就有一人為英國政府效勞。至於共和軍最資深的元老級圈內，若說兩人當中有一人效忠英國政府也不為過。[23]當然，這些數據也有可能是英國政府憑空捏造的，目的是透過心理戰來動搖共和軍領導層的權位。因此亞當斯和新芬黨的其他官員都拒絕買單，還表示英國政府提供的相關數據皆不可靠、全無參考價值。

然而，在卡色累軍警聯合行政區遭入侵一年後，英格蘭和愛爾蘭當地的報紙卻紛紛出現了一則爆炸性十足的報導。[24]這些報導指出，「凶刀」並非子虛烏有的人物，而是一個真實的臥底。他當了英國情報單位多年的眼線，也拿了他們不少錢。「凶刀」提供的情報非常珍貴，就連英國國會議員都得定期開會了解最新消息。有了「凶刀」所提供的情報，情報局官員都在事業上飛黃騰達。一名駐守北愛爾蘭的英軍司令坦言，「凶刀」是「我們最寶貴的祕密」，還將其比喻為「金雞母」。[25]而掀開「凶刀」的神祕面紗後會赫然發現，這號人物並非傑瑞．亞當斯，而是史卡帕蒂奇。[26]

新聞爆出來後，史卡帕蒂奇曾在貝爾法斯特一間律師事務所裡現身，並表示：「這些指控都不是真的。」[27]史卡帕蒂奇的個子不高，眼部周圍略微腫脹，而且一臉橫肉都下垂了，然而，他顯得十分鎮定，一點都看不出他肩上背負著巨額懸賞金的重負。外界正瘋傳史卡帕蒂奇是「凶刀」，幸好他早已習慣如何面對這種聲稱他是臥底的指控。正如崔佛．坎貝爾所告誡：不管發生什麼事都不要招供，否則只有死路一條。所幸史卡帕蒂奇趕在被「爆頭」處置之前就迅速離開貝爾法斯特，隨後就消失無蹤。想必他的逃亡計畫也是由他的聯繫窗口暗中相助才能成功。說來史卡帕蒂奇的「諜齡」已有二十五年，[28]據說當年他慘遭其他共和軍成員毒打一頓，為了報仇雪恨才於一九七八年主動提議與英方合作。[29]至於是什麼促使他成為北愛爾蘭問題爆發期間最功不可沒的頭號臥底，那就不得而知了。

被任命為組織剷除內鬼的人，到頭來自己竟也是內鬼，對共和軍而言，還有什麼比這更為諷刺？而對於英方而言，他們能夠在共和軍內部安全小組的核心圈子裡安插眼線，那本身就是難得的勝利。一九七〇年代，臨時派為對抗組織裡的內鬼而將共和軍從上到下重整。在新制度底下，共和軍裡的每個單位都是獨立運作的小組，因此對其他單位的任務也一無所知，甚至連組織裡有哪些單位也未必完全知曉。

儘管如此，由於「爆頭小組」須負責整個共和軍的內部安全，又總是擺出一副身負重任、十萬火急的姿態，因此他們能在組織裡呼風喚雨，無論是組織裡的人事、武器庫存或作戰計畫等資訊，只要他們開口，就可得到消息。[30]有一位前共和軍成員曾說，對共和軍而言，「爆頭小組」就猶如接線盒一樣至關重要，不料北愛爾蘭問題爆發期間，這個核心小組竟藏著英方的眼線。倘若共和軍派人入侵卡色累軍警聯合行政區是為了揭曉「凶刀」的身分，那麼他們可就大失所望了。史卡帕蒂奇的身分過於特殊，以至於他的檔案資料根本沒存放在那裡。事實上，在史卡帕蒂奇的真實身分遭媒體曝光後，共和派圈子上上下下都震驚不已，就連新芬黨的幾位領袖都表示質疑，還告誡人民要抱著懷疑的態度看待這些「毫無根據的指控」。[31]

「我還是無法相信，」新芬黨資深黨員兼傑瑞．亞當斯的親信丹尼斯．唐納森搖著頭對一名美國記者說：「我的天啊！」[32]

諷刺的是，唐納森本人也是個臥底。[33]二〇〇五年十二月，亞當斯臨時召開記者會宣布唐納森已承認自己於過去二十年間一直領著英軍的錢，向他們通風報信。亞當斯還表示，雖然《耶穌受難節協議》早在八年前就簽訂，但部分軍事與情報組織卻遲遲不肯接受「這場由英國人在愛爾蘭挑起的戰爭早已結束了」。亞當斯聲稱，那些投靠英方並成為他們眼線的人下場都大同小異，無非是「在被收買後慘遭勒索、欺負、壓榨，甚至被摧殘。他們被利用、被榨乾，直到沒有利用價值時就被扔到一旁。」[34]

真相浮出水面後，唐納森逃到多尼哥郡一間老舊小屋避風頭。那間老房子早在十九世紀愛爾蘭大饑荒爆發前就蓋好了，因此屋內沒有水電設備，就連大門上也還掛著一個用以開運驅邪的幸運馬蹄，[35]讓人彷佛穿越愛爾蘭的時空，回到那悲慘無比的農業時代。[36]若唐納森想要在屋內暖和就必須出外砍柴燒火。他為了表示懺悔還留了一臉鬍鬚，[37]但終究難逃一死。有一天，他家裡來了不速之客，把他一槍斃命。[38]凶手與幕後主使的身分至今仍是個謎，[39]不過亞當斯和共和軍都出面表示，此案件與他們毫無瓜葛。

這些臥底是如何在共和軍高層圈內打滾多年又不被發現的呢？以史卡帕蒂奇為例，之所以能夠瞞天過海的理由很簡單：他是個殺人犯。自從這場檯面下的黑暗戰爭開打以來，英國政府就不惜任何代價求勝，這在共和軍成員中無人不知。然而，他們始終認為，像史卡帕蒂奇如此明顯喪盡天良的人，根本就沒資格成為英國政府的臥底，至少按常理來說應該是如此才是。負責擔任線人聯繫窗口的英軍成員伊恩．赫斯特（Ian Hurst）曾表示：「共和軍有個迷思，那就是一旦你殺過人，或雙手沾染過血，就不能替英國政府效勞了。」赫斯特還說，對史卡帕蒂奇而言，最好的自保方式就是「繼續大開殺戒」。

照理說，如果英國政府的線人窗口明知手下的線人殺了人，卻選擇視而不見，那豈不就意味著這個窗口以及其背後的英國政府都是共犯嗎？後來幾個來自英軍的消息人士指出，史卡帕蒂奇所做的一切總共救了一百八十條人命，不過這些消息人士也坦言，這都是他們「半估算半猜測」所得出的數據。[40]然而，這種想法很危險，甚至可能讓人動起歪腦筋，把這一切視為一場數字遊戲。史卡帕蒂奇涉嫌參與五十起謀殺案，若說一個臥底奪走了五十條人命卻拯救了更多人，那麼就能功過相抵了嗎？這種觀念非常誘人，但同時也容易讓人踏上一條不歸路，一旦有了這個念頭，就會開始在心裡加加減減，最後甚至會默許大屠殺的行為。這一切都是早晚的事。

多年來，臨時派成員不斷指控英軍和皇家阿爾斯特警隊勾結保皇派的準軍事組織，並與其狼狽為奸。然而，這些控訴的聲浪不但被視為政治的宣傳伎倆，還被當耳邊風。畢竟英國政府花了數十年把自己塑造成一個公正且不願挑起事端的裁判形象，除非逼不得已才會親自出馬阻止雙方打得兩敗俱傷，否則絕不蹚渾水。然而，事實上，英國政府打從最開始就把臨時共和軍視為主要敵人，因此資源與精力都投入到其身上，而保皇派的恐怖組織充其量也不過是一些不足以掛心的小玩家，說白了他們就是英國政府檯面下的附屬軍隊。

早在一九七五年，一名駐守貝爾法斯特的軍官就曾寫信向上級稟報，指英國情報單位和皇家阿爾斯特警隊的情報小組貌似與保皇派準軍事組織有來往，而且似乎成立了一些「類似幫派的組織，目的是讓共和派和保皇派雙方的準軍事組織互相殘殺，進行長期的消耗戰」。[41]一個月後，這名軍官又寫了一封信，並在信中表示，北愛爾蘭問題所引發的武力衝突之所以如此激烈，罪魁禍首莫過於「故意惹是生非」的英方情報人員。[42]

面對保皇派無止境的恐怖襲擊事件，英國政府或者默許，或者光明正大地給予協助，最終導致數以百計的人民賠上性命。[43]這些死者雖為英國公民，但因為英國政府求勝心切的態度，他們似乎不被當成人來看待，遭國家機關漠視，國家甚至成為保皇派的幫凶，不但未公開調查，就連情報單位也都悶不吭聲。多年來，官僚人員和法律學者建立了幾套「明線規則」[i]以限制政府動用武力的權限並維持社會秩序。然而，英國政府的行為早已構成越界，甚至可謂野蠻。一名曾於英軍 MRF 小組任職的退役軍官坦言：「我們這個單位才不是什麼軍隊，根本就是恐怖組織。」[44]

雷蒙．懷特（Raymond White）是皇家阿爾斯特警隊情報小組的高級警官，他負責監督警方窗口與線人的聯繫工作。一九八〇年代後期的某一天，懷特晉見英相柴契爾夫人時指出，政府與準軍事組織合作的風險甚大。他坦言：「我的部屬和他們的線人都在外頭奔波，這讓坐在這裡的我感到有些忐忑不安，因為嚴格說來，我要求他們做的事有違法之嫌。」懷特的主要任務是拉攏準軍事組織成員，並讓他們繼續潛伏在組織裡。[45]然而，準軍事組織的存在本身就不合國法，他們輕則偷車、重則製造炸彈，甚至還殺人放火。懷特表示：「只要你加入準軍事組織就已經犯法了。」他還懇請政府提供一套明確的法律準則，其內容應明白列出線人在獲得政府授權的情況下之行為規範，否則大夥一直遊走在法律邊緣的灰色地帶，恐怕只會引火燒身。雖然柴契爾夫人確實考慮了懷特的提議，但事情終究不了了之。對懷特而言，柴契爾夫人的意思非常明顯：之前都怎麼做的就保持原狀，但細枝末節就無須向我們匯報了。[46]

除了「凶刀」，還有許多收了錢為英方效勞的臥底實際上都殺過人，其中包括保皇派線人當中的第一把交椅布萊恩．尼爾森（Brian Nelson）。尼爾森曾是一名軍官，後來則加入阿爾斯特防衛協會成為準軍事組織成員。他曾經綁架一名身有殘疾的天主教徒，還用電擊棒對這名受害者施虐，為此尼爾森於一九七〇年代在獄中服刑了幾年。[47]後來英軍的 MRF 情報小組解散後，由新成立的「情報調查組」（Force Research Unit，簡稱 FRU）接管其職務，而尼爾森和史卡帕蒂奇正是該單位招募的線人。

到了白天，尼爾森得回到自己身為保皇派準軍事組織成員的崗位上。其主要任務是蒐集各方情報，尤其是針對一些極有可能成為他們暗殺目標的共和派分子進行背景調查，並將資料匯整成冊。在殺人這方面，尼爾森的成績一點也不比史卡帕蒂奇遜色，而後來他也和史卡帕蒂奇一樣，涉嫌參與大約五十起謀殺案。一九八四年，傑瑞・亞當斯遭保皇派準軍事組織開槍襲擊，當時尼爾森暗指那次的襲擊事件，政府事先就知情了，但他的說辭卻被視為無稽之談。照理說，如果政府早就知道有人想趁著眾人午休時間，在熙攘往來的貝爾法斯特市中心對著一輛車開槍並試圖暗殺車裡的國會議員，那麼一定會卯足全力阻止才對。然而，實際上，尼爾森確實已將此暗殺計畫提前告知他的聯繫窗口，因此英國政府的確在案發前就知情了，[48]只不過他們最終選擇讓計畫如期進行。

一九八九年二月某個星期天晚上，三十九歲的派特・斐努肯（Pat Finucane）正在家裡和妻子及三個孩子享用晚餐。[49]斐努肯是一名律師，並居住在貝爾法斯特北區一個富裕的社區裡。他們一家五口正在用餐，忽然間一幫持槍的男子揮舞著大鐵鍾破門而入，並往斐努肯身上開了十幾槍，導致他當場身亡。他的妻子遭反彈的流彈擊中，而這一切就發生在三個年幼孩子的眼前。斐努肯雖不是共和軍成員，卻曾為許多共和軍成員提供法律咨詢服務，以至於英國政府也對他起了疑心，認為他與共和軍走得太近了。皇家阿爾斯特警察長久以來都對那些「遭恐怖分子玩弄於股掌」的律師十分不滿，[50]後來尼爾森就蒐集了斐努肯的相關資料並轉交給保皇派準軍事組織的行刑小組，[51]而武器則由另一名英警線人提供。後來的調查結果指出，[52]「若非政府人員從中協助」，否則斐努肯並不會遇害。調查結果只差沒明說整起事件是「國家預謀要殺害斐努肯」。斐努肯的家人因堅信這一切都是國家的計謀而不願接受案件的調查結果，還說這根本是「一場騙局」。[53]

一九八七年，布萊恩・尼爾森還無意間救了史卡帕蒂奇一命。當年某位保皇派大老將一份名冊交給尼爾森，名冊上的共和軍成員都已被保皇派鎖定為有可能暗殺的目標。尼爾森一如既往地將名冊轉交給情報調查組的聯繫窗口，他們赫然發現史卡帕蒂奇竟然名列其中！截至當時，代號「凶刀」的史卡帕蒂奇已為英軍效勞十年之久，他所提供的情報非常珍貴，而且有望在未來繼續為英軍提供更多重要資訊。英軍已在史卡帕蒂奇身上投資了不少資源，而且這筆投資可望帶來更多成果，也難怪英軍看到史卡帕蒂奇的名字時就慌了。一般來說，線人之間都不會知道彼此的存在，因此尼爾森也沒意識到史卡帕蒂奇和他一樣有著雙重身分。後來情報調查組想出計謀，試圖將保皇派的目光從史卡帕蒂奇轉移到別人身上。[54]正如曾在情報調查組任職的某人所言：「我們的目的是讓他們鎖定另一個人。」

英軍聯繫窗口告訴尼爾森，保皇派應關注的對象另有其人。這號人物名叫法蘭西斯柯．諾塔蘭東尼奧（Francisco Notarantonio），他和史卡帕蒂奇一樣是義大利裔的貝爾法斯特人。[55]他膝下育有十一個孩子，而這些孩子也都有自己的孩子了。六十六歲的諾塔蘭東尼奧曾是個計程車司機，已經在領退休金享清福。諾塔蘭東尼奧不曾加入過共和軍，但尼爾森的聯繫窗口卻扭曲事實，把他刻劃成共和軍的元老。英軍誣指諾塔蘭東尼奧是臨時派的傳奇人物，甚至可媲美史卡帕蒂奇。有一天早上，諾塔蘭東尼奧與結婚三十九年的老伴還在酣夢中，他們並未察覺到家裡已遭入侵。[56]他根本還來不及反應，就遭一幫持槍歹徒於床上擊斃。幾天後諾塔蘭東尼奧出殯當天，民眾成群結隊地替他送行，其中也包括史卡帕蒂奇。[57]然而，史卡帕蒂奇萬萬沒想到，躺在棺木裡的那個人竟是為了保全他的性命才成為代罪羔羊。

對此，高階警官約翰．史蒂文斯男爵（Lord John Stevens）表示：「我當警察快三十年了，從未見過那麼撲朔迷離的騙局。」[58]史蒂文斯奉命調查情報調查組和政府勾結保皇派準軍事組織一事，但調查過程卻遭受百般阻撓。一九九〇年，史蒂文斯與組員的辦公室突然失火，而事後的調查結果顯示，辦公室失火純屬意外。[59]然而，史蒂文斯堅信是有人故意縱火，其目的是摧毀所有指向國家與準軍事組織狼狽為奸的證據。

二〇一二年，英國首相大衛．卡麥隆（David Cameron）坦言：「國家機關的勾結行為實在令人非常震驚。」[60]《耶穌受難節協議》裡有幾項關於刑事司法的條款，其中有一項條款規定，截至協議簽訂之時，所有遭囚禁的準軍事組織成員都應當立即釋放。[61]另外，若此後有人因北愛爾蘭問題爆發期間所犯下的罪行而被定罪，那麼其最高刑期不得超過兩年。但除了這些條款以外，《耶穌受難節協議》就未再針對那段期間所發生的違法行為提出任何處理方式。這份協議並未建立一個完善的機制讓相關知情人士可免於刑事責任，而且依照協議條款，史卡帕蒂奇和尼爾森在國家的協助與包庇下所進行的屠殺行為，也不得視為戰爭罪行，理由在於，儘管人民早已陷入戰亂，英國政府卻從未正式將北愛爾蘭衝突列為戰爭。這意味著北愛爾蘭衝突爆發時期所發生的命案都無法結案。所有的刑事案件都只能淪為懸案，而當年涉案的前準軍事組織成員和軍人都得以逍遙法外。到了一九九九年，英國政府破例通過《北愛爾蘭（尋找被害者遺骸）法》〔Northern Ireland (Location of Victims' Remains) Act〕，規定凡是對「被消失人口」案件知情且自願向當局坦誠的人皆可獲得部分法律豁免權。[62]

時間是二〇〇三年夏末，距離卡色累軍警聯合行政區遭竊已過了十八個月。一天傍晚，約翰．嘉蘭（John Garland）帶著兒女到墓園弔唁亡妻後，一家三口便到附近位於勞斯郡卡靈福德鎮（Carlingford）的掘殼丘海灘（Shelling Hill Beach）散步。兩個孩子想要趁退潮時抓幾隻螃蟹，嘉蘭看著他們在潮間帶上蹦蹦跳跳，忽然間他的目光被周圍的沙灘所吸引。仔細一看，泥沙裡竟有塊布。嘉蘭隨手拾起一塊浮木戳了戳那塊布，並試圖將它從泥沙中拉出來，然而，那塊布終究寸步未移。[63]這可讓嘉蘭好奇極了，他使勁地用浮木拉扯那塊布料，扯一扯又突然停了下來。只見泥沙裡的布料慢慢攤開來，而裡頭裝的竟是人骨。

根據後來的法醫顯示：「該屍骨屬於成人之遺骸，並且已出現脫節現象。骨骼之間毫無軟組織殘留，並且已明顯脆化。此外，屍骨上也有植物生長的痕跡。」據報告顯示，這具骸骨的主人是一名女性。調查團隊將所有完好的骨頭排列完畢後便細數其肋骨數量，並得出下列結論：「死者的後腦部位遭槍彈擊中，

珍·麥康維爾的靈柩行經黑嶺公寓（PA Images/Alamy）

其威力足以致命。」[64]果不其然，搜查人員在找到死者頭顱骨附近的地方發現一枚扁平的鉛彈彈頭。[65]

一九九九年的夏天，麥康維爾家的孩子們曾在庫利半島勞斯郡的海灘上一起等候母親的消息，他們一等就是好幾個星期，期間挖掘行動雖進行得非常徹底，但最終還是讓孩子們失望了。四年後，他們再次聚集在那片海灘上，而所在位置距離上次挖掘行動的地點只有數百公尺之遠。[66]那一陣子大雨下個不停，以至於海岸地區遭嚴重沖刷，讓一座小墳塚重見天日，這一切可要歸功於大自然。後來工作人員挖掘出一具骸骨，並將其左股骨送至化驗室與亞契和艾格妮絲的DNA樣本進行基因鑒定。[67]這名死者的屍骸被一塊碎布和一些打結的衣物裹住數十年，工作人員也將這些衣物送至附近的停屍間，並請麥康維爾家的孩子單獨到一個房間裡檢查擺放在桌上的衣物，其中包括內衣褲、一件緊身褲、一件粉紅色的羊毛上衣、一件裙子的殘骸，以及一隻鞋子的鞋底。[68]亞契率先走進了那個房間，但他實在不忍心正視那些衣物。

「請問有找到尿布用的安全別針嗎？」亞契問道。[69]

在場的一名警察檢視了那些衣物並回覆亞契：「沒有。」隨後警察又掀起那堆衣物中的一個衣角，赫然發現是亞契所說的安全別針。時隔三十一年，珍．麥康維爾的遺骸總算是找到了。「對我們幾個兄弟姐妹來說，我媽是個很稱職的母親，」亞契在隨後的調查中表示。「她走了之後，我們的人生就猶如陷入地獄般痛苦。」[70]

二〇〇三年十一月，珍．麥康維爾的遺體終於裝殮入棺，入土為安。她的靈柩上方擺著一束鮮花，並在孩子們的陪伴下在貝爾法斯特西區走完人生最後一程。那時布蘭登．休斯還居住在黑嶺公寓，送葬隊伍路過那裡時，大夥頓時停下腳步默哀片刻。當天，就連和平進程的大功臣艾力克．瑞德神父也出席了珍．麥康維爾的喪禮，[71]不過同時也有其他送葬隊伍成員透露，那一天的貝爾法斯特西區出奇安靜，[72]彷彿當地居民不約而同都接到通知要與麥康維爾一家保持距離，就和多年前一樣。

若這次發現的是其他「被消失」受害者的遺骸，那麼當務之急便會是獲取受害者遺體並將其安葬在已祝聖的墓園裡[ii]，但珍·麥康維爾的案件卻不一樣。[73]麥康維爾的遺骸由一名民眾路過海灘時碰巧發現，而並非透過共和軍的協助才得以重見天日，因此法醫判斷，麥康維爾的案子並不適用於英國於一九九九年通過的《北愛爾蘭（尋找被害者遺骸）法》。這意味著相關知情人士無法依據該法獲得部分法律豁免權，而言下之意就如法醫所言：「這起刑事案件還不能結案。」[74]

---

i．譯註：明線規則（bright-line rule）為法律用語，意指客觀的行事標準。一般而言，設立明線規則是為了避免事情陷入模稜兩可的狀況，並減少後續引起的爭議。

ii．譯註：指舉行過祝聖儀式（consecration），適合基督徒下葬的墓地。

# 第二十五章　最後一把槍

瑞德神父的目光總離不開他身邊的持槍男子。那天，他與衛理公會（Methodist）哈羅德・古德牧師（Harold Good）受邀一起見證愛爾蘭共和軍的武器退役儀式。至於共和軍究竟是如何確保這些武器都「再也無法使用」，其詳細步驟仍是個謎，不過有傳聞指出，這些武器似乎都將永遠封存在水泥裡。整個退役過程分成幾個階段進行，到了二〇〇五年，兩位神職人員受邀參加的退役儀式正是為了銷毀最後一批武器而舉行的。[1]過程中，瑞德神父不斷分心，只因他身邊站著一個手持AK47衝鋒槍的共和軍成員。後來瑞德表示：「我們走到哪，那把上了膛的衝鋒槍就跟到哪。」瑞德猜想，那人持槍應該不是要防備在場的兩位神職人員，而是擔心仍有武裝異議分子不願接受停戰的事實，並對共和軍即將要銷毀的武器虎視眈眈，妄想可以侵占那些軍火。[2]

後來武器銷毀得很順利。隨著最後一批衝鋒槍、火焰噴射器、迫擊炮和肩射飛彈等武器一枝枝鏗鏗鏘鏘灑滿一地，[3]最後就只剩下那名共和軍成員手中的AK-47衝鋒槍還未銷毀。瑞德神父看著男子把手裡的槍交出來，當下的氣氛非常嚴肅，而男子內心錯綜複雜的情緒不禁流露在臉上。在瑞德神父看來，男子似乎意識到他剛剛遞過去的步槍正是共和軍的「最後一把槍」。[4]

在這一切發生的同時，布蘭登・休斯正在實現他畢生的宿願：與弟弟泰瑞（Terry Hughes）一同搭機造訪古巴。[5]眼看兄弟倆就快步入花甲之年，卻還是堅持到古巴聖克拉拉市（Santa Clara）的切・格瓦拉紀念館與陵墓朝聖。旅途中，兩人結識了一些曾投身古巴革命運動的老兵，還和他們打成一片。當然，兄弟倆也去了格瓦拉曾奮勇作戰的地方拍照留影。這場旅行讓布蘭登開心極了。

然而，休斯因參與了二十五年前的獄中絕食抗議而渾身是病，回到貝爾法斯特後察覺到自己的身子已大不如前，而且還每況愈下。[6]二〇〇八年，休斯突然陷入昏迷，並在家人的陪伴下在醫院度過了所剩無幾的日子。休斯昔日的D連隊部屬得知老長官生命垂危，紛紛前來探病，就連傑瑞・亞當斯也在某天晚上偷偷溜進醫院探望休斯，不過此舉令休斯的手足們不太開心。他們深知如果布蘭登還清醒的話，很有可能會把亞當斯拒之門外，畢竟休斯常說：「曾幾何時，要我為傑瑞・亞當斯捨命擋子彈我也在所不辭，但如今我恨不得可以往他身上開一槍。」然而，休斯的家人最終並未阻止亞當斯探病，而是看著他不發一語，默默地坐在病床旁邊。[7]到了隔天，休斯就撒手人寰，享年五十九歲。

休斯的喪禮辦得非常體面，許多人都冒著二月的冷風替他送行，其中包括桃樂絲・普萊斯和老麥夫婦。喪禮上，普萊斯看到一個熟悉的身影走進人群，她一眼就認出那是亞當斯。亞當斯身為新芬黨主席還前來參加休斯的喪禮，任誰都看得出他的處境有多尷尬。[8]如今的亞當斯貴為政府要員，還是和平的象徵，因此在世界各地都深受眾人愛戴。大家為了與他握手都不惜大排長龍，有些人還會伸手觸碰他的衣角。然而，在休斯的喪禮上，亞當斯卻只有被孤立的份。這場喪禮的主人公曾是他最要好的朋友，而他周圍的這些人無一不是他昔日的部屬。亞當斯置身人群中，卻只能當個徹徹底底的外人。休斯的弟弟泰瑞認為，亞當斯也是逼不得已才會現身哥哥的喪禮，畢竟布蘭登在共和派圈子裡也算是個響噹噹的人物。就共和軍而言，每一場志士的喪禮都是他們大展拳腳的政治舞台，這向來都是共和軍的作風。[9]因此休斯在世時，亞當斯固然可以與他一刀兩斷，但如今休斯已歸西，亞當斯不得不表現得難捨難分。

普萊斯看著亞當斯，心頭意外湧上一股同情的巨浪。在那茫茫人海裡，亞當斯顯得特別不安，而且看起來格外孤單。[10]儘管如此，他還是硬著頭皮走進送葬人群裡，堅持加入扶柩隊伍的陣仗。[11]事後普萊斯抱怨道：「大夥參加喪禮都是為了表示哀悼，而不是為了有機會被拍照。」[12]然而，普萊斯再怎麼控訴亞當斯對政治走火入魔，終究還是於事無補。休斯的喪禮結束後，亞當斯向新芬黨官媒《共和月刊》（*An Phoblacht*）透露，雖然休斯「不認同我們近年來的發展方向，」但所有認識他的人「都還是非常敬重他」。亞當斯表示：「他是我的朋友，」並在採訪尾聲分享了一句蓋爾語諺語，其大意是：「他已走上真相之路。」[13]然而，亞當斯萬萬沒想到，他這句話即將一語成讖。

一直到休斯去世時，「貝爾法斯特口述史研究計畫」仍是個鮮為人知的祕密，但到了那時已有證據顯示，共和軍在北愛爾蘭衝突中的人物設定已不是新芬黨單方面說的算了。當年瑞奇．歐羅在接受老麥的訪問時，好不容易等到最後一次訪談才鼓起勇氣向老麥坦誠，在亞當斯的領導下，共和軍拒絕了英政府遞出的橄欖枝，並導致一九八一年的獄中絕食抗議持續下去，因而賠上最後六名抗議者的性命。誰料歐羅深藏多年的祕密一說出口，他就彷彿放下了心中大石一般，整個人都感到神清氣爽，因此歐羅結束訪談後就下定決心趁自己還健在時，趕緊將他的故事公諸於世。[14]歐羅頂著一頭灰色短髮，再搭配豐潤的大圓臉，以及他和善的性子，整體感覺一點也不老。更何況他的身體還算硬朗，若要等他過世後才公開他的故事，那麼可能還須等上數十年。再說歐羅並不希望只有波士頓學院的莘莘學子知道他所經歷過的一切。他想要全世界都知道他的故事。

歐羅真正想做的是將自己的經歷寫成一本書，不過在別人眼裡這個想法不僅非常奇怪，還有可能會害他惹禍上身。「貝爾法斯特口述史研究計畫」主持人艾德．莫洛尼得知歐羅有此打算後還試圖勸阻。莫洛尼指出，歐羅對傑瑞．亞當斯提出的各項指控都太勁爆了，例如亞當斯為了在選舉前替新芬黨爭取政治籌碼而故意犧牲了那六名絕食抗議者的性命，諸如此類的控訴都太具爭議性。莫洛尼坦言：「這本書要是出版了，你就有罪受了。」[15]

然而，歐羅並未因此動搖，他還表示：「如果真相大白之前我就掛了，那些糟老頭就要逍遙法外了！」[16]歐羅所著的《毛毯人》（*Blanketmen*）於二〇〇五年出版，書裡的亞當斯行事穩重冷靜且獨具慧眼，但同時也非常陰險狡猾。歐羅在書中寫道，就獄中絕食抗議一事，「無論世人如何評價亞當斯的處理方式，無可否認的是，愛爾蘭能夠享有如今的和平日子，都要歸功於亞當斯和當年的絕食抗議者。」[17]

儘管書中適時加入了諸如此類的緩衝語句，但仍不足以平息反對的聲浪。在這些反對人士眼裡，《毛毯人》根本就是以自傳之名攻擊亞當斯。亞當斯身為新芬黨主席並未親自回應書中的指控，而是表現得泰然自若，倒是他的友人與擁護者都紛紛出面替他打抱不平，並透過媒體將歐羅的書批評得一文不值。在歐羅看來，這都是亞當斯「放狗咬人」的傑作。一九八一年的獄中絕食抗議爆發期間，歐羅曾與比克．麥法蘭（Bik McFarlane）密切合作過，然而，就連麥法蘭也稱《毛毯人》「根本就是天方夜譚」，並強調當年英政府未曾私下提出交易條件，因此亞當斯絕不可能下令要求獄中的共和軍成員拒絕英政府。[18]然而，數年後麥法蘭卻改口承認，當年英政府確實曾私下向他們遞出橄欖枝，但最終拒絕英政府的不是共和軍領導層而是抗議者本人，因為英政府提出的條件欠缺誠意，不足以讓他們停止絕食抗議。[19]

如果反對派認為抨擊《毛毯人》就可以剝奪歐羅的發言權，那他們可就大錯特錯了。相反的，歐羅在面對眾人對書中細節的質疑時從來不退縮，而是把握每一次與對方公開對質的機會。[20]此外，他也決定再次提筆，將獄中絕食抗議運動及其深遠的影響寫成第二本書。歐羅的故事與共和派圈內的主流論調背道而馳，但他漸漸發現，正因為他願意分享這些不為人知的故事，因此才吸引了不少人的支持。桃樂絲．普萊斯曾在摯友老麥（安東尼．麥金泰爾）創辦的線上期刊《毯子祕辛》裡發表《毛毯人》的書評，文中她對歐羅讚賞有加，並感謝歐羅「讓眾人看到這幅拼圖裡至關重要的一塊。」[21]

布蘭登．休斯生前也非常欣賞《毛毯人》，還曾出面替歐羅護航。他在一封寫給《愛爾蘭新聞報》的信中表示：「我服刑出獄後，歐羅找我聊了一些他很關切的事情，那些談話內容都如實出現在書裡。」[22]晚年的休斯偶爾也會與歐羅聚在一起，回首兩人在獄中的點點滴滴。某次歐羅和休斯說：「小黑，這些應該要記錄下來。」

休斯回他說：「放心，我早就錄過音了。」[23]

二〇〇九年，桃樂絲．普萊斯因被控在森寶利超市（Sainsbury's）偷了一瓶伏特加而遭逮捕。普萊斯堅稱她並無意行竊，而是因為不會操作超市自助結帳機的條碼掃描器才一時搞混了。普萊斯強調，她的「個性和教養都不允許她到商店裡順手牽羊」。[24]雖然普萊斯最終被判無罪，但實際上她卻因為自身的酒癮、藥癮和 PTSD 而過得很痛苦。[25]在那之前，她曾於二〇〇一年被捕，當時她還將偷走的處方藥物都藏在身上，最後因人贓俱獲而被判偷竊罪成立。[26]過了幾年，有一次普萊斯到馬哈貝立監獄（Maghaberry Prison）探視一名共和派的異議分子，結果卻被趕出監獄。[27]後來獄方表示，當時普萊斯喝醉了，然而，她堅決否認此說法。無論如何，普萊斯的親朋好友都非常擔心她。普萊斯和來自德里的老友艾蒙．麥坎每週都會聯繫一次，普萊斯時常想要回首過去的歲月，不料麥坎總會想方設法轉移話題，還告訴普萊斯：「別說了，我不想知道。」[28]普萊斯想要和歐羅一樣將自己在共和軍的經歷寫成書，卻遭到麥坎百般勸阻。麥坎總會勸普萊斯：「要寫就寫一些兒時趣事，別寫什麼共和軍了。」

時隔多年，這種挺身發言的行為仍會引起外界批判，並在民間掀起軒然大波。二〇〇九年，共和軍老兵傑瑞．布萊德利（Gerry Bradley）在知名北愛爾蘭問題學者布萊恩．斐尼（Brian Feeney）的協助下撰寫並出版了一本回憶錄。讓布萊德利和普萊斯同樣嗤之以鼻的，就是那些被一般民眾謔稱為「新『糞』黨罪人」（the Shinners）的新芬黨成員，他們認為這些黨員大多是「踩在共和軍的肩膀上坐享其成的傢伙」。[29]儘管如此，布萊德利自認不是英方的線人，也曾向斐尼表示：「我清楚知道自己不是抓耙仔。」[30]然而，兩人的書才剛問世不久，布萊德利位於貝爾法斯特北區的住處附近就開始出現各種塗鴉，指控他是英方的走狗。對此，布萊德利表示否認，並反駁道：「我只是在講述自己的故事。」[31]他還強調自己只不過是想「如實記錄在共和軍的日子」。可惜布萊德利終究還是被迫離開了貝爾法斯特並逃往都柏林，從此過著流放般的生活。[32]當時布萊德利不但遭外界排擠，就連自身健康也每況愈下。[33]某天他開車到一座位於貝爾法斯特灣（Belfast Lough）的諾曼式城堡，並在附近的停車場為自己的生命畫下了永遠的休止符。

「難不成只有他們可以出書嗎？」歐羅在布萊德利死後憤憤不平地說。「難道這段歷史就無法被真實記錄了嗎？」[34]

事實上，布蘭登・休斯早就為出書一事做好打算，並在生前就懇請老麥和莫洛尼在他死後將他分享的回憶編撰成書。後來莫洛尼毛遂自薦完成了這本書，過程中他參考了休斯和大衛・厄文（David Ervine）的「貝爾法斯特口述史研究計畫」訪談文字稿。[35]厄文曾是保皇派準軍事組織「阿爾斯特志願軍」的成員，並和休斯一樣剛去世不久。莫洛尼結合了休斯和厄文兩人的經歷，並於二〇一〇年出版了《黃泉路上的心聲》一書。此書的前言由波士頓學院的湯姆・哈奇教授和圖書館館長鮑伯・歐尼爾撰寫，兩人在文中透露，《黃泉路上的心聲》「取材自波士頓學院為北愛爾蘭衝突史所建立的口述歷史檔案庫，不僅史無前例，未來也將有一系列相關的刊物陸續問世」。

就這樣，這個祕密檔案庫正式在陽光底下曝光了。[36]《黃泉路上的心聲》（*Voices from the Grave*）毫不避諱地引用了休斯的話語，並透過露骨的敘事描述休斯是如何指名道姓，直接表示傑瑞・亞當斯不僅曾任共和軍的司令官，還親口命令部屬殺人。休斯也透露，他到美國採購阿瑪萊特步槍，以及普萊斯到倫敦展開爆炸攻擊等行為，都是奉亞當斯之命執行的。甚至連珍・麥康維爾也是亞當斯下令處死的。負責出版該書的「費伯與費伯」出版社（Faber & Faber）曾承諾，《黃泉路上的心聲》將「杜絕社會上一些篡改歷史的行為」。[37]

《黃泉路上的心聲》出版後在民間引起了高度關注，但同時也迅速引發外界抨擊。隨後有人詢問亞當斯對此書的看法，亞當斯表示：「我和布蘭登・休斯很熟，他狀態不好已經有好一陣子了，想必在進行那些訪談時也是如此，更何況布蘭登生前也很反對共和軍的妥協和求和行為。」[38]當時亞當斯有望選上愛爾蘭下議院（Dáil Éireann）的議員，並「堅決」否認任何指控他涉嫌參與珍・麥康維爾失蹤案的說法，以及「艾德・莫洛尼所有的明嘲暗諷」。後來新芬黨在一次聲明中表示，凡參與過「貝爾法斯特口述史研究計畫」的人都「心懷不軌」，[39]簡直是一竿子打翻一船人。

書中提到訪問休斯的人是安東尼・麥金泰爾，害得眾人目光在一夕之間都轉移到綽號老麥的麥金泰爾身上。老麥很早就和亞當斯身邊的人鬧翻了，但自《黃泉路上的心聲》出版以來，他甚至開始遭人恐嚇，像是某天晚上，他鄰居家的牆壁竟遭人用排泄物塗抹。[40]據說那次事件是因嫌犯搞錯了地址才擺烏龍，而這種手段粗糙且具報復性的行為正是共和軍的手法。後來有報導指出，一名共和派人士匿名表示，老麥將「步入艾蒙・柯林斯（Eamon Collins）的後塵」。來自紐里的柯林斯也寫了一本回憶錄，內容詳細記載了他在共和軍的生活。柯林斯的回憶錄才剛出版不久，他就於一九九九年遭人用刀刺死。

儘管如此，《黃泉路上的心聲》仍獲得民眾的肯定，莫洛尼因而展開了一段巡迴簽書會之旅，還有意將休斯留下的口述史音檔製作成一部紀錄片，在愛爾蘭各大電視台播放。然而，這些計畫卻在二〇一〇年的夏天中斷了。那年夏天，亞當斯的老友兼擁護者丹尼・莫里森忽然聯繫波士頓學院，並懇請校方交出休斯的錄音檔。

北愛爾蘭問題爆發期間，莫里森曾擔任共和軍的首席政宣人員，當時共和派推出的口號「一手阿瑪萊特步槍，一手投票箱」據說就是莫里森發明的。在莫里森看來，當年休斯接受訪問時就已經清楚知道，他所留下來的音檔只能在他死後才得以公開。那麼既然休斯已經撒手人寰，莫里森除了想閱讀莫洛尼的書也想聽休斯留下的音檔，那應該不為過吧？莫洛尼和老麥得知莫里森對校方提出的要求後立刻慌了。[41]莫洛尼表示，無論如何都不能讓音檔落入莫里森手中，而老麥則寫了一封電子郵件給波士頓學院的湯姆．哈奇教授，並在郵件裡坦言：「莫里森是共和軍防諜小組的要角，他想要那些音檔絕不是為了滿足學術上的需求。他既不是學者也不是調查報導工作者，而是個政宣人員。」[42]

「貝爾法斯特口述史研究計畫」是在《耶穌受難節協議》簽訂後萌芽的。或許當年的幾位計畫發想人都因興奮過度而忘了，這項計畫有可能會在日後陷入危機，也沒想到該在計畫萌芽期就針對一些重要的細節訂下明確規定。威爾森．麥克阿瑟是「貝爾法斯特口述史研究計畫」的訪談人之一，其受訪者都是保皇派的圈內人士。麥克阿瑟和老麥同為計畫訪談人，但兩人對計畫的認知卻有所落差。麥克阿瑟在進行訪談時一直以為此計畫蒐集到的訪談內容只會在所有的受訪人都過世後才公諸於世。後來他得知，最後一場訪談才剛在幾年前落幕，莫洛尼就打算出版《黃泉路上的心聲》，不禁感到不知所措。[43]不同於麥克阿瑟的預想，莫洛尼不想苦等數十年：他沒等最後一名受訪者離世才讓口述歷史檔案庫公諸於世，而是選擇在第一批受訪者相繼去世後就讓檔案庫曝光。

這幾位計畫發想人也從未討論過，有哪些人可以提取他們蒐集到的音檔。他們總說要把這些資料留給「波士頓學院未來的莘莘學子」，然而，波士頓學院歷史系上上下下都是在莫洛尼的書出版後才知道這項計畫的存在，在那之前他們一直都被蒙在鼓裡。事實上，由於此計畫一直都在暗中進行，因此除了哈奇教授和圖書館館長歐尼爾之外，就無他人知曉這項計畫的存在。後來計畫曝光後，一名歷史系教授建議他的博士指導生到約翰．伯恩斯圖書館參考休斯和厄文的訪談檔案，以助於她論文的撰寫，然而，師徒二人的請求卻遭莫洛尼拒絕。[44]隨後莫洛尼寫信向哈奇表示：「我強力建議您立即關閉此檔案庫，並謝絕所有前來索取檔案的人。」[45]莫洛尼還稱他們應該制定一套嚴謹的流程，[46]換言之，任何人都能夠申請取得這些訪談檔案，只不過申請人須通過莫洛尼的「審核」才行。

對此，哈奇感到十分無奈，並在一封寄給老麥的電子郵件中坦言，如果一開始就說好此計畫將在日後「長期束之高閣」，那麼或許波士頓學院就不會那麼積極配合了。哈奇也抱怨道：「我們根本沒料到此計畫會有什麼嚴重後果。」他還表示，波士頓學院無法關閉檔案庫，並「將整個學術圈與新聞界拒之門外，讓艾德．莫洛尼一人專用。」[47]

莫洛尼、老麥、哈奇和歐尼爾這個四人幫，由兩個愛爾蘭人和兩個美國人組成。他們在「貝爾法斯特口述史研究計畫」萌芽初期就意識到此計畫涉及的議題有多敏感，甚至有可能會引火燒身，因此四人一開始就決定讓此計畫祕密進行。為安全起見，此計畫的知情人士寥寥無幾，而且人數一直由四人幫嚴格控管近十年之久，一直到莫洛尼的書出版後才有所改變。但或許正因計畫的知情人士不多，才導致這四人忘了做好危機管理措施，也忘了思考一些重要的問題，像是萬一他們的計畫曝光後一發不可收拾，而他們內心小劇場裡最糟糕的情況就要成真了，那麼他們該如何是好？

二〇一〇年二月，《黃泉路上的心聲》即將問世，當時傑瑞．亞當斯在接受《愛爾蘭新聞報》的採訪時被問及前共和軍成員喬伊．林斯基的失蹤案。人稱「瘋修士」的林斯基曾私自命令手下替他暗殺情敵，因而造成正式派與臨時派愛爾蘭共和軍之間的誤會，甚至在「破杯酒館」爆發武力衝突。在一切真相水落石出後，林斯基遭共和軍內部的軍事法庭起訴，隨後成為北愛爾蘭衝突爆發期間第一個「被消失」的受害者。一九九九年，共和軍首次承認確實曾強行讓一些人消失，後來還公布了受害者名單，其中包括珍・麥康維爾，還有薛穆斯・萊特和凱文・麥基兩名英方臥底。林斯基的名字並未出現在共和軍所公布的名單上，[48]其親屬之所以會知道他「被消失」，還須感謝莫洛尼在《黃泉路上的心聲》出版前先告知他們此消息。傑瑞・亞當斯在接受《愛爾蘭新聞報》的採訪時被問及林斯基，他輕描淡寫地說：「他曾經是我的鄰居。」後來記者追問亞當斯和林斯基是否為朋友，亞當斯的答覆是：「算是吧，我們認識彼此，但後來他就失蹤了。」[49]亞當斯還藉機呼籲民眾，若有任何關於林斯基失蹤案的線索，都應該立即向當局坦誠。

桃樂絲・普萊斯在都柏林的家中看了亞當斯的採訪後，簡直快氣死了。[50]雖然普萊斯與亞當斯決裂已經有好幾年，但她並未因此停止與亞當斯的「對話」，而是經常在《毯子祕辛》裡挖苦他。她曾在一篇專欄裡提醒亞當斯：「很久以前我們就認識了。」還含沙射影暗諷亞當斯之所以會背棄共和運動的初衷，都是拜「那位愛管閒事的神父」所賜。雖然普萊斯並未指名道姓，但顯而易見，她諷刺的對象正是瑞德神父。普萊斯在文中繼續質問亞當斯：「抑或那些美國人一直往你臉上貼金，害你鬼迷心竅、自信爆棚了？還是說你終於看到鹹魚翻身的機會了？」[51]普萊斯字裡行間都透露著自己始終覺得亞當斯於公於私都背叛了她。「該不會是為了買幾棟房子，或者每天穿金戴銀吧？」普萊斯譏諷道。「我好想知道答案啊。」

亞當斯從未回應過這些挑釁的言論，但這反而更加激起普萊斯的戰鬥慾，促使她透過文字威脅亞當斯。她在二〇〇五年寫道：「我很期待有一天可以自由地分享我的經歷。畢竟我人生中能夠隨我意願控制的，就只剩這件事了。」[52]

到了晚年，每當普萊斯想找人吐苦水，就會打電話給記者將心裡話一吐為快。她時常手裡拿著飲料在家坐著，不知不覺就沉浸於那條令她悲憤不已的回憶長河裡。這時普萊斯的處境已非「孤單」兩字所能形容，而是被一股想要抖出一切真相的衝動附身。她想要站出來作證。「我說桃樂絲，妳到底在搞什麼鬼？」艾蒙・麥坎得知普萊斯的計畫後表示反對，還不忘提醒她，若真的打電話向記者坦誠她的經歷，那麼後果將不堪設想。在麥坎看來，普萊斯的內心燃燒著一股「熊熊怒火」，[53]那是普萊斯自己也控制不了的。後來普萊斯看到亞當斯於二〇一〇年二月的採訪中針對林斯基所做出的回應，便在某天伸手拿起了電話。[54]

隔天早上，一位名叫愛莉森・莫里斯（Allison Morris）的《愛爾蘭新聞報》記者，到辦公室時發現竟有人給她留了一大串留言，後來得知原來是普萊斯前天晚上一直不停地打電話給他們報社的夜間值班人員。[55]事實上，莫里斯和普萊斯一樣在安德森鎮長大。她是個性略微豪放的金髮女子，卻在撰寫報導上以強大的攻擊性著稱，而且手裡還握有不少十分可靠的共和派消息來源。莫里斯決定到都柏林一趟拜訪普萊斯。在那之前，莫里斯也曾採訪過無數個準軍事組織的退役成員，因此她對於訪談中有可能遇到的小插曲並不陌生。這些昔日的準軍事組織成員個個都活在創傷的陰影裡，他們天天與烈酒和處方藥相伴，這導致他們時常在訪談中神智不清。莫里斯還曾採訪過布蘭登・休斯好幾次，只不過有時兩人的訪談須提早結束，因為休斯實在是喝得太醉了。反觀普萊斯，當莫里斯和攝影師在普萊斯家門口見到她本人時，卻發現這位女士看起來神智清晰，而且說話有條有理。普萊斯頂著一頭白金色的短髮，身穿一件開襟外套，脖子上還圍著一條紅色的圍巾，全身上下散發出的氣質與魅力讓莫里斯留下深刻印象。[56]莫里斯和許多人一樣，都認為普萊斯散發出一種放蕩不羈的氣息，像是從事戲劇工作的那掛人似的。[57]

普萊斯一想到亞當斯在談論她的老友喬伊・林斯基時，字裡行間都流露出一副不痛不癢的態度，就恨不得和莫里斯討論那些「被消失」的受害者。從亞當斯的說詞聽來，林斯基之所以會失蹤，彷彿都是上帝所為。然而，事實上，這一切根本就是亞當斯親自下令的。據普萊斯透露，林斯基「是個紳士」。[58]普萊斯還說她不該讓林斯基去赴死，而是該幫他逃走才對。她坦言：「無論是當時或現在，我都覺得很懊悔。

我應該為他多做點什麼才對。」

「妳這麼做只會連累到自己，妳知道吧？」莫里斯問道。

「我管不了那麼多了。」普萊斯回覆道。「那男人是個騙子。」[59]

兩人聊了一陣子，忽然莫里斯抬頭看到一個皮膚蒼白且頭髮烏黑凌亂的年輕人在門口徘徊不定。莫里斯心想，這個男子和史蒂芬・瑞爾簡直就是一個模子刻出來的。果不其然，他正是普萊斯的兒子丹尼。丹尼手裡握著電話對莫里斯說：「我姨媽瑪麗安有話和您說。」[60]

莫里斯接過電話時，發現電話另一頭的瑪麗安正因為她姐姐正在接受報紙採訪而大發雷霆。瑪麗安還特地解釋，姐姐一直都在都柏林的聖派翠克心理衛生服務機構（St Patrick's Mental Health Services）接受治療，並表示：「她狀況不好，不適合和外人多聊。」[61]

「妳姐姐已經是成年人了。」莫里斯反駁道，但她終究說不過瑪麗安。[62]

莫里斯與普萊斯道別後便將此事轉告主管，並想盡辦法挽救情勢。後來她想出的妙招就是將報導內容調整得較為溫和隱晦，並在文中指稱普萊斯打算向「尋找被害者遺骸獨立委員會」自首，如此一來普萊斯只要向委員會提供資訊，就能依法獲得部分法律豁免權。幾天後，莫里斯的報導〈共和軍命人消失，普萊斯陰影一世〉（DOLOURS PRICE'S TRAUMA OVER IRA DISAPPEARED）刊登了。文中提到普萊斯手上具有喬伊・林斯基、薛穆斯・萊特和凱文・麥基失蹤案相關的「重要資訊」，[63]但僅是點到為止，其中的細節並未加以闡述。此外莫里斯也在文中寫道，對於「育有十個孩子的珍・麥康維爾如何度過生命的最後幾天」，普萊斯也表示知情。[64]此報導正式刊登前，莫里斯曾打電話詢問普萊斯是否已聯繫「尋找被害者遺骸獨立委員會」。[65]普萊斯騙她說有。[66]

莫里斯的文章見報三天後，貝爾法斯特的八卦報《週日生活報》（*Sunday Life*）也刊登了一則類似的報導，其標題為〈傑瑞・亞當斯與「被消失」的受害人〉（Gerry Adams and the Disappeared）。莫里斯在自己的文章中刪除的露骨細節竟都出現在《週日生活報》的報導裡，而且這篇後來才刊登的報導聲稱，消息來源就是「穿著迷你裙又嫁給大明星的恐怖分子」桃樂絲・普萊斯本人。據《週日生活報》報導，普萊斯除了親口指證亞當斯「在『被消失人口』的案件中扮演至關重要的角色」之外，還透露自己「奉亞當斯之命」開車將喬伊・林斯基和珍・麥康維爾送往他們生命的終點站。[67]麥康維爾死後，有些共和軍成員原本想要把她的屍體扔在艾伯特街（Albert Street）上，卻「遭亞當斯反對」，只因那麼做有損臨時派的形象。

這些指控的具體細節都寫得非常清楚，而且正好與布蘭登・休斯的說法吻合，不過也正因如此才顯得報導有些蹊蹺。首先，作者希朗・巴恩斯（Ciarán Barnes）並未親自與普萊斯進行訪談，而是如報導中所提，普萊斯曾「錄下口供，由本報親自聆聽確認」。然而，所謂「口供」究竟為何？巴恩斯還在報導中表示，普萊斯曾在「一些留給波士頓大學學者的錄音檔中敘述自己參與那些綁架案的經歷」。[68]此報導固然將「波士頓學院」誤寫成「波士頓大學」，但整體的言下之意卻非常明顯：這位來自貝爾法斯特的八卦報記者竟能夠在普萊斯還健在時就聽取她留給波士頓學院的錄音檔。

艾德・莫洛尼在得知《週日生活報》刊登了那則新聞後頓時驚慌失措。那篇報導明確地影射巴恩斯能夠進入波士頓學院的口述歷史檔案庫，但莫洛尼深知這絕對不可能，因為「貝爾法斯特口述史研究計畫」所蒐集到的音檔都已經在上鎖後存放在約翰・伯恩斯圖書館的「寶庫」裡了。除此之外還有另一疑點，讓莫洛尼更加確定巴恩斯所聽到的口供並非出自波士頓學院：普萊斯與老麥進行訪談時，因聽從老麥的警告而從未提到珍・麥康維爾的事。後來莫洛尼在一份書面證詞中表示：「桃樂絲・普萊斯不曾提及『珍・麥康維爾』此名字。」

如果巴恩斯聽到的口供並非波士頓學院所提供，那麼他到底是聽到了什麼？莫洛尼與老麥絞盡腦汁想要釐清事情的來龍去脈，最後得出的結論是，在瑪麗安·普萊斯硬生生終止了姐姐和莫里斯的採訪後，莫里斯先是刊登了一則較無殺傷力的報導，再將普萊斯的採訪錄音帶分享給她在《安德森鎮新聞報》（*Andersonstown News*）的前同事，也就是希朗·巴恩斯。[69] 巴恩斯在自己的報導中稱他親耳聽到一個「錄音口供」，之後又表示普萊斯曾為「貝爾法斯特口述史研究計畫」提供「錄音口供」，這無非會讓人誤會兩者是同一個檔案。但事實上，普萊斯卻留下了兩個錄音口供。

莫里斯表示自己並未將普萊斯的採訪錄音檔與巴恩斯分享，而巴恩斯則表示，要他討論報導中的消息來源簡直是「有失專業」。至於亞當斯，面對普萊斯的指控，他只能生氣地反駁，並說普萊斯「一直以來都反對新芬黨和整個和平進程」。[70] 亞當斯還說普萊斯深受創傷所苦，並坦言：「顯然她生命裡還有一些問題必須找到解答。」[71] 亞當斯在抨擊休斯時也說了同樣的話，那時他還表示休斯「有他自己的課題和難言之隱。」[72]

如果亞當斯確實擔任過普萊斯和休斯的指揮官，那麼他的那番話就顯得格外絕情了。說到底，普萊斯和休斯之所以覺得憤憤不平，是因為亞當斯當年命令他們做盡一切傷天害理的事，後來又與他們撇清關係，還稱自己不曾加入過共和軍，因此所有的道德責任都落在普萊斯和休斯身上。當他們終於站出來替自己發聲時，亞當斯卻表示他們在說謊，還利用他們真實的創傷經歷來抹黑他們。事實上，因北愛爾蘭衝突而身心遭受創傷的人多不勝數，相較之下，亞當斯卻一直表現出一副未被往事束縛的模樣，彷彿每天晚上都高枕無憂，睡得安穩。亞當斯還曾在訪談中表示：「布蘭登的確說過那些話，但他人都已經走了，我們就別再糾結了。」[73]

# 第二十六章　對講機之謎

艾德．莫洛尼的新書《黃泉路上的心聲》和桃樂絲．普萊斯的相關報章報導幾乎同一時間問世，這對麥康維爾一家而言簡直是雪上加霜，讓他們倍感痛苦。無論是書中的休斯或報導中的普萊斯，都一口咬定珍．麥康維爾是個不折不扣的抓耙仔，休斯甚至在書中具體地描述了共和軍是如何在麥康維爾家中找到一台對講機。隨著諸如此類的資訊陸續浮出水面，原已結案的麥康維爾案件似乎又有了新發展，逼得麥康維爾家的孩子們必須再次面對母親留下的未解之謎：她是不是英軍線人？二〇〇六年，時任北愛爾蘭警察事務申訴專員的努拉．歐龍（Nuala O'Loan）針對麥康維爾的死發布了一份調查報告，結果顯示當局從未清查過麥康維爾遭綁架一事。[1]歐龍在調查過程中找到了一些當年的情報檔案，[2]據這些檔案記載，當年有謠言傳出「麥康維爾之所以被臨時派擄走是因為她是英方的線人」。然而，當歐龍查閱軍警方的陳年檔案庫時，卻找不到任何有關麥康維爾被安插在黑嶺公寓擔任臥底的資料，甚至根本沒看到麥康維爾消失前的任何紀錄。歐龍在報告中表示，據英國一項政策規定，國家並無權對外確認或否認其歷任特務的身分，然而，麥康維爾的情況不同於其他案件，應視為例外。歐龍指出：「麥康維爾一家因母親是線人的指控而深受其苦。」此外，因麥康維爾已經過世，因此再也不會面臨任何生命危險。歐龍還表示：「這些檔案並未顯示麥康維爾曾經擔任過國家特務，」隨後又拋出一個強而有力的結論：「她是一名無辜的女子，卻遭人綁架殺害。」[3]

對於珍的孩子們而言，歐龍堅定的語氣彷彿證明了他們數十年以來堅持的信念無誤。他們一直對外表示，母親因救援一名受傷的英國士兵而遭受不公平的指控。麥可．麥康維爾在歐龍的報告發表後表示：「我很高興我母親終於洗清冤屈了。多年來我們一直都知道，這些風言風語都不是真的。」[4]

儘管如此，並非所有的人都願意接受歐龍的調查結果。調查報告出爐後，臨時派仍堅持當年的立場，並再度聲明共和軍已針對麥康維爾遭謀害一事進行了「徹底調查」，而結果顯示麥康維爾「確實為英軍的線人」。臨時派還在聲明裡指名道姓地指出，或許麥可．麥康維爾不會認同他們的調查結果，並毫不客氣地表示：「對於他否定我們的內部調查結果，共和軍表示接受。」[5]

艾德．莫洛尼和安東尼．麥金泰爾對布蘭登．休斯的說法深信不疑，因此他們始終相信麥康維爾是英方的線人。在莫洛尼看來，歐龍明顯對麥康維爾家的遭遇感到同情，因此他只不過是為了讓他們一家都能夠獲得些許寬慰，才選擇在報告中做出如此論斷。相較之下，莫洛尼身為一名生性固執的新聞工作者，對人生百態的態度自然就比較苛刻、冷漠。他認為歐龍固然無法找到任何關於麥康維爾是英軍臥底的資料，但這並不代表事實就是如此。英軍的祕密檔案多不勝數，歐龍究竟查閱了哪些？對此歐龍表示無可奉告。[6]那麼說不定還有一些漏網之魚呢？難道歐龍的調查真的就那麼滴水不漏嗎？至於老麥，他則相信英國軍警兩方早已將麥康維爾的相關紀錄都銷毀了。如果麥康維爾確實曾遭共和軍警告要她立刻停止向英軍通風報信，結果又收到一台對講機，再度陷入生命危險，那豈不是會讓英政府名譽掃地？[7]

此外，對講機本身也疑雲重重。[8]崔佛．坎貝爾等前警察人員都表示，當年的軍警兩方都沒有使用手持對講機的習慣，更不用說是透過對講機與線人保持聯繫了。然而，莫洛尼在一名前英軍研究人員的協助下，於英軍的舊檔案堆中找到一九七二年，駐軍貝爾法斯特的英國軍隊曾使用過的小型對講機相關資料。[9]兩人甚至還翻出一張老照片，照片裡的主角是一名全副武裝的英國士兵，他手裡拿著一台對講機蹲

一名士兵手拿著對講機，蹲跪在黑嶺公寓走廊上。
（© Soldiers of Gloucestershire）

跪在一面牆壁前，而他所在的地方正是黑嶺公寓。[10]

儘管如此，縱使當年英軍真的有使用對講機的習慣，也不會傻到把對講機交給一個居住在共和派社區裡、又育有十個孩子的低等線人吧。況且黑嶺公寓的牆壁特別薄，別說用對講機偷偷向英軍通風報信了，就連悠閒地喝茶聊天都會被隔壁鄰居聽得一清二楚。麥可．麥康維爾在細讀休斯的回憶錄時驚覺，休斯從未提到自己「親眼」見過那台對講機。或許這一切都只是傳聞，只是謠言在貝爾法斯特傳開後，久而久之當地人也就信以為真了。或者，這根本就是害死珍．麥康維爾的凶手為了讓自己心裡好受一點而捏造的故事。此外休斯在書中聲稱，當年麥康維爾家的孩子有可能協助母親監視鄰居，麥可認為此說法不僅十分荒唐而且還非常侮辱人。[11]

《黃泉路上的心聲》出版後，不僅讓對講機之謎曝光，更令珍．麥康維爾失蹤前的行蹤陷入疑團之中。歐龍在調查麥康維爾的案件時並未找出任何關於她確切失蹤日期的相關資料。孩子們一向表示，當年十二月初的某天傍晚，母親出門去玩賓果，隨後遭人抓去問話還挨揍了，最後精神恍惚地在街上遊蕩時被英軍發現並護送回家。孩子們記得母親隔天晚上就遭人強行擄走，當時她身上的傷尚未痊癒。孩子們認為母親應該是一九七二年十二月七日被帶走的，不過他們也表示自己沒有十足的把握。

麥康維爾一家的說法與休斯的說法似乎有些出入。在休斯的回憶當中，共和軍先是把麥康維爾抓去問話，隨後便在她家中搜到一台對講機，不料麥康維爾並未停止向英軍通風報信，而不久後共和軍又在她家中搜到另一台對講機。休斯的說法是：珍．麥康維爾不但是個抓耙仔，還是個慣犯。共和軍曾警告過她不要再幫助英軍，但她卻當耳邊風才惹上殺身之禍。此說法不僅獲得桃樂絲．普萊斯的認同，也成為共和軍在無數次聲明中所主張的立場。然而，倘若麥康維爾是在十二月六日晚上被抓去問話還遭毆打，並在隔天晚上遭人強行帶走的話，那麼休斯的說法就說不通了。假如麥康維爾真是英方的眼線，而她的聯絡窗口真的十分冷酷無情，還在她被共和軍威脅後要求她繼續向他們通風報信，那也不可能讓她在短短二十四小時內就重返崗位，更不可能在那麼短的時間內為她提供一台新的對講機。

對麥康維爾家而言，歐龍的調查結果彷彿讓母親沉冤得雪。多年來，他們一家人對外的說法始終如一，而苦等了數十年後，終於有人對他們的說法表示肯定。然而，事實上歐龍的調查報告卻在一些關鍵細節上與麥康維爾家的說法互相矛盾。[12]歐龍在查閱當年的檔案紀錄時，發現其中一份檔案似乎記載了麥康維爾在賓果賭場遭共和軍成員帶走後的情形。據當年的警方案件紀錄表登載，當天晚上十一點，警方在貝爾法斯特西區街上發現一名女子，女子身上有被毆打的痕跡。紀錄指出，女子名為「瑪麗．麥康維爾」（譯按：珍的婆婆），但其登記的住址則是位於黑嶺公寓的聖猶達步道，因此可以合理推測這名女子正是珍．麥康維爾。這項紀錄還寫道，女子「被一幫男人威脅，這幫男人還警告她不要再向英軍提供情報」。

姑且不論共和軍認定麥康維爾是英軍的眼線是否只是誤會一場，這份檔案似乎證實了麥康維爾的確曾遭人威脅。不過這份檔案之所以如此重要還另有其因：據檔案記載，麥康維爾遭人毆打後在街上遇見警察的日子並非孩子們所說的十二月六日，而是七天前的十一月二十九日。[13]

一九七二年，麥康維爾的子女都還只是小孩子。他們所住的地方正深陷戰亂之中，而且在母親遭人強行帶走後，他們為填飽肚子不得不到處偷取食物，甚至還在垃圾堆中覓食。他們一家人已經生活在水深火熱中，根本沒有餘力注意每一天的日期。更何況人的記憶非常奇妙，像是海倫明明記得母親在賓果賭場被人帶走後的隔天早上，較年幼的弟弟妹妹都有去上學，[14]但在麥可的記憶中，弟弟妹妹都沒出門。或許麥康維爾家的孩子們就是把日期搞混了呢？或許珍．麥康維爾是十一月二十九日在賓果賭場被人帶去問話，之後又在十一月三十日在家中被人強行抓走。然而，自一九七三年一月起，孩子們在面對媒體和社工時都堅決表示，母親第二次被抓走是十二月初，而非十一月底。如果正如孩子們所言，珍．麥康維爾是十二月初在家中遭人擄走，而歐龍找到的警方案件紀錄內容屬實的話，那麼麥康維爾兩次遭人強行帶走，中間應該隔了好幾天。倘若這個時間線是對的，那麼休斯的說法就說得通了。

歐龍的調查報告還有一個令人摸不著頭緒之處。多年來，麥康維爾家的孩子經常提到，當年母親是如何在黑嶺公寓照料一名受傷的英國士兵，甚至有幾個孩子表示，當晚的事情依然歷歷在目。孩子們透露，那天晚上，他們一家大小在屋內伸手不見五指的黑暗中窩在一起取暖，屋外走廊上槍聲連連，忽然間他們聽到門外傳來一個士兵的哀嚎聲。然而，多年後歐龍在調查麥康維爾的案件並翻閱當年的軍事檔案時，卻始終沒找到任何關於英軍在黑嶺公寓附近受傷的紀錄。[15]或許這些紀錄並不完整？抑或軍方在記錄士兵的傷勢時出錯了？還是麥康維爾家的孩子把日子搞錯了？雖然以上種種情形皆有可能發生，但還有另一種不可排除的可能性：或許孩子們和那些害死他們母親的凶手一樣，為了讓心裡好受一點而編造出一段傳奇故事，因為唯有這麼做他們才能接受母親已不在的事實。[16]

實際上，布蘭登・休斯手上具有麥康維爾失蹤案的第一手資訊，可惜此消息曝光時，休斯早已在九泉之下，但幸好桃樂絲・普萊斯還在世。《週日生活報》的報導於二〇一〇年刊登，文中普萊斯針對這個保密多年的祕密行動高談闊論，還提到自己從中所扮演的角色，這讓麥康維爾一家都大吃一驚。麥可渴望了解詳情，並透過中間人傳話給普萊斯，希望可以和她見一面，不過他始終沒等到普萊斯的回覆。[17]海倫則選擇把憤怒化為動力，便對政府喊話：「亞當斯和普萊斯都應當遭逮捕。這些害死我母親的人都大搖大擺走在街上，真是噁心死了。」在海倫看來，雖然這名新芬黨主席和他口無遮攔的死對頭「並沒有親自扣下扳手殺人」，但他們「和那些殺人凶手一樣有罪在身」。[18]

到了隔年春天，一個陽光明媚的早晨，空氣中還帶有一絲寒意，艾德・莫洛尼正在位於紐約市布朗克斯區里佛岱爾社區（Riverdale）的家中休息，不料一通突如其來的電話卻害他嚇壞了。原來波士頓學院接到法院傳票。依據英美司法互助條款規定，美國司法部有義務傳達北愛爾蘭警務處所正式提出的請求並向波士頓學院祭出傳票。傳票內容寫道，北愛爾蘭警務處之所以提出此請求，是為了協助當局調查「一起涉嫌觸犯英國法律的案件，該案件具體涉及之罪行為謀殺」。[19]此外，傳票還要求波士頓學院交出「布蘭登·休斯和桃樂絲·普萊斯所有的訪談錄音原檔」。

# 第二十七章　波士頓學院的訪談錄音帶

「我再三確認這個計畫是否合法、是否能妥當保密，以至於大家都快被我煩死了，」老麥生氣地說。「我們要的是完全的保密和保障，才會把檔案都交給一所美國大學保管啊！」[1] 波士頓學院接到法院傳票後，「貝爾法斯特口述史研究計畫」的主要創辦人召開了緊急電話會議，以討論合適的對策。出席會議的人散布在世界各地，除了住在都柏林郊區的老麥與太太凱麗，還有來自貝爾法斯特的保皇派人士訪談人威爾森・麥克阿瑟、現居紐約的艾德・莫洛尼，以及在波士頓學院任職的湯姆・哈奇教授和圖書館館長鮑伯・歐尼爾。哈奇向眾人表示自己已經與校長威廉・雷希（William Leahy）談過，而校長向他保證：「我們不會讓訪談人和訪談檔案陷入危險。」[2]

老麥和莫洛尼都氣急敗壞。當年兩人在匯整口述史檔案時，根本沒想過英國當局真的會想辦法把這些檔案都弄到手。他們光想到這一點就覺得很荒謬，因為就在幾個月前，英格蘭與愛爾蘭兩國政府才剛將大量的機密資料交由波士頓學院保管，這些檔案都詳細記載了北愛爾蘭衝突落幕後的相關裁軍過程，而兩國政府之所以選擇把檔案存放在波士頓學院，是因為校方承諾這些檔案可在校內封存至多三十年。[3] 時隔數月，英國執政黨還未變更，政府官員卻翻臉想和波士頓學院索取「貝爾法斯特口述史研究計畫」訪談檔案？

雖然波士頓學院管理階層已諮詢過律師，但校方尚未確定該如何應對此情況。電話會議中，哈奇與歐尼爾顯得十分鎮定，還一直想要安撫眾人的情緒。然而，老麥仍不禁擔心波士頓學院最終會就範，並把錄音帶都交給法院。如此一來，無論是計劃訪談人或在訪談中公開談論自己黑歷史的準軍事組織退役成員，都「只能自生自滅了」。[4]

莫洛尼也和老麥一樣擔心事情會走到這步田地。為避免校方瞞著他們私下把訪談檔案交給法院，[5]莫洛尼決定先下手為強，並將他們的處境告知媒體。隨後《紐約時報》便刊登了一則標題為〈「阿爾斯特問題」祕密檔案面臨法院傳票〉（Secret Archive of "Ulster Troubles Faces Subpoena"）的頭條新聞。此外，莫洛尼在接受《波士頓環球報》（*The Boston Globe*）的採訪時透露，面對此情況，或許校方最後會逼不得已把錄音帶全數「銷毀」。[6]在莫洛尼和老麥看來，由於此事件嚴重侵犯了言論和學術自由，因此只要案件引起的關注越多，校方就越有可能做出正確的決定。[7]不料哈奇卻責罵莫洛尼在未經校方允許的情況下就直接和媒體爆料，還抱怨莫洛尼威脅要銷毀整個檔案庫的說法「太過誇張」。[8]

至於為何英國政府突然如此積極想要得到這些音檔，他們一幫人實在想不通，不過莫洛尼猜想，這一切都得歸咎於北愛爾蘭警務處，也就是當年的皇家阿爾斯特警隊。雖然警隊一直對外宣稱將致力於轉型，還更換名字以表誠意，但實際上他們僅是換湯不換藥，而警隊的內部人員大部分都並未變動過。[9]數十年以來，皇家阿爾斯特警隊一直把傑瑞．亞當斯視為頭號敵人，[10]只因他是共和軍名義上的領頭羊，而共和軍在北愛爾蘭衝突爆發期間奪走了近三百名警察的性命。北愛爾蘭警務處的許多資深警員因而在當年失去了同事、兒時玩伴，甚至是父親。如今他們得知在大西洋彼岸，波士頓學院竟建立檔案庫收藏了昔日亞當斯部屬的證詞，而或許這些祕密錄音檔正是英國政府多年來一直缺乏的關鍵證據，除了能讓亞當斯以加入共和軍的罪名受到法律制裁，更能夠以謀殺罪名將他繩之以法。

「他們想報仇雪恨，」哈奇在電話會議裡說。[11]哈奇非常認同莫洛尼的猜測，並表示：「他們正在想盡辦法抓住傑瑞的把柄，但如果他們想要利用我們的檔案來達成目的，那我就要傻眼了。我們用心經營的計畫可不能成為他們的工具。」雖然哈奇的語氣聽起來很堅定，但莫洛尼發現，哈奇和歐尼爾在詢問計畫細節時，字裡行間都流露出校方的態度似乎並沒有哈奇所說的那麼堅定。[12]哈奇和歐尼爾很好奇老麥和威爾森．麥克阿瑟在進行訪談時答應了受訪者哪些事情，尤其在保密一事方面，兩人究竟對受訪者做出了什麼承諾？麥克阿瑟表示，他與保皇派受訪者進行訪談前都會向他們保證，只要他們還在世，那麼訪談內容絕對會受到「最嚴格」的保密，而且他們的證詞也絕不會對任何人公開，甚至也不會有人知道他們參與了這項計畫。隨後麥克阿瑟還不忘提醒哈奇和歐尼爾，十年前眾人首次針對這個祕密檔案庫進行討論時，正是這兩位波士頓學院的代表親口答應會提供「最嚴格」的保密。當麥克阿瑟的受訪者表示不安，麥克阿瑟便會安撫他們，並稱計畫各環節已通過「波士頓學院律師團隊」的審查。[13]

事實證明，這一切都只是空頭支票。實際上，二〇〇一年初，莫洛尼在擬定計畫參與者要簽署的合約時，確實寄了一封電子郵件給歐尼爾，並在信中表示：「或許在我們正式使用這份合約書前，您可以先請貴校的法律顧問過目一下。」[14]隔天，歐尼爾回信表示自己正在修改合約裡的遣辭用句，之後會交給學校的律師團隊檢查。[15]然而，後來歐尼爾似乎忘了這麼做。[16]倘若當時歐尼爾有請律師檢視合約內容的話，那麼律師一定會建議在合約裡增添一項條款，明確說明雖然訪談錄音檔都受到保密條款約束，但一旦接到法院傳票，那麼保密條款就有可能失效。然而，後來計畫參與人所簽署的合約並未加入此條款，因為波士頓學院的律師團自始至終都從未審查過這些合約內容。[17]

哈奇宣布電話會議結束時，態度十分樂觀，彷彿那場會議是美式足球比賽開始前，球員們圍在一起聽從四分衛的賽前戰術，而自己就像四分衛一樣負責率領大夥拿下球賽。然而，事實上在會議結束後，兩位波士頓學院代表與其他計畫合夥人都透過電子郵件保持聯繫一陣子，不過後來就音訊全無。[18]後來校方就在五月底以前將布蘭登．休斯的錄音帶都提交法院，[19]原因是休斯已過世，而其錄音檔絕大部分的內容早已透過《黃泉路上的心聲》公諸於世。《黃泉路上的心聲》經莫洛尼悉心編輯，已將部分人物的相關內容刪除以避免這些人陷入法律糾紛，甚至是生命危險。相較之下，休斯所留下的錄音檔和錄音檔譯文卻一字不漏地保留了訪談內容的全貌。[20]莫洛尼得知這些檔案竟落入北愛爾蘭警務處的手中時，簡直快氣得跳腳。他在一封寄給哈奇的電子郵件中表示：「我敢拿房子打賭，此時此刻，藏在英國政府最深處的律師團隊正在想方設法，想要逼迫校方交出其他受訪者的名字。」[21]

莫洛尼還表示，為「避免事情一發不可收拾」，哈奇和歐尼爾應立即將計畫所有的檔案裝入信封，並透過聯邦快遞連夜把檔案都寄給在愛爾蘭的老麥。在莫洛尼看來，波士頓學院並無膽量與法院長期抗戰，但老麥可不一樣。莫洛尼在電子郵件裡表示，老麥曾說自己「寧願去坐牢」也不會把檔案交出來。[22]事到如今，如果這些學者執意把檔案寄送出境，那麼一定會被冠上「妨礙司法公正」的罪名。然而，老麥和莫洛尼一樣認為，校方有責任堅守對受訪者的承諾並替他們保密身分，即使是法律當前，校方也應盡這個道德義務。[23]受訪者都是冒著生命危險將自己的故事交由波士頓學院保管，那麼要求校方為保護這些受訪者而稍微違抗法令也不為過吧。莫洛尼猜測，如今警方已得到休斯的訪談檔案，「很有可能」會依據休斯在訪談中提到的人事物再祭出第二張傳票，試圖將這些相關人物的訪談檔案也拿到手。[24]

哈奇寄給莫洛尼的回信內容言簡意賅，他在信中表示，校方「無論如何」都不會把訪談檔案送出國，還說當年他們答應受訪者將把相關檔案存放在最安全的地方，那就是波士頓學院。如今看來，哈奇這番話顯得格外諷刺。[25]最後校方同意針對傳票中就普萊斯相關的內容提出抗議，並決定向聯邦法院申訴。[26]校方表示無法將相關檔案全都交由法院，因為這麼做不但會違背對計畫參與人的承諾，還會讓此計畫的相關人士都深陷危險，甚至會威脅學術自由，以及北愛爾蘭的和平進程。校方也在申訴書中指出：「共和軍要求其成員應時刻保持沉默，就相當於黑道分子需遵守『緘默法則』（omerta）的江湖規矩一樣。」[27]普萊斯等受訪人之所以願意參與口述史計畫，是因為計畫主持人向他們擔保「訪談相關的檔案都會上鎖封存」。莫洛尼也曾在書面證詞中坦言，共和軍成員對外透露其軍中經歷，「等於是犯下殺頭罪。」[28]

美國政府見勢也做出重磅反擊，並在回應中表示校方應交出普萊斯的訪談檔案，還指控莫洛尼、老麥和波士頓學院「答應協助隱瞞謀殺等犯罪證據，直到凶手入土為安才公諸於世，而那些承諾根本就是空頭支票」。事實上，「貝爾法斯特口述史研究計畫」並非新聞作品，而且就法律而言，此計畫也不具備「學術特權」可以確保計畫的訪談內容皆不受法律約束。[29]對於莫洛尼列出檔案庫公開後有可能會引發的後果，政府則表示，莫洛尼自己也曾針對此計畫進行大肆宣傳，而且還出了一本書！書中透露，負責訪問布蘭登．休斯等受訪者的人正是老麥，但既然老麥安然無恙，那麼其實將檔案公開也沒那麼危險吧？[30]

美國政府也表示，普萊斯的訪談錄音檔早已公開並提供《週日生活報》的記者希朗．巴恩斯，然而，事實證明政府的說法是錯的。[31]波士頓學院的律師團隊在提交給法院的文件裡也提到這一點，並表示巴恩斯在報導中影射自己曾親耳聽到普萊斯留給波士頓學院的訪談錄音檔，但事實並非如此，而美國官員都徹底中了巴恩斯的圈套。[32]到了八月，莫洛尼所擔心的事終究還是一語成讖。[33]波士頓學院又接到一張法院傳票，要求校方交出所有與「珍．麥康維爾夫人的綁架與死亡案」相關的檔案。同年十二月，聯邦法院正式駁回波士頓學院的申訴，並命令校方交出所有相關的錄音帶與文字稿以便法院審查。對於聯邦法官的判決，校方並未打算提出上訴，而老麥和莫洛尼則對校方低頭的行為感到十分驚訝，甚至是憤怒。於是他們便自己聘請律師向法官的判決提出上訴。

可惜這兩名愛爾蘭老鄉能夠引為奧援的法律和憲法條款有限，因此案件早已成定局。莫洛尼、老麥和妻子凱麗決定雙管齊下，在對抗法院之餘還訴諸政治，並使出渾身解數四處求助。時任麻州參議員的約翰．

凱瑞（John Kerry）除了是波士頓學院的校友（他在那裡取得法學博士學位），也和愛爾蘭有著密不可分的連結。[i]凱瑞得知母校的處境後，便立刻寫信懇請當時的國務卿希拉蕊・柯林頓（Hillary Clinton），聯繫英國當局協助處理此問題，因為北愛爾蘭的和平進程有可能因那幾張法院傳票而在一夕之間都化為烏有。[34]另外，美國民權聯盟（American Civil Liberties Union）的麻州分部也援引「法庭之友」（amicus curiae）的法律規定提交書狀，抗議波士頓學院所接到的傳票。[35]其實，既然莫洛尼、老麥和校方都聲稱此案件的發展意味著學術自由遭到威脅，那麼他們大可在校內尋求教職人員的支持。然而，實際上截至校方收到法院傳票時，大部分教師都已經對「貝爾法斯特口述史研究計畫」感到十分厭煩。[36]由於此計畫向來在暗中進行，因此幾乎無人知曉這個祕密檔案庫的存在，直到莫洛尼的書問世後眾人才瞬間恍然大悟。「貝爾法斯特口述史研究計畫」剛起步時，計畫團隊本打算邀請校方人員組成監督委員會，[37]以確保計畫嚴謹遵守學術規範，不過後來此規畫就再無下文，就和當初團隊說好要請律師團細讀他們的合約內容一樣不了了之。在「貝爾法斯特口述史研究計畫」曝光後，有些波士頓學院的教職員對於計畫的部分環節表示不滿。[38]在他們看來，老麥固然具有博士學位的加持，但他和威爾森・麥克阿瑟在進行口述史這方面還算是新手。兩位計畫訪談人似乎與他們的受訪者在意識型態上是志同道合的同路人，有些受訪者甚至是他們的摯友，這根本不符合學術客觀性的標準。另外，老麥本人還因謀殺被定罪而在監獄服刑近二十年，這一點也讓波士頓學院的教職人員感到不妥。

哈奇教授則遭到同事們質疑的眼光。他與校長有多年交情，在歷史系乾領薪水卻不太做事。[39]約翰・伯恩斯圖書館的歐尼爾館長也和哈奇一樣，無法在波士頓學院的學術圈內找到強大的靠山。哈奇在一封寄給莫洛尼的電子郵件中表示：「這些學者都氣壞了，而且並未明顯表現出支持。」[40]當年莫洛尼想盡辦法阻止研究生參考他們的口述史檔案，對於如今的處境只有百害而無一利。[41]二〇一四年，波士頓學院歷史系終於發表聲明，但此聲明的用意並非為了捍衛學術自由，而是為了再三強調「貝爾法斯特口述史研究計畫」與歷史系「從未有過任何關係」。[42]一名教職員表示：「沒人相信這項計畫的完整性。」[43]歷史系的教授們固然支持學術自由，但他們表示：「那根本就不是本案的重點。」

後來莫洛尼和老麥將此案件鬧上美國聯邦第一巡迴上訴法院（First Circuit Court of Appeals），卻以敗訴收場。[44]儘管如此，他們獲得了「中止執行」（stay）的判決，並打算到美國最高法院提出上訴。這意味著，在最高法院決定是否要接受莫洛尼和老麥的上訴前，波士頓學院不得將錄音檔交給英國當局。然而，到了二〇一三年春天，美國最高法院終究還是拒絕審理此案件。[45]隨後麻州地方法院的威廉·楊法官（William Young）展開調查，以確認「貝爾法斯特口述史研究計畫」所收集到的錄音檔中，有哪些符合第二張法院傳票的內容，並提及珍·麥康維爾的綁架與謀殺案。[46]為安全起見，訪談檔案在交由波士頓學院保管前，都已將受訪者的姓名匿名處理，取而代之的是一個個英文字母代號。不過老麥身為計畫訪談人，想必對於受訪者的真實身分了如指掌，而且說不定他還記得哪些受訪者曾討論過麥康維爾的案件。因此楊法官在進行調查時，曾向老麥尋求幫助，但卻遭拒絕。老麥表示，倘若他協助法院，那就等同於「越過那道保護學術研究不捲入警方調查的防火牆」。[47]楊法官在老麥那裡碰釘子之後便試圖向歐尼爾求助，然而，歐尼爾也不願幫忙，並以從未看過訪談文字稿為由拒絕了法官的請求。[48]於是那一年的聖誕期間，楊法官花了好幾天的時間，獨自一人將所有共和派的訪談文字稿逐一看了一遍。[49]他發現有六位受訪者在訪談中提到麥康維爾，[50]不過其中一位僅是輕描淡寫地帶過而已。最後，楊法官下令要求波士頓學院將那五名受訪者的相關錄音檔都交出來。

桃樂絲·普萊斯正是這五名受訪者之一。老麥和莫洛尼都堅稱，普萊斯在進行計畫訪談時從未提及麥康維爾。二〇一二年九月，莫洛尼在一則新聞稿中聲明：「桃樂絲·普萊斯在接受『貝爾法斯特口述史研究計畫』訪問時，並未提到珍・麥康維爾或麥康維爾的遭遇。」[51]在那之前，莫洛尼也在一份書面證詞中表示，普萊斯在訪談中「從未提及這名婦女不幸失蹤的案件」。[52]莫洛尼的言論在法律上具有重大意義，正如他所言：「事實上，安東尼・麥金泰爾與桃樂絲・普萊斯所進行的訪談最值得注意之處，在於其並未涉及任何足以讓法院祭出傳票的內容。」[53]

嚴格來說，莫洛尼的說法沒有錯。[54]普萊斯與老麥的訪談長達十五小時，而她確實不曾提起麥康維爾的案子。然而，波士頓學院的檔案庫裡還藏有一些錄音帶，在這些音檔中，普萊斯可是針對麥康維爾的失蹤案滔滔不絕地透露了許多相關細節。負責進行訪談的人並非老麥，而是莫洛尼。[55]

二〇一〇年二月，《愛爾蘭新聞報》記者愛莉森・莫里斯到馬拉海德拜訪普萊斯並進行採訪時，「貝爾法斯特口述史研究計畫」早已結束了。實際上，老麥和威爾森・麥克阿瑟所負責的訪談早在二〇〇六年就告一段落，隨後兩人蒐集到的訪談檔案便一直存放在約翰・伯恩斯圖書館的寶庫裡。乍看之下，訪談內容似乎完整無缺，但四年後普萊斯與《愛爾蘭新聞報》的採訪才剛結束不久，莫洛尼就去了都柏林一趟，並私下與普萊斯進行訪談。莫洛尼表示，他想做的並非針對普萊斯近日的言論大做文章，而是希望普萊斯能夠分享她的過去，並進一步討論其中的細枝末節。[56]莫洛尼坦言，多年前普萊斯曾接受老麥的訪問，但與之相比，這次的訪談將問及更多私人的細節，不過訪談內容也將受到嚴格保密，並在普萊斯去世後才公諸於世。一切將按照「貝爾法斯特口述史研究計畫」的做法進行。

普萊斯接受了莫洛尼的提議。那時的她已入住聖派翠克心理衛生服務機構，接受憂鬱症和PTSD治療。一天早上，莫洛尼到普萊斯的病房探病，兩人促膝長談了好幾個小時，而訪談內容都由莫洛尼錄了下來。幾天後，兩人約在醫院外面的一間租屋裡繼續訪談，不過這次莫洛尼請了一個攝影團隊協助拍攝他們的訪談過程。在兩次訪談中，普萊斯頂著一頭蓬亂的金髮，雙眼還畫了一層眼線，整個人看上去神智清醒，而且說話有條有理。普萊斯向莫洛尼訴說她布萊荻阿姨的故事，並描述當年布萊荻在共和軍的武器庫裡執行任務時發生意外，導致雙眼失明、肢體殘缺。後來布萊荻回到家中休養，而在普萊斯外婆的命令下，他們家裡的氣氛瞬間變得低沉、壓抑，彷彿在替誰哀悼似的，就連布萊荻的姐妹們想出去跳舞都不行。普萊斯透露：「當時家裡就像是在替一個活生生的人辦喪事。」然而，實際上布萊荻的遭遇也促使普萊斯加入北愛爾蘭的武力衝突，因為如她所說：唯有這樣，「我阿姨才不算白白犧牲。」[57]普萊斯也大談當年在伯恩托雷特橋遭人毒打一頓後加入共和軍，[58]隨後又加入了共和軍的「無名隊」。

當莫洛尼問起共和軍把人「人間蒸發」的陋習時，普萊斯表示她從未支持過那種做法。「我和派特・麥克魯和其他共和軍成員討論過，大家都覺得那不是明智的做法，但後來我們得到的指示是，『這件事上頭說了算』。」

莫洛尼接著問：「那麼妳認為這算是戰爭罪行嗎？」

「對，是戰爭罪行沒錯。我的確曾經表明這個立場，表示……那些人的屍體都應該扔到大街上示眾，才能讓大家敬畏上帝，並且殺雞儆猴，讓想要招惹共和運動的人感到害怕。」

普萊斯奉命將麥康維爾護送到北愛爾蘭邊境之前，有好一陣子都在協助共和軍把一些人「人間蒸發」。在那之前，她並不認識麥康維爾，也沒聽過她的名字。

普萊斯表示，麥康維爾親口承認自己是英軍的線人，而且共和軍還在她家裡搜出一台對講機。普萊斯還透露了一個細節：當時有共和軍成員看到麥康維爾在黑斯廷斯街（Hastings Street）上的軍營出沒。普萊斯說：「她躲在一條毯子後面，而毯子裡有個縫，她可以從縫隙往外看。」

普萊斯認為麥康維爾之所以會躲在毯子背後，透過縫隙看著眼前的一排男子，是為了幫英軍指認共和軍成員。這個做法就像當年肯亞獨立運動組織「茅茅」成員披著毯子，偷偷向法蘭克．基特森指認自己的同胞。[59]然而，英軍的毯子無法完全遮住麥康維爾的腳，而其中一名男子「認出她的拖鞋」。

普萊斯表示，後來麥康維爾被抓去問話時，「親口承認」自己「為了錢」而成為英軍的線人。

普萊斯眼神堅定地盯著莫洛尼說：「對我們來說，抓耙仔是最低賤的人，根本不配當人，而且死不足惜。」

當年麥康維爾被囚禁在貝爾法斯特西區的一個屋子裡，後來由普萊斯、小派特．麥克魯，和另一名共和軍成員開車押送到北愛爾蘭邊界。[60]普萊斯的朋友喬伊．林斯基一上車就意識到自己即將被處死；相較之下，麥康維爾根本毫無危機意識。普萊斯謊稱他們會先把麥康維爾交給一個名叫「聖母軍」（Legion of Mary）的天主教慈善團體，之後再由「聖母軍」把她帶到一個安全的地方。

「那他們會把我的小孩都接過來嗎？」麥康維爾問道。

普萊斯這才發現原來麥康維爾家中還有孩子，並騙她說：「那是當然的啊。」

麥康維爾接著問道：「那他們會給我錢嗎？會給我房子嗎？」

普萊斯表示，麥康維爾向共和軍坦誠一切後，就不再感到害怕了。當年他們在半路停下來，普萊斯還幫麥康維爾買了香菸和一份炸魚薯條。[61]不過普萊斯向莫洛尼透露，她不喜歡麥康維爾，還坦言：「後來她還說『我就知道那些臨時派的孬孬不敢開槍殺我』，而坐在車內護送她的孬孬們心裡都在想，『喔，是嗎？』」接著普萊斯冷淡地補了一句：「她實在是太多嘴了，禍從口出把自己害死了。」

普萊斯說的是真的嗎？雖然此事深刻地留在普萊斯的腦海裡，但她所描繪的麥康維爾和麥康維爾一家對母親的印象簡直是天壤之別。在孩子們的回憶中，母親並不會滿口汙言穢語，更不會挑起事端，而是一個膽小怕事又獨來獨往的人。麥康維爾明知道普萊斯那幫人不懷好意，怎麼還會口出狂言，自尋死路呢？難道是普萊斯故意說謊嗎？抑或她為了更能夠接受自己所犯下的罪行，而把珍．麥康維爾想得連畜生都不如呢？普萊斯和莫洛尼聊起這些往事時態度十分堅定，然而，有時並不難看出，所有的表象僅是普萊斯用於保護自己的盔甲。若仔細聆聽還會發現，普萊斯講話偶爾還會結結巴巴。

她在抨擊麥康維爾的為人後立刻表示：「不過她具體幹過哪些事，沒幹過哪些事，這我就不清楚了。」實際上，普萊斯對於麥康維爾所涉及的罪行，沒有第一手資訊，她只知道最後共和軍得出的結論是，這個育有十個孩子的母親是英軍的線人，而這個說法不禁令人心生疑慮。儘管如此，普萊斯仍選擇相信共和軍的判斷，只不過她在內心深處一直質疑麥康維爾所受到的處分是否真的合理。「什麼樣的行為足以讓人遭處死？」普萊斯問莫洛尼。「我必須捫心自問，究竟是什麼樣的行為才足以讓人遭處死？我甚至不知道她有幾個孩子，或者她孩子都是什麼樣的人。這些我都不知道。如果當年他們有找我討論她的罪行，那麼我可能會主張要他們從輕發落。」普萊斯表示，或許他們可以把麥康維爾驅逐出境，而不是把她給殺了。

但事實上，當晚普萊斯一幫人還是越過了邊境，並把麥康維爾交給駐守鄧多克的共和軍小組。

「後來發生了什麼事？」莫洛尼問道。

「她在那裡待了一陣子，」普萊斯回覆道，然而，她的語氣中流露出一絲猶豫。「再說下去連我都有危險了。」

若說普萊斯之所以不斷抹黑麥康維爾的人格只是為了讓良心好受一點，那麼或許她在麥康維爾案件中所扮演的角色，不光是負責把這位寡婦護送到邊界的司機那麼簡單。

「我必須知道實情。」莫洛尼說。

「好吧……後來我們又被叫回去了，」普萊斯說。「她在那裡待了四、五天，後來我們就接到通知，說是要我們回鄧多克。」駐守鄧多克的共和軍小組已經在田地附近的土裡挖了一個大洞，接下來他們只需把麥康維爾帶到那裡，再把她槍斃就能完成任務。然而，他們沒有這麼做。普萊斯坦言：「他們不想要那麼做。」在普萊斯看來，那是因為麥康維爾是一名女子。

「因此你們才親自動手了，」莫洛尼說。普萊斯嘀咕了幾句就沒再多說什麼。「對吧？」莫洛尼追問道。

普萊斯又嘀咕了幾句，後來才吐了一句「嗯。」

「那妳想聊聊這件事嗎？」莫洛尼問道。

普萊斯透露，麥康維爾遭槍決時有三名「無名隊」的成員在場。這三名成員包含她自己、小派特·麥克魯以及另一名共和軍成員。三人只有一把槍，而且他們都擔心會受到良心的鞭撻，因此他們決定輪流開槍，如此一來就沒辦法正確地判斷出麥康維爾到底死在誰的手裡。其實監獄的槍決行刑隊從很久以前就已經會採取類似的做法。行刑隊當中，有一人的步槍會裝上空包彈，這麼一來行刑隊的成員們都能在執刑後自我催眠，並告訴自己或許囚犯並非死在自己的手裡。一般而言，此做法可以為執刑人員帶來一絲寬慰，然而，那三名「無名隊」成員的情況不太一樣。由於他們只有一把槍，因此致命的一槍究竟是誰開的，反而更一目了然。普萊斯表示：「我們依序輪流開了一槍。」但普萊斯也坦言，輪到她開槍時，她故意沒瞄準麥康維爾。[62]隨後有人扣下扳手，然後麥康維爾就倒地了。

普萊斯接著說：「我們把她丟在那個洞裡。」隨後駐守鄧多克的共和軍小組便將洞口封了起來。

「然後妳就回到貝爾法斯特了嗎？」莫洛尼問道。

「對，然後我們就回到貝爾法斯特了。」普萊斯回答。

「那之後呢？」

「那個嘛，我們的精神都很緊繃，後來派特就去回報上級。」

「回報給傑瑞嗎？」莫洛尼追問。

「沒錯。」

在這之前，莫洛尼就像個在耐心聆聽普萊斯告解的神父一樣，話鋒一轉，他突然扮演起律師的角色，並提出犀利的交叉質詢。莫洛尼問道：「既然妳參與過那些行動，那麼妳一定非常確定，依據當年的指揮體系看來，那次下令的人是傑瑞．亞當斯，而——」「沒錯，」普萊斯打斷莫洛尼的提問說道。

「而你們回報的對象也是傑瑞．亞當斯，妳確定嗎？」

「我很確定。」普萊斯回答，緊接著又補充說明：「而且他還試圖假裝自己在案發時還在朗格甚監獄裡服刑，但當時他根本就不在獄中……他不在那裡。那個……其實……很痛苦，」普萊斯猙獰地說。「我是說這些事讓我很痛苦……那些人時不時會浮現在我腦海裡，他們會來找我……」[63]普萊斯所指的「他們」無非是喬伊．林斯基、薛穆斯．萊特、凱文．麥基和珍．麥康維爾。「我時常想起他們……我不騙你，其實我不是很虔誠，但偶爾夜深人靜時我還是會祈禱，希望上帝保佑他們，希望他們已經去到更美好的地方。」

普萊斯還透露，身為共和軍的成員，她「時常要做出一些違背自己本性的事情，」並遵從一些她難以認同的命令。當年的她對上頭的指令總是乖乖地言聽計從，不過後來她漸漸有機會內省，去面對「那些在情急之下根本不會想到的問題」。普萊斯坦言：「我花了很長的時間和很多醫生聊了這些事情。」

那天，莫洛尼和普萊斯聊了好幾個小時。訪談結束後兩人要道別時，莫洛尼答應普萊斯會好好替她保密，並把錄音帶都帶到美國，歸檔到「貝爾法斯特口述史研究計畫」，存放在波士頓學院的寶庫裡，因為那是他認為最安全的地方。

這些錄音檔在波士頓學院裡安然度過了三年的歲月，[64]直到二〇一三年七月，兩名北愛爾蘭警務處的警探抵達波士頓洛根機場（Logan Airport），便在威廉·楊法官的准許下前往栗樹山（Chestnut Hill）領取「貝爾法斯特口述史研究計畫」的相關檔案。嚴格來說，莫洛尼採訪普萊斯的錄音檔並不隸屬此計畫，莫洛尼只是為了安全起見才把檔案存放在波士頓學院，不料卻適得其反，反而讓這些檔案都深陷危險之中。莫洛尼懇求歐尼爾不要將這些檔案與其他「貝爾法斯特口述史研究計畫」檔案一同交給警方[65]，然而，法院對於波士頓學院須交出的檔案所設下的標準過於廣泛，因此校方不得不將莫洛尼的錄音帶也交出來。更何況波士頓學院打從一開始就毫無奮力抵抗之意。隔年春天，傑瑞·亞當斯因涉嫌於四十一年前參與珍·麥康維爾的綁架與謀殺案，而遭北愛爾蘭警務處逮捕。

■

i・譯註：「凱瑞」（Kerry）是個很常見的愛爾蘭姓氏。另外，凱瑞自幼就信奉天主教並來自麻州，那裡是愛爾蘭裔美國人的大本營，因此有許多人誤以為凱瑞具有愛爾蘭血統。事實上，凱瑞的父系血統是奧匈帝國的猶太人，於二十世紀初移民美國，外祖父則是麻州富商詹姆斯·格蘭特·福布斯（James Grant Forbes）。

# 第二十八章　意外身亡

麥瑟林軍營（Massereene Barracks）的年輕英國士兵們喜歡在週六晚上點披薩來吃。[1]他們困在營中哪裡都不能去，因此只能打電話給附近的達美樂訂餐，以至於那家達美樂分店都會在週六晚上接到約二十筆來自軍營的訂單。對那家達美樂分店而言，這些軍人都是品行良好的優質客人。二〇〇九年三月七日晚間，還有幾分鐘就十點了，幾個年輕士兵步行到軍營入口旁邊的紅磚警衛室。他們身穿沙漠迷彩軍服，並準備在幾小時後趁著夜深人靜飛往阿富汗服役六個月，但在那之前，他們得先吃塊披薩填飽肚子。[2]他們看到兩台達美樂的外送車子相繼停下來，兩名外送人員分別從保溫袋裡取出一個個熱騰騰的四方形披薩盒子，想必是同一家達美樂分店在同一時間接到好幾個訂單。隨後一台綠色轎車也停了下來，並以迅雷不及掩耳的速度展開一場槍戰。[3]兇手是兩名穿著深色衣物且頭上帶著巴拉克拉瓦（balaclavas）頭套的男子。雙方在槍林彈雨中堅持不久後，兩名英國士兵終於癱倒在地。[4]槍手走向士兵們並從他們正上方近距離地往他們身上不停開槍，事後便匆忙跑回綠色轎車，逃離現場。他們在短短三十秒內連續開了六十幾槍，[5]導致那兩名士兵不幸身亡。死者是二十一歲來自北倫敦（North London）的派崔克・阿齊姆卡爾（Patrick Azimkar）與二十三歲來自伯明罕的馬克・昆西（Mark Quinsey）。此外還有兩名士兵及兩名外送人員受傷，他們其中一位是當地人，另一位則是來自波蘭的新移民。[6]

在這之前的十二年裡沒有任何英軍在北愛爾蘭喪命。[7]此事件的幕後黑手是一個名叫「真實派愛爾蘭共和軍」（Real IRA）的武裝異議組織，他們還聯繫一間都柏林的報社宣布此事，並表示他們一開始就把披薩外送人員也視為攻擊目標，只因「他們為英國人提供服務，助紂為虐」。[8]

北愛爾蘭警務處局長休．歐德（Hugh Orde）在一次聲明中表示：「此事件的主謀是一個人數不多卻日益激進的團體，他們執意要將我國百分之九十九的人民推向一個眾人根本不願回到的過去。」[9]

當局展開了一場大規模調查，並逮捕了幾個嫌犯。槍擊事件爆發八個月後，當局成功追查到真實派共和軍用於聯繫報社的電話來源，隨後一群全副武裝的警察便闖入一間位於安德森鎮的房子並展開逮捕行動。[10]警方的調查顯示，真實派共和軍所使用的電話是在槍擊案爆發隔天，於紐敦阿比（Newtownabbey）一家特易購超市（Tesco）購買的預付卡手機。警方在超市的監視器畫面中看到一名臉色蒼白的中年婦女正在排隊結帳。[11]這名女子身上裹著一件厚重的深色外套，並掏出錢包準備付款。這時，女子的目光漸漸往上飄移，直到與監視器正眼對視。這名女子正是瑪麗安．普萊斯。[12]

桃樂絲．普萊斯雖痛恨《耶穌受難節協議》，卻始終不忍心加入共和軍一些仍推崇武力的分支。反觀妹妹瑪麗安，則是對此內心毫無掙扎，還時常表示：「無論是現在或未來，武力衝突才是王道。」[13]年過半百的瑪麗安早已染上風濕等疾病，而且女兒都已長大成人了，但她並不打算因此放下屠刀。瑪麗安因涉嫌參與麥瑟林軍營槍擊案而遭警方逮捕，不過經過兩天的審訊，她因未遭起訴而被釋放。然而，十八個月後，瑪麗安又再度遭捕，但這次警方並未把她放走。最後瑪麗安被控兩項罪名，[14]其一是「提供資產以協助恐怖行動」，另一項罪名則攸關瑪麗安在德里參加的一場異議分子集會。[15]當時一名蒙面的真實派共和軍成員在現場宣讀一份聲明書，並威脅員警表示，他們是外來的入侵勢力，「應該遭處死。」男子在發言時，一名未蒙面的女子就在他身旁幫忙拿著講稿，那名女子就是瑪麗安。[16]

後來瑪麗安在獄中度過了兩年的歲月，期間她嚐盡了長期單獨監禁的滋味，導致她乾癬發作，人也瘦了一圈。[17]有時她覺得自己好像回到了當年的英國監獄裡，而過去的三十年彷彿都是一場夢，她並未結婚生子，更不曾享受過出獄後的生活。桃樂絲替妹妹擔心極了，並參加了監獄外頭的「釋放瑪麗安・普萊斯運動」（Free Marian Price Campaign）。[18]此外，民眾也紛紛寫信表態，並舉辦小型集會以表示對瑪麗安的支持。他們口中的瑪麗安是個「遭未審拘留，而且飽受精神折磨的受害者」。[19]乍看之下，這一切與一九七〇年代初，為逼迫當局釋放普萊斯姐妹而掀起的社會運動有幾分相似。

然而，「釋放瑪麗安・普萊斯運動」並未像幾十年前的運動一樣廣受共和派的支持。在他們看來，全世界都已經走向未來並已發生巨大變化，從此再也無法回頭了，而瑪麗安卻仍活在過去。當年北愛爾蘭衝突釀成了一樁樁悲劇，如今的北愛爾蘭則全面煥然一新，就連空氣裡也瀰漫著包容與和解的氣息。瑪麗安遭逮捕的同一個月，英國女王伊莉莎白二世正式蒞臨愛爾蘭進行國是訪問。[20]距離英國君主上一次拜訪愛爾蘭已經是一百年前的事了，時間是一九一一年，當時整座愛爾蘭島仍屬於英國。一世紀後，桃樂絲的老同學瑪麗・麥克艾利斯（Mary McAleese）已當選愛爾蘭總統，[21]以總統身分來迎接英女王造訪愛爾蘭的歷史性時刻。[22]麥克艾利斯總統表示，此時此刻是「我們歡迎女王陛下蒞臨愛爾蘭的最佳時機」。隔年，來自德里的前共和軍槍手兼北愛爾蘭副首席部長（deputy first minister）馬丁・麥吉尼斯還與英女王握手，而與此同時，瑪麗安則還在獄中拘禁。[23]麥吉尼斯和傑瑞・亞當斯似乎都有能力與任何人找到共同之處，他們甚至能與立場彷彿不共戴天的聯合主義派牧師伊恩・裴斯利和解。後來麥吉尼斯與裴斯利還在政務上保持密切合作關係。某次兩人在議會大廈一起接受記者採訪，裴斯利表示：「無論在政壇上或人生裡，我們都沒辦法萬事順心，這個道理再明顯不過了。當我們自覺已經達成目標，就該下定決心走向未來。」[24]

然而，儘管眾人早已決定金盆洗手，但瑪麗安卻遲遲不肯放棄抗爭。她心知肚明自己離經叛道的行為與民主價值背道而馳，也清楚知道只有少數北愛爾蘭人民和她一樣，推崇以血腥武力趕走英國人。瑪麗安表示：「投身共和運動本來就不是在和誰比人氣。從來就不是這麼一回事。」[25]她曾於二〇〇一年指出：「我們的下一代須接手共和運動的聖火並繼續抗爭到底。」[26]然而，諷刺的是，雖然這把聖火在瑪麗安的娘家裡代代相傳，不過到了她和姐姐這一代，兩姐妹的孩子們卻絲毫不願意投入任何武力鬥爭。

瑪麗安兩個女兒的成長環境不但少了二十世紀的動蕩不安，還多了二十一世紀的全球化色彩，可謂不折不扣的平民百姓。她們其中一位還成為 BBC 的記者。

瑪麗安的朋友們開始擔心她是否被年輕一代的異議分子利用了。他們擔心這些心懷革命大志的年輕人之所以處處迎合瑪麗安，只是因為他們被瑪麗安曾是普萊斯姐妹檔的經歷所吸引。瑪麗安曾是北愛爾蘭衝突最黑暗時期的象徵性人物，雖然已經有點過時，但這些年輕人還是可以藉由她博取些許信任度。[27]到了二〇一三年，瑪麗安被警方拘留已長達兩年。那一年，瑪麗安對兩項指控認罪，並被判有期徒刑十二個月，不過法官考慮到瑪麗安在那之前就已遭拘留監禁，而且身子每況愈下，便允許她緩刑。瑪麗安現身聽證會當天顯得格外憔悴，還需撐著拐杖才能走到應訊席。[28]

瑪麗安被關押在獄中的兩年裡，都是依靠不同的精神糧食來支撐她度過每一天。她會完成《每日郵報》（*Daily Mail*）裡的文字遊戲、閱讀瑞典偵探小說家史迪格．拉森（Stieg Larsson）的小說，也會花好幾個小時追看《唐頓莊園》（*Downton Abbey*）。這部題材豐富的英劇充分體現了人民對英國莊園生活的懷念，這也是瑪麗安最喜歡的電視節目。[29]

瑪麗安．普萊斯出獄約莫一年後，她的昔日戰友傑瑞．亞當斯就遭警方逮捕。當時北愛爾蘭警務處已成功拿到波士頓學院的訪談錄音帶，而且已開始逮捕一些涉嫌參與珍．麥康維爾綁架與謀殺案的嫌犯，並對他們進行審訊。[30]其中有些嫌犯當年就住在黑嶺公寓一帶，但麥康維爾於一九七二年被抓走時，這些嫌犯大都只是十幾歲的青少年，儘管真的參與了麥康維爾的案件，那大概也只是扮演了一些微不足道的角色，像是在麥康維爾被抓走的那天晚上從旁協助擄走她的那幫人。因此警方與他們進行審訊後便都把他們釋放，唯有共和軍老兵艾佛．貝爾遭警方起訴。[31]據布蘭登．休斯透露，貝爾曾表示麥康維爾不該「被消失」，而是應該被處死，並在死後被扔到大街上示眾，然而，這項提議最終卻遭亞當斯反對。後來貝爾被控幾項罪名，其中包括協助與教唆殺人，以及加入非法準軍事組織。雖然愛爾蘭衝突早已結束，但這時仍有許多人會因當年加入準軍事組織而遭起訴。

至於亞當斯，他早在二〇一一年就當選愛爾蘭共和國的國會議員，因此享有一些禮貌性的待遇，他也因此早就知道當局有意逮捕他。警方在逮捕亞當斯前，已事先透過他的律師請他前往北愛爾蘭警務處的安特里姆分局報到。亞當斯堅持要以自由之身走進警察局，之後警方大可在警局裡正式逮捕他。這時的亞當斯可謂政治形象管理的佼佼者，因此他不希望警方在警局外面的停車場替他戴上手銬，讓一群事先收到小道消息的媒體攝影師有機會拍下這一幕。[32]二〇一四年四月三十日的晚上八點多，亞當斯悄悄溜進警察局後，身上的領帶、皮帶和手錶都遭摘除，隨後他被帶到一個房間，並接受一對男女警官對他展開疲勞轟炸式的偵訊。[33]

亞當斯經常被問起「被消失人士」的下落，早就習以為常了，因此大家都以為他應該準備了幾個滴水不漏的說法，以隨時應對突如其來的提問。然而，事實上，亞當斯在面對這種提問時所做出的回應往往都缺乏說服力，譬如說，當有人向他問起休斯和普萊斯的訪談錄音檔時，亞當斯總會強調這兩人本來就不支持北愛爾蘭的和平進程，因此他們的說辭根本毫無參考價值。不過亞當斯說休斯和普萊斯對往事耿耿於懷，這倒是真的。先前普萊斯就坦言，自己願意參與「貝爾法斯特口述史研究計畫」的訪談「只是為了算帳」。[34]整體而言，亞當斯的說辭並非那麼無懈可擊，因為他始終無法解釋為何休斯和普萊斯各自講述的故事會在細節上有那麼多吻合之處。

艾蒙・麥坎曾在《愛爾蘭時報》發表文章表示，休斯和普萊斯是埋怨亞當斯沒錯；他們的確必須與心魔交戰沒錯；他們確實感到痛苦至極沒錯，而且他們大概是因此才決定在訪談中對亞當斯做出這些指控。「不過亞當斯暗諷他們兩人因受這些情緒所苦而故意胡言亂語打擊他的名聲，此說法似乎有些站不住腳。這兩人之所以背棄共和軍的緘默法則，更有可能是因為他們認為亞當斯等人所採取的策略，已讓這個江湖老規矩變得毫無意義。」[35]最後麥坎得出的結論是：「他們兩人並非散播謊言，而是被迫道出真相。」正如普萊斯所言：「我恨不得讓傑瑞・亞當斯回到原本就屬於他的位置，以及揭露他曾經走過的那些路。」[36]

一旦有人問起「被消失人士」的下落，亞當斯就會裝瘋賣傻，一點都不符合他在北愛爾蘭衝突爆發初期所扮演過的角色。亞當斯曾承認喬伊・林斯基「是我的鄰居，他就住在我家對面」。然而，身為鄰居的亞當斯卻想不起來，自己是否有在林斯基突然失蹤後關心這位老街坊的下落。對此亞當斯向《愛爾蘭新聞報》表示：「過去四十年來一直都是謠言紛飛。」[37]有傳聞指出林斯基曾在伯明罕、曼徹斯特和澳洲等地方出沒，那麼亞當斯根本沒理由懷疑共和軍早已將林斯基處死，還將他的屍體隨便亂埋了，對吧？

某次有一位名為達拉・麥金泰爾（Darragh MacIntyre）的調查記者向亞當斯問及薛穆斯・萊特和凱文・麥基的失蹤案。這兩個英方線人在「四方洗衣店行動」曝光後就「被消失」了。亞當斯表示自己並不知道那時共和軍有意殺害萊特和麥基，然而，亞當斯卻在回憶錄中讚賞共和軍有能力識破「四方洗衣店」的真面目，[38]那他怎麼可能會不知道，臨時派成員是在萊特和麥基都承認自己是臥底後才得知，其實「四方洗衣店」是英軍情報單位的幌子呢？對此，亞當斯未能提供合理的解答。麥金泰爾便追問他：「難道您一點都不好奇，後來這兩個年輕人落得什麼下場嗎？」

亞當斯回答：「我從很久以前就明白一個道理，那就是不提問、不知情的人都可以不予置評。」[39]

亞當斯從小就練就一身死不認帳的看家本領。二〇〇九年，亞當斯的姪女翁雅．泰瑞爾（Áine Tyrrell）在一個新聞節目中透露，童年期間她就遭父親連恩．亞當斯（Liam Adams）強暴，而且從四歲開始就被父親性騷擾，持續了將近十年之久。[40]後來傑瑞．亞當斯在接受該節目訪問時坦言，他早在二十二年前就知道此事，而且他一直都相信姪女說的都是真的。[41]然而，亞當斯卻從未針對此事到警局報案，反而讓弟弟活躍於新芬黨，還容許他在工作上與青少年保持密集互動。[42]後來連恩在哥哥的選區貝爾法斯特找到工作，並開始在當地一所青年中心輔導那裡的孩子。傑瑞．亞當斯在醜聞爆發後表示，他曾勸弟弟說那裡的工作環境並不適合他。[43]但在他提出告誡之際，弟弟早已在崗位上工作超過一年。[44]

亞當斯遭爆料，一直以來他都知道弟弟是禽獸，害他一時之間不知該如何是好。他索性也公開一個埋藏許久的祕密：他的父親老傑瑞．亞當斯曾對家人實施「心理、身體和性方面」的虐待，就像掠食者一樣蠶食鯨吞。亞當斯表示自己不曾遭父親虐待，但他不願透露其他九個兄弟姐妹當中究竟誰才是受害者。不過亞當斯強調自己是在長大後才得知父親的惡行，並坦言，愛爾蘭社會對於性暴力事件的態度，已形成一種「刻意隱瞞的風氣」[45]，因此他選擇打破陳規並站出來分享他家人的故事，目的是為了幫助「那些與我們處境相同的家庭」。

在某種程度上，亞當斯此舉成功替他扭轉了情勢，但同時此事件也是一扇窗，讓人們得以窺探亞當斯的世界，更進一步了解這個謎一般的人。這個男人自幼就生活在陰影中，他的成長環境充斥著各種不為人知的祕密，於是他彷彿在野外求生一樣，變得特別機警、無情。不過也有人認為，亞當斯公開這段晴天霹靂的經歷只不過是個公關手段。後來翁雅．泰瑞爾指出，她向來稱之為「鬍鬚佬」的伯父竟懇請她不要將這樁醜聞公諸於世，[46]還使出渾身解術替弟弟保密。自古以來，沉默便是家庭暴力的最佳幫兇，而亞當斯決定站出來分享他小時候在暴力家庭裡成長的經歷，確實是打破了沉默並阻止暴力行為繼續肆虐。但連恩的醜聞才剛曝光，怎麼亞當斯就偏偏在這個節骨眼挺身而出？一名貝爾法斯特的政治記者認為：「一定是他的公關團隊勸他，只有這麼做才能將民眾的焦點導向別處，而他自己也深諳此道。」在這位記者看來，亞當斯對於新聞媒體的操作了如指掌，因此認為亞當斯的新爆料「將成為一種延伸故事，讓整起事件多出新的轉捩點」，甚至還會「為亞當斯贏得同情」。[47]

每當有人提起「被消失」的受害者，亞當斯總會堅持說，自己對這個具爭議性的處分所涉及的決策過程一無所知。但不可否認的是，共和軍一定是經過內部商議後才做出決定。縱觀歷史，一九七二年底的北愛社會再怎麼血腥失衡，臨時派共和軍仍堅持階級分明的制度，[48]因此除非上頭有所指示，否則成員都不敢隨意殺人，更不敢自行把人給「人間蒸發」。由此可見，共和軍把人處死並將屍體隨便亂埋的行為並非意外個案，而是刻意採取的政策。桃樂絲・普萊斯向莫洛尼透露，只有共和軍的貝爾法斯特旅才有權力決定，是否要把某人給「人間蒸發」。普萊斯表示，貝爾法斯特旅成員「一定是先坐下來好好討論一番」。[49]而這幫人的司令正是傑瑞・亞當斯。

在安特里姆的警局裡，警方向亞當斯問起波士頓學院的訪談錄音帶。[50]依照一般程序，警方大概會細數普萊斯和休斯等人在訪談中所洩露的資訊，其中包括他們對貝爾法斯特旅內部結構的了解。面對這些指控，亞當斯的回應既簡單又堅定。他指出警方的推論有一大破綻：他不可能在一九七二年擔任貝爾法斯特旅的指揮官，因為他從未加入過共和軍。亞當斯曾針對如何撐過審訊提出自己的一套見解，並回憶起當年他被拘禁在梅德斯通號前曾被帶去問話，但審訊過程中，他卻打死不承認自己是傑瑞・亞當斯。後來亞當斯坦言，雖然此舉很明顯是在耍賴，但那更是一種「幫助我撐過審訊的方式」。[51]因此亞當斯年輕時就意識到，唯有保持沉默才是上計。「當年他們都知道我是誰，但那一點都不重要。重要的是我始終沒回答他們的問題，因為我不是他們口中的那個人。」

傑瑞．亞當斯涉嫌參與一樁謀殺懸案，死者是一名育有十個子女的寡婦，她在遭人殺害後還被偷偷埋起來。倘若此事件發生在別的國家，或者涉案的政治人物來自其他政黨，那麼嫌犯的政治生涯必定會馬上結束。唯獨亞當斯是例外。雖然新芬黨已遠超越其領袖的期待，並在北愛爾蘭和愛爾蘭共和國都建立一定程度的聲望和影響力，但整個黨的命運和興衰似乎都與其風度翩翩的主席有著密不可分的關係。事實上，新芬黨也不是沒有新血加入，而且這票新人都從未經歷過北愛爾蘭衝突最黑暗的時期，更無須背負著曾加入準軍事組織的黑歷史。他們擁有雄心壯志，但始終不願意也沒能力將黨內那些共和軍元老們都趕下台。後來新芬黨成員得知亞當斯在包庇其戀童癖弟弟的惡行時，仍堅持對外表示對亞當斯的支持。[52]事到如今，新芬黨還能夠表現出團結一致的形象，這是其他政黨都做不到的。最後新芬黨領袖紛紛表示，當局執意逮捕亞當斯，只是為了要重重打擊新芬黨。

一夕之間，一群藝術家便在福斯路上畫了一幅新壁畫，畫中的亞當斯面帶微笑，畫像旁邊還寫了「和平使者」、「領導者」和「獨具慧眼」幾個字。後來馬丁．麥吉尼斯受邀參加這幅壁畫的揭幕活動，並在集會上表示，亞當斯被捕的事件摻雜著「政治偏見」。麥吉尼斯指出，地方政府和歐盟都預計在幾週後進行選舉，亞當斯卻偏偏在這時遭受屈辱，那根本就是有人企圖破壞新芬黨的選舉表現。麥吉尼斯認為這都得歸咎於北愛爾蘭警務處那些「還未消氣的昔日皇家阿爾斯特警隊成員」，因為他們正準備「不惜任何政治代價，為往事討回公道」。[53]從集會現場可眺望在遠處的黑嶺公寓，[54]而現場數百名支持者則高舉板子到處閒蕩。板子上寫著「捍衛和平進程，釋放傑瑞．亞當斯」等標語，標語底下還貼上亞當斯和曼德拉的合照。

麥吉尼斯在發言時，一個高大魁梧的壯漢一直站在他身旁。男子的額頭很高，頭上的白髮理成平頭。他眉頭深鎖，嘴裡咀嚼著口香糖，很認真地替麥吉尼斯拿演講稿。這名男子正是共和軍多年來的風紀官兼亞當斯的親信巴比．史托瑞，也就是共和派圈內俗稱的「巴比老大」。[55]亞當斯的護航者主張，他之所以遭各方攻擊是因為他選擇捍衛和平，如今巴比老大卻現身他們的集會，顯得格外違和。一九七〇年代，巴比．史托瑞加入共和軍時還是個十幾歲的青年，後來則在獄中服刑二十年。[56]和平進程告一段落後，史托瑞搖身一變成為新芬黨貝爾法斯特黨部主委。據傳，史托瑞是共和軍一等一的情報頭子，甚至還有傳聞指出，二〇〇二年卡色累軍警聯合行政區遭入侵正是史托瑞一手策劃。[57]也有許多人相信，二〇〇四年的北愛爾蘭銀行（Northern Bank）搶案也是由史托瑞指使。[58]劫匪在那次行動中搶走了兩千六百萬英鎊，創下英國有史以來金額最高的銀行劫案紀錄。[59]不過，最讓人想不透的是銀行遭搶劫的時間點。當時是二〇〇四年十二月，距離各方簽訂《耶穌受難節協議》已經過了好幾年。當時共和軍不僅無需花錢添購武器，還在瑞德神父的見證下，開始對庫存裡的武器進行銷毀，而銀行遭搶劫期間，共和軍的軍火都已經銷毀得差不多了。對於那些反對新芬黨的人而言，這樁搶劫案讓他們更加確信共和軍已轉型成為黑道組織。普萊斯還在搶劫案爆發後寫道：「你們要說我思想古板也行，反正我們以前還算是有一定的水準。人人都說這場戰爭已經結束了……那這麼大一筆錢到底要用來做什麼呢？」[60]

巴比老大是亞當斯的親信，但同時他全身上下也散發出流氓的氣息。[61]他站在壁畫面前拿起麥克風就開始大罵當局不知哪來的自信，「竟敢動我們的黨主席。」[62]他越說越生氣，隨後便吼道：「英國政府、愛爾蘭政府以及想要扳倒我們的陰謀集團，你們都聽好了。要知道，我們還在呢。」[63]

對於聽到這番話的貝爾法斯特人而言，史托瑞的言下之意再明顯不過了。他故意引用了北愛爾蘭衝突期間的經典語錄：[64]十九年前，亞當斯在演講時被台下的民眾胡鬧打斷，這名民眾高喊：「讓共和軍重出

貝爾法斯特牆上的塗鴉（Peter Morrison/AP/REX/Shutterstock）

江湖！」對此，亞當斯回應說：「要知道，他們還在呢。」巴比老大的話不禁讓麥可．麥康維爾不寒而慄。麥康維爾一家一直在想方設法得到波士頓學院的訪談錄音帶，如今亞當斯已遭警方逮捕，他們心裡很是安慰。[65]不過巴比老大的那番話又瞬間讓他們覺得，危險就在他們左右。[66]

老麥也認為史托瑞的言論一字一句都流露出滿滿的惡意。他表示：「他想說的不是新芬黨還在，而是共和軍還在。」[67]對「貝爾法斯特口述史研究計畫」的受訪者而言，史托瑞的弦外之音已不言而喻。瑞奇．歐羅曾說過：「我不在乎新芬黨，也不在乎政治。真的，我他媽的不在乎，我只在乎真相。」但如今史托瑞公然暗示，那些膽敢將自己經歷公諸於世的人不僅得罪了亞當斯，還得罪了整個共和軍，害得歐羅頓時覺得貝爾法斯特已不再安全。共和軍甚至無須親自對付歐羅。說不定哪個小子聽信了史托瑞的煽風點火後希望討好共和軍領導層，也恨不得趕快立下戰功，於是就決定替天行道把歐羅處理掉。[68]

與此同時，貝爾法斯特的建築物上也開始出現新的標語塗鴉：波士頓學院的抓耙仔。[69]《週日世界報》（*Sunday World*）曾刊登一則標題為〈來自波士頓的定時炸彈〉（The Boston Time Bomb）的報導，文中提到「貝爾法斯特口述史研究計畫」讓共和派人士陷入「一陣恐慌」，還公開了一些據說曾接受老麥訪問的受訪者名單。

一名前共和軍成員向《週日世界報》的記者表示：「皇家阿爾斯特警隊向來都做不到的事，老麥一個人卻做到了。他把好好的人都變成抓耙仔了。」[70]後來老麥交代孩子們，無論是誰在門口敲門，都不許開門。他自己則開始例行檢查車底下是否藏有爆炸裝置。[71]

亞當斯遭拘捕四天後獲釋。他對外宣稱：「有人不斷指控我涉嫌參與珍．麥康維爾的謀殺案，這些不實且帶有惡意的指控都是一場陰險的抹黑行動。麥康維爾夫人遭綁架、殺害以及被埋起來，這些事情都與我無關。」[72]亞當斯也在一場記者會上聲稱，外界對他的指控皆為「謊言」，還要求莫洛尼解釋為何在二〇一〇年私下與普萊斯進行那場後續訪談。在亞當斯看來，「這次遭拘捕，都歸因於那場訪談」，還有布蘭登・休斯和艾佛・貝爾留下的錄音檔。[73]此外亞當斯也強調，當務之急是走向未來，而非活在過去，並表示：「共和軍不復存在了，他們已經玩完了。」[74]然而，巴比老大那番話一出口，亞當斯這席言論就顯得沒那麼有說服力了。

北愛爾蘭警務處把亞當斯釋放後，便將他的相關檔案提交給公共檢察署（Public Prosecution Service），[75]以利檢察署判斷是否有足夠證據以謀殺罪名起訴亞當斯。依照目前的情勢來看，亞當斯很有可能即將深陷危機之中，而要是普萊斯地下有知，肯定是樂觀其成。

可惜到了這時，普萊斯早已撒手人寰。普萊斯深知她提供波士頓學院的錄音檔已在美國法院裡掀起一場法律風波，不過她對此表示一點都不在乎。她曾於二〇一二年的夏天透露：「我已經把這件事拋在腦後，也不會因此睡得不安穩。」[76]話雖如此，普萊斯的憂鬱症卻日益嚴重，而酗酒行為也變本加厲，以至於隔年一月，她竟因醉酒摔下樓梯而住院治療。後來普萊斯替自己辦妥出院手續，並回到馬拉海德的家中繼續與酒精和「煩寧」（Valium）等藥物日夜相伴。普萊斯去世當天，兒子丹尼在早上出門前還到母親的房前看她，並看到母親睡得正香。[77]到了晚上丹尼回到家後，卻發現母親還是一動也不動地躺在床上。「那時她沒有呼吸了，」事後丹尼表示，「當下我就知道她走了。」[78]驗屍報告指出，雖然普萊斯血中並無酒精的痕跡，卻含有抗憂鬱藥物、抗精神性藥物和鎮定劑等成分，[79]這些藥物一起服用會產生毒性並對人體造成傷害。就這樣，普萊斯便離開了人世，享年六十二歲。[80]

一九七五年，普萊斯的母親過世時，兩姐妹曾申請出獄奔喪，但最終卻遭當局拒絕。[81]不過到了二〇一三年，當局卻允許瑪麗安・普萊斯出獄幾個小時，回到高山路的娘家參加姐姐的告別式。[82]隔天，安德森鎮路上的燈柱都掛滿了黑色旗子。[83]史蒂芬·瑞爾和兩個兒子在寒冷的雨中抬著普萊斯的靈柩，而跟在他們身後的則是一條長長的送葬隊伍，眾人在雨中緩緩走向聖艾格妮絲教堂。

到了教堂，一位兩鬢斑白且戴著眼鏡的神父為普萊斯進行了安魂彌撒（Requiem Mass）。這位神父正是一九八三年在聖派翠克大教堂裡替桃樂絲和史蒂芬主持隱密結婚儀式的瑞蒙·墨瑞蒙席。在那之前他也曾任阿爾瑪監獄的獄中神父，恰巧碰到普萊斯兩姐妹在獄中服刑。墨瑞蒙席在彌撒儀式上表示：「毫無疑問，桃樂絲這個聖名是對七苦聖母（Our Lady of Sorrows）的追思，而桃樂絲則以一種奇特的方式活出了她名字的含義。」[84]墨瑞蒙席也回憶起普萊斯在學生時期就參加抗議活動，後來又在獄中絕食抗議，結果花了一輩子的時間為此決定付出代價。[85]普萊斯的老友兼共同被告人修·斐尼也出席了這場彌撒儀式。他表示，回首四十年前，普萊斯姐妹倆、傑瑞·凱利，和他自己都曾在獄中絕食抗議。四十年後，普萊斯即將入土為安，而自己正在替她送殯，瑪麗安則已重返監獄，而曾與桃樂絲一起參與倫敦爆炸案的傑瑞·凱利已踏入政壇。[86]傑瑞·凱利早已成為新芬黨政治人物，還與普萊斯鬧翻了，因此他自然沒參加普萊斯的喪禮。但缺席這場喪禮的人不僅是傑瑞·凱利，還有普萊斯的昔日長官傑瑞·亞當斯。

在教堂外頭，大雨傾盆而下，還颳起了強風陣陣。那是一個陰沉的冬天，前來弔唁的數百人都紛紛離開教堂並撐開一把把黑色雨傘，緩緩走向米爾敦公墓。一面愛爾蘭三色旗緊緊包裹著普萊斯的靈柩，乍看之下還以為靈柩在那黑色人海中漂浮，像極了波濤洶湧大海上的一葉輕舟。

眾人抵達公墓後，普萊斯的老友兼一九六〇年代學生抗議運動領袖伯納黛特·德夫林說：「四十年來的殘酷戰爭害我們失去了很多，也犧牲了很多，我們蹲過監獄，也被人踐踏過，但我們不能一直忽略這些事情對我們身心靈所造成的傷害。經歷了這些事以後，我們的心也碎了，身體也垮了，就連看待事情的角度也變了，而這讓我們每一天都痛不欲生。」[87]

隨後艾蒙．麥坎也發表了喪禮致辭，並提到普萊斯內心的矛盾，以及自己對普萊斯四十年來的愛慕之情。麥坎也坦言：「若要說桃樂絲有什麼缺點，或許是她太急著把內心的理想都付諸行動，這也是許多和她有著相同理想的人都做不到的事。她一直扮演著解放者的角色，卻未能把自己從內心的理想世界中解放出來。」[88]大雨一直下個不停，把地面都淋濕了。眾人窩在傘下繼續聽麥坎說：「有時，囚禁我們的正是我們自己的理想。」[89]

當驗屍官詢問丹尼．瑞爾，普萊斯是否曾表示想要結束自己的生命時，丹尼回覆母親從未直接表現出這種想法，但他也透露母親「當時的狀態極具自我毀滅性」。[90]此外，普萊斯並未留下遺書或遺言，因此驗屍官判斷普萊斯並未自殺身亡。然而，普萊斯晚年與凱麗．托梅十分要好，而托梅則認為普萊斯的行為無異於自殺。「布蘭登也是如此。多年來他們一直都在慢性自殺。」[91]

「我們的身體真是個神奇的機器啊，」休斯在一次訪談中回想起當年獄中絕食的情形，並向老麥坦言道。在休斯看來，絕食抗議者在生理上所經歷的折磨可分成幾個階段，因為「人的身體會先把體內脂肪都用光，再開始吞噬我們的肌肉，而這一切都是為了讓大腦保持清晰」。就休斯和普萊斯而言，雖然兩人在多年前就已經停止絕食抗議並試圖重新融入社會，但多年來他們一直對某些事情耿耿於懷，也經常想起他們在戰亂期間所做過的缺德事，因此在某種程度上，他們兩人生前一直都在消耗生命的能量。最後驗屍官正式判定普萊斯為「意外身亡」。[92]

喪禮致辭結束後，墓園裡頓時鴉雀無聲，眾人唯獨聽見四周風雨交加，以及頭頂上一片灰蒙蒙的天空中傳來警方直升機的低鳴聲。[93]靈柩入土之前，有人將棺蓋上的愛爾蘭國旗取下，並將這面被雨淋濕但顏色仍鮮艷的旗子交給普萊斯的兩個兒子。

# 第二十九章　過去從未過去

二〇一五年秋天，北愛爾蘭事務大臣德蕾莎・維利爾茲（Theresa Villiers）發表了一份由北愛爾蘭警務處和英國情報單位共同完成的報告，此報告攸關北愛爾蘭的準軍事活動，並指出：「曾活躍於北愛爾蘭問題爆發期間的主要準軍事組織，如今都依然存在。」據報告透露，臨時派共和軍仍未解散，而且依舊有能力取得武器，只不過「規模明顯縮小了」。[1]看來巴比老大說得沒錯：共和軍還在。

儘管傑瑞・亞當斯表示，此報告是「一派胡言」，然而，報告仍在民間掀起一場軒然大波。[2]維利爾茲指出，在臨時派共和軍一般成員眼中，其七人軍事委員會不僅在過去數十年的暴力衝突中扮演過指揮官的角色，如今還仍在組織內手握大權，甚至還實施了「重大策略」，以確保其能夠在新芬黨內主持大局。實際上，共和軍一直都在暗地裡下指導棋。不過報告不忘指出，共和軍已遠離暴力行動，並「完全投身政治」。儘管如此，一名《愛爾蘭時報》的專欄作家卻表示，共和軍的轉型只會讓人們更加確信「政壇裡都是一群帶著巴拉克拉瓦頭套的男女說了算」。[3]

距離各方簽訂《耶穌受難節協議》已經過了將近二十年，如今的北愛爾蘭已迎來太平盛世，不過偶爾還是會有異議分子發動攻擊。然而，北愛爾蘭社會仍和過去一樣四分五裂，看看用於劃分天主教徒和新教徒社區的鐵絲網就知道了。這些鐵絲柵欄猶如大理石的紋路一般貫穿整座城市，並成為北愛爾蘭兩大宗教群體之間的「和平牆」。實際上，如今的北愛爾蘭比當年武裝衝突最嚴重時多出了許多「和平分界線」。

高聳的柵欄將這裡的人民劃分開來，彷彿他們都是動物園裡的動物。不過也正因如此，人民才得以享受一定程度的安寧。然而，細看會發現，這些柵欄底下的牆壁上寫滿了符號般的歧視性標語，像是「K・A・T」和「K・A・H」。前者為「殺光泰哥」（Kill all Taigs）的縮寫，意指將天主教徒趕盡殺絕，而後者則是「殺光匈人」（Kill all Huns）的縮寫，指的是將新教徒都送上西天。

反觀貝爾法斯特市中心，那裡車水馬龍，像極了一座大都市。那裡和一般富裕的歐洲小城市一樣，到處都有水石書店（Waterstones）、逆羅咖啡廳（Caffè Nero）和契爾氏（Kiehl's）等連鎖店。當地一家名為「鐵達尼號影業」（Titanic Studios）的電影製片廠因替《冰與火之歌：權力遊戲》（*Game of Thrones*）提供拍攝場地而名氣爆棚。此外，貝爾法斯特還推出一個廣受歡迎的「北愛爾蘭問題之旅」（Troubles Tour），這個旅遊行程的嚮導正是北愛爾蘭衝突的老兵，他們搖身一變成為計程車司機將乘客帶到當年的戰亂地區，還會針對城內到處可見的壁畫進行解說，好讓乘客了解壁畫中所出現的烈士、槍手和經典的武力衝突場景。在嚮導一番解說下，北愛爾蘭問題似乎已成為遙遠的歷史事件。

然而，事實上北愛爾蘭的社區大多仍以宗教劃分，而且至今仍有超過九成的北愛爾蘭兒童在實施宗教隔離措施的小學裡唸書。[4]此外，部分貝爾法斯特地區還會私下以宗教區分公車站，而居民也願意多走一兩條街的距離等公車，藉此保護自己不被人騷擾。新教徒社區裡清一色都是英國國旗，而天主教徒社區裡則掛滿了愛爾蘭三色旗和巴勒斯坦國旗，除了表達對巴勒斯坦人民的支持，也說明北愛爾蘭的大部分共和派人士仍認為自己的領土遭入侵者占領。美國外交官理查・哈斯（Richard Haass）曾主持一系列多方談判以討論和平進程中仍未解決的事項，結果這些談判卻在很大程度上因國旗一事而破局。[5]貝爾法斯特有著濃厚的民族主義色彩，以至於談判各方在如何懸掛國旗一事遲遲無法達到共識。二〇一二年，貝爾法斯特市議會（Belfast City Council）進行投票表決，以限制英國國旗能夠在貝爾法斯特市政廳（Belfast City Hall）上方飛舞的天數。[6]投票進行當天，抗議民眾試圖闖入市政廳，而貝爾法斯特各地區都發生暴動，甚至還有聯合派抗議分子到處丟擲磚塊和汽油彈。

民間紛爭不斷，此時維利爾茲在報告中提出的見解便顯得格外耐人尋味：「自停戰以來，這些準軍事組織的存在與相容，反而促使這段極為暴力的歷史走向政治上的進步。」這個觀點似乎有些反直覺，而且又寫得十分隱晦，以至於在報告發表後所引起的大量媒體報導中遭忽略。無論是共和派或保皇派的準軍事組織，居然都不是和平進程的絆腳石，反而是墊腳石！這些組織的內部結構層級分明，因此仍保留一定的「權力」可以「影響、約束並管教」其成員。報告還指出，如今「異議分子採取行動的案例不多」，而且還會「遭組織內的領導層」迅速處理掉。

對布蘭登．休斯、桃樂絲．普萊斯、瑪麗安．普萊斯和安東尼．麥金泰爾而言，新芬黨容不下半點反對的聲浪，這件事不但很自私也很殘酷，更不用說與自由價值背道而馳。但或許正如維利爾茲的報告所影射，亞當斯等人之所以能夠避免北愛爾蘭再度陷入戰亂並確保局面控制妥當，不僅是因為新芬黨紀律嚴謹，還得歸因於亞當斯等人堅持將愛爾蘭社會上不同形式的共和主義都一統化，並對所有的反對人士採取零容忍態度。

大約在維利爾茲發布報告的同時，貝爾法斯特檢方也宣布，將以涉嫌參與珍．麥康維爾謀殺案的罪名起訴艾佛．貝爾。一名檢察官表示：「我方已決定對這名被告人提出公訴。」[7]此時貝爾已經年近八旬，他拖著駝背的身軀現身法院，就連樓梯都走不穩。[8]他身穿一件薄外套，再搭配臉上雪白的鬍子和稀疏的眉毛，看起來就像個老巫師。貝爾遭檢方起訴一事很有可能讓亞當斯陷入困境。當時亞當斯在被捕後未遭起訴因而獲釋，但如今貝爾將以「協助並教唆殺人」罪名出庭受審，勢必會在證詞中供出下令殺害麥康維爾的幕後主使，以及執行此命令的殺人兇手。換做是巴比．史托瑞或其他對亞當斯忠心耿耿的新芬黨成員，或許他們願意犧牲自己去吃牢飯以保護黨主席，然而，貝爾對亞當斯可是一點都不忠誠。

北愛爾蘭問題爆發初期，貝爾和亞當斯曾是並肩作戰的夥伴。兩人身為貝爾法斯特旅成員須密切合作，而且還一起在朗格甚監獄裡服刑。[9] 一九七二年和談會議前，貝爾還對外堅稱，唯有當局立即釋放亞當斯才可能展開和談，事後也是貝爾陪同亞當斯飛往倫敦參加會議。貝爾非常推崇武力之道，還曾在利比亞因為格達費（Muammar Qaddafi）執政而長期遭國際社會排斥之際，擔任共和軍的「大使」，採購了大量重型武器。[10] 到了一九八〇年代中旬，貝爾已晉升為共和軍的參謀長。與此同時，新芬黨自巴比．桑茲獄中絕食期間就開始改變策略，並決定奔向政治選舉的懷抱，隨後也不斷派人競選公職。在貝爾看來，共和軍的資源都投入競選活動而忽略了武裝衝突的需求，大夥似乎忙於顧好投票箱，卻忘記拿起步槍了，這讓他感到十分擔憂。[11] 後來，貝爾和一些盟友開始質疑共和黨的新方針，甚至還密謀要推翻亞當斯，只不過此計畫最終傳到亞當斯耳裡，亞當斯便迅速採取行動，並以叛變（treason）的罪名向貝爾展開軍事審判，若罪名成立，貝爾很有可能將難逃一死。果不其然，軍事法庭宣判貝爾有罪，不過在公布處分時，亞當斯卻插手介入並表示要饒恕貝爾，也不知道他是惦念兩人多年的友誼，還是擔心貝爾遭處死將損害共和軍的形象。後來貝爾退出整個共和運動，並在貝爾法斯特西區安靜地度過餘生。[12] 他天天背負著隨時都有可能遭人處死的壓力，此後也不願向記者透露自己在共和軍的經歷。到了一九九〇年代，巴比．史托瑞挨家挨戶地拜訪一些前共和軍成員，並向他們詢問有關麥康維爾案子的資訊。當史托瑞找上貝爾時，貝爾不僅不願配合，還和普萊斯一樣叫史托瑞「去問問傑瑞吧，他才是老大」。[13]

貝爾唯一一次鬆口說出自己在共和軍裡的經歷，是參與「貝爾法斯特口述史研究計畫」並接受老麥錄音訪問時。後來檢方在庭上表示，該計畫一名代號為「Z」的受訪人曾在訪談中坦言，自己確實參與了珍．

麥康維爾的謀殺案。[14]最後檢方還將對貝爾的指控由「協助與教唆謀殺」（aiding and abetting murder）改為「煽惑他人謀殺」（soliciting to murder）。[15]

貝爾的辯護律師是在貝爾法斯特小有名氣的彼得．柯瑞根（Peter Corrigan）。柯瑞根反駁檢方的指控，並表示波士頓錄音帶「完全不得視為呈堂證據」。[16]柯瑞根指出，此項計畫「雖為學術界的結晶，卻充斥著不實的內容」。由於訪談內容「主觀且不可靠」，因此無法達到刑事案件對於證據的嚴格要求。[17]柯瑞根也表示，麥康維爾於一九七二年遭人綁架時，貝爾根本不在貝爾法斯特，而且辯方甚至還可以呈上不在場證據以此證明。[18]

不過這些辯護倒還算是其次。相較之下，辯方的核心論點顯得格外放肆：辯方主張，貝爾壓根就不是「Z」。老麥在進行計畫訪談和製作訪談譯文時都不會提到受訪者的本名，而是以英文字母的代號稱呼。受訪者的真實姓名都會另外記錄在一份表單裡，因此唯有查看這些表單才能確認每一個代號背後的真實身分。由於表單都屬於機密文件，因此老麥從未透過電子方式將表單傳送給約翰．伯恩斯圖書館館長鮑伯．歐尼爾，而是親自將表單都交給他。然而，時隔多年，波士頓學院已把一些表單弄丟了，其中還包含「Z」的檔案，於是檢方便無法證明「Z」就是貝爾。當然，老麥和莫洛尼都清楚知道「Z」的真實身分，不過他們宣稱自己毫無配合法院的意思。[19]「此案件只有一個重點，」柯瑞根在庭上表示。「那就是，錄音檔裡的受訪者是否為艾佛．貝爾。但這一點卻無法得以證明。」[20]

檢方沒想到柯瑞根竟會如此鋌而走險，便表示他們打算傳喚聲音分析師對訪錄談音檔進行聲音鑑定。[21]「法醫語音學」（forensic phonetics）專家往往會出庭作證，並針對聲音的語調和音頻抽絲剝繭，甚至還會分析嫌犯所使用的的詞彙、語法以及「呃」、「啊」等冗詞贅字。[22]縱觀整起案件，貝爾否認自己是「Z」的行為就如同亞當斯自稱從未加入過共和軍一樣，一開始只是為了掩人耳目，最後卻成為一齣鬧劇。

事實上，大部分「貝爾法斯特口述史研究計畫」受訪人都與老麥聊了好幾個小時，過程中，向來熱情的老麥經常不小心叫出受訪者的真名，因此「Z」的錄音檔很有可能錄到老麥以「艾佛」稱呼受訪者。更何況，「Z」在訪談中所透露的資訊都讓貝爾很難繼續否認他就是受訪者本人。[23]除了他，難道還有其他共和軍成員曾在一九七二年陪同亞當斯參加和談會議，隨後又代表共和軍擔任利比亞大使，接著又晉升為共和軍參謀長，一直到後來還被冠上叛變罪名遭軍事法庭處分嗎？

最後聲音分析師在證詞中表示，「Z」是艾佛．貝爾「的機率很大」。然而，辯方律師柯瑞根卻反駁表示，即使政府能夠證明貝爾就是「Z」，那也無法改變他是無罪的事實。柯瑞根主張，若仔細聆聽訪談內容會發現「Z明確表示自己並未參與珍．麥康維爾的謀殺案」。[24]然而，此說法卻遭一名也聽過錄音檔內容的北愛爾蘭警務處警探反駁。[25]警探指出，Z在訪談中承認自己「扮演了至關重要的角色，其中包含協助、教唆、建議以及促成此謀殺案」。

如果此案件的重點在於教唆行為，那麼接下來須考慮的問題是：教唆誰呢？布蘭登．休斯和桃樂絲．普萊斯都堅決表示，下令處死麥康維爾的人正是亞當斯。然而，以目前的情勢來看，亞當斯似乎不會遭起訴。他於二〇一四年遭逮捕後，北愛爾蘭警務處便將他的相關檔案提交給公共檢察署，然而，檢察署署長巴拉．麥格瑞（Barra McGrory）因父親曾擔任亞當斯的代表律師而決定迴避此案件。[26]這種利益衝突關係在北愛爾蘭屢見不鮮，像是簽下拘捕令並命令警方逮捕亞當斯的北愛爾蘭警務處警官德魯．哈里斯（Drew Harris），其父親正是死在共和軍手裡。[27]然而，公共檢察署在聽完波士頓錄音帶後所得出的結論是，訪談中對亞當斯的指控都未經證實，因此不足以成為起訴的依據。[28]倘若當年亞當斯真的下令處死麥康維爾的話，那麼公共檢察署做出這個裁決，意味著亞當斯正式擺脫了殺人罪名，得以逍遙法外。由此可見，當有人在口述史檔案裡發表不利於自己的言論，那麼該檔案可成為起訴此人的證據。然而，當此人在口述史檔案中牽扯到他人，那麼該檔案就不足以成為起訴他人的依據。亞當斯從小就秉持著對任何事情都絕口不提的信念，如果艾佛·貝爾肯效法亞當斯的話，那麼他或許就能逃過一劫了。

如果一段血腥的歷史是由多方參與而促成，那麼誰才是真正的罪魁禍首呢？這個問題一直困擾著北愛爾蘭人民。「法律當前，我的當事人有權受到公平對待。」貝爾的辯護律師彼得·柯瑞根說道。柯瑞根質問，英軍在血腥星期日事件中開槍打死了那麼多手無寸鐵的百姓，難道也受到一樣的制裁了嗎？[29]「同樣是在武裝衝突中犯下的罪行，怎麼會出現差別待遇呢？」柯瑞根問道。那是因為國家從未建立一個完善的制度，讓過去的罪行和冤屈都能夠得以解決。在面對數十年前所犯下的罪行，國家的處理方式就是靜觀其變，也難怪民眾會有所不滿。除了由政府進行的特殊調查以外，北愛爾蘭警察事務申訴專員自己也會展開相關調查，可見對刑事司法人員而言，這些過去的罪行可謂大宗業務。每天當局都會挑選幾個新的懸案重新調查，而每天貝爾法斯特的報紙都會如實報導。北愛爾蘭警務處甚至創辦了一個「舊案小組」（legacy unit），其主要任務就是調查北愛爾蘭衝突爆發時期所發生的罪案，而至今仍有近一千樁案子等著舊案小組結案。[30]

實際上，許多民眾都不相信警方是出自好意才決定這麼做。縱使警方是真心想當好人，也會遭外界指控是帶著偏見在辦案。此外，警方的資源有限，而且預算還不斷縮水，最重要的是，他們還必須盡責，繼續擔任人民保母。對於舊案小組的警員來說，他們的處境就和電視劇《陰陽魔界》（*The Twilight Zone*）的情節一樣，明明生活在二〇一八年，但一開始工作就彷彿坐了時光機回到一九八九年、一九七三年，或更久遠的血腥時期。舊案小組組長是一個名叫馬克·漢密爾頓（Mark Hamilton）的天主教警官。他的父親也是個警察，而且還是皇家阿爾斯特警隊中少數的天主教員警。漢密爾頓於一九九四年加入警隊時，北愛爾蘭已經在談和的路上了，因此漢密爾頓時常開玩笑說自己是「停戰後的警察」。漢密爾頓一心想當個平凡的警員，他才不想要一輩子都忙於偵辦那些在北愛爾蘭衝突時期所發生的案件。

漢密爾頓偶爾會代表警方出席一些公開庭審，審判案件都是很久以前發生過的、腥風血雨的暴力事件。在那裡，他只能乖乖成為警方的代罪羔羊，任由民眾拿他出氣。被害家屬時常向他訴說內心的無奈和痛苦，因為數十年以來都沒人願意給他們一個交代，因此他們無法信任國家，也認定自己有充分理由不該信任國家。有時被害家屬還會對漢密爾頓口出惡言，而他只能默默地接受一切謾罵。在漢密爾頓看來，這都是工作的一部分，況且他也十分同情那些因當年的武力鬥爭而深受其苦的被害者。不過他偶爾還是會忍不住回嘴說：「這件事發生時，我還是個嬰兒，還在穿尿布。您該恨的人不是我。」[31]

有些案件的調查工作須勞師動眾，有些案件則過於敏感，而在這種情況下，北愛爾蘭警方會選擇將這些案子交由其他機構處理。二〇一六年，在貝德福德郡（Befordshire）警察局局長約翰．包徹（Jon Boutcher）的帶領下，英格蘭警方又開始重新調查「凶刀」的案件。此調查耗資至少三千萬英鎊，在五十名警探的努力下，進行了五年才終於結束。最後包徹坦言：「由於時代久遠，並且考慮到犯罪性質，因此要查出真相不是件容易的事。」[32]

據傳，英軍勾結史卡帕蒂奇並奪走了數十條人命，但依照目前情勢來看，無論是史卡帕蒂奇或是他在英軍裡的聯絡窗口，都無須為這些行為付出代價。這時史卡帕蒂奇仍逃亡在外，不過有消息指出，他早已隱姓埋名，並受到證人保護計畫的庇護。[33]諷刺的是，為史卡帕蒂奇提供避風港的，正是口口聲聲說要對他進行調查的當今政府。到了二〇一八年，史卡帕蒂奇終於遭英國警方逮捕。包徹在聲明中謹慎地透露：「一名七十二歲的男子被逮捕。目前他已遭收押，恕警方不便公開其所在地點。」[34]然而，經過幾天的審訊後，史卡帕蒂奇終究還是重獲自由。[35]至於史卡帕蒂奇和英軍是否有勾結行為，英政府似乎不打算徹查此事，因為這麼做只會害整個政府牽連其中。

政府起訴史卡帕蒂奇的行為無異於引火焚身，因為史卡帕蒂奇知道的內幕太多了，像是爆頭小組殺戮無數，其中竟有受害者是經由政府准許，甚至是協助才喪命的。因此英政府不敢貿然行事或讓史卡帕蒂奇陷入窘境，以免他鬆口把那些事情都抖出來。同一道理也適用於史卡帕蒂奇的昔日戰友們。史卡帕蒂奇對他們的祕密都瞭若指掌。或許多年來他蒐集到不少對他們不利的證據，甚至把那些證據都匯編成冊，鎖在保險箱裡，等哪天他遇害了，這些祕密將會被公諸於世。[36]史卡帕蒂奇的父親於二〇一七年的春天去世，那時有謠言稱史卡帕蒂奇已偷偷溜回貝爾法斯特奔喪。[37]當時他父親的送葬隊伍都跟在他們家的冰淇淋車後面，如果有人想要趁機報復這個潛藏於共和軍的終極抓耙仔，那麼當下正是天時地利人和的大好機會。[38]然而，即使史卡帕蒂奇真的回去奔喪，也沒有人找他對質。

若說政府不方便起訴史卡帕蒂奇，那麼人民總可以向他提出訴訟吧？英國的刑事司法體系有一大漏洞，那就是遲遲無法向被害者與其親屬給個交代。[39]因此，民間的律師經常聯繫這些被害者並協助他們展開民事訴訟。有許多被害人家屬紛紛向史卡帕蒂奇提出訴訟，而曾在拘禁期間遭人嚴刑拷打的「頭套人」，也決定對當年監禁他們的人採取法律行動。[40]二〇一五年，平亂專家法蘭克・基特森准將也遭人提告。七老八十的他早已在享受退休人生，但在那之前，他曾於二〇〇二年的血腥星期日事件調查中出面作證，還對殺了十三名無辜百姓的英軍空降部隊讚賞有加，並表示他們是「非常優秀」的部隊，凡事都會「毫不猶豫向前衝。」[41]之後基特森便選擇安靜地度過晚年，近期還忙於協助太太伊麗莎白・基特森夫人（Lady Elizabeth Kitson）撰寫一本鼓舞人心的書，講的是基特森夫人年輕時曾養過的一匹競賽小馬。[42]

對基特森提告的人是一個名為瑪麗・西南（Mary Heenan）的寡婦。[43]西南的丈夫於一九七三年遭保皇派殺害。「當時沒有任何人在乎我們，」西南表示。「我們什麼都不知道，還被晾在一邊。」西南也在訟狀中指出，北愛爾蘭問題爆發初期，基特森身為英軍平亂政策的主要發想人，卻「毫不在乎國家人員是否會殺害他人。」[44]後來有人質問西南，她逼迫一個老人家參與這種訴訟，此行為是否妥當？八十八歲的西南反駁道，基特森「還比我小一歲呢」。[45]

可想而知，基特森一口否認了西南的指控，並表示一九七三年他已經離開愛爾蘭了。基特森強調，當年的他只是區區一個部隊司令，不但無法插手軍中戰略，更不應該為英政府在北愛爾蘭衝突中所實施的政策負責任。[46]隨後他不太有說服力地補充道：「我們從未教唆他人利用準軍事組織達成目的。」[47]

每當警方和檢方試圖起訴前英國軍人，外界就會指責他們說，當年這些年輕的男孩只是被迫在一個惡劣的環境裡奉命行事，還指控警方和檢方是在「獵巫」。[48]對此，公共檢察署署長巴拉・麥格瑞否認檢方有任何「審理上的不公」，[49]並表示檢方調查的案件當中，恐怖攻擊的相關案子已遠超過一些針對國家行為的案子。然而，麥格瑞這番話不也自帶偏見嗎？難道檢方可以在他們調查的共和派謀殺案和保皇派謀殺案之間取得平衡嗎？兩者的比例若非完美的一比一，那還能令人滿意嗎？北愛爾蘭人時常提到「受害者階級之分」（hierarchy of victims）的概念有多麼危險。[50]他們會感到憤怒，並不是因為某個案件有多駭人，而是因為加害者和被害者的身分認同牽動了他們的情緒。嚴格來說，國家政府是唯一能夠合法動用武力執法的單位，那是否意味著政府可以寬以待己？或者，相較於對待準軍事組織成員的方式，國家該用更嚴格的行為規範來約束軍方和警方嗎？

一位學者指出，北愛爾蘭問題爆發期間，所謂「理想的受害者」並非參戰人員，而是被動受害的平民百姓。[51]對有些人來說，麥康維爾是個育有十個子女的寡婦，可謂理想的受害者。不過也有人認為她根本不是受害者，而是間接參與了武力鬥爭才自尋死路的。姑且假設麥康維爾真的是英軍的線人好了，最終她遭殺害還「被消失」，無論在哪一文化的道德觀念裡，此事件都是天理不容的。難道人們在面對一樁憾事時，非得因其身分認同而決定其立場嗎？著名人類學家李維史陀（Claude Lévi-Strauss）曾寫道：「自古以來，對大部分人而言，所謂『人類』從不包含世界上的每一個人。我們稱之為人的對象，與我們來自同一個部落、同一個語系，甚至是同一個村莊。」[52]北愛爾蘭問題爆發期間，一個名為「那……呢？」（whataboutery）的社會現象逐漸成形。凡是有人提到珍・麥康維爾的案件，就會有人反問「那血腥星期日事件呢？」結果又會有人質問「那血腥星期五事件呢？」依此類推，此對話便會出現下列提問：那派特・斐努肯呢？那拉蒙之家爆炸襲擊案呢？那巴利墨非屠殺案呢？那恩尼斯吉林爆炸事件呢？那麥格克酒吧（McGurk's bar）爆炸攻擊呢？那……呢？那……呢？那……呢？

後來民眾得知北愛爾蘭警務處已經向波士頓學院索取與珍・麥康維爾案件相關的錄音檔，便有人稱警方存有私心。在他們看來，北愛爾蘭警務處那些還未釋懷的昔日皇家阿爾斯特警隊成員，為擊垮宿敵亞當斯而不惜妨礙司法公正。倘若警方是真心對過去的犯罪行為感興趣，那怎麼不也向校方索取保皇派的訪談錄音檔呢？畢竟保皇派分子也在北愛爾蘭衝突爆發期間幹了不少傷天害理的事。波士頓學院在一次聲明中表示：「當局刻意忽視阿爾斯特志願軍成員的訪談錄音檔，」只會讓人更加確信他們委託美國法院向校方祭出傳票的行為是出於政治考量。[53]面對此一批判，英國政府並未撤銷原本的傳票，而是用行動回應了波士頓學院自掘墳墓的聲明，要求校方交出一名保皇派受訪者的錄音檔。

警方成功爭取到一份新的傳票，並要求波士頓學院交出溫斯頓・邱吉爾・瑞爾（Winston Churchill Rea）的訪談錄音檔。[54]瑞爾曾加入一個名叫「紅手突擊隊」（Red Hand Commando）的準軍事組織。他打著「小溫仔」（Winkie）的外號行走江湖，雖然聽起來毫無殺傷力，但事實卻並非如此。另外，溫斯頓・邱吉爾・瑞爾與史蒂芬・瑞爾毫無血緣關係，與溫斯頓・邱吉爾更是如此。為阻止波士頓學院交出錄音檔，瑞爾自己也提出訴訟，然而，訴訟結果卻和老麥與莫洛尼一樣不樂觀，隨後校方便將錄音檔都交給警方。最終瑞爾被控幾項罪名，其中包括在一九九一年謀害兩個天主教男子。後來瑞爾出庭否認了這些指控，他彎腰駝背坐在輪椅上，雙眼渾濁，而且臉上的鬍渣也幾乎全白了。[55]事後莫洛尼發表聲明，譴責「北愛爾蘭警務處在索取波士頓學院的錄音檔時，處心積慮地營造出公平公正的表象」。在莫洛尼看來，瑞爾之所以遭起訴，只是因為他是個「可用來搪塞眾人的新教徒」。[56]

警方如此積極地起訴瑞爾，也讓老麥表示極度不認同。在他看來，每當有人鼓起勇氣談論北愛爾蘭衝突期間所發生的事，當局就會立刻以謀殺罪名起訴此人，如此一來真相根本就不會有水落石出的一天。老麥在接受訪問時表示：「我認為北愛爾蘭警務處並非致力於揭開真相，而是在打壓真相。」[57]

北愛爾蘭警務處一直在密切關注老麥對外發表的言論，因此他們深知老麥對他們不滿。老麥這個人特別愛絮叨，也非常喜歡和記者閒話家常。當然，記者們也非常喜歡找他做採訪。老麥面對權威的打壓仍堅持說出真相，這是他一生的信念，因此他經常直言不諱地譴責政府的過錯。不過引起北愛爾蘭警務處注意的並非這些言論，而是老麥在二〇一四年一場電視訪談裡曾不小心說溜嘴。訪談中，老麥提到「貝爾法斯特口述史研究計畫」的檔案內容因非常敏感而須保密處理，並表示：「我和他們一樣把自己推入虎穴，因此我們面臨著一樣的風險，在此我就不多說了。」[58]

原來老麥不僅是計畫訪談人，還是受訪者之一。一名北愛爾蘭警務處警探致函公共檢察署，在信中提到老麥的訪談。警探表示：「他不但提到自己曾參與恐怖攻擊事件……還反對本處索取訪談錄音檔。由此可見，他擔心調查人員拿到錄音檔後會向他提出公訴。」[59]

二〇一六年四月，老麥在德羅赫達（Drogheda）的家中收到一名波士頓的律師來信。[60]信中寫道：「特此致函是為告知您，波士頓學院已收到傳票，要求校方交出您所提供的『貝爾法斯特口述史研究計畫』訪談錄音檔。傳票請見附檔。」當局指控老麥涉嫌犯下一系列罪行，其中包括加入準軍事組織、在一九七八年獄中服刑時持有仿造槍枝，以及涉嫌參與一樁在貝爾法斯特發生的管狀炸彈攻擊案。[61]老麥害怕極了。他和其他參與計畫訪談的前準軍事組織成員一樣，在訪談中述說他在這個非法組織裡的多年經歷，並悉數了他在期間的犯罪行為。倘若這些罪行都無訴訟時效，而且政府就如老麥所預想的，非逮到他不可，那麼國家大可從他的訪談內容中隨意找尋線索，再給他冠上莫須有的罪名，一輩子都沒完沒了。[62]

在老麥看來，政府心懷不軌的證據很明顯，只要看他被冠上的罪名就知道了。警方只要查看他們的內部紀錄就會發現，管狀炸彈攻擊事件爆發時，老麥剛好遭警方收押，因此根本無法參與那起事件。[63]雖然當局似乎不會真的對老麥採取法律行動，但老麥並未因此感到安慰。老麥與太太凱麗已經失業好一陣子，他們還有小孩要養，但過去十年來他們大部分時間都在收拾「貝爾法斯特口述史研究計畫」的爛攤子。他們不僅須擔心共和軍會報復他們，如今還要與政府交戰，而這一切都是因為政府要翻老麥的舊帳。老麥認為，之前他公開批評北愛爾蘭警務處，也不願協助當局辨認「Z」的身分，於是政府在懲罰他。後來老麥每天都活在悔恨當中，他自認當初就不該接觸那些陳年歷史，更不該參與什麼「貝爾法斯特口述史研究計畫」。

郊區裡的挖掘行動不曾停止過。二〇一〇年，當局在安特里姆郡一個景色如畫的海灘上挖掘出彼得．威爾森的遺骸。[64]這名年輕男子生前患有學習障礙，最終死在共和軍手裡。威爾森消失了數十年，期間他的家人經常來到那個海灘，卻萬萬沒想到親人就近在咫尺。

事實上，波士頓錄音帶的風波也讓「尋找被害者遺骸獨立委員會」感到十分無奈。[65]波士頓學院的醜聞爆發後，該委員會還須向民眾再三保證，凡是對「被消失人口」的下落知情之民眾，都可以「在完全保密的情況下」與委員會分享資訊。[66]二〇一四年的秋天，委員會接到消息指出，喬伊．林斯基的遺骸有可能就藏在米司郡（County Meath）的某處。眾人在曼徹斯特退休警探傑夫・納布佛的帶領下開始了搜尋行動。他們帶上一隻尋屍犬和一名法醫人類學家，並利用透地雷達技術偵測地底下是否有異狀。[67]同年十二月，林斯基的姪女瑪利亞・林斯基（Maria Lynskey）表示：「我們祈禱可以早日尋獲喬伊的遺骸，並替他舉行一場體面的喪禮。」[68]瑪利亞字裡行間都流露出她對案件的發展仍抱有一絲希望。然而，挖掘行動進行了數月，卻遲遲未找到林斯基的遺骸。

隔年夏天，大夥正在享受午休時光，忽然有人高喊：「找到了！」[69]調查人員連挖土機都不用了，索性直接蹲在泥土裡，用水泥抹刀小心翼翼地將泥土撥開，並逐漸挖掘出一具人類的骨骸。看到這一幕，向來沉默寡言且心思細膩的納布佛也隱藏不住內心的興奮。不過在這種時候，他總會感到五味雜陳，但那也在所難免。隨後有人聯繫了瑪利亞，她便來到了現場。[70]

到了晚上約莫八點半，搜尋小組仍在埋頭苦幹，忽然有人大叫了一聲。原來調查人員在墓穴裡發現，那具遺骸底下還藏著另一具人類骨骸，貌似是兩具屍體疊在一起後一同被埋在此處。[71]眾人頓時意識到，他們一直都在尋找喬伊・林斯基的遺體，結果卻找到普萊斯開車載送的兩個年輕英軍線人，分別是薛穆斯・萊特和凱文・麥基。[72]瑪利亞・林斯基得知消息後徹底崩潰了，但同時她也替兩位死者的家屬感到開心。在薛穆斯・萊特的安魂彌撒儀式上，萊特的妹妹布芮歌（Breige）還特別呼籲知情人士挺身而出，以協助尋找林斯基和其他尚未獲尋的「被消失」受害者遺骸。

二〇一六年，來自貝爾法斯特東區的劇作家大衛・愛爾蘭（David Ireland）推出新劇作《賽普勒斯大道》（*Cyprus Avenue*），在都柏林的修道劇院首次上演。這部舞台劇透過粗俗的黑色幽默探討了幾個極具爭議的議題。劇中主角是一個名叫艾瑞克・米勒（Eric Miller）的保皇派貝爾法斯特人。艾瑞克剛升格當祖父，不過小孫女才剛出世不久，艾瑞克就發了瘋似的認定小孩長得和傑瑞・亞當斯有幾分相似，還質問女兒這孩子的父親是不是亞當斯。一開始，此情節只是劇中的一個笑點，後來則漸漸成為一個發人深省的議題。有一次，爺孫兩人獨處時，艾瑞克隨手拿起一支馬克筆在孫女的臉上畫了一撮黑色的鬍子，並說：「傑瑞・亞當斯的鬍子是他人設中的重要標配，這個鬍子象徵了亞當斯的革命情懷以及對修改憲法的熱忱。如今鬍子漸漸斑白，更是鞏固了亞當斯身為灰衣主教（éminence grise）和哲學家國王的地位。」[73]

劇中的艾瑞克由桃樂絲・普萊斯的前夫史蒂芬・瑞爾飾演。桃樂絲過世後，瑞爾持續在大銀幕和舞台上演出，而且自始至終都不願討論桃樂絲生前的人生經歷和身後遺緒。如今瑞爾卻飾演一個對傑瑞・亞當斯耿耿於懷以至於走火入魔，甚至被心魔害慘的男子。劇中艾瑞克的妄想症日益嚴重，對他而言，亞當斯的存在深深威脅到他身為一名保皇派新教徒的貝爾法斯特人自幼就引以為傲的信念。後來艾瑞克索性認定孫女就是傑瑞・亞當斯本人，並將此事告知一個他在公園裡巧遇的保皇派槍手。艾瑞克向這個名叫「瘦子」的槍手透露：「我覺得傑瑞・亞當斯已經喬裝成一個新生兒，還成功潛入我們家。」[74]

「他這種人就愛幹這種事！」瘦子毫不猶豫地說。

雖然整部劇既幽默又荒謬，但故事結尾卻迎來一場腥風血雨。劇情藉由艾瑞克的故事探討民間對於某些群體的歧視，也反映了北愛爾蘭這片土地因人民的對立與偏執而走火入魔，以至於無法擺脫過去的陰影。

劇中艾瑞克曾對瘦子說：「過去從未過去啊。」

「不，過去已過去，現在是現在。」瘦子反駁道。[75]

「不，」艾瑞克說。「過去從未過去。」

二〇一七年夏天，麥康維爾一家因老幺比利罹癌過世而再次聚首。在那之前，比利曾和幾個哥哥姐姐一起出庭作證，以協助國家調查北愛爾蘭孤兒院裡蔚然成風的虐童行為。「時間久了我就變成……那叫什麼來著……變成機器人一樣，你懂我意思嗎？因為我已經在那個體制裡待太久了。」[76]比利罹癌後開始漸漸輸給病魔，他懇請家人替他完成遺願，並交代他們，在扶柩前往教堂時，一定要讓他的腳先進入教堂，藉此最後一次對國家體制進行抵抗。[77]

比利的女兒在喪禮上表示：「您一直都很堅強，而且也特別勇敢，比任何人都勇敢。」[78]比利五十歲就過世了，而且他年僅六歲就目睹母親遭人抓走。隨後一名神父也說：「全世界都知道貝爾法斯特有一位樸實無華的母親深愛著她的子女。一九七二年十二月，這位母親遭人綁架和殺害，隨後被偷偷埋了起來。」神父表示，麥康維爾遇害一事「不僅十分惡毒，也無法饒恕。」因為此事件，「比利和兄弟姐妹們的人生彷彿陷入一場噩夢。」[79]

對於母親的死，麥康維爾一家始終希望法律可以給個交代，然而，他們至今仍無法確定，是否會有人因母親的案件而被定罪。麥可和兄弟姐妹都出席了艾佛·貝爾的聆訊，並沉默地坐在旁聽席，扮演道德見證人的角色。然而，在二〇一六年十二月的一場聆訊上，貝爾的辯護律師表示，貝爾因患有血管型失智症而無法「跟上訴訟流程」，[80]因而無法獲得公平的審判。對此，政府要求審查貝爾的醫療記錄，並表示將親自請專家來替貝爾進行診斷。[81]以案件的發展來看，殺害麥康維爾的凶手和幫凶根本就不會受到法律制裁。

當年公共檢察署表示不打算起訴亞當斯後，海倫便拜訪倫敦一間法律事務所諮詢。這間事務所的律師曾代表一樁恐怖攻擊事件的被害家屬進行訴訟，最後不僅獲判勝訴，還替當事人索取到數百萬元的賠償金。這起恐怖攻擊事件是一九九八年於奧馬（Omagh）發生的汽車炸彈攻擊事件，而訴訟被告則是四名真實派愛爾蘭共和軍成員。法律事務所表示，他們受海倫委託並在商討是否要對亞當斯提起民事訴訟。[82]「我們麥康維爾一家一定會堅持到底，」麥可說。「四十多年來，我們一直都在替母親討回公道，我們不會就此善罷甘休。」[83]

# 第三十章　神祕槍手

據我國人口普查顯示，大約三千三百萬美國人有愛爾蘭血統（約占我國人口的百分之十），而我就是其中一人。我父親的祖先在十九世紀從愛爾蘭科克郡（County Cork）和多尼哥郡移民到美國。但我自認身上澳洲人的成分多一點，因為我母親來自墨爾本。我從小在波士頓長大，那裡的愛爾蘭裔美國人雖不曾踏上祖國，但仍對那片土地抱有強烈的歸屬感。或許你會認為我和這些人一樣，畢竟我的姓氏很明顯來自愛爾蘭。

但說真的，我在成長過程中從未有過這種感覺。若說阿爾斯特的聯合派分子「比英國人更像英國人」，那麼波士頓的部分愛爾蘭裔美國人則比愛爾蘭人更像愛爾蘭人。然而，我漸漸發現三葉草和健力士啤酒等象徵愛爾蘭的符號，並無法帶給我歸屬感，而且有時我也無法認同這個群體對於民族團結的執著。到了一九八〇年代，在我成長年間，共和軍發動了一系列駭人的恐怖攻擊事件。儘管如此，卻仍有部分波士頓人繼續支持該組織。我兒時老家那條街上有一間愛爾蘭酒吧，記得父親曾和我說，有個男子經常會周旋在酒吧客人之間，向他們募款。男子總說那筆錢「是給那些年輕小夥子們的」，而他手裡的罐子每一次都會裝滿錢。那間酒吧還掛著一個黑色花環以向共和軍烈士們致敬。至於我，則對北愛爾蘭的武裝衝突毫無興趣。雖然我身上流著愛爾蘭血統，但對我而言，北愛爾蘭衝突就和國外任何一場戰爭一樣，雖然會適當關心，但終究事不關己。

記者生涯中，我從未寫過北愛爾蘭衝突的相關報導，也從未有過寫報導的衝動，直到二〇一三年一月，桃樂絲・普萊斯過世後，我在《紐約時報》上看到她的訃聞，才開始對北愛衝突有興趣。那篇報導不僅描述了普萊斯戲劇性的一生，也提到在當年陷入法律糾紛的波士頓學院祕密檔案庫。在我記者生涯裡，我一直深受「集體否認」（collective denial）這個概念所吸引：我想要了解不同群體在經歷創傷或違背道德倫理的事件後，會編造什麼樣的故事讓自己好受一些。波士頓錄音檔的風波讓我看到，原來這些昔日參戰人員所提供的口述回憶如此勁爆，不過那些回憶內容到底有多厲害，竟能夠對現今社會造成威脅？這下子我可好奇極了。我發現珍・麥康維爾、桃樂絲・普萊斯、布蘭登・休斯和傑瑞・亞當斯的人生相互交織，也看到他們的故事：他們秉持著屹立不搖的信念投身革命，從而變得日益激進。而當這場暴力的政治運動塵埃落定，眾人不再水深火熱而是可以靜下心來省思，那麼這些人，甚至是整個社會，都是如何面對這場腥風血雨呢？那正是我想要探討的故事。

本書歷經四年的調查和書寫後終於要完成了，然而，書中仍有一些謎底遲遲未能解開。知道真相的人本來就寥寥無幾，而且都誓死守口如瓶，於是我只能認命，並接受這段黑暗歷史的全貌終究無法公諸於世。然而，就在我即將完稿時，卻發現了一件驚人的事。

二〇一〇年，桃樂絲・普萊斯在訪談中向艾德・莫洛尼還原了珍・麥康維爾臨死前的場景，並提到自己和兩名「無名隊」成員把麥康維爾護送到一個剛挖好的墓穴。他們其中一位是「無名隊」的隊長小派特・麥克魯。

很長一段時間，我一直都查不到麥克魯的下落或下場。我只知道他在一九八〇年代失蹤了。在那之前的一九七八年，有人在貝爾法斯特的拉蒙之家飯店引爆一枚類似汽油彈的爆炸裝置，導致三十人嚴重燒傷，十二人不幸身亡。事後麥克魯因涉案而遭警方逮捕收押一個星期。那次的經歷把麥克魯嚇壞了，而且情報小組似乎掌握了臨時派的動靜，這讓麥克魯很是擔心。後來我採訪了一名在爆炸事件後見過麥克魯的男子，他透露當時麥克魯和他說，「我不幹了。」[1]另外，一些認識麥克魯的人也和我說，他在那起事件後移民到加拿大，並在一九八〇年代逝世。

在加拿大姓「麥克魯」的人實在太多了，害我一直找不到小派特・麥克魯的家人。然而，某天一位友人告訴我，我之所以找不到麥克魯的家人，是因為他們根本就沒移民加拿大。[2]原來爆炸事件發生不久後，麥克魯便帶著妻兒逃到美國，並一直居住在康乃狄克州，距離我所在的紐約還不算遠。

麥克魯於一九八六年過世。[3]在那之前的五年裡，他曾在一個名為「柴郡矯正機關」（Cheshire Correctional Institution）的高安全級別監獄裡擔任獄警。[4]後來我見到修・斐尼並告訴他此消息，他得知自己敬重的麥克魯竟成為「螺絲」，雖不動聲色，但看得出他非常震驚。斐尼曾是「無名隊」成員，後來他還和普萊斯姐妹倆一起在倫敦展開爆炸攻擊，也參加了獄中絕食抗議。隨後我找到麥克魯一家的下落，還聯繫上他的遺孀布萊荻和幾個孩子，並詢問他們是否願意和我談談。畢竟普萊斯都已經指名道姓表示，麥康維爾遭處死當下，麥克魯也在場。普萊斯還提到許多北愛爾蘭衝突爆發期間，麥克魯所參與過的重大事件。然而，麥克魯的家人卻不願與我多談。我頓時意識到，或許這名深受家人愛戴的丈夫和父親不曾向家人透露自己曾是個戰犯。麥克魯過世後，他的訃聞寫道，他生前是當地一間天主教教會的教徒。[5]不知他臨終前是否有向神父懺悔？

在寫書期間，我定期到布朗克斯拜訪艾德・莫洛尼。莫洛尼曾與普萊斯進行兩次時間很長的訪談，後來他和我分享其中一次未公開的訪談文字稿，這份資料多達三十頁，寫得密密麻麻，毫無空行。不過莫洛尼把檔案交給我之前，已將一些重要的敏感資訊刪除，這些敏感資訊都攸關麥康維爾遭槍決時，對她開槍的第三個槍手。莫洛尼做出此決定的理由很簡單：普萊斯和麥克魯都已離世，但最後一名槍手還健在。

或許莫洛尼不想再節外生枝，畢竟他花了數十年的歲月試圖以口述史的方式記錄北愛爾蘭衝突的全貌，結果這些錄音檔卻給不少人造成法律與刑事上的麻煩。

儘管如此，最後我還是成功蒐集到一些有關這名神祕槍手的資訊。在更早之前，我曾到德羅赫達拜訪老麥（安東尼・麥金泰爾），那次我們一起共進晚餐，還聊到當年的事情。老麥透露，普萊斯並未在「貝爾法斯特口述史研究計畫」的訪談中提到麥康維爾的事，不過她曾在私底下向老麥講述了當晚的來龍去脈。老麥聽到的故事和莫洛尼在訪談中聽到的一樣，普萊斯不僅透露麥康維爾被偷偷埋了起來，還提到她遭槍決時有三個槍手在場，分別為普萊斯、麥克魯以及一名神祕人物。老麥和莫洛尼一樣不願透露這個神祕人物的真實身分，不過他表示，對麥康維爾開了致命一槍的人正是這個神祕槍手。此外，老麥還透露一個線索：傑瑞・亞當斯曾邀請這名神祕槍手擔任他的個人司機。[6]

一開始我還以為，有了這條線索就有望揭開這個槍手的神祕面紗，畢竟要查到亞當斯的歷任司機應該不難吧？不過我內心的希望才剛點燃，就被老麥接下來的話澆熄了：最後這名神祕槍手並未接下這份工作。老麥說了那些讓我蠢蠢欲動的話，結果又把我打回原形了。後來我又再次認命，並接受這輩子都不會知道這個神祕槍手的廬山真面目。看來這號人物只能當個名副其實的「無名隊」成員了。

在拿到莫洛尼的文字稿後，我先是快速地將資料都看了一遍，再慢慢細讀一些和本書內容相關的細節。在完稿之前，我擔心之前會不會忽略了哪些重要細節，便決定將整個訪談記錄重新看一遍。果不其然，我在第十二頁看到一個之前完全漏掉的資訊，讓我猛然在椅子上坐直了起來。

莫洛尼在訪談裡詢問普萊斯，一九七〇年代初傑瑞・亞當斯曾在共和軍擔任哪些職位。普萊斯說著說著突然提到：「等等，那時他可能調到『貝爾法斯特旅』了，我記得當時他想要我妹當他的司機。」[7]

普萊斯輕描淡寫地帶過這件事，而莫洛尼並未追問下去。

「他這個人堅持要有司機接送，」普萊斯說。「但我妹妹一口拒絕他，因為那工作實在太無聊了。」

自始至終，瑪麗安·普萊斯都不願與我討論本書所記載的事情。我曾主動聯繫過她，卻遭她在貝爾法斯特的律師回絕。我甚至還找到她某個女兒，但她卻很有禮貌地請我不要再聯繫她。一般人想到麥康維爾的失蹤案就會立刻聯想到桃樂絲·普萊斯，這已經在民間根深蒂固了，以至於我從未想過普萊斯的妹妹瑪麗安也會涉及此案件。

當然，雖然機率不大，但我們也不能排除這一切都只是巧合的可能性。我四處蒐集資料只為拼湊出事情的全貌，但說不定真相就是，這整件事與瑪麗安·普萊斯毫無關聯。這些年來，除了瑪麗安以外，應該還有不少人拒絕當亞當斯的司機吧？後來亞當斯的代表表示，凡影射亞當斯曾向麥康維爾的兇手提出這種要求的說法「和此案件的許多指控一樣，皆為捕風捉影」。[8]

另外值得一提的是，雖然莫洛尼提供給我的訪談文字檔已將這神祕槍手的名字刪除，但北愛爾蘭警務處從波士頓學院索取的訪談記錄原檔則未經過編輯。假設桃樂絲·普萊斯在訪談中提到神祕槍手就是瑪麗安，而警方透過訪談文字稿得知此真相，那他們應該早就起訴她了吧？

其實未必如此。普萊斯也在訪談中對亞當斯提出指控，而且布蘭登·休斯的訪談內容也呼應了普萊斯的說法，然而，至今亞當斯仍遲遲未遭起訴。從艾佛·貝爾和老麥所陷入的法律窘境不難發現，倘若有人在「貝爾法斯特口述史研究計畫」的訪談中說出不利於自己的話，那麼這些話就能夠成為呈堂證供。相反的，若此人在訪談中牽涉他人，這些話則只能視為傳聞證據（hearsay）。

不過我越想越覺得，瑪麗安·普萊斯就是那個對麥康維爾開了致命一槍的神祕槍手。畢竟，普萊斯兩姐妹都是「無名隊」成員，直屬上級都是麥克魯，而且就像普萊斯常說的，兩姐妹無論做什麼都形影不離。普萊斯在接受莫洛尼的訪問時，曾嚴厲批評麥康維爾，還時不時表示她死有餘辜。或許普萊斯會口出惡言，是為了掩飾她內心的掙扎。也許在普萊斯內心深處，她因良心上過不去而無法接受自己的所作所為，也不能接受妹妹更加偏激的行為。

二〇一八年春天，我最後一次飛往貝爾法斯特，並搭乘火車到德羅赫達拜訪老麥夫婦。我告訴老麥和凱麗，我有重要的事要對他們說，隨後我們約在博因河畔（River Boyne）一間餐廳見面。夕陽西下，我細細訴說著為何認為瑪麗安．普萊斯就是殺了麥康維爾的人。老麥點了一杯威士忌，邊聽我說話，邊目不轉睛地盯著那杯酒。他承認自己確實和我說過亞當斯曾邀請神祕槍手當他的司機，不過他也表示，無論如何他都不會告訴我這個神祕槍手是不是瑪麗安。凱麗則提醒我，當年她和老麥結婚時，伴娘就是瑪麗安。他們也不忘提到，瑪麗安的身體已大不如前，而且若我真的在書中提出此指控，那麼連帶瑪麗安的兩個女兒都會受牽連。那天晚上，我們用完晚餐後便互相道別，但自始至終，老麥夫婦都不曾否定我的推論。

之後我又見了一個人。這名消息人士不但認識普萊斯，還在普萊斯在世時經常傾聽她的心事。我向這位消息人士說明我的想法，並詢問普萊斯生前是否有提到瑪麗安也參與了麥康維爾的謀殺案。消息人士表示，普萊斯的確這麼說過，還透露普萊斯曾說，麥康維爾的死「是她們姐妹倆一起幹的」。[9]隨後我向瑪麗安在貝爾法斯特的律師寄了一封信。信中我明白道出所查到的一切，並表示我打算將這些資訊都公布在書中。我還問他，瑪麗安有什麼想反駁的，不過後來律師就音訊全無了。[10]

到了二〇一七年年底，傑瑞．亞當斯宣布將卸任新芬黨黨魁，將大權交給黨內多年的第二把交椅瑪麗．盧．麥唐納（Mary Lou McDonald）。麥唐納上任時年僅四十八歲，算一下年份就知道她的政治生涯是在《耶穌受難節協議》簽訂後才起飛，因此她無須背負曾加入準軍事組織的黑歷史。有外界人士懷疑亞當斯是否會繼續在幕後操持大局，但亞當斯對外承諾，他無心在暗地裡下指導棋，並表示他是真心想要退休了。[11]

那時，亞當斯就快步入古稀之年，雖然身子仍十分健壯，但動作卻比以前遲緩了一些。就連他一直引以為傲的聲音，頓時也顯得沒那麼有威嚴了，更別提那家喻戶曉的大鬍子，如今已被歲月染成全白。前年春天，曾經陪伴亞當斯歷經戰亂風霜並迎來太平盛世的馬丁・麥吉尼斯，因罹患罕見的基因疾病而歸西。亞當斯在這位多年戰友的喪禮上表示：「馬丁・麥吉尼斯不是恐怖分子，而是一名自由鬥士。」[12]在場的眾人都鼓掌了。

實際上，無論一般民眾是否支持亞當斯，都認為他散發出一絲危險的氣息，甚至連支持新芬黨的選民也不相信亞當斯從未加入共和軍。此外，北愛爾蘭人至今仍認為亞當斯甩不掉身上的「火藥味」。[13]然而，亞當斯本來就是個謎樣人物，隨著退出政壇的日子逐漸逼近，他居然還能再次成功扭轉自己的公眾形象。如今的他經常以「明星老伯」的形象自居，並不時展現出他人氣旺盛、平易近人，而且笑口常開的一面。不可思議的是，亞當斯的形象能成功轉型，竟是多虧推特的功勞。[14]亞當斯擁有一大票推特粉絲。他在發表一些枯燥乏味又無關緊要的政治內容之餘，也經常轉發一堆貓咪的照片，和一些在讚頌泡泡浴、小黃鴨和泰迪熊的推文。（亞當斯還曾向 BBC 記者透露：「我滿喜歡泰迪熊的，而且還收藏了很多隻。」[15]）對此，一名愛爾蘭作家表示，亞當斯的行為「像查爾斯・曼森[i]在炫耀自己的茶壺保溫套收藏一樣」[16]。有時亞當斯刻意表現出精靈古怪的模樣，反而像是一種政治操作。來自貝爾法斯特西區的記者馬拉基・歐多爾蒂（Malachi O'Doherty）在亞當斯的傳記中寫道，這名新芬黨領袖往往「為了讓自己看來像一般人而混淆視聽」。[17]

整體而言，亞當斯的推文不禁讓人覺得，多年來他過關斬將一路走到今天，總算是苦盡甘來，可以盡情享樂。武裝衝突期間，亞當斯遭保皇派分子暗殺未遂，還被政府拘禁施虐，不過最後他還是死裡逃生。後來他不但立下大功讓戰火停息，還打造出一個極其成功的政黨，不僅在北愛爾蘭占有一席之地，也在愛爾蘭共和國成為一個不容小覷的政治勢力。歷史學家艾文・傑克森（Alvin Jackson）曾寫道，對亞當斯而言，投入民主制度「可以讓這些暴力分子所累積的政治資本都得以兌現，否則他們的付出都白費了」。[18]

布蘭登．休斯在接受老麥的訪問時，曾用比喻的方式表達了類似想法。在休斯看來，這場武力衝突就像是眾人在發動一艘船似的。他表示：「這艘船在岸邊的泥沙中卡住了，需要一百個人幫忙推動才行。結果眾人把船推向大海，船在順利發動後就直接開走了，留下那一百人在岸邊自生自滅。現在我就是這種心情。船在海上起航，正開往一生榮華富貴，而幫忙發動這艘船的人卻被丟下了。他們只能留在岸上，繼續和淤泥、垃圾和糞便為伴。」[19]

一般人都會在情感上同情休斯的遭遇，但從政治角度來看，我們也必須同情亞當斯的處境。誠然，亞當斯堅持明哲保身的行為像極了反社會人士，而且他獨善其身坐在船上，卻從未回頭關心休斯等昔日戰友，實在令人齒冷。然而，縱使亞當斯心懷不軌且做事陰險狡猾、不擇手段，但不可否認，在亞當斯的帶領下，共和軍確實擺脫了這場血腥的武力衝突，並走向和平的時代。雖然太平盛世的表象不堪一擊，但至少可以苟延殘喘。由此可見，休斯會落得此下場，是因為他被歷史遺棄了。

各方簽訂《耶穌受難節協議》後，亞當斯仍不斷強調，他從未忘記共和運動想要爭取愛爾蘭統一的初心。他們的目標沒變，只是如今的做法不一樣罷了。或許在不久的將來，共和派會因為人口變化而在這場戰爭中取得勝利。[20]據估計，北愛爾蘭的天主教徒人口最早可在二〇二一年超越當地的新教徒人數，但這並不代表英格蘭人很快就會被迫搬離愛爾蘭島。有民調指出，大部分北愛爾蘭天主教徒在愛爾蘭經歷了二〇〇八年金融危機和隨後在都柏林爆發的經濟蕭條後，都傾向於留在英國。[21]對此亞當斯表示：「以繁殖速度戰勝聯合派分子是體力充沛的人才能做的事，但那始終稱不上什麼厲害的戰略。」[22]

二〇一六年夏天，英國人民以極小差距成功退出歐盟，不過他們一直到公投結束後才意識到此決定所帶來的後果。自《耶穌受難節協議》簽訂以來，北愛爾蘭和愛爾蘭共和國的邊界彷彿漸漸消失了。駐守邊界的軍人和堆滿沙袋的檢查哨早已撤走，而每天都有成千上萬的民眾和載滿貨物的卡車在兩地之間暢行無阻。因此，北愛爾蘭可同時享受聯合王國和歐盟成員國才能享有的好處。英國脫歐的決定難免對北愛爾蘭的雙重身分造成影響，[23]若脫歐的後續政策實行不當，那麼北愛爾蘭人民將被迫在兩種身分之間做抉擇。

亞當斯深知未來有可能會面臨此情形，並指出：「像我一樣支持愛爾蘭統一的民眾須格外謹慎，以免被他人抨擊說我們想利用脫歐來取得統一。」亞當斯還表示：「我覺得在現今社會上，關於愛爾蘭統一的討論不斷浮出台面。」[24]另外亞當斯還透露，希望可以在五年內看到國家再次舉行公投[ii]，決定北愛爾蘭是否該繼續留在英國。[25]

倘若英國脫歐後反倒促成愛爾蘭的統一，那該有多諷刺？畢竟三十載的歲月裡，這場武力衝突一路血流成河，還賠上三千五百多條人命，卻終究未能完成大業。在某種程度上，這個問題將決定亞當斯畢生的努力是否值得。亞當斯年輕時認為，只要能完成大業，那麼政治暴力行為都算合理。他曾寫道：「唯有讓我們民族達到真正的榮華富貴，我才會覺得我的所作所為皆為值得。」[26]

雖然亞當斯應該等不到愛爾蘭統一的那一天，但那一天似乎必定會到來。值得思考的是，愛爾蘭的統一是否在冥冥之中就早已註定會發生呢？這意味著共和軍根本無須掀起當年的暴力革命。桃樂絲・普萊斯和布蘭登・休斯一想到這個可能性就陷入萬丈深淵，苦不堪言。相較之下，亞當斯似乎到了晚年也從未有過這種心魔。二〇一〇年，一名記者問亞當斯的雙手是否沾滿血腥，亞當斯回覆：「並沒有，我的內心很平靜，十分平靜。」[27]

麥可・麥康維爾在貝爾法斯特近郊鄉村地區親手為家人蓋了一棟房子。房子寬敞明亮，設計風格極為現代。房子後面是一片綠油油的草地，那裡擺了一排排木製的大籠子，裡頭是數百個小隔間，住著幾十隻鴿子。這些鴿子咕咕低鳴，在籠子裡上下搖晃著頭，時不時還會輕輕擺動雙腳。麥可從小就在深陷戰亂的貝爾法斯特成長，也經常在廢墟堆中尋找野生鴿子的蹤跡。長大後，麥可不但曾養過幾百隻鴿子，還會參加賽鴿比賽。他表示：「北愛爾蘭衝突爆發期間，新教徒和天主教徒從未因為養鴿子這件事發生爭執。」[28]說著，麥可便輕輕將一隻鴿子捧在雙手裡。鴿子不安地看了麥可一眼，隨後又扭了一扭脖子。那一瞬間，鴿子脖子上的灰色羽毛在陽光底下頓時變得又紫又綠，那閃閃發亮的模樣就像孔雀一樣。

早在五千多年前，鴿子就成為人類最早馴化的動物之一。[29]鴿子畢生只認定一個伴侶，而且會誓死保護自己的孩子。牠們鍛煉耐力的方式就和運動選手一樣，每一次飛翔都飛得比上一次還要遠。參加比賽的愛爾蘭島養鴿人最遠還可以到英格蘭或法國放鴿子。無論起點有多遠，無論天氣有多糟，鴿子都會飄洋過海，橫跨幾百英里的距離，只為回家。有時賽鴿會因長途跋涉而瘦一大圈，甚至體重減半。[30]不過只要多加餵食並悉心照料，這些鴿子就能恢復體力，為下一次比賽養精蓄銳。

到了賽鴿的日子，麥可會把鴿子放出來，並看著牠們飛往地平線後漸漸消失。不過鴿子總會回到麥可身邊，這正是麥可最欣賞牠們的地方。鴿子天生就喜歡翱翔，但無論飛到哪裡，牠們都會回到自己的出生地，都會記得回家。

■

i．譯註：查爾斯．曼森（Charles Manson）即美國邪教組織「曼森家族」（Manson Family）的領袖。

ii．譯註：北愛爾蘭上次公投當天就是本書主要人物桃樂絲在倫敦發動爆炸案之日（一九七三年三月八日），結果有百分之九十八點九的北愛民眾選擇留在英國。

# 致謝

首先我要感謝珍・麥康維爾的孩子們，他們其中幾位花了許多時間與我對談，而這些事談起來十分不容易。麥康維爾家的孩子們歷經我們無法想像的磨難，但卻始終守護著自己的尊嚴。我希望自己能夠盡量如實又全面地寫出他們一家人的遭遇。

我要深深感謝數不清的圖書館和資料庫的工作人員，尤其是貝爾法斯特亞麻堂圖書館（Linen Hall Library）、都柏林的愛爾蘭國家圖書館（National Library of Ireland）、邱園（Kew）的英國國家檔案館（National Archives of the United Kingdom）、劍橋大學的邱吉爾典藏中心（Churchill Archives Centre）、紐約公共圖書館（New York Public Library）、紐約大學的塔米門特圖書館及華格納檔案庫（Tamiment Library and Robert F. Wagner Archives），以及波士頓學院的約翰・伯恩斯圖書館和湯瑪斯・歐尼爾二世圖書館（Thomas P. O'Neill, Jr. Library），而阿爾斯特大學於線上建置的北愛爾蘭衝突資料庫（The Conflict Archive on the Internet，簡稱 CAIN）也是十分寶貴的資料來源。

艾德・莫洛尼非常有耐心地告訴我他的故事，以及他對北愛爾蘭問題更廣博的見解。他也與我分享了數十年研究中所蒐集的重要資料，我深深感謝他樂於分享的同事情誼。安東尼・麥金泰爾、凱麗・托梅（Carrie Twomey）、瑞奇・歐羅（Ricky O'Rawe）和修・斐尼（Hugh Feeney），都非常慷慨地花很多時間，向我娓娓道來他們的回憶。海浪創傷互助協會（Wave Trauma Centre）的珊卓・皮克（Sandra Peake）、尋找被害者遺骸獨立委員會（Independent Commission for the Location of Victims' Remains，簡稱 ICLVR）的丹尼斯・高弗瑞（Dennis Godfrey）和北愛爾蘭警務處的莉茲・楊恩（Liz Young）也提供很多幫助。我十分感激傑瑞和希拉・莫里亞提（Gerry and Shelagh Moriarty）、愛莉森・米拉爾（Alison Millar）和保羅・霍華（Paul Howard）以及他們的兒子山姆、瑞秋・胡柏（Rachel Hooper）、達拉・麥肯泰爾（Darragh MacIntyre），還有我的老友史帝夫・華比（Steve Warby），他們在貝爾法斯特的時候盛情款待我，給予許多指引，與我建立起美好的友誼。一開始我和歐兒拉・喬治（Oorlagh George）是在洛杉磯相識，接著在貝爾法斯特重新連絡上。她一路上和我分享了一些對北愛爾蘭問題的看法，至今仍在我腦海中徘徊不去，以細緻但又非常重要的方式影響了這本書。在都柏林的時候，我的摯友約翰・雷西（John Lacy）、尚恩・歐尼爾（Sean O'Neill）和克洛達・鄧恩（Clodagh Dunne）非常照顧我。我要特別感謝《紐約時報》的亞當・哥德曼（Adam Goldman），是他幫我找到派特・麥克魯（Pat McClure）。泰拉・基南—湯姆森（Tara Keenan-Thomson）很親切地與我分享她二〇〇三年採訪桃樂絲・普萊斯的逐字稿。詹姆斯・金欽—懷特（James Kinchin-White）是個擇善固執的檔案研究員，他對北愛爾蘭問題特別有興趣，本書中引用的幾個政府資料就是他發現的。

寫書是個孤獨的事業，但是我很幸運能與好幾位才華洋溢的研究助理合作。有些人來幫我追查某項專案的資料，其他人則是長年耕耘研究，他們都讓這本書更像是一本集大成之作。我深深感謝露比・梅倫（Ruby Mellen）、琳達・金斯勒（Linda Kinstler）、茱莉亞・里可（Giulia Ricco）、凱蒂・溫布蘭特（Katy Wynbrandt）、寇森・林（Colson Lin）、傑克・麥考利（Jake McAuley）和瑞秋・魯班（Rachel Luban），尤其感謝維多利亞・畢爾（Victoria Beale）。艾蜜莉・高哥拉克（Emily Gogolak）和露絲・瑪格利特（Ruth Margalit）負責查證原始文稿的資料，做事嚴謹、毫不鬆懈的佛格斯・麥金塔（Fergus McIntosh）則是負責整本書的查證工作。若是本書仍有錯誤不足之處，當然都是我一個人的責任。

二〇一六至一七年間，我榮獲新美國基金會（New America）的艾瑞克和溫蒂・施密特獎助計畫（Eric and

Wendy Schmidt Fellow）錄取，獲得一年獎助。我非常感謝施密特夫婦的資助，還要感謝安—瑪麗・史洛特（Anne-Marie Slaughter）、彼得・伯根（Peter Bergen）、康斯坦丁・卡凱斯（Konstantin Kakaes）和阿維斯塔・阿尤布（Awista Ayub）給我這個機會。本書直到二〇一六年四月才終於有雛形出現，這一切都要感謝當時我得以在洛克斐勒基金會（Rockefeller）貝拉吉奧中心（Bellagio Center），還有在科摩湖畔（Lake Como）度過寶貴的幾週，可以有充裕的時間和空間完成一部分書稿。感謝克勞迪亞・朱奇（Claudia Juech）、伊蕾娜・翁加尼亞（Elena Ongania）和碧拉・帕拉奇亞（Pilar Palaciá）給了我那次非凡的美好經驗。我拜託新美國基金會和貝拉吉奧中心，還有紐約人文學院（New York Institute for the Humanities）的朋友試讀本書的部分內容，對於這些單位的研究夥伴充滿見地的評論，特此致上誠摯的感謝。

我從小就開始讀《紐約客》，現在竟然能在這間我一直都很喜愛的雜誌社擔任撰稿人，每次想到都覺得不可思議。感謝大衛・瑞姆尼克（David Remnick）、帕姆・麥卡錫（Pam McCarthy）、桃樂西・威肯鄧（Dorothy Wickenden）和亨利・凡德（Henry Finder）對《紐約客》的貢獻，也感謝他們讓我完成這項工作。我要特別向丹尼爾・札雷斯基（Daniel Zalewski）表達由衷的謝意，他是位高明的編輯，也是我不離不棄的好友，他經手過的所有事物都會變得更好。我非常感謝所有同事，特別感謝法比歐・貝東尼（Fabio Bertoni）、安德魯・馬藍茲（Andrew Marantz）、泰勒・佛加特（Tyler Foggatt）、拉菲・卡恰多利恩（Raffi Khatchadourian）、瑞秋・艾維夫（Rachel Aviv）、大衛・葛蘭（David Grann）、菲利浦・郭維克（Philip Gourevitch）、喬治・派克（George Packer）、希拉・柯拉特卡爾（Sheelah Kolhatkar）、喬納森・布利澤（Jonathan Blitzer）和雪凡・博納克（Siobhan Bohnacker）。如果沒有布魯斯・迪翁斯（Bruce Diones），現在我可能還被拒於門外。

雙日出版社（Doubleday）的比爾・湯瑪斯（Bill Thomas）與我第一次談話時，就看出這本書的潛力，並且以他一如往常的犀利眼光和穩健作風編輯本書原稿。我要大大感謝比爾和瑪歌・席克曼特（Margo

Shickmanter）、麥可・歌德史密斯（Michael Goldsmith）、陶德・道提（Todd Doughty）、丹尼爾・諾瓦克（Daniel Novack）、蕾拉・高登（Leila Gordon）、威爾・帕默（Will Palmer）、瑪麗亞・馬西（Maria Massey）和雙日出版社的所有人。我也十分感激艾拉貝拉・派克（Arabella Pike）給我的鼓勵和對原稿的建言，也感謝她在倫敦威廉柯林斯出版社（William Collins）的所有同事。當然，我少不了要感謝我的經紀人，完美的蒂娜・班奈特（Tina Bennett），還有WME的安娜・德羅伊（Anna DeRoy）、崔西・費雪（Tracy Fisher）和絲菲特拉娜・凱茲（Svetlana Katz），也感謝提亞・翠拉夫（Thea Traff）以她無可挑剔的眼光幫助我蒐集照片。我誠摯地感謝所有好友和同事，感謝才華洋溢的菲利浦・蒙哥馬利（Philip Montgomery）幫我拍攝作者照片，還有幫我設計本書精美封面的奧利佛・芒戴（Oliver Munday）。

感謝麥可・施坦德—奧爾巴克（Michael Shtender-Auerbach）、薩伊・史利斯坎德拉加（Sai Sriskandarajah）、麥可・瓦希德・哈納（Michael Wahid Hanna）、莎拉・瑪根（Sarah Margon）、丹・柯茲—菲蘭（Dan Kurtz-Phelan）、艾德・凱薩（Ed Caesar）、林克・卡普蘭（Linc Caplan）、威廉・陳（William Chan）、亞歷斯・吉卜尼（Alex Gibney）、傑森・伯恩斯（Jason Burns）、大衛・帕克（David Park）、安迪・高克（Andy Galker）、奈特・拉維（Nate Lavey）、珍・史特勞斯（Jean Strouse）、梅蘭妮・瑞哈克（Melanie Rehak）、艾瑞克・班克斯（Eric Banks）、瑪亞・加薩諾夫（Maya Jasanoff）、賽門・卡斯威爾（Simon Carswell）、崔佛・伯尼（Trevor Birney）、努亞拉・康寧漢（Nuala Cunningham）、吉迪恩・路易斯—克勞斯（Gideon Lewis-Kraus）和馬修・提格（Matthew Teague），我要感謝你們的原因筆墨難以形容。

我對父親法蘭克・基夫（Frank Keefe）和母親珍妮佛・拉登（Jennifer Radden）的感激，難以一言蔽之。他們常常是第一位仔細閱讀我的作品的讀者，每當我問自己想成為什麼樣的人（以及什麼樣的父母），他們始終是我的最佳榜樣。特別感謝貝翠絲・拉登・基夫（Beatrice Radden Keefe）和葛雷格・德蘇薩（Greg de Souza），還有崔斯川・拉登・基夫（Tristram Radden Keefe）和卡洛塔・梅羅（Carlota Melo）。當然，我還要給小小E一個大大的擁抱。

我非常幸運擁有塔迪歐斯（Tadeusz）和艾娃（Ewa）這麼棒的岳父母，要不是他們在最後關頭伸出援手幫忙帶孩子，我大概永遠寫不出這本書來。

但是我最真摯的感謝，必須獻給他們美麗又精明的女兒潔絲蒂娜（Justyna）。我們已相識二十年，但迄今每一天我仍覺得自己何其有幸能與她共度人生（當然，她常常提醒我這一點）。還有我們的兒子，路西恩（Lucian）和菲利克斯（Felix），路西恩剛剛告訴我：「你就寫所有的工作都是我們完成的吧。」我不能說正是他們加速了這項計畫的進行，不過他們的存在每天都讓我意識到，人生總能在意想不到的地方找到樂趣，讓我的內心甚為寬慰，因此我要將這本書獻給他們。

# 出場人物與大事年表

## 出場人物

**珍・麥康維爾**（Jean McConville, 1934-1972）

在年長十二歲的丈夫癌逝後，珍成為獨立扶養十名子女的三十八歲寡婦。珍的出身堪稱北愛衝突的縮影：她來自新教家庭，後來與她當女傭時的雇主兒子結婚，夫家是天主教背景，因此兩人的婚姻並不受旁人祝福。珍於一九七二年十二月初（或十一月底）遭綁架後，她的行蹤成謎。為此，她的女兒海倫（Helen McConville）與其他「被失蹤者」的遺屬，於一九九四年組成了「被失蹤者家屬協會」（Families of the Disappeared），始終沒有放棄尋找母親的下落（或屍骨）。

**桃樂絲・普萊斯**（Dolours Price, 1950-2013）

來自愛爾蘭共和軍世家，曾參與北愛爾蘭的民權運動，後來加入共和軍，並成為祕密部隊「無名隊」（the Unknowns）的成員。桃樂絲與妹妹瑪麗安（Marian Price）都參與了一九七三年三月八日的倫敦爆炸案，同年十一月遭判二十年徒刑，入獄後即以移監北愛爾蘭為訴求而展開長達兩百零八天的絕食抗議。桃樂絲在一九八一年四月獲釋，不久後與年輕時即認識的知名北愛演員史蒂芬・瑞爾（Stephen Rea）結婚。桃樂絲因前半生的經歷而深受厭食症與創傷後壓力症候群（PTSD）困擾。

**布蘭登·休斯**（Brendan Hughes, 1948-2008）

年紀輕輕就成為臨時派愛爾蘭共和軍要角，後來更一度成為貝爾法斯特旅的指揮官。休斯是一九七二年七月「血腥星期五」（Bloody Friday）爆炸案的主謀，因此他不但是保皇派準軍事組織的頭號目標，更是警方、英國陸軍和正式派愛爾蘭共和軍的眼中釘。他在一九七三年七月與摯友傑瑞·亞當斯一起被捕，逃獄後又再遭監禁直到一九八六年。出獄後休斯淡出共和軍的圈子。

**傑瑞·亞當斯**（Gerry Adams, 1948-）

休斯的摯友，堪稱愛爾蘭共和軍貝爾法斯特旅的智囊，與行動派且手段快狠準的休斯合作無間。亞當斯於監獄中服刑四年，一九七七年出獄後很快就在政治圈嶄露頭角，於一九八三到二〇一八年之間長期擔任北愛爾蘭的新芬黨黨主席，並在期間有十三年他都是由貝爾法斯特市西區選出來的英國國會議員，不過他採取棄權主義（abstentionism）的路線，不願前往英國國會就職。二〇一四年四月底到五月初之間，因為他涉嫌參與綁架並殺害珍·麥康維爾，曾經遭北愛爾蘭警方留置四天偵訊。

**英相柴契爾夫人**（Margaret Thatcher, 1925-2013）

一九七九年開始擔任英國首相，隨即必須面對棘手的北愛問題。在北愛爾蘭事務上，柴契爾最親信的顧問是屬於鷹派的艾瑞·尼夫（Airey Neave）。一九七九年三月三十日，柴契爾上任不久前，尼夫遭另一個共和主義團體「愛爾蘭民族解放軍」（National Liberation Army）用汽車炸彈炸死，讓柴契爾的鷹派立場更趨堅定。但是，愛爾蘭共和軍成員入獄後頻頻以絕食抗議方式與英國政府對抗，常讓柴契爾夫人在是否讓步的決策上感到左右為難。

**法蘭克·基特森**（Frank Kitson, 1926-）

英國陸軍軍官，一九五三年曾被派往肯亞協助鎮壓起義活動，對付神出鬼沒的反抗組織「茅茅」（Mau

Mau）。著有《低強度作戰》（*Low Intensity Operations*）一書，雖說他在書中強調反叛亂策略的重點不只是鎮壓起義，還要贏得當地民心，但在一九七〇年他抵達北愛爾蘭時，以准將官階指揮陸軍第三十九空運旅（39 Airportable Brigade），負責鎮壓貝爾法斯特的愛爾蘭共和軍，對共和軍成員廣泛實施未審拘留的措施。他還將對付「茅茅」戰士的策反手法用在共和軍成員身上，鼓勵他們出賣同胞。

**艾力克・瑞德神父**（Alec Reid, 1931-2013）

貝爾法斯特市克洛納德修道院（Clonard Monastery）的神父，在一九七〇年代時常造訪朗格甚監獄（Long Kesh），在此期間漸漸與布蘭登・休斯和傑瑞・亞當斯熟識。瑞德神父深知，要讓愛爾蘭共和軍有意願放下武器，就必須制定聯合的和平策略，讓共和軍、社會民主工黨（Social Democratic and Labour Party，簡稱 SDLP）的非暴力民族主義者，以及愛爾蘭共和國政府三方達成共識。一九八八年一月十一日，瑞德安排傑瑞・亞當斯與社會民主工黨黨魁約翰・修姆（John Hume）在克洛納德修道院會見，協助推進了北愛的和平進程。

**阿弗雷多・史卡帕蒂奇**（Alfredo Scappaticci, 1946-）

義大利裔貝爾法斯特人，人稱「佛萊迪」（Freddie）或「史卡布」。一九七〇年代開始成為臨時派愛爾蘭共和軍糾察單位「爆頭小組」（Nutting Squad）的成員，不僅可以對共和軍的新成員進行審核，還可以審問那些有可能是英軍眼線的人。後來大家都將這個糾察小組稱作「爆頭小組」，因為那些承認自己是英國政府眼線的人都逃不過「爆頭」的命運，說白了就是爆頭小組會瞄準這些叛徒的頭部，並一槍將他們給斃了。曾有許多英軍線人與變節的愛爾蘭共和軍志士遭他處置。一九八〇至一九九四年間，因涉嫌與英方合作而遭共和軍處死的受害人數竟超過四十人，他們在遇害後還毫無尊嚴地遭棄屍。

**艾德・莫洛尼**（Ed Moloney, 1948-）

資深貝爾法斯特記者，曾任職於《愛爾蘭時報》（*Irish Times*）和《週日論壇報》（*Sunday Tribune*）。他於一九六〇年代就讀女王大學時參與過示威活動，結識了桃樂絲・普萊斯等民權運動人士。因為長年報導北愛問題而獲得波士頓學院徵召擔任「貝爾法斯特口述史研究計畫」（Belfast Project）主持人，加入計畫時他正在撰寫《愛爾蘭共和軍祕史》（*A Secret History of the IRA*），後來此書於二〇〇二年出版。二〇一〇年，他寫的《黃泉路上的心聲》（*Voices from the Grave*）一書出版，結合了布蘭登・休斯與保皇派準軍事組織「阿爾斯特志願軍」（Ulster Volunteer Force）成員大衛・厄文（David Ervine）的經歷與親口證詞（書出版時兩位皆已逝世）。莫洛尼毫不避諱地在書中引用休斯的訪談內容，並透過露骨的敘事描述休斯是如何指名道姓，直接表示傑瑞・亞當斯不僅曾任共和軍的司令官，還親口命令部屬殺人。《黃泉路上的心聲》出版後讓「貝爾法斯特口述史研究計畫」曝光，帶來不少麻煩，引發法律爭議。

**安東尼・麥金泰爾**（Anthony McIntyre, 1957-）

綽號「老麥」（Mackers），前愛爾蘭共和軍成員，曾因謀殺案入獄服刑十八年，一九九二年出獄後在貝爾法斯特的皇后大學取得政治學博士學位。二〇〇〇年春天，美國波士頓學院啟動「貝爾法斯特口述史研究計畫」，加入計畫後他因為曾是愛爾蘭共和軍成員而擔任訪談人員。曾經訪談過布蘭登・休斯與桃樂絲・普萊斯等重量級的愛爾蘭共和軍人物。

## 北愛爾蘭問題大事年表

一九六九年

北愛爾蘭的共和主義及民權運動陣營，與保皇派和聯合主義陣營持續對立，衍生武裝衝突。英軍在這一年進駐貝爾法斯特，而且在同年十二月，愛爾蘭共和軍內部分裂為正式派共和軍（Official IRA）與臨時派共和軍（Provisional IRA）。

一九七二年七月二十一日

貝爾法斯特發生「血腥星期五」（Bloody Friday）爆炸案，愛爾蘭共和軍所使用的爆裂物大多為汽車炸彈，八十分鐘內至少引爆了二十枚炸彈。死者包括五位平民、兩名英軍、一位北愛義警與一個阿爾斯特防衛協會成員，另有一百三十人受傷。這一年，北愛衝突中死亡人數攀升至五百人，來到新高點。此次事件主謀為布蘭登・休斯。

一九七三年三月八日

為了將恐怖活動帶到英國本土，在桃樂絲・普萊斯的帶領下，愛爾蘭共和軍組隊將汽車炸彈開往倫敦，挑選位於白廳（Whitehall）的英國陸軍招募中心、位於迪恩史丹利街（Dean Stanley Street）的英軍廣播電台、新蘇格蘭場（倫敦警務廳的代稱）以及老貝里法院（Old Bailey）作案。由於共和軍為了避免大批人命傷亡而提前通知媒體，所以最後並未直接造成任何人罹難。而且由於案子提前曝光，涉案的共和軍成員幾乎全遭逮捕，普萊斯姐妹也因而鋃鐺入獄，被判二十年徒刑。

一九七九年八月二十七日

英女王伊麗莎白二世的表哥、曾為印度末代總督的路易斯・蒙巴頓勛爵（Louis Mountbatten）乘坐他的漁船航行於多尼哥灣（Donegal Bay）時，愛爾蘭共和軍引爆一枚無線電遙控炸彈，導致勛爵與同船另外三人殞命。

一九八〇年十月

朗格甚監獄的愛爾蘭共和軍囚犯在布蘭登・休斯的帶領下進行絕食抗議，總計有七人參與。這次絕食持續好幾個星期，休斯本人在絕食五十三天之後才開始進食。

一九八一年三月一日

朗格甚監獄的愛爾蘭共和軍囚犯巴比・桑茲（Bobby Sands）帶領另外九名共和軍獄友展開絕食抗議。桑茲絕食六十六天，最後於一九八一年五月五日去世，最後總計有十名絕食人士在獄中餓死。

一九八四年三月十四日

傑瑞·亞當斯在貝爾法斯特遭兩名阿爾斯特防衛協會的槍手開了十幾槍，亞當斯中了三槍，分別打在脖子、肩膀和手臂上，送醫並動手術後順利取出子彈（同車其他三人也受了傷，但沒有人死亡）。

一九八四年十月

共和軍志士在布萊頓大飯店（Grand Brighton Hotel）某個房間裡放置了一枚定時炸彈，因為當時英國首相柴契爾夫人和內閣在該飯店開會與住宿。炸彈引爆炸死了五人，但沒有波及柴契爾夫人。

一九八八年一月十一日

艾力克·瑞德神父安排傑瑞·亞當斯與社會民主工黨黨魁約翰·修姆在克洛納德修道院會見，協助推進了北愛的和平進程。

一九八八年三月六日

在梅瑞德·法瑞爾（Mairéad Farrell）等三位愛爾蘭共和軍志士於貝爾法斯特進行的喪禮上，貝爾法斯特東區保皇派人士麥可·史東（Michael Stone，阿爾斯特防衛協會的一員）朝送葬人士瘋狂掃射與丟手榴彈，目標是刺殺傑瑞·亞當斯和其他的共和主義要員。史東沒有成功擊斃亞當斯，但有另外三名送葬者遇害，傷者多達六十幾位。

一九九八四月十日

簽署《耶穌受難節協議》（The Good Friday Agreement），長達三十年的北愛爾蘭問題正式畫上句點。這場協議的主要參與者包括共和派與保皇派雙方準軍事組織、皇家阿爾斯特警隊、英國陸軍等。武裝衝突到結束之際，已經有包括三千五百到四千位一般民眾與軍警人員喪生。

**一九九九年四月**

為推動英國與愛爾蘭之間的和平進程，兩國政府共同成立了「尋找被害者遺骸獨立委員會」（Independent Commission for the Location of Victims' Remains），開始積極尋找北愛問題三十年期間被消失的十六位受害者。成立獨立委員會的法案才通過不到一個月後，警方就在兩位神父的引導下，於北愛鄧多克（Dundalk）郊區的中世紀墓園尋獲艾蒙・莫洛伊（Eamon Molloy）的遺體。莫洛伊是英軍的線人，在一九七五年遭共和軍殺害時年僅二十一歲。

**二〇〇五年九月**

在艾力克・瑞德神父與衛理公會羅德・古德牧師（Harold Good）的見證之下，愛爾蘭共和軍銷毀了最後一批衝鋒槍、火焰噴射器、迫擊炮和肩射飛彈。

# 資料來源說明

在歷經四年的調查工作、七趟愛爾蘭之旅以及與上百人的訪談之後，本書總算完成了。不過期間也有許多人不願與我多談，或半途改變心意，這倒是呼應了這本書的名字。雖然這些事情都已過了近半個世紀，卻仍有能力喚醒人們的恐懼和悲傷，這或許讓人覺得有些不可思議。在此希望可以透過本書讓讀者看見，在貝爾法斯特這座城市裡，歷史從未過去，而且至今仍十分危險。

回憶真是一點都不可靠，因此我盡了最大努力去查證書中所提到的每一段個人回憶。有時在查證過程中會發現，同一件事在不同人口中會呈現不同的樣貌，我便在內文中採用最具可能性的版本，並在註釋裡針對其他說法加以闡述。

這不是一本歷史教科書，而是一部非虛構敘事作品，因此書中所有的對話和細節都並非杜撰，而是真實發生過的事。文中描述人物心理的內容也是受訪者親口向我透露的想法，或曾對他人傾訴的心聲，而這些都會在註釋裡說明。當然，由於我選擇了講述這些人的故事，因此本書未必會提到北愛爾蘭衝突其他重要的面向，像是當年保皇派分子所展開的一系列恐怖攻擊行動。若您忍不住非得質問，「那這段歷史呢？」我會建議您去參考註釋裡列出的書籍，其中有作品針對北愛爾蘭衝突進行了更廣泛的探討。那些著作都非常精采，或許您也可以從中挑選感興趣的議題深入研究。這段歷史不但錯綜複雜，而且人們往往因立場不同而先入為主，以至於書中刻劃的一些歷史事件都極具爭議，還經常陷入一種「公說公有理，婆說婆有理」

的情況。對此，我決定將相關討論都移到註釋裡，以免在內文中贅述反而模糊焦點。

除了進行人物訪談以外，我在寫書過程中也展開了大規模的資料調查，並蒐集到大量的近代報章報導、未公布的書信和電郵、近期才解密的政府檔案、已出版和未出版的回憶錄、近代的政治宣傳資料、各種證詞與書面證詞、調查報告、驗屍報告、日記、歷史檔案影片和照片，以及電話錄音檔。尤其在敘述普萊斯一家的背景時，多虧有桃樂絲・普萊斯（Dolours Price）生前接受的兩次未公布採訪紀錄，我才順利道出了普萊斯一家的經歷。這兩次採訪分別於二〇〇三年和二〇一〇年進行，訪談人為泰拉・基南—湯姆森（Tara Keenan-Thomson）和艾德・莫洛尼（Ed Moloney）。

本書內容以我的原創報導為主要依據，並結合了許多前輩的開創性調查結果。多年來這些前輩們致力於還原北愛爾蘭衝突的全貌，他們分別是蘇珊・麥凱（Susan McKay）、大衛・麥基特瑞克（David McKittrick）、艾德・莫洛尼、彼得・泰勒（Peter Taylor）、馬克・鄂班（Mark Urban）、馬丁・迪隆（Martin Dillon）、理查・英格利西（Richard English）、提姆・帕特・庫根（Tim Pat Coogan）、馬拉基・歐多爾蒂（Malachi O'Doherty）、蘇珊・布林（Suzanne Breen）、愛莉森・莫里斯（Allison Morris），以及亨利・麥唐納（Henry McDonald）。本書前幾章也引用了賽門・溫徹斯特（Simon Winchester）和馬克思・黑斯廷斯（Max Hastings）的新聞報導，這兩位前輩的文章都寫得特別好。此外，我也大量參考了許多精心製作的紀錄片，尤其是一九九九年的《被消失》（*Disappeared*）、二〇一三年的《被消失人口》（*The Disappeared*），以及二〇一八年由艾德・莫洛尼編導的《我是桃樂絲》（*I, Dolours*）。

傑瑞・亞當斯（Gerry Adams）時常接受媒體採訪，不過他在得知我欲探討的內容時，則謝絕讓我採訪。亞當斯透過代表回信表示，波士頓學院的口述史研究計畫「錯誤百出、粗製濫造，而且貪圖私利」，並指出莫洛尼和安東尼・麥金泰爾（Anthony McIntyre）「強烈反對新芬黨的領導階層與本黨後來採取的和平政策，這是眾所皆知的」。至今，亞當斯仍堅決否認曾下令處死珍．麥康維爾（Jean McConville），還不斷強調自己從未加入共和軍。然而，這本來就是個公開的祕密，亞當斯卻堅持否認做過這些事，反而減低了自己的說服力。本書對亞當斯的描述借助了許多人對他的回憶，這些人都是當年曾與亞當斯並肩作戰的老戰友。此外，我也大量參考了亞當斯的其他訪談，以及他親手寫下的自傳和文章。

二〇一四年，撰寫本書的計畫才剛起步，莫洛尼便將布蘭登．休斯（Brendan Hughes）未經刪減的口述史訪談文字稿交給我。後來這份訪談紀錄成為本書至關重要的資料來源。然而，除此之外就再也沒有人願意與我分享「貝爾法斯特口述史研究計畫」的其他口述史檔案。我從未見過桃樂絲．普萊斯和艾佛．貝爾（Ivor Bell）等書中提到的受訪人所留給波士頓學院的口述史檔案，但所幸後來得以採訪老麥，藉此還原那些受訪人曾說過的話。波士頓錄音帶本該像酒窖裡的酒瓶一樣塵封多年，直到多年後計畫參與者都撒手人寰，再由學者細細研讀他們留下來的口述史，以便更全面了解北愛爾蘭衝突。然而，這些錄音帶不但無法成為研究素材，還被捲入刑事案件變成呈堂證據，甚至還成為某些人的政治武器。依目前的情勢來看，這些錄音帶雖能夠用來起訴那些在多年前為非作歹的人，但歷史學家終究無緣取得這些寶貴的史料。

幾年前，波士頓學院開始聯繫「貝爾法斯特口述史研究計畫」的眾多受訪者，並請他們領回自己的訪談錄音帶。這些錄音檔猶如不定時炸彈，而先前校方因處理不妥而引火燒身。如今波士頓學院不想再承擔保管錄音檔的責任，一心只想盡快甩掉這個包袱。許多受訪者都答應了，其中包括瑞奇．歐羅（Ricky O'Rawe）。隨後歐羅收到波士頓學院寄給他的包裹，裡頭裝了十幾年前他接受老麥訪問時的錄音檔和文字稿。一開始歐羅還不知道該如何處理這些東西，但他突然心生一計，將檔案都帶到書房，再將壁爐點燃。隨後他開了一瓶上好的波爾多紅酒，並給自己倒了一杯。歐羅從牆壁上裱了框的相片中看到壁爐的火光在飛舞。仔細看看這些掛滿牆面的老照片，那都是歐羅的老朋友，以及武裝衝突爆發期間的昔日戰友，不過他們大多都已經過世了。此外還有一張布蘭登・休斯的照片，和一張《共和國宣言》（*Proclamation of the Republic*）副本。一九一六年，派崔克・皮爾斯（Patrick Pearse）宣布成立愛爾蘭共和國，便發動了復活節起義（Easter Rising）。歐羅隨手拿起他的訪談檔案丟到壁爐裡。隨後他喝了一口酒，並看著那些資料漸漸消失在火焰之中。

# 註釋

## 縮寫來源

### 訪問

H-BC 布蘭登・休斯／安東尼・麥金泰爾的波士頓學院口述歷史訪談逐字稿

P-EM 艾德・莫洛尼訪問桃樂絲・普萊斯的未出版訪談稿（二〇一〇年）

P-TKT 泰拉・基南－湯姆森訪問桃樂絲・普萊斯的未出版訪談稿（二〇〇三年）

### 法律訴訟

Archie McConville deposition

亞瑟（亞契）・麥康維爾的證詞，珍・麥康維爾的驗屍報告，勞斯郡驗屍官，二〇〇四年四月五日

BC Motion to Quash

波士頓學院董事會提出動議要求撤銷傳票，二〇一一年六月二日（美國麻薩諸塞地區法院，M.B.D. No. 11-MC-91078）

Government's Opposition to Motion to Quash

政府反對撤銷傳票動議和強制執行動議，二〇一一年七月一日（美國麻薩諸塞地區法院，M.B.D. No. 11-MC-91078）

Moloney Belfast affidavit

安東尼・麥金泰爾提出之司法審查申請中，艾德・莫洛尼的第一份書面證詞（北愛爾蘭高等法院，二〇一二年九月十二日）

Moloney Massachusetts affidavit

艾德・莫洛尼的書面證詞，二〇一一年六月二日（美國麻薩諸塞地區法院，M.B.D. No. 11-MC-91078）

O'Neill affidavit

羅伯特・歐尼爾（Robert K. O'Neill）的書面證詞，「回覆：依據美國政府與聯合王國就桃樂絲・普萊斯一案簽署之司法互助條約，聯合王國提出之要求」，二〇一一年六月二日（美國麻薩諸塞地區法院，M.B.D. No. 11-MC-91078）

Price affidavit

桃樂絲・普萊斯的書面證詞，普萊斯姐妹訴英國內政部一案（高等法院王座分庭），一九七四年四月二十三日。

## 其他報告和逐字稿

De Silva Report

派崔克・斐努肯（Patrick Finucane）審查報告，二〇一二年十二月十二日

HIA transcript

「機構收容兒童受虐問題歷史研究計畫」（Historical Institutional Abuse Inquiry），聽證會逐字稿，二〇一四年

May 16, 2011, conference call

艾德・莫洛尼、安東尼・麥金泰爾、凱麗・托梅、威爾森・麥克阿瑟、鮑伯・歐尼爾和湯姆・哈奇的電話會議錄音，二〇一一年五月十六日

Police Ombudsman's Report

「詹姆斯和麥可・麥康維爾控告警方未盡職調查其母親珍・麥康維爾女士的綁架和謀殺案件之報告」，北愛爾蘭警察事務申訴專員，二〇〇六年七月十八日

## 序言　寶庫

1 Charles Donovan, Paul FitzGerald, and Paul Dunigan, *History of Boston College: From the Beginnings to 1990* (Chestnut Hill, Mass.: University Press of Boston College, 1990), pp. 2–3.

2 "FBI Busts Librarian Accused of Stealing Books," United Press International, October 8, 1986.

3 "Librarian Helps Foil the Theft of Irish Artifacts," *New York Times*, September 1, 1991.

4 O'Neill affidavit.

5 "U.S. Hands Over Bomber Dolours Price's Secret Interview Tapes to PSNI," *Belfast Telegraph*, July 8, 2013; interview with Ed Moloney.

6 Interviews with Ed Moloney and Anthony McIntyre.

## 第一章

1 "Snatched Mother Missing a Month," *Belfast Telegraph*, January 16, 1972。珍的出生時間有些爭議，女兒海倫說母親出生於一九三五年，珍的墓碑上記錄的死亡年齡為三十七歲，符合一九三五年出生的說法，大部分的媒體也說她失蹤時是三十七歲。但我取得她的出生證明，發現實際的出生日期是一九三四年五月七日，表示她當時是三十八歲。

2 本段大多內容取自麥可・麥康維爾的訪談，除非另有註記。安妮・麥康維爾出生於一九五二年十一月二十八日，一九九二年九月二十九日逝世，生前飽受結節性硬化症折磨。十四個孩子的出生資訊取自：Susan McKay, "Diary," *London Review of Books*, December 19, 2013。

3 Interview with Archie and Susie McConville.

4 同上。

5 "Snatched Mother Missing a Month," *Belfast Telegraph*, January 16, 1972; Archie McConville deposition.

6 麥康維爾家的孩子大多記得是八個人，例如亞契・麥康維爾就記得是八個。不過有幾個孩子認為人數更多。與蘇珊・麥凱（Susan McKay）的訪談過程中，海倫堅稱那一群人是「四名女子和八名男子」，不過綁架發生的當下海倫並不在家，而是稍晚才回來。相關資訊請見：Susan McKay, "Diary," *London Review of Books*, December 19, 2013。我和麥可・麥康維爾在訪談中推測人數是十到十二人左右。

7 Interviews with Michael, Archie, and Susie McConville.

8 "Sons Recall 30 Years of Painful Memories," *Irish News*, October 24, 2003; Agnes McConville interview, *Marian Finucane Show*, RTÉ Radio, November 23, 2013.

9 Interview with Michael McConville.

10 Archie McConville deposition.

11 Interview with Michael McConville.

12 Interview with Archie McConville; "Sons Recall 30 Years of Painful Memories," *Irish News*, October 24, 2003.

13 "Sons Recall 30 Years of Painful Memories," *Irish News*, October 24, 2003.

14 Interview with Archie McConville; Archie McConville deposition.

15 Interview with Archie McConville.

16 "Sons Recall 30 Years of Painful Memories," *Irish News*, October 24, 2003.

## 第二章

1 桃樂絲・普萊斯在紀錄片《我是桃樂絲》（*I, Dolours*）中的訪談內容，紀錄片由摩里斯・史威尼（Maurice Sweeney）導演、艾德・莫洛尼和努亞拉・康寧漢（Nuala Cunningham）監製（New Decade Films, 2018）。

2 P-EM.

3 P-TKT.

4 "Lest We Forget," *Daily Express*, June 1, 1974.

5 Interview with Eamonn McCann.

6 Protest Now, Before It Is Too Late!" *Irish People*, January 12, 1974; "'Republicanism Is Part of Our DNA,' Says IRA Bomber Dolours Price," *Telegraph*, September 23, 2012.

7 P-EM.

8 Lest We Forget," *Daily Express*, June 1, 1974.

9 同上。越獄細節請見：Uinseann Ó Rathaille Mac Eoin, *The I.R.A. in the Twilight Years 1923–1948* (Dublin: Argenta, 1997), p. 452.

10 Tim Pat Coogan, *The IRA* (New York: St. Martin's Press, 2002), p. 185.

11 P-EM.

12 同上。

13 同上和P-TKT。

14 Dolours Price, "Gerry Kelly: He's Not the Boy I Loved," *Fortnight*, September 2004.

15 P-EM.

16 這是個有趣的巧合，傑瑞・亞當斯其中一本回憶錄開頭的「大事紀」就是從一一六九年開始。Gerry Adams, *A Farther Shore: Ireland's Long Road to Peace* (New York: Random House, 2005), p. xi.

17 Peter de Rosa, *Rebels: The Irish Rising of 1916* (New York: Random House, 1990), p. 268.

18 Ruth Dudley Edwards, *Patrick Pearse: The Triumph of Failure* (Dublin: Poolbeg Press, 1990), pp. 7–8.

19 Ruán O'Donnell, *16 Lives: Patrick Pearse* (Dublin: O'Brien Press, 2016), pp. 18, 63.
20 O'Donnell, *16 Lives*, pp. 140–41.
21 De Rosa, *Rebels*, p. 89.
22 O'Donnell, *16 Lives*, p. 273.
23 北愛爾蘭《旗幟與徽章（展示）法》於一九五四年通過，一九八七年廢止。
24 Price, "Gerry Kelly: He's Not the Boy I Loved."
25 同上。
26 "Big Arms Haul in Belfast," *Irish Times*, May 30, 1938; "The Belfast Explosion," *Irish Times*, May 31, 1938.
27 P-TKT.
28 "Old Bailey Bomber Ashamed of Sinn Féin," *Village Magazine*, December 7, 2004.
29 同上。
30 Price, "Gerry Kelly: He's Not the Boy I Loved."
31 P-TKT.
32 P-EM.
33 同上。
34 P-TKT.
35 同上。
36 同上：Dolours Price, "Gerry Kelly," *Fortnight*, September 2004。
37 Interview with Eamonn McCann.
38 請見：Michael Farrell, *Northern Ireland: The Orange State* (London: Pluto Press, 1987).
39 Michael Farrell, Introduction, in *Twenty Years On*, ed. Michael Farrell (Dingle, Ireland: Brandon, 1988), p. 14.
40 Marc Mulholland, *Northern Ireland: A Very Short Introduction* (Oxford: Oxford University Press, 2002), p. 24.
41 Daniel Finn, "The Point of No Return? People's Democracy and the Burntollet March," *Field Day Review* no. 9 (2013), pp. 4–21.
42 檔案庫影像。
43 許多資料顯示桃樂絲出生於一九五一年六月二十一日，此時為十七歲。根據我取得的出生證明，她實際出生於一九五〇年十二月十六日，所以她在一九六九年一月一日為十八歲。

44 桃樂絲・普萊斯於一九七四年一月二十八日寫給家人的信，引自：*Irish Voices from English Jails: Writings of Irish Political Prisoners in English Prisons* (London: Prisoners Aid Committee, 1979), p. 54.

45 桃樂絲和瑪麗安・普萊斯寫給家人的信，日期皆為一九七四年一月七日，收錄於："The Price Sisters," *Spare Rib* no. 22 (April 1974)。

46 Dolours Price, "Afraid of the Dark," *Krino* no. 3 (Spring 1987).

47 P-TKT.

48 Interview with Eamonn McCann.

49 Dolours Price, "Gerry Kelly," *Fortnight*, September 2004

50 "Ulster's Price Sisters: Breaking the Long Fast," *Time*, June 17, 1974。前學生領袖麥可・法瑞爾（Michael Farrell）後來在他編纂的選集《二十年》（*Twenty Years*）前言第十一頁，提到切・格瓦拉的死對他這個世代的愛爾蘭人造成的影響。

51 這段描述取自資料庫中普萊斯的影片，以及與認識他的人進行的訪談內容，其中一位受訪者是湯米・戈爾曼（Tommy Gorman）。

52 Tara Keenan-Thomson, *Irish Women and Street Politics, 1956–1973* (Dublin: Irish Academic Press, 2010), p. 146.

53 同上，p. 146。

54 P-EM.

55 P-TKT.

56 Interview with Eamonn McCann.

57 Bowes Egan and Vincent McCormack, *Burntollet* (London: LRS, 1969), p. 26.

58 Max Hastings, *Barricades in Belfast: The Fight for Civil Rights in Northern Ireland* (London: Taplinger, 1970), p. 71; Walter Ellis, *The Beginning of the End: The Crippling Disadvantage of a Happy Irish Childhood* (Edinburgh: Mainstream, 2006), p. 137; Ed Moloney and Andy Pollak, *Paisley* (Dublin: Poolbeg Press, 1986), p. 161.

59 Hastings, *Barricades in Belfast*, p. 84.

60 Marc Mulholland, *Northern Ireland at the Crossroads: Ulster Unionism in the O'Neill Years* (London: Palgrave, 2000), p. 1.

61 評論者為馬克思・黑斯廷斯（Max Hastings）。"Why Britain is Committed in Northern Ireland," *Irish Times*, January 27, 1972.

62 Rudyard Kipling, "Ulster," in *The Collected Poems of Rudyard Kipling* (London: Wordsworth Editions, 1994), p. 243.

63 P-EM; "Documents Shed More Light on Burntollet Attack," *Irish News*, October 15, 2010.

64 Ellis, *Beginning of the End*, pp. 124, 157.

65 Interview with Eamonn McCann.

66 Ellis, *Beginning of the End*, p. 138.

67 P-EM。羅尼・邦汀後來成為愛爾蘭民族解放軍（INLA）的領袖，一九八〇年遭人在床上殺害，享年三十二歲。請見 Martin Dillon, *The Trigger Men* (Edinburgh: Mainstream, 2003), pp. 95–96.

68 Laura K. Donohue, "Regulating Northern Ireland: The Special Powers Acts, 1922–1972," *The Historical Journal*, vol. 41, no. 4 (1998).

69 Wallace Clark, *Guns in Ulster* (Belfast: Constabulary Gazette, 1967), p. 9.

70 Bob Purdie, *Politics in the Streets: The Origins of the Civil Rights Movement in Northern Ireland* (Belfast: Blackstaff Press, 1990), pp. 213–14.

71 Farrell, *Northern Ireland*, p. 249; "End in Sight After Long March," *Guardian*, October 27, 2001.

72 有些人觀察發現主張民權的抗爭者與愛爾蘭共和軍之間的差異，其實沒有他們想像中那麼大。理查・英格利西（Richard English）是這樣描寫那場行動：「老愛爾蘭共和軍內部發起的活動，如果將他們納入考量，那他們的動機很明確，就是瓦解北愛爾蘭省。」請參閱：Richard English, *Armed Struggle: The History of the IRA* (New York: Oxford University Press, 2003), p. 82。艾蒙・麥坎表示，德里市遊行期間，愛爾蘭共和軍槍手會在晚上現身「保護」遊行隊伍，但麥坎一點也不想看到他們。

73 Daniel Finn, "The Point of No Return? People's Democracy and the Burntollet March," *Field Day Review* no. 9 (2013).

74 "Battling Through to Derry," *Irish Times*, January 6, 1969；檔案庫影像，手拿擴音器的男子就是麥可・法瑞爾。

75 Purdie, *Politics in the Streets*, pp. 213–14; Egan and McCormack, *Burntollet*, p. 22.

76 Moloney and Pollak, *Paisley*, p. 159.

77 同上，p. 201。

78 Dolours Price, "Ideals Live On," *The Blanket*, November 29, 2006.

79 Egan and McCormack, *Burntollet*, p. 22.

80 Ellis, *Beginning of the End*, p. 137.

81 Egan and McCormack, *Burntollet*, p. 22.

82 Moloney and Pollak, *Paisley*, p. 168.

83 Tommy McKearney, *The Provisional IRA: From Insurrection to Parliament* (London: Pluto Press, 2011), p. 42.
84 Egan and McCormack, *Burntollet*, p. 26.
85 同上，pp. 29–30。
86 "Battling Through to Derry," *Irish Times*, January 6, 1969; Purdie, *Politics in the Streets*, p. 214.
87 Bernadette Devlin, *The Price of My Soul* (New York: Vintage, 1970), pp. 139–41; "Battling Through to Derry," *Irish Times*, January 6, 1969.
88 "Battling Through to Derry," *Irish Times*, January 6, 1969.
89 P-TKT.
90 P-EM.
91 P-TKT.
92 "Attack on March—Bunting Fined," *Irish Times*, March 11, 1969; "Battling Through to Derry," *Irish Times*, January 6, 1969.
93 Egan and McCormack, *Burntollet*, pp. 31–32.
94 同上，p. 33。
95 Hastings, *Barricades in Belfast*, p. 86.
96 "Battling Through to Derry," *Irish Times*, January 6, 1969.
97 同上。
98 "Attack on March— Bunting Fined," *Irish Times*, March 11, 1969.
99 同上。
100."Battling Through to Derry," *Irish Times*, January 6, 1969; "Riots Injure 120 on Belfast March," Reuters, January 5, 1969.
101 "Battling Through to Derry," *Irish Times*, January 6, 1969.
102 P-EM.
103 Egan and McCormack, *Burntollet*, p. 37.
104 Dolours Price, "Gerry Kelly," *Fortnight*, September 2004.
105 Keenan-Thomson, *Irish Women and Street Politics*, p. 41.
106 P-TKT.
107 Purdie, *Politics in the Streets*, p. 215; Michael Farrell, "Long March to Freedom," in *Twenty Years On*, p. 58.

108 鮑伯・佩迪（Bob Purdie）寫道：「許多攻擊者都戴著白臂章，方便別人區分他們與示威者。艾甘（Egan）和麥寇馬克（McCormack）可以從相片中認出幾名攻擊者……其中許多人都是B特種班的成員，這對民權活動而言是非常好的宣傳，但由於B特種班的成員幾乎都是地方上身強體壯的新教徒，所以成為當地人發動的攻擊勢力。」Purdie, *Politics in the Streets*, p. 215.

109 Dolours Price, "Gerry Kelly," *Fortnight*, September 2004.

110 同上，衣服被撕破的細節取自："Lest We Forget," Daily Express, June 1, 1974。

## 第三章

1 蘇珊・麥凱訪問海倫後寫了一篇精彩的文章，文中提到照片拍攝於一九六五年。McKay, "Diary," *London Review of Books*, December 19, 2013.

2 我訪問麥可、蘇珊和亞契・麥康維爾時，他們都回想起安全別針。海倫則告訴蘇珊・麥凱自己對安全別針沒有印象。這就是麥康維爾家的孩子經常遇到的情況，他們的童年充滿創傷，彼此的回憶常常相互矛盾。

3 作者實地走訪艾馮尼歐路。

4 McKay, "Diary," *London Review of Books*, December 19, 2013.

5 Séamus McKendry, *Disappeared: The Search for Jean McConville* (Dublin: Blackwater Press, 2000), p. 9.

6 "Many Killed in Mass Air Attack on Belfast," *Irish Independent*, April 17, 1941; Ian S. Wood, *Britain, Ireland and the Second World War* (Edinburgh: Edinburgh University Press, 2010), pp. 174–75.

7 McKay, "Diary," *London Review of Books*, December 19, 2013.

8 McKendry, *Disappeared*, p. 9.

9 同上，也可以參閱：McKay, "Diary," *London Review of Books*, December 19, 2013。

10 請參閱：Edward Moxon-Browne, "National Identity in Northern Ireland," in *Social Attitudes in Northern Ireland: The First Report*, ed. Peter Stringer and Gillian Robinson (Belfast: Blackstaff Press, 1991).

11 Cormac Ó Gráda and Brendan M. Walsh, "Intermarriage in a Divided Society: Ireland a Century Ago," *Explorations in Economic History*, vol. 56 (2015).

12 McKay, "Diary," *London Review of Books*, December 19, 2013.

13 麥康維爾家的孩子對此抱持不同看法。海倫的丈夫薛穆斯・麥克肯德里（Séamus McKendry）在書中透露珍的母親不介意這樁婚事，後來亞瑟和孩子搬去貝爾法斯特東區與岳母同住也是事實。但是珍・麥康維爾失蹤後，幾個孩子認為外婆早已因為珍嫁給天主教徒而與她斷絕母女關係，自然也與外孫們斷絕了關係。也許相較於一九六〇年代，在一九五〇年代還是比較能夠忽視這種「越矩」的行為。瑪麗・麥康維爾飽受困擾和受長輩毒打的事件，請參閱：McKendry, *Disappeared*, p. 10。麥可・麥康維爾告訴我：「母親的家族不會想與我們有任何牽扯，因為她嫁給了天主教徒。」詹姆斯・麥康維爾（James McConville）提出的訴訟文件中也提出相同主張：「他們母親的家族與她斷絕了關係。」請參閱：Application to the Attorney General in Relation to the Death of Jean McConville, filed by Joe Mulholland & Co., Solicitors, on behalf of James McConville, May 23, 2013.

14 McKay, "Diary," *London Review of Books*, December 19, 2013; McKendry, *Disappeared*, p. 9.

15 McKay, "Diary," *London Review of Books*, December 19, 2013.

16 McKendry, *Disappeared*, p. 10.

17 McKay, "Diary," *London Review of Books*, December 19, 2013.

18 McKendry, *Disappeared*, p. 10.

19 Moloney and Pollak, *Paisley*, p. 89.

20 McKendry, *Disappeared*, p. 10; McKay, "Diary," *London Review of Books*, December 19, 2013.

21 English, *Armed Struggle*, p. 102. See also Russell Stetler, *The Battle of Bogside: The Politics of Violence in Northern Ireland* (London: Sheed and Ward, 1970).

22 Hastings, *Barricades in Belfast*, pp. 142–43.

23 檔案庫影像。

24 Hastings, *Barricades in Belfast*, p. 143.

25 紀錄片《孟買街大火》（*The Burning of Bombay Street*）中的目擊者證詞（BBC One Northern Ireland, 2011）。

26 Seamus Brady, "Eye-witness Account of Events in Belfast," August 22, 1969, National Archives of Ireland. See also *Burning of Bombay Street*.

27 McKearney, *The Provisional IRA*, p. 47.

28 《愛爾蘭時報》（*The Irish Times*）、《衛報》（*Guardian*）和其他媒體都報導相同的數字，應該是源自提姆・帕特・庫根（Tim Pat Coogan）：據信在一九六九年七月至九月間，共一千八百二十個家庭逃離家園，其中三百一十五個是新教徒家庭、一千五百零五個為天主教家庭。請參閱："Day the Troops Marched in to Nationalist Welcome," *Irish Times*, August 14, 1999; Tim Pat Coogan, *The Troubles* (New York: Palgrave, 2002), p. 91.

29 Census of Population, Belfast County Borough, 1971.

30 Paul Doherty and Michael A. Poole, "Ethnic Residential Segregation in Belfast, Northern Ireland, 1971–1991," *Geographical Review*, vol. 87, no. 4 (October 1997).

31 McKay, "Diary," *London Review of Books*, December 19, 2013.

32 Seamus Brady, "Eyewitness Account of Events in Belfast," August 22, 1969, National Archives of Ireland.

33 同上。

34 "Army Under Crossfire," *Telegraph*, July 16, 1972. See also "Thousands of Northern Refugees Streamed over the Border in the 1970s— Some Were Called 'Ungrateful'" *The Journal.ie*, December 27, 2014.

35 Interview with Michael McConville.

36 McKay, "Diary," *London Review of Books*, December 19, 2013; McKendry, *Disappeared*, p. 10.

37 See *Burning of Bombay Street*.

38 Hastings, *Barricades in Belfast*, pp. 146–47.

39 Ciarán Carson, *Belfast Confetti* (Winston-Salem, N.C.: Wake Forest University Press, 1989).

40 檔案庫中有一張攝於一九七〇年七月四日的照片，一名女子在福斯路宵禁期間趁著停火空檔前往歐瑪街（Omar Street）的商店。

41 McKay, "Diary," *London Review of Books*, December 19, 2013; McKendry, *Disappeared*, p. 10.

42 Interview with Michael McConville; social worker's report regarding the McConville children, December 13, 1972.

43 McKay, "Diary," *London Review of Books*, December 19, 2013; McKendry, *Disappeared*, p. 11.

44 "Flight: A Report on Population Movement in Belfast During August, 1971," Northern Ireland Community Relations Commission Research Unit, Belfast, 1971.

45 McKay, "Diary," *London Review of Books*, December 19, 2013; McKendry, *Disappeared*, p. 11.

46 McKay, "Diary," *London Review of Books*, December 19, 2013.

47 Interview with Michael McConville; McKendry, *Disappeared*, p. 12; McKay, "Diary," *London Review of Books*, December 19, 2013.

48 *High Life*, documentary (BBC, 2011); Megan Deirdre Roy, "Divis Flats: The Social and Political Implications of a Modern Housing Project in Belfast, Northern Ireland, 1968–1998," *Iowa Historical Review*, vol. 1, no. 1 (2007).

49 *High Life.*

50 Interview with Michael McConville.

51 Roy, "Divis Flats," *Iowa Historical Review*, vol. 1, no. 1 (2007).

52 Interview with Michael McConville.

53 McKay, "Diary," *London Review of Books*, December 19, 2013.

54 Roy, "Divis Flats" *Iowa Historical Review*, vol. 1, no. 1 (2007); *High Life.*

55 Lynsey Hanley, *Estates: An Intimate History* (London: Granta, 2000), p. 97.

56 Hastings, *Barricades in Belfast*, p. 147.

57 McKay, "Diary," *London Review of Books*, December 19, 2013.

58 Hastings, *Barricades in Belfast*, p. 147.

59 同上，p. 144。

60 同上，p. 144。

61 同上，p. 145。

62 "Belfast's Night Patrol: An Uneasy Tour," *Newsday*, September 17, 1971.

63 David McKittrick, Seamus Kelters, Brian Feeney, and Chris Thornton, *Lost Lives: The Stories of the Men, Women and Children Who Died As a Result of the Northern Ireland Troubles*, 2nd ed. (Edinburgh: Mainstream, 2004), table 1, p. 1494.

64 Roy, "Divis Flats," *Iowa Historical Review*, vol. 1, no. 1 (2007). Also see Jeffrey Sluka, *Hearts and Minds, Water and Fish: Support for the IRA and INLA in a Northern Ireland Ghetto* (Greenwich, Conn.: JAI Press, 1989).

65 McKendry, *Disappeared*, p. 15.

66 Hastings, *Barricades in Belfast*, p. 144.

67 McKittrick et al., *Lost Lives*, p. 34.

68 Hastings, *Barricades in Belfast*, p. 144.

69 McConville, "Disappearance of Jean McConville," in *The Disappeared of Northern Ireland's Troubles* (Belfast: Wave Trauma Centre, 2012), p. 16.

70 Interview with Michael McConville.

71 Simon Winchester, *In Holy Terror* (London: Faber, 1975), pp. 68–69.

72 同上，p. 70。

73 Patrick Bishop and Eamonn Mallie, *The Provisional IRA* (London: Heinemann, 1987), p. 123.

74 Winchester, *In Holy Terror*, p. 73.

75 Winchester, *In Holy Terror*, pp. 71–72.

76 檔案庫影像。

77 Winchester, *In Holy Terror*, p. 72；檔案庫影像。

78 檔案庫影像。

79 Interview with Richard O'Rawe.

80 Winchester, *In Holy Terror*, p. 71.

81 同上，p. 70；"Falls Road Curfew, 40th Anniversary," *Irish News*, June 30, 2010。

82 Winchester, *In Holy Terror*, p. 32.

83 Interview with Michael McConville.

84 McKendry, *Disappeared*, p. 12.

85 Roy, "Divis Flats," *Iowa Historical Review*, vol. 1, no. 1 (2007).

86 "Sons Recall 30 Years of Painful Memories," *Irish News*, October 24, 2003.

87 "How Belfast Feels Behind the Barricades," *Christian Science Monitor*, September 10, 1969.

88 Kevin C. Kearns, *Dublin Street Life and Lore: An Oral History* (Dublin: Glendale, 1991), p. 63.

89 Interview with Michael McConville.

90 McKendry, *Disappeared*, p. 13.

91 McKay, "Diary," *London Review of Books*, December 19, 2013; McKendry, *Disappeared*, p. 13.

92 Interview with Michael McConville.

## 第四章

1 這個說法的根據是：Tara KeenanThomson's book *Irish Women and Street Politics*, pp. 213–14；P-TKT。

2 請參閱：Tommy McKearney, *The Provisional IRA*, p. 47；Winchester, *In Holy Terror*, p. 164。

3 H-BC; "IRA Provisionals Put Up Barriers in Belfast," *Telegraph*, June 30, 1972.

4 連恩・麥克米蘭認為一九六九年是一百二十人左右。請參閱：Liam McMillen, "The Role of the I.R.A. 1962–1967" (lecture, Dublin, June 1972), reproduced in "Liam McMillen: Separatist, Socialist, Republican," Repsol Pamphlet no. 21 (1975)。歷史修正主義者主張愛爾蘭共和軍勢力減弱（也更和平）的說法，其實是誇大不實的，請參閱：Brian Hanley, "'I Ran Away'? The IRA and 1969: The Evolution of a Myth," *Irish Historical Studies*, vol. XXXVIII, no. 152 (November 2013)。他指出英國情報單位預估在一九六九年春天，整個北愛爾蘭大約有五百名愛爾蘭共和軍，在愛爾蘭共和國的人數更多。

5 English, *Armed Struggle*, p. 84; H-BC.

6 "Why Britain Is Committed in Northern Ireland," *Irish Times*, January 27, 1972.

7 H-BC; "The I.R.A., New York Brigade," *New York*, March 13, 1972。布萊恩・韓利（Brian Hanley）指出貝爾法斯特的牆上有「我逃走了」塗鴉這個故事，雖然在歷史文獻中廣為流傳，但應該是杜撰的：城市裡有上百名記者，卻沒有一張照片拍到這句標語。但韓利表示這個構想是在一九七〇年出現，休斯在口述史中說自己記得在牆上看到「我逃走了」這句話。

8 Interview with Billy McKee; "IRA Founder, 89, Has 'No Regrets,'" *Belfast News Letter*, May 17, 2011.

9 "Political Process Will Not Deliver a United Ireland," *Irish News*, March 30, 2016.

10 H-BC.

11 Martin Dillon, *The Dirty War: Covert Strategies and Tactics Used in Political Conflicts* (New York: Routledge, 1999), p. 11; also see English, *Armed Struggle*, p. 105.

12 John F. Morrison, *The Origins and Rise of Dissident Irish Republicanism* (London: Bloomsbury, 2013), p. viii.

13 同上，p. 54。

14 McKittrick et al., *Lost Lives*, table 1, p. 1494.

15 Price interview in *I, Dolours*; P-EM.

16 "Intelligence War by Army Cracks IRA Ranks," *Telegraph*, November 5, 1971.

17 "IRA Bomb School Uncovered by Army Swoop," *Telegraph*, January 8, 1972; "One Escapes After Seven Are Arrested at Bomb Lecture," *Guardian*, January 8, 1972.

18 "London Bomb Campaign Decision Taken by IRA in Dublin," *Irish Times*, November 16, 1973.

19 Price interview in *I, Dolours*.

20 Winchester, *In Holy Terror*, p. 164.

21 "Soldiers Scurry in Sniper Country," *Baltimore Sun*, November 26, 1971.

22 "Army Under Crossfire," *Telegraph*, July 16, 1972.

23 Interview with Anne Devlin.

24 "London Bomb Campaign Decision Taken by IRA in Dublin," *Irish Times*, November 16, 1973.

25 P-TKT.

26 "Home Often Raided, Says Accused Girl," *Irish Times*, October 24, 1973; "London Bomb Campaign Decision Taken by IRA in Dublin," *Irish Times*, November 16, 1973; "Dolours Price Won Rapid Promotion As Gunmen Died," *Telegraph*, November 15, 1973.

27 "Lest We Forget," *Daily Express*, June 1, 1974.

28 P-EM.

29 P-TKT.

30 Price interview in *I, Dolours*.

31 P-TKT.

32 P-EM.

33 Price interview in *I, Dolours*.

34 Keenan Thomson, *Irish Women and Street Politics*, 1956–1973, p. 149.

35 "Lest We Forget," *Daily Express*, June 1, 1974; P-TKT.

36 Interview with Francis McGuigan.

37 Interview with Hugh Feeney.

38 Interview with Francis McGuigan and Kevin Hannaway.

39 "Seán Mac Stíofáin: Obituary," *Telegraph*, May 19, 2001。麥克・史蒂歐芬說過：「我年紀很小，應該還不滿七歲的時候，母親告訴我：『我是愛爾蘭人，所以你也是愛爾蘭人。不過你是半個愛爾蘭人，總之別忘了。』」這個迷思在他過世時更加根深蒂固，因為好幾篇訃聞都誤稱他母親來自貝爾法斯特。請參閱："Adams Leads Tributes as Mac Stíofáin Dies," *Irish Independent*, May 19, 2011; "Former Chief-of-Staff of the IRA Sean Mac Stíofáin Dies Aged 73," *Irish Times*, May 19, 2001.

40 "IRA Threatens to Kill Ceasefire Breakers," *Guardian*, June 24, 1972.

41 Brendan O'Brien, *The Long War: The IRA and Sinn Féin* (Syracuse, N.Y.: Syracuse University Press, 1999), p. 119

42 "Death of the Englishman Who Led the Provisionals," *Observer*, May 19, 2001.

43 Seán Mac Stíofáin, *Revolutionary in Ireland* (Edinburgh: R&R Clark, 1975), p. 117.

44 P-EM; P-TKT; "IRA Bomber Says Adams Ordered Terror Attacks on London Targets," *Irish Independent*, September 23, 2012.

45 P-EM; "Irish Women Play a Growing Role in IRA Struggle against British," *Washington Post*, April 11, 1972.

46 "IRA Bomber Says Adams Ordered Terror Attacks on London Targets," *Irish Independent*, September 23, 2012.

47 P-EM.

48 "IRA Bomber Says Adams Ordered Terror Attacks on London Targets," *Irish Independent*, September 23, 2012.

49 同上。

50 Keenan-Thomson, *Irish Women and Street Politics*, p. 232.

51 P-TKT.

52 Price interview in *I, Dolours*.

53 H-BC.

54 P-TKT.

55 同上。

56 同上。

57 P-EM; P-TKT.

58 細節取自：H-BC。

59 檔案庫中的愛爾蘭共和軍葬禮照片。

60 H-BC.

61 P-EM; P-TKT; "London Bomb Campaign Decision Taken by IRA in Dublin," *Irish Times*, November 16, 1973.

62 "Two Sisters from Belfast Republican Family—and Their Allies in IRA Unit," *Guardian*, November 15, 1973; "Girl Out of Her Depth," *Telegraph*, November 15, 1973.

63 Interview with Hugh Feeney.

64 Marian Price interview in the documentary *Car Bomb*, directed by Kevin Toolis (Many Rivers Films, 2008).

65 P-EM.

66 P-TKT.

67 "What Ever Happened to the IRA?" *Time*, March 28, 2008.

68 *Car Bomb*.

69 See Dieter Reinisch, "Cumann na mBan and the Acceptance of Women in the Provisional IRA: An Oral History Study of Irish Republican Women in the Early 1970s," in *Socheolas: Limerick Student Journal of Sociology*, vol. 5, no. 1 (September 2013).

70 "Three British Soldiers Shot Dead in Ulster," *Guardian*, March 11, 1971; Dillon, *The Dirty War*, pp. 214–15.

71 "Memorial to Scottish Soldiers Attacked," *Belfast Telegraph*, May 3, 2015.

72 P-EM; P-TKT. Also see Andrew Sanders, "Dolours Price, Boston College, and the Myth of the 'Price Sisters,'" *The United States of America and Northern Ireland* blog, January 24, 2013.

73 "Woman Hijacker Feels 'Engaged to the Revolution,'" *New York Times*, September 9, 1970.

74 "I Made the Ring from a Bullet and the Pin of a Hand Grenade," *Guardian*, January 25, 2001.

75 Jeffrey Toobin, *American Heiress: The Wild Saga of the Kidnapping, Crimes, and Trial of Patty Hearst* (New York: Doubleday, 2016), p. 157.

76 Interview with Carrie Twomey.

77 "Dolours Price Won Rapid Promotion As Gunmen Died," *Telegraph*, November 15, 1973.

78 "The Sisters of Terror," *Observer*, November 18, 1973.

79 "IRA Female Terrorists Work Havoc in Ireland," Associated Press, September 21, 1976.

80 "Dolours Price Won Rapid Promotion As Gunmen Died," *Telegraph*, November 15, 1973.

81 越南在大約相同的時間點也流傳類似的故事。請參閱：chapter 9, "Sweetheart of the Song Tra Bong," in Tim O'Brien, *The Things They Carried* (New York: Houghton Mifflin, 1990).

82 "Dolours Price Won Rapid Promotion As Gunmen Died," *Telegraph*, November 15, 1973.

83 Interview with Eamonn McCann.

84 Interview with Anthony McIntyre.

85 P-TKT.

86 媒體當時有報導搶案，但是不知道搶匪身分。"Spate of Robberies Throughout North," *Irish Times*, June 27, 1972; "'Nuns' Hold Up Belfast

Bank," United Press International, June 27, 1972; "IRA Ceasefire Preceded by More Killing," *Guardian*, June 27, 1972; "Cease-fire Off to Uneasy Start in Northern Ireland," Associated Press, June 27, 1972.

87 Price interview in *I, Dolours*.

88 "A.I.B. Branch Robbed Again by Women," *Irish Times*, July 18, 1972.

89 P-EM.

90 "Hospital Gang Grab IRA Chief," *Telegraph*, December 30, 1972; "Two Sisters from Belfast Republican Family—and Their Allies in IRA Unit," *Guardian*, November 15, 1973; "IRA Leader Is Caught Year After Escape," *Times* (London), February 2, 1974。最後這篇文章確認了桃樂絲・普萊斯直接參與了此一行動。

91 P-EM; "Disappeared IRA Victim and Provo 'Love Triangle,'" *Irish Independent*, July 12, 2014.

92 Interview with a relative of Joe Lynskey's (who did not want to be identified more specifically); "Behind the Story: Allison Morris on How She Broke the Story of Joe Lynskey's IRA Execution," *Irish News*, June 25, 2015.

93 Interview with a relative of Joe Lynskey's.

94 Interview with Joe Clarke.

95 "Searching for the Mysterious 'Mad Monk' Who Fought for—and Was Killed by—the IRA," *Washington Post*, June 30, 2015.

96 Price interview in *I, Dolours*.

97 Gerry Adams, *Before the Dawn: An Autobiography* (Dingle, Ireland: Brandon, 2001), pp. 62–64.

98 那為叔父名叫派迪・亞當斯（Paddie Adams）。Uinseann Ó Rathaille Mac Eoin, *The I.R.A. in the Twilight Years 1923–1948* (Dublin: Argenta, 1997), p. 453.

99 Adams, *Before the Dawn*, pp. 88–89.

100 亞當斯堅稱自己從來都不是愛爾蘭共和軍成員，但參考各項證據後，實在無法採信他的說法，學術界的普遍共識是亞當斯青少年時期就已經加入愛爾蘭共和軍。請參閱：English, *Armed Struggle*, p. 110; Ed Moloney, *A Secret History of the IRA* (New York: Norton, 2002), p. 46; David Beresford, *Ten Men Dead: The Story of the 1981 Irish Hunger Strike* (New York: Atlantic Monthly Press, 1987), p. 23; Malachi O'Doherty, *Gerry Adams: An Unauthorised Life* (London: Faber, 2017), p. 24。早在一九七二年，媒體就稱呼亞當斯為貝爾法斯特的愛爾蘭共和軍領袖。該年十二月，也就是珍・麥康維爾遭到綁架的那個月，《泰晤士報》就報導：「曾經當過酒保的二十五歲年輕人傑瑞・亞當斯，現在是（貝爾法斯特）臨時派的指揮官，他想在北愛爾蘭的新芬黨運動中扮演更有政治意味的角色，但是他無法如願，因為他知道自己馬上就會被逮捕。」("The High Stakes on Mr. Whitelaw's Luck," *Times* [London], December 1, 1972)。二〇一〇年，維基解密網站（WikiLeaks）釋出一份二〇〇五年的美國外交機密電報，當時派駐在都柏林的美國大使詹姆斯・肯尼（James Kenny）指出愛爾蘭政府握有「鐵證」，可以證明「傑瑞・亞當斯和馬丁・麥吉尼斯（Martin McGuinness）是愛爾蘭共和軍的軍事指揮官。」("Peace Process: GOI Shaken by Second IRA Statement," U.S. diplomatic cable, February 4, 2005).

101 P-EM.

102 同上。

103 同上。

104 "'Republicanism Is Part of Our DNA,' Says IRA Bomber Dolours Price," *Telegraph*, September 23, 2012.

105 "Hunger Strikers Seek Only to Serve Sentences in North," *Irish Times*, January 21, 1974.

106 "Lest We Forget," *Daily Express*, June 1, 1974.

107 同上。

108 "Bloody Sunday in Derry," *New York Times*, February 1, 1972; "'Bloody Sunday,' Derry 30 January 1972—Names of the Dead and Injured," CAIN.

109 約翰・威傑利（John Widgery）在「血腥星期日」過後的十一週便公布初步調查結果，並且採納英國士兵的片面之詞，說他們「一到現場就遭受火力攻擊，只有對槍手和丟炸彈的攻擊者開槍」，以此為英國士兵開脫。Lord Widgery, Report of the Tribunal Appointed to Inquire into the Events on Sunday, 30 January 1972 (April 1972)。這次調查遭到各方撻伐，認為軍方在為自己洗白。接下來一直到一九九八年，馬克・薩維爾（Mark Saville）才重新調查這起事件。薩維爾在二〇一〇年的調查報告中總結：「儘管士兵給予完全相反的證據……他們沒有人是因為遭受攻擊而開槍。」請參閱：*Independent Report of the Bloody Sunday Inquiry* (June 15, 2010).

110 P-TKT.

111 "Nation Mourns Derry's Dead," *Irish Times*, February 1, 1972.

112 "British Take Direct Rule in N. Ireland: Heath Suspends Ulster Self-Rule, Names Aide to Run Province," *Washington Post*, March 25, 1972.

113 Interview with Fulvio Grimaldi; "Misteriosa 'pasionaria' irlandese illustra l'attività rivoluzionaria dell'IRA," *Corriere della Sera*, March 24, 1972.

114 "Evidence Given on Handwriting," *Irish Times*, October 26, 1973; "Violence 'Not Included in IRA Principles,'" *Guardian*, October 26, 1973.

115 "Condannata all'ergastolo," *L'Europeo*, November 29, 1973.

116 "Espulsi dall'Italia, i 2 irlandesi dell'IRA," *Corriere Milano*, March 24, 1972.

## 第五章

1 McKendry, *Disappeared*, p. 14.

2 Interview with Michael McConville; McKendry, *Disappeared*, p. 13; "Snatched Mother Missing a Month," *Belfast Telegraph*, January 16, 1973.

3 McKay, "Diary," *London Review of Books*, December 19, 2013.

4 同上。

5 Eileen Fairweather, Roisín McDonough, and Melanie McFadyean, *Only the Rivers Run Free: Northern Ireland; The Women's War* (London: Pluto Press, 1984), p. 35.

6 Jeffrey Sluka, "Living on Their Nerves: Nervous Debility in Northern Ireland," *Healthcare for Women International*, vol. 10 (1989). See also R. M. Fraser, "The Cost of Commotion: An Analysis of the Psychiatric Sequelae of the 1969 Belfast Riots," *British Journal of Psychiatry*, vol. 118 (1971); "Mental Illness in the Belfast Trouble Areas," *Irish Times*, September 3, 1971.

7 "Mental Illness in the Belfast Trouble Areas," *Irish Times*, September 3, 1971.

8 McKay, "Diary," *London Review of Books*, December 19, 2013.

9 McKendry, *Disappeared*, p. 13.

10 "Jean McConville's Daughter: 'If I Give Up Fighting, They've Won,'" *Observer*, July 6, 2014.

11 McKittrick et al., *Lost Lives*, table 1, p. 1494; table NI-SEC04, "Deaths (Number) Due to the Security Situation in Northern Ireland (Only) 1969–2002," assembled by the Conflict Archive on the Internet (CAIN).

12 McKendry, *Disappeared*, p. 13. Also see McConville, "Disappearance of Jean McConville," p. 16.

13 Interview with Michael McConville.

14 "Helen McKendry: Some People Ignored Us . . . Others Didn't Give a Damn," *Belfast Telegraph*, April 13, 2015.

15 Interview with Michael McConville; McKendry, *Disappeared*, p. 14.

16 Interview with Michael McConville; McKendry, *Disappeared*, p. 14.

17 Interview with Michael McConville; McKendry, *Disappeared*, p. 14; "Helen McKendry: Some People Ignored Us . . . Others Didn't Give a Damn," *Belfast Telegraph*, April 13, 2015.

18 "Helen McKendry: Some People Ignored Us . . . Others Didn't Give a Damn," *Belfast Telegraph*, April 13, 2015; McKendry, *Disappeared*, p. 14.

19 McKendry, *Disappeared*, p. 14; "Sons Recall 30 Years of Painful Memories," *Irish News*, October 24, 2003.

20 如欲瞭解柏油加羽毛的懲罰手段如何在貝爾法斯特成為某種社會管控儀式，請參閱：Heather Hamill, *Hoods: Crime and Punishment in Belfast* (Princeton, N.J.: Princeton University Press, 2011), pp. 76–77.

21 Winchester, *In Holy Terror*, p. 110; "3 IRA Men Jailed for Tarring Incident," *Hartford Courant*, May 13, 1972.

22 "Ulster Women Tar 2 Girls for Dating British Soldiers," *New York Times*, November 11, 1971; "Ulster Girl Who Was Tarred Secretly Weds British Soldier," *Boston Globe*, November 16, 1971; "Irish Girl Who Was Tarred Weds Her British Soldier," *New York Times*, November 16, 1971.

23 "Officers of IRA Group Give Account of Fights," *Irish Times*, March 18, 1971.

24 "Belfast Confetti," *The New Yorker*, April 25, 1994.

25 Interview with Michael McConville.

26 "Sons Recall 30 Years of Painful Memories," *Irish News*, October 24, 2003.

27 Interviews with Archie McConville and Michael McConville.

28 McKendry, *Disappeared*, pp. 13–14.

29 同上，p. 15。

30 "Sons Recall 30 Years of Painful Memories," *Irish News*, October 24, 2003.

31 McKendry, *Disappeared*, p. 15.

32 Interview with Michael McConville; McKendry, *Disappeared*, p. 15.

33 "Shops Suffer in Bomb Attacks," *Belfast Telegraph*, December 20, 1972.

34 "Sons Recall 30 Years of Painful Memories," *Irish News*, October 24, 2003.

35 McKendry, *Disappeared*, p. 15。珍究竟是在哪天晚上去玩賓果，答案還有些歧異，但至今麥康維爾家的孩子仍堅稱母親是在綁架的前一晚去玩賓果，這也是他們在事件一發生後的說詞。一九七三年一月十六日，《貝爾法斯特電訊報》的頭版新聞引述了海倫對賓果夜綁架案的說詞，她表示：「母親隔天晚上就被帶走了。」請參閱："Snatched Mother Missing a Month," *Belfast Telegraph*, January 16, 1973).

36 McKay, "Diary," *London Review of Books*, December 19, 2013。海倫在一九七三年《貝爾法斯特電訊報》的報導中回憶當時的情況：「我母親的錢包、手提包、鞋子和外套都被搶走，還遭到毒打，駐紮在艾伯特街磨坊（Albert Street Mill）的幾位軍人發現她在大街上遊蕩。」請參閱："Snatched Mother Missing a Month," *Belfast Telegraph*, January 16, 1973).

37 McKendry, *Disappeared*, p. 16。後來北愛爾蘭警察事務申訴專員努拉・歐龍（Nuala O'Loan）查閱警方紀錄，證實了大部分的說法，歐龍表示：「警方紀錄顯示在一九七二年十一月三十日凌晨兩點收到陸軍單位通報，他們說在一九七二年十一月二十九日晚上十一點發現一名女子在路上遊蕩。女子說自己遭到毒打，對方還說不可以透露消息給軍方。女子非常焦慮，軍方記錄她的身分為聖猶達步道的瑪麗・麥康維爾。珍・麥康維爾的婆婆就叫瑪麗・麥康維爾，因此家人認為陸軍在街上發現的女子應該是想要找婆婆的珍・麥康維爾。」請參閱：Police Ombudsman of Northern Ireland, "Report into the Complaint by James and Michael McConville Regarding the Police Investigation into the Abduction and Murder of Their Mother Mrs. Jean McConville," August 2006, p. 4)。報告中記錄的時間是十一月二十九日，麥康維爾家的孩子則認為珍是在十二月七日被綁架，兩個時間點存在明顯差距，後面的章節將仔細探討這一點。

38 McKendry, *Disappeared*, p. 17.

39 Interview with Agnes McConville in *The Disappeared*, directed by Alison Millar (BBC Northern Ireland, 2013).

40 McKay, "Diary," *London Review of Books*, December 19, 2013.

41 Interviews with Michael, Archie, and Susan McConville.

42 Interview with Michael McConville; "Sons Recall 30 Years of Painful Memories," *Irish News*, October 24, 2003.

43 McKendry, *Disappeared*, p. 18.

44 同上，p. 18。

## 第六章

1 H-BC.

2 "British Troops May Have Exchanged Fire," *Irish Times*, September 4, 1972.

3 H-BC。廂型車的顏色是綠色，此一資訊請參閱："British Troops May Have Exchanged Fire," *Irish Times*, September 4, 1972.

4 H-BC.

5 休斯在波士頓學院的訪談中說自己出生於一九四八年六月。他不記得這起事件的確切日期，但是當時的報告和後續研究指出事件發生於一九七二年九月二日。請參閱：Ed Moloney and Bob Mitchell, "British 'War Diary' Suggests Possible MRF Role in Effort to Kill Brendan Hughes While London Buries Secret Military Files for 100 Years," *The Broken Elbow* blog, February 23, 2013. Also see Margaret

Urwin, "Counter-Gangs: A History of Undercover Military Units in Northern Ireland, 1971–1976," Spinwatch report (Public Interest Investigations, November 2012), p. 15.

6 H-BC; Brendan Hughes, "IRA Volunteer Charlie Hughes and the Courage of the Brave," *The Blanket*, September 10, 2002.

7 "Portrait of a Hunger Striker: Brendan Hughes," *Irish People*, December 6, 1980.

8 H-BC.

9 Brendan Hughes interview, *Radio Free Éireann*, WBAI, March 17, 2000.

10 H-BC.

11 同上：Dolours Price, "Gerry, Come Clean, You'll Feel Better," *The Blanket*, February 26, 2008.

12 H-BC.

13 P-EM.

14 Dolours Price, "Brendan Hughes: Comrade and Friend," *The Blanket*, February 17, 2008.

15 "Brendan Hughes: Obituary," *Guardian*, February 18, 2008。此一訃聞引述了一段休斯告訴記者彼得・泰勒（Peter Taylor）的話，我在此處幾乎一字不漏地採用。

16 H-BC.

17 同上。

18 Bishop and Mallie, *The Provisional IRA*, p. 218.

19 H-BC.

20 "Portrait of a Hunger Striker: Brendan Hughes," *Irish People*, December 6, 1980.

21 同上。

22 "Coffee? No Thanks, Said the Major—I Want a Tranquilizer," *Observer*, April 23, 1972.

23 同上。

24 H-BC.

25 The original quote is from Mao Tse-tung, *On Guerrilla Warfare* (Champaign: University of Illinois Press, 2000), p. 93.

26 有些住在西貝爾法斯特的天主教徒十分痛恨臨時派，而且覺得自己是被迫支持他們，相關資訊請參閱：Malachi O'Doherty, *The Telling Year: Belfast 1972* (Dublin: Gill & Macmillan, 2007).

27 H-BC.

28 "Portrait of a Hunger Striker: Brendan Hughes," *Irish People*, December 6, 1980.

29 *Voices from the Grave*, documentary, directed by Kate O'Callaghan (RTÉ, 2010).

30 H-BC.

31 *Voices from the Grave*.

32 H-BC。如欲瞭解這次行動的詳細運作方式，請參閱：Taylor, *Behind the Mask: The IRA and Sinn Fein* (New York: TV Books, 1999), p. 131.

33 Adams, *Before the Dawn*, p. 186.

34 這起事件成了傳奇故事。除了休斯提供給波士頓學院口述史計畫的說法，紐約的《愛爾蘭人報》（*Irish People*）也報導了這起事件，內文寫道：「窗戶沒有碎裂，只是破了一個很圓的小洞，因為布蘭登個子不大。」請參閱："Portrait of a Hunger Striker: Brendan Hughes," *Irish People*, December 6, 1980.

35 H-BC.

36 "Portrait of a Hunger Striker: Brendan Hughes," *Irish People*, December 6, 1980.

37 同上。

38 H-BC.

39 同上。

40 同上。

41 同上。

42 同上。

43 同上。

44 Dolours Price interview in *Voices from the Grave*.

45 P-EM.

46 "Portrait of a Hunger Striker: Brendan Hughes," *Irish People*, December 6, 1980.

47 H-BC.

48 Terry Hughes, quoted in *Voices from the Grave*; interview with Terry Hughes.

49 前愛爾蘭共和軍志士帕迪・喬・萊斯（Paddy Joe Rice）在《黃泉路上的心聲》（*Voices from the Grave*）中證實是亞當斯帶醫生

過去治療休斯。

50 H-BC.

51 Mark Urban, *Big Boys' Rules: The SAS and the Secret Struggle Against the IRA* (London: Faber, 1992), p. 26。誠如芬坦・歐圖爾（Fintan O'Toole）所言，亞當斯在一九九六年非常熱切地支持大衛・貝瑞斯福德（David Beresford）撰寫中的新書《十位囚犯之死》（*Ten Men Dead*），書中指出他在一九七二年七月至一九七三年七月期間，是愛爾蘭共和軍貝爾法斯特旅的指揮官。請參閱：Fintan O'Toole, "The End of the Troubles?" New York Review of Books, February 19, 1998.

52 "'Provos' Go into Hiding," *Observer*, June 4, 1972.

53 "Portrait of a Hunger Striker: Brendan Hughes," *Irish People*, December 6, 1980.

54 H-BC.

55 艾德・莫洛尼和一名研究人員在英國陸軍的檔案中，發現可以作為證明的行動紀錄，暗殺休斯的行動代號是「湯姆時間」（TOM TIME）。請參閱：Ed Moloney and Bob Mitchell, "British 'War Diary' Suggests Possible MRF Role in Effort to Kill Brendan Hughes While London Buries Secret Military Files for 100 Years," *The Broken Elbow* blog, February 23, 2013；當時的槍戰報導請參閱："British Troops May Have Exchanged Fire," *Irish Times*, September 4, 1972.

## 第七章

1 Frank Kitson, *Gangs and Counter-Gangs* (London: Barrie Books, 1960), p. 1.

2 "The Guru of the New Model Army," *Times* (London), May 14, 1972.

3 同上。

4 Kitson, *Gangs and Counter-Gangs*, p. 1.

5 同上，p. 7。

6 "The Guru of the New Model Army," *Times* (London), May 14, 1972.

7 Kitson, *Gangs and Counter-Gangs*, pp. 28, 90.

8 *War School*, part 1: "Kitson's Class" (BBC documentary, 1980).

9 同上。

10 Mike Jackson, *Soldier: The Autobiography* (London: Bantam Press, 2007), p. 81.

11 Kitson, *Gangs and Counter-Gangs*, p. 163.

12 同上，p. 163。雖說不幸，但「變黑」一詞的確是標準的用語，而且這種說法在基特森獲派肯亞那個年代特別常見。請參閱：Peter Taylor, *Brits: The War Against the IRA* (London: Bloomsbury, 2001), p. 127.

13 Kitson, *Gangs and Counter-Gangs*, pp. 180–81.

14 同上，p. 79。

15 同上，p. 79。

16 同上，p. 127。

17 Caroline Elkins, *Imperial Reckoning: The Untold Story of Britain's Gulag in Kenya* (New York: Henry Holt, 2005), p. xvi.

18 同上，p. xiv。

19 同上，pp. 54, 66。

20 Seventh Supplement to *London Gazette*, December 31, 1954。（實際上是一九五五年一月一日授勳。）

21 Kitson, *Gangs and CounterGangs*, p. 184.

22 "The Guru of the New Model Army," *Times* (London), May 14, 1972.

23 Frank Kitson, *Bunch of Five* (London: Faber, 2010), pp. 155–201.

24 同上，pp. 205–77; Dillon, *The Dirty War*, pp. 25–26。

25 Frank Kitson, *Low Intensity Operations: Subversion, Insurgency, Peace-Keeping* (London: Faber, 1991), bibliography.

26 Kitson, *Low Intensity Operations*, pp. x–xi.

27 Table NISEC03, "British Army Personnel (Number) in Northern Ireland, 1969 to 2005," CAIN.

28 "Soldiers Scurry in Sniper Country," *Baltimore Sun*, November 26, 1971.

29 同上。

30 See Niall Ó Dochartaigh, *From Civil Rights to Armalites: Derry and the Birth of the Irish Troubles* (Cork, Ireland: Cork University Press, 1997), chapter 4.

31 Taylor, *Brits*, p. 53.

32 Jackson, *Soldier*, p. 82.

33 "Paras Were 'Jolly Good' Says Bloody Sunday Brigadier," *Daily Mail*, September 25, 2002.

34 Kitson, *Low Intensity Operations*, p. 50.

35 *War School*: "Kitson's Class"
36 Dillon, *The Dirty War*, p. 33.
37 Taylor, *Brits*, p. 138.
38 "Soldiers Scurry in Sniper Country," *Baltimore Sun*, November 26, 1971.
39 Jackson, *Soldier*, p. 82.
40 "Brigadier Denies T.D.'s Claims," *Irish Times*, November 11, 1971.
41 Kitson, *Low Intensity Operations*, p. 49.
42 Coogan, *The Troubles*, p. 150.
43 Taylor, *Brits*, p. 67.
44 Winchester, *In Holy Terror*, p. 163.
45 這是一名「頭套人」的親身經驗，他和兒子都叫做尚恩・麥肯納（Seán McKenna）。
46 Taylor, *Brits*, p. 67.
47 Ministry of Defence, *Operation Banner: An Analysis of Military Operations in Northern Ireland*, 2006, pp. 2–7.
48 Taylor, *Brits*, p. 67.
49 Dillon, *The Dirty War*, p. 26.
50 Frank Kitson, *Bunch of Five*, pp. 58–59.
51 同上，p. 58。
52 "The Laws of Emotion," *Guardian*, October 18, 1973.
53 "Intelligence War by Army Cracks IRA Ranks," *Telegraph*, November 5, 1971.
54 Winchester, *In Holy Terror*, pp. 154–55.
55 Taylor, *Brits*, p. 66.
56 Winchester, *In Holy Terror*, p. 154.
57 Ian Cobain, *Cruel Britannia: A Secret History of Torture* (London: Portobello, 2013), p. 139.
58 "Joe Cahill," *Telegraph*, July 26, 2004.
59 P-EM.

60 Interview with Francis McGuigan. Also see "The McGuigans: One Radical Irish Family," *New York Times*, June 11, 1972, and "The Fighting Women of Ireland," *New York*, March 13, 1972.

61 這段描述所根據的是法蘭西・麥圭根接受訪談的內容，還有他對以下這本書兩位作者丹尼斯・福奧（Dennis Faul）和瑞蒙・墨瑞（Raymond Murray）提供的第一手說明：Dennis Faul and Raymond Murray, *The Hooded Men: British Torture in Ireland*, August, October 1971 (Dublin: Wordwell Books, 2016).

62 Interview with Francis McGuigan.

63 同上。

64 一開始是十二個人，後來又有兩個人遭遇同樣的偵訊手段。請參閱：John McGuffin, *The Guinea Pigs* (London: Penguin, 1974), p. 46.

65 Faul and Murray, *The Hooded Men*, p. 58.

66 Interview with Francie McGuigan; "Hooded Man: 'They Asked Me to Count to Ten; I Refused In Case I Couldn't Do It,'" *Journal. ie*, March 24, 2018.

67 多年來麥圭根的故事流傳著不同的版本，在《泰晤士報》一九七二年的報導中，他說自己撞擊到地面。在福奧和墨瑞合著的書中，他則說自己是在直升機降落後被人抬出來。在我和其他人的訪談中，他說自己被丟下直升機，接著便有人接住他。

68 "The Torture Centre: Northern Ireland's 'Hooded Men,'" *Irish Times*, July 25, 2015.

69 這段敘述所根據的是法蘭西・麥圭根、凱文・漢納威（Kevin Hannaway）與喬伊・克拉克（Joe Clarke）所接受的多次訪談，另外也可參閱：Winchester, *In Holy Terror*, pp. 170–72; "The Torture Centre: Northern Ireland's 'Hooded Men,'" *Irish Times*, July 25, 2015; and the firsthand accounts in McGuffin's *The Guinea Pigs* and Faul and Murray's *The Hooded Men*.

70 Cobain, *Cruel Britannia*, pp. 128–34; Taylor, *Brits*, p. 65.

71 "Gen Sir Anthony Farrar-Hockley," *Telegraph*, March 14, 2006.

72 Taylor, *Brits*, p. 69.

73 Cobain, *Cruel Britannia*, p. 131.

74 同上，p. 130。伊恩・寇班（Ian Cobain）指出未審拘留後的一九七一年十一月，英國陸軍情報軍團（British Army's Intelligence Corps）的理查・曼尼斯菲・布瑞姆納准將（Richard Mansfield Bremner）寫了一份備忘錄，概述了二次大戰後英軍的訊問技巧演變過程。文件內容極其敏感，原先要等到「至少一百年後」才能解密。（最終在三十年後就解密。）

75 Interview with Francis McGuigan.

76 "The Torture Centre: Northern Ireland's 'Hooded Men,'" *Irish Times*, July 25, 2015.

77 該名男子就是尚恩・麥肯納。John Conroy, *Unspeakable Acts, Ordinary People: The Dynamics of Torture* (Berkeley: University of California Press, 2000), p. 123.

78 同上，p. 188。

79 Interview with Francis McGuigan.

80 "The Book Answer to the Guerrillas," *Times Literary Supplement*, February 11, 1972.

81 Report of the Committee of Privy Counsellors Appointed to Consider Authorised Procedures for the Interrogation of Persons Suspected of Terrorism (the "Parker Report"), March 1972.

82 *Case of Ireland v. the United Kingdom* (Application no. 5310/71), European Court of Human Rights, judgment, January 18, 1978. The court upheld this decision, in the face of a new challenge, in 2018: *Case of Ireland v. the United Kingdom* (Application no. 5310/71), European Court of Human Rights, judgment, March 20, 2018. Also see "Hooded Men Torture Ruling Is 'Very Disappointing,'" Amnesty International, March 20, 2018.

83 請參閱以下備忘錄：Jay Bybee, Office of Legal Counsel, U.S. Department of Justice, to Alberto Gonzales, Counsel to the President, "RE: Standards of Conduct for Interrogation under 18 U.S.C. §§ 2340– 2340A," August 1, 2002, p. 28.

84 有時候陸軍內部稱之為機動應變部隊（Mobile Reaction Force）。請參閱：Major General W. G. H. Beach to Brigadier M. E. Tickell, February 17, 1972 (National Archives, Kew).

85 Taylor, *Brits*, pp. 128–30。某些英國政府機密文件稱該組織為機動應變部隊，例如："Northern Ireland Visit," Loose Minute prepared by Maj. P. H. Courtenay, February 10, 1972 (National Archives, Kew)。

86 "Undercover Soldiers 'Killed Unarmed Civilians in Belfast,'" BBC, November 21, 2013.

87 同上。

88 Urban, *Big Boys' Rules*, p. 36.

89 同上，p. 36。

90 "Undercover Soldiers 'Killed Unarmed Civilians in Belfast,'" BBC, November 21, 2013.

91 Dillon, *The Dirty War*, p. 30.

92 Urban, *Big Boys' Rules*, p 36.

93 Frank Kitson, "Future Developments in Belfast by Commander 39 Airportable Brigade," December 1971。愛爾蘭作家兼學者基蘭・麥克艾

爾（Ciarán MacAirt）在邱園的國家檔案館找到這份原屬機密的文件。

94 Dillon, *The Dirty War*, p. 42.

95 同上，p. 42。

96 一名前MRF士兵在一九七八年表示：「我們接獲指示使用俄羅斯AK47突擊步槍、阿瑪萊特步槍和湯普森機關槍，通通都是臨時派愛用的武器。這些槍枝都不是英國陸軍的標準配備，至於為什麼基特森准將認為我們必須使用這些武器，就讓你們自行想像吧。」請參閱：Margaret Urwin, "CounterGangs: A History of Undercover Military Units in Northern Ireland, 1971–1976," Spinwatch report (Public Interest Investigations, November 2012), p. 9.

97 "Britain's Secret Terror Force," *Panorama* (BBC, 2013).

98 "Woman, 24, Shot Dead," *Guardian*, June 9, 1972.

99 "Undercover Army Unit Linked to Killing Previously Blamed on IRA," *Irish News*, June 9, 2015.

100 Interview with Simon Winchester. See also "Journalist Believes Army Used Him to Feed Stories," *Irish Times*, May 22, 2001, and "My Tainted Days," *Guardian*, May 22, 2001.

101 Dillon, *The Dirty War*, p. 26.

102 *War School*: "Kitson's Class."

103 Dillon, *The Dirty War*, p. 26.

104 "The Kidnap Target," *Daily Mail*, August 11, 1973.

105 *War School*: "Kitson's Class."

106 "Exposed: The Army Black Ops Squad Ordered to Murder IRA's Top 'Players,'" *Daily Mail*, November 16, 2013.

## 第八章

1 J. J. Colledge, *Ships of the Royal Navy* (Newbury, U.K.: Casemate, 2010), p. 244.

2 "Seven IRA Suspects Swim to Freedom," *Guardian*, January 18, 1972.

3 "Mac Stíofáin Tells Why Escapers Were Chosen," *Irish Times*, January 25, 1972.

4 同上。

5 Adams, *Before the Dawn*, p. 192.

6 Gerry Adams, *Cage Eleven* (New York: Sheridan Square Press, 1993), p. 2.
7 Adams, *Before the Dawn*, p. 192.
8 同上，p. 189。
9 同上，pp. 191-92。
10 同上，pp. 191-92。
11 同上，p. 192。
12 這段敘述的根據是湯米・戈爾曼接受訪談時的說法，另外也可以參閱：“7 At Large after Maidstone Swim,” *Irish Times*, January 18, 1972; “Seven IRA Suspects Swim to Freedom,” *Guardian*, January 18, 1972; “7 Maidstone Escapers Cross Border to Freedom,” *Irish Times*, January 24, 1972.
13 Interview with Tommy Gorman; Coogan, *The IRA*, p. 403; “7 IRA Guerrillas Tell of Prison Escape,” *Globe and Mail*, January 25, 1972.
14 “Thirty Years On—the Maidstone,” *Andersonstown News*, September 9, 2000.
15 Interview with Tommy Gorman.
16 “Thirty Years On—the Maidstone,” *Andersonstown News*, September 9, 2000.
17 “7 At Large after Maidstone Swim,” *Irish Times*, January 18, 1972.
18 “Mac Stíofáin Tells Why Escapers Were Chosen,” *Irish Times*, January 25, 1972.
19 Adams, *Before the Dawn*, p. 196.
20 後來朗格甚監獄改名為梅茲監獄（Maze Prison），但本書中大部分的共和主義者囚犯仍稱之為朗格甚監獄，為避免混淆，我決定在全書中使用「朗格甚監獄」一詞。
21 同上，p. 197。
22 同上，p. 198。
23 H-BC.
24 H-BC.
25 “IRA Ceasefire Follows MP’s Peace Moves,” *Guardian*, June 23, 1972.
26 “IRA Threatens to Kill Ceasefire Breakers,” *Guardian*, June 24, 1972.
27 “IRA Provisionals, British Agree to Indefinite Truce,” *Boston Globe*, June 23, 1972.

28 "Truce by Provisional IRA Opens Way to Peace," *Irish Times*, June 23, 1972.

29 Mac Stíofáin, *Revolutionary in Ireland*, p. 281; David McKittrick and David McVea, *Making Sense of the Troubles: The Story of the Conflict in Northern Ireland* (Chicago: New Amsterdam Books, 2002), pp. 84–85.

30 Taylor, *Behind the Mask*, p. 164.

31 Adams, *Before the Dawn*, p. 202.

32 亞當斯在一九八二年受訪時，回想起牌子上寫的是惠斯勒的母親住在那裡，但事實上住在房子裡的是惠斯勒本人。請參閱："Sinn Féin Vice-President Gerry Adams," *Irish People*, November 27, 1982.

33 Mac Stíofáin, *Revolutionary in Ireland*, p. 281.

34 同上，p. 281。

35 Adams, *Before the Dawn*, p. 204.

36 同上，p. 204。

37 Ed Moloney and Bob Mitchell, "British Cabinet Account of 1972 IRA Ceasefire Talks," *The Broken Elbow* blog, January 21, 2014。內容取自懷特勞和北愛爾蘭事務部官員菲力普・伍德菲德（Philip Woodfield）在會面結束後，提供給時任首相泰德・希思（Ted Heath）「機密和個人」的說法。

38 Mac Stíofáin, *Revolutionary in Ireland*, p. 281; Adams, *Before the Dawn*, p. 204.

39 Taylor, *Behind the Mask*, p. 169.

40 Taylor, *Brits*, p. 80.

41 Taylor, *Brits*, pp. 107–8, 116–17.

42 Taylor, *Behind the Mask*, p. 164.

43 同上，pp. 169–70。

44 "Adams and IRA's Secret Whitehall Talks," BBC, January 1, 2003.

45 William Whitelaw, *The Whitelaw Memoirs* (London: Headline Books, 1989), pp. 128–29.

46 Taylor, *Behind the Mask*, p. 165.

47 同上，p. 165。

48 同上，p. 166。

49 “IRA Ceasefire Follows MP’s Peace Moves,” *Guardian*, June 23, 1972.

50 Terry Hughes, quoted in *Voices from the Grave*.

51 Adams, *Before the Dawn*, p. 189.

52 “Portrait of a Hunger Striker: Brendan Hughes,” *Irish People*, December 6, 1980.

53 同上。

54 “Ulster Truce Ends in Street Battle,” *Guardian*, July 10, 1972.

55 “IRA Truce Falls Apart, 5 Die in Hour,” *Boston Globe*, July 10, 1972. See also *Behind the Mask*, documentary, directed by Frank Martin (BBC, 1991).

56 Brendan Hughes interview in *Voices from the Grave*.

57 McKearney, *The Provisional IRA*, pp. 112–13; Mac Stíofáin, *Revolutionary in Ireland*, p. 243.

58 McKearney, *The Provisional IRA*, pp. 112–13.

59 根據北愛爾蘭事務部，當天總共有十九顆炸彈引爆。有些媒體指出炸彈的數量將近二十四個，但可能是因為愛爾蘭共和軍放置了很多炸彈，卻只有十九顆成功引爆。請參閱：“Timetable of Terror,” brochure published by the Northern Ireland Office, July 1972.

60 “11 Die in Belfast Hour of Terror,” *Guardian*, July 22, 1972.

61 “Timetable of Terror.”

62 有些初步調查報告指出死亡人數更多，但北愛爾蘭事務部記錄的死者是九名，分別是七名平民和兩名士兵。請參閱：“Timetable of Terror.”

63 *Car Bomb*.

64 “Bombing Wave Kills 13, Injures 130 in Belfast,” *Boston Globe*, July 22, 1972.

65 “Bomb-a-Minute Blitz in Belfast: Many Injured,” *Belfast Telegraph*, July 22, 1972.

66 “The Only Message,” *Irish Times*, July 22, 1972.

67 H-BC.

68 同上。

69 同上。

70 根據艾德．莫洛尼的說法，當時羅素是抱著孩子去應門，這可能是槍手沒有完成任務的原因。請參閱：Ed Moloney,

*Voices from the Grave: Two Men's War in Ireland* (New York: PublicAffairs, 2010), p. 114.

71 H-BC.

72 Interview with Joe Clarke; "Trio Vanished Forever," *Sunday Life*, February 21, 2010.

73 "Thriving Shebeens Where Law and Order Has Ceased," *Irish Times*, December 29, 1972.

74 H-BC; "IRA Volunteer Charlie Hughes and the Courage of the Brave," *The Blanket*, September 10, 2002.

75 "Disappeared IRA Victim and Provo 'Love Triangle,'" *Irish Independent*, December 7, 2014; Gerry Adams, *Falls Memories: A Belfast Life* (Niwot, Colo.: Roberts Rinehart, 1994), pp. 124–25.

76 Kevin Myers, *Watching the Door: Drinking Up, Getting Down, and Cheating Death in 1970s Belfast* (Brooklyn, N.Y.: Soft Skull Press, 2009), p. 247.

77 H-BC; "Man Gets Life for Murder at Club," *Irish Times*, January 24, 1973.

78 McKittrick et al., *Lost Lives*, p. 203.

79 "Club Death in IRA Power Struggle," *Telegraph*, June 20, 1972; "Man Gets Life for Murder at Club," *Irish Times*, January 24, 1973.

80 "Man Gets Life for Murder at Club," *Irish Times*, January 24, 1973.

81 "Rejection of Provisional IRA Policy Urged," *Irish Times*, July 1, 1972.

82 "Club Death in IRA Power Struggle," *Telegraph*, June 20, 1972; "Whitelaw Move Gives New Status to Belfast Prisoners," *Guardian*, June 20, 1972.

83 "Club Death in IRA Power Struggle," *Telegraph*, June 20, 1972.

84 "Whitelaw Move Gives New Status to Belfast Prisoners," *Guardian*, June 20, 1972.

85 H-BC.

86 Interview with a member of the Lynskey family.

87 These details, and this quote, are from an oral history interview with Maria Lynskey, "The Disappearance of Joe Lynskey," in *The Disappeared of Northern Ireland's Troubles*, p. 6.

88 Interview with a relative of Joe Lynskey's.

89 Price interview in *I, Dolours*.

90 H-BC.

91 Interview with a relative of Joe Lynskey's.

92 Interview with Joe Clarke.

93 同上。

94 H-BC; Price interview in *I, Dolours*; "Disappeared Victim Killed Over Affair with IRA Man's Wife," *Irish News*, February 8, 2010.

95 Interview with Joe Clarke; Price interview in *I, Dolours*; "Disappeared Victim Killed Over Affair with IRA Man's Wife," *Irish News*, February 8, 2010; "Disappeared IRA Victim and Provo 'Love Triangle,'" *Irish Independent*.

96 Price interview in *I, Dolours*.

97 H-BC; Moloney, *Voices from the Grave*, p. 114.

98 "Disappeared IRA Victim and Provo 'Love Triangle,'" *Irish Independent*, July 12, 2014; "I Didn't Order Jean's Killing," *Sunday Life*, February 21, 2010.

99 Price interview in *I, Dolours*; "IRA Man: I Held Lynskey Captive Until His Murder," *Irish News*, December 15, 2009.

100 Interviews with Hugh Feeney and Richard O'Rawe; H-BC.

101 "Patrick F. McClure," obituary, *Record-Journal* (Meridien, Conn.), December 5, 1986.

102 Interview with Hugh Feeney; H-BC.

103 Interviews with Hugh Feeney and Richard O'Rawe.

104 H-BC; P-EM.

105 H-BC.

106 Interview with Richard O'Rawe.

107 Interview with Hugh Feeney.

108 P-EM.

109 Interview with Hugh Feeney; H-BC.

110 Interview with Colin Smith; "The Night the Truce Ended," *Observer*, July 16, 1972.

111 P-TKT; "The Sisters of Terror," *Observer*, November 18, 1973.

112 "Violence 'Not Included in IRA Principles,'" *Guardian*, October 26, 1973。之後她在倫敦受審的時候，其中一張照片便出現在法庭上，也有媒體刊登出來。請參閱："IRA Planning to Kidnap 10 Hostages from an English Village in Reprisal for Sentences," *Times* (London), November 16, 1973.

113 P-TKT。可惜這個機會沒有到來。一九七八年，寇登―洛伊德搭乘的直升機遭到愛爾蘭共和軍擊落，他當場身亡。

114 Interview with a relative of Joe Lynskey's.

115 同上。

116 Maria Lynskey interview, *Marian Finucane Show*, RTÉ Radio, April 4, 2015; "Emigration Rumor Hid Lynskey Murder," *Irish News*, December 8, 2009.

117 P-EM.

118 P-EM.

119 Price interview in *I, Dolours*.

120 P-EM.

121 Price interview in *I, Dolours*.

122 P-EM; Price interview in *I, Dolours*.

123 P-EM.

124 P-EM; Price interview in *I, Dolours*.

125 P-EM.

## 第九章

1 Interview with Graham Leach, the BBC reporter who made the visit.

2 "Where Is Jean McConville," *Civil Rights*, January 14, 1973.

3 "Snatched Mother Missing a Month," *Belfast Telegraph*, January 16, 1973.

4 "Help Trace Kidnapped Mother—MP's Appeal to Falls," *Belfast Telegraph*, January 17, 1973.

5 Archival BBC footage from January 17, 1973.

6 "Snatched Mother Missing a Month," *Belfast Telegraph*, January 16, 1973.

7 Social worker's report from a visit to the McConville children, December 13, 1972.

8 Social worker's report from a visit to St. Jude's Walk, December 13, 1972.

9 Social worker's report, December 14, 1972.

10 Social worker's report, December 18, 1972.

11 Interview with Michael and Susan McConville.

12 Social worker's report, January 10, 1973.

13 Social worker's report, January 15, 1973.
14 Social worker's report, December 18, 1972.
15 "Sons Recall 30 Years of Painful Memories," *Irish News*, October 24, 2003.
16 Interview with Michael McConville.
17 Interview with Michael McConville; social worker's report, February 15, 1973.
18 Interview with Michael McConville; Michael McConville interview, *Marian Finucane Show*, RTÉ Radio, November 23, 2013; McConville, "Disappearance of Jean McConville," p. 19.
19 Interview with Michael McConville; Michael McConville interview, *Marian Finucane Show*, RTÉ Radio, November 23, 2013.
20 Social worker's report, January 24, 1973.
21 細節取自一封日期為二〇一三年十一月二十三日的信件，詹姆斯・麥康維爾在信中向律師描述了自己這段經歷。
22 Police Ombudsman for Northern Ireland, "Report into the Complaint by James and Michael McConville Regarding the Police Investigation into the Abduction and Murder of Their Mother Mrs. Jean McConville," August 2006.
23 Social worker's report, January 17, 1973.
24 兩名國會議員為帕迪・德夫林（Paddy Devlin）和傑瑞・費特（Gerry Fitt）。請參閱："Help Trace Kidnapped Mother—MPs Appeal to Falls," *Belfast Telegraph*, January 17, 1973.
25 Interviews with Arthur, Susan, and Michael McConville.
26 "Sons Recall 30 Years of Painful Memories," *Irish News*, October 24, 2003.
27 Interview with Michael McConville. There is also an army record of this event, dated February 11: "2 Catholic children were taken into a car by 3 masked men in Combat kit. One of the children has since returned, but Michael McConville (10-RC) is still missing," British Army Situation Report, "0700 Hrs Sunday 11 February to 0700 Hrs Monday 12 February 1973," Annex C to A/BR/30/8/M04, February 12, 1973 (National Archives, Kew).
28 Interview with Michael McConville.
29 Social worker's report, February 15, 1973.
30 Social worker's report, February 27, 1973.
31 McConville, "Disappearance of Jean McConville," p. 19.
32 Rome Statute of the International Criminal Court (1998), Article 7(1)(i).

33 McKendry, *Disappeared*, p. 20.
34 Interview with Michael McConville.
35 同上。

## 第十章

1 "Shot Laundry Man Was British Agent," *Irish Times*, October 3, 1972.
2 同上。
3 同上。
4 "Medal for Van WRAC," *Guardian*, September 19, 1973.
5 "Shot Laundry Man Was British Agent," *Irish Times*, October 3, 1972.
6 Dillon, *The Dirty War*, pp. 26–27。這段敘述的根據是泰德．史都華殉職後他母親接受訪問的內容。請參閱："Provos Admit Killing Army Secret Agent," *Belfast Telegraph*, October 3, 1972.
7 "Shot Laundry Man Was British Agent," *Irish Times*, October 3, 1972.
8 同上。
9 同上。
10 Dillon, *The Dirty War*, pp. 26–27.
11 同上，pp. 26–27。
12 H-BC; Dillon, *The Dirty War*, pp. 30–31; "IRA Never Got Spy's Secrets," *Guardian*, May 14, 1973.
13 "More Double Agents at Work," *Irish Times*, May 14, 1973.
14 Taylor, *Brits*, p. 134.
15 H-BC.
16 同上。
17 Dillon, *The Dirty War*, pp. 31–32.
18 Taylor, *Brits*, p. 135.
19 Dillon, *The Dirty War*, pp. 32–34.

20 同上，pp. 32–34。

21 同上，p. 34。

22 H-BC; Dillon, *The Dirty War*, pp. 32–34.

23 "Kevin and the Pain That Has Never Disappeared," *Belfast Telegraph*, August 30, 2013。有些人認為麥基是十七歲，但菲露美娜・麥基（Philomena McKee）在本文中表示，他們一家人不知道凱文到底有沒有撐到十七歲生日，因此推測他失蹤時只有十六歲。

24 "The IRA and the Disappeared: Tell Us Where Kevin Is Buried and I'll Shake Hands," *Irish Times*, October 5, 2013.

25 H-BC.

26 "The IRA and the Disappeared: Tell Us Where Kevin Is Buried and I'll Shake Hands," *Irish Times*, October 5, 2013; Phil McKee, "The Disappearance of Kevin McKee," in *The Disappeared of Northern Ireland's Troubles*, p. 10.

27 Marie McKee interview in *The Disappeared*.

28 Interview with Richard O'Rawe.

29 Interview with Richard O'Rawe; McKee, "The Disappearance of Kevin McKee," p. 11.

30 McKee, "The Disappearance of Kevin McKee," p. 11.

31 同上，p. 11。

32 Watch Keeper's Diary, C Company, 1 Battalion, King's Own Scottish Borderers, December 28, 1971–April 24, 1972 (National Archives, Kew).

33 H-BC. 1

34 Dillon, *The Dirty War*, pp. 34–35.

35 Kitson, *Gangs and Counter-Gangs*, p. 126.

36 H-BC.

37 Dillon, *The Dirty War*, p. 35.

38 同上，p. 35。

39 H-BC.

40 Dillon, *The Dirty War*, pp. 33–34.

41 H-BC.

42 Adams, *Before the Dawn*, pp. 212–13.

43 H-BC.
44 H-BC; Dillon, *The Dirty War*, pp. 39–40.
45 請參閱：Taylor, *Brits*, p. 135, in which, without naming Adams, Taylor characterizes his position.
46 "Provos Admit Killing Army Secret Agent," *Belfast Telegraph*, October 3, 1972.
47 Dillon, *The Dirty War*, pp. 26–27.
48 Brendan Hughes interview in *Brits*, part 1: "The Secret War," directed by Sam Collyns (BBC, 2000).
49 Dillon, *The Dirty War*, p. 39.
50 同上，pp. 28, 37–39。
51 H-BC; Adams, *Before the Dawn*, p. 213.
52 "More Double Agents at Work," *Irish Times*, May 14, 1973.
53 此一細節的根據是一九七三年安德森鎮教師訓練會館（Trench House）所屬牧師布萊恩・布萊迪（Brian Brady）訪問萊特遺孀凱薩琳的內容，請參閱："More Double Agents at Work," *Irish Times*, May 14, 1973; "IRA Never Got Spy's Secrets," *Guardian*, May 14, 1973.
54 "More Double Agents at Work," *Irish Times*, May 14, 1973.
55 "More Double Agents at Work," *Irish Times*, May 14, 1973; "IRA Never Got Spy's Secrets," *Guardian*, May 14, 1973.
56 "IRA Never Got Spy's Secrets," *Guardian*, May 14, 1973.
57 *The Disappeared*.
58 P-EM.
59 同上。
60 "Every Time We Met a Family We Found New Material, New Facts," *Irish Independent*, November 10, 2013.
61 H-BC.
62 McKee, "The Disappearance of Kevin McKee," p. 12.
63 "The IRA and the Disappeared: Tell Us Where Kevin Is Buried and I'll Shake Hands," *Irish Times*, October 5, 2013; "Every Time We Met a Family We Found New Material, New Facts," *Irish Independent*, November 10, 2013.
64 H-BC.
65 同上。

66 Dillon, *The Dirty War*, p. 44.

67 同上，p. 44。記者馬丁・迪隆（Martin Dillon）指出兩名槍手為吉姆・布萊森（Jim Bryson）和綽號「陶德勒」的湯米・托蘭（Tommy "Todler" Tolan），兩人皆已過世。Dillon, *The Dirty War*, p. 44.

68 H-BC.

69 Adams, *Before the Dawn*, pp. 217–18; H-BC; "IRA Chiefs Among 17 Held in Army Raids," *Guardian*, July 20, 1973.

70 H-BC.

71 Adams, *Before the Dawn*, p. 217.

72 Taylor, *Brits*, pp. 154–55; British soldier interviewed in *Brits*: "The Secret War."

73 Adams, *Before the Dawn*, pp. 217–18.

74 同上，pp. 217–18。

75 同上，p. 218。

76 Taylor, *Brits*, pp. 154–55.

77 H-BC.

78 H-BC。亞當斯和休斯曾針對當時遭受的虐待提出控訴。See "Brutality Against Adams Alleged," *Irish Times*, July 23, 1973.

79 H-BC.

80 Taylor, *Brits*, p. 156.

81 H-BC; "Portrait of a Hunger Striker: Brendan Hughes," *Irish People*, December 6, 1980。後來其中一名情報官向記者彼得・泰勒坦承他們拍了照片當作戰利品，還說休斯和亞當斯的狀況「非常糟糕」。請參閱：Peter Taylor, *Provos: The IRA and Sinn Fein* (London: Bloomsbury, 1998), p. 158.

82 H-BC.

83 同上。

## 第十一章

1 "Bombs in Placid London," *Christian Science Monitor*, March 10, 1973.

2 同上。

3 "Police Admit 'Human Error' Which Garbled Bomb Warning," *Irish Times*, March 10, 1973; "Warnings on Phone Sent Reporters Rushing to Find Named Cars," *Irish Times*, September 21, 1973.

4 Interview with Martin Huckerby.

5 "Warnings on Phone Sent Reporters Rushing to Find Named Cars," *Irish Times*, September 21, 1973.

6 Interview with Martin Huckerby; "A Taste of Ulster's Violence," *Guardian*, March 9, 1973.

7 "Warnings on Phone Sent Reporters Rushing to Find Named Cars," *Irish Times*, September 21, 1973; "Police Holding 10 in London Blasts," *New York Times*, March 10, 1973.

8 "Warnings on Phone Sent Reporters Rushing to Find Named Cars," *Irish Times*, September 21, 1973.

9 提供此一看法的是共和軍的傳奇戰士比利・麥基，請參閱：Taylor, Provos, p. 152.

10 P-EM.

11 "IRA Bomber Says Gerry Adams Sanctioned Mainland Bombing Campaign," *Telegraph*, September 23, 2012.

12 "IRA Bomber Says Gerry Adams Sanctioned Mainland Bombing Campaign," *Telegraph*, September 23, 2012; P-EM。亞當斯否認涉及襲擊倫敦的計畫，但桃樂絲與休斯都表示他亦參與其中。同為無名隊成員的斐尼曾參與這次任務，他向我表示，亞當斯在這段期間確實有密切參與小組的活動。

13 P-EM.

14 H-BC。休斯在訪談中說道：「沒錯，初步想法是來自於貝爾法斯特旅的會議討論，對，那時有我本人、傑瑞・亞當斯、艾佛・貝爾、派特・麥克魯，基本上就是這群人。還有湯姆・卡希爾。我們當時是貝爾法斯特幫的主要成員。負責討論、想到要轟炸倫敦的就是那一群人。」另外，也可以參閱："IRA Bomber Says Gerry Adams Sanctioned Mainland Bombing Campaign," *Telegraph*, September 23, 2012.

15 H-BC.

16 "IRA Bomber Says Gerry Adams Sanctioned Mainland Bombing Campaign," *Telegraph*, September 23, 2012.

17 H-BC.

18 亞當斯否認曾經說過這句話；他堅決否認曾加入共和軍。但有充分的證據可證明他確實參與其中且說過這句話。該內容係直接引用亞當斯的言論及來自桃樂絲的回憶。請參閱："'Republicanism Is Part of Our DNA,' Says IRA Bomber Dolours Price," *Telegraph*, September 23, 2012. 在波士頓學院口述歷史訪談中，休斯對這次會面的說法也大致相同。

19 P-EM.

20 同上。

21 同上。

22 Interview with Hugh Feeney; "Central London Bombs Trial Opens," *Irish Times*, September 11, 1973.

23 P-EM.

24 "Protest Now Before It Is Too Late!" *Irish People*, January 12, 1974; "Biography of an IRA Bomb Squad," *Times* (London), November 15, 1973; Gerry Kelly, *Words from a Cell* (Dublin: Sinn Féin Publicity Department, 1989), p. 8.

25 Dolours Price, "I Once Knew a Boy," *The Blanket*, July 17, 2004.

26 "Biography of an IRA Bomb Squad," *Times* (London), November 15, 1973.

27 Bob Huntley, *Bomb Squad: My War against the Terrorists* (London: W.H. Allen, 1977), pp. 1–2; "Police Kept Watch on Group at London Airport," *Irish Times*, September 18, 1973.

28 "Police Kept Watch on Group at London Airport," *Irish Times*, September 18, 1973; "Bomb Trial Court Told of Threat," *Irish Times*, October 6, 1973.

29 Interview with Hugh Feeney.

30 " 'Republicanism Is Part of Our DNA,' Says IRA Bomber Dolours Price," *Telegraph*, September 23, 2012.

31 Interview with Hugh Feeney; Taylor, *Provos*, p, 153.

32 P-EM; H-BC.

33 H-BC.

34 Urban, *Big Boys' Rules*, pp. 32–33.

35 "IRA Bomb Making Manual and Rocket Seized by Troops," *Telegraph*, January 11, 1972.

36 Mac Stíofáin, *Revolutionary in Ireland*, p. 243.

37 "Empty Car Causes Panic," *Belfast Telegraph*, January 3, 1973.

38 Interview with Hugh Feeney.

39 "Central London Bombs Trial Opens," *Irish Times*, September 11, 1973.

40 同上。

41 Huntley, *Bomb Squad*, p. 4; "A Taste of Ulster's Violence," *Guardian*, March 9, 1973; "London Explosions Came from Bombs in Cars Hijacked at

Gunpoint in Ulster, Crown Says," *Times* (London), September 11, 1973.

42 Huntley, *Bomb Squad*, pp. 2, 7; Taylor, *Provos*, p. 153; P-EM.

43 Marian Price interview in Car Bomb.

44 Kelly, *Words from a Cell*, p. 9.

45 同上，p. 9.

46 "Bombs Trial Jury Told Girl May Have Had Timing Circuit Sketch," *Times* (London), September 12, 1973.

47 同上。

48 Huntley, *Bomb Squad*, p. 8.

49 "Bombs Trial Jury Told Girl May Have Had Timing Circuit Sketch," *Times* (London), September 12, 1973.

50 Huntley, *Bomb Squad*, p. 8; "Bombs Trial Jury Told Girl May Have Had Timing Circuit Sketch," *Times* (London), September 12, 1973.

51 Huntley, *Bomb Squad*, p. 8; "Central London Bombs Trial Opens," *Irish Times*, September 11, 1973.

52 Interview with Hugh Feeney; P-EM.

53 "Central London Bombs Trial Opens," *Irish Times*, September 11, 1973.

54 同上。

55 Taylor, *Provos*, p. 153.

56 Interview with Hugh Feeney.

57 P-EM.

58 "Puncture Gives Raid Disastrous Start," *Telegraph*, November 15, 1973; Huntley, *Bomb Squad*, p. 10.

59 Huntley, *Bomb Squad*, p. 11.

60 Price interview in I, Dolours; "The Day of the Terror," *Daily Mirror*, November 15, 1973.

61 Interview with Hugh Feeney.

62 "Central London Bombs Trial Opens," *Irish Times*, September 11, 1973.

63 Brian Friel, *The Freedom of the City*, in *Brian Friel: Plays 1* (London: Faber, 1996).

64 "London Preview of Friel's New Play," *Irish Times*, February 23, 1973。這部劇作曾於都柏林公演過。劇評請參閱："Shows Abroad," *Variety*, February 28, 1973.

65 "Stephen Rea's Tribute to Brian Friel: A Shy Man and a Showman," *Irish Times*, October 2, 2015.

66 "Patriot Games," People, February 8, 1993.

67 "Central London Bombs Trial Opens," *Irish Times*, September 11, 1973.

68 "London Explosions Came from Bombs in Cars Hijacked at Gunpoint in Ulster, Crown Says," *Times* (London), September 11, 1973.

69 "Central London Bombs Trial Opens," *Irish Times*, September 11, 1973.

70 同上;Huntley, *Bomb Squad*, p. 16.

71 Peter Gurney, *Braver Men Walk Away* (London: HarperCollins, 1993), p. 140.

72 Taylor, *Provos*, p. 154.

73 "A Taste of Ulster's Violence," *Guardian*, March 9, 1973.

74 Gurney, *Braver Men Walk Away*, p. 140.

75 Taylor, *Provos*, p. 154.

76 "Central London Bombs Trial Opens," *Irish Times*, September 11, 1973.

77 "A Taste of Ulster's Violence," *Guardian*, March 9, 1973.

78 Huntley, *Bomb Squad*, p. 16.

79 "Bombs Trial Jury Told Girl May Have Had Timing Circuit Sketch," *Times* (London), September 12, 1973.

80 Gurney, *Braver Men Walk Away*, p. 143.

81 "Suspect Car Exploded As Expert Pulled on Line to Disconnect Fuse," *Irish Times*, September 15, 1973; "Central London Bombs Trial Opens," *Irish Times*, September 11, 1973.

82 "Central London Bombs Trial Opens," *Irish Times*, September 11, 1973.

83 Huntley, *Bomb Squad*, p. 16.

84 Gurney, *Braver Men Walk Away*, p. 144.

85 Huntley, *Bomb Squad*, p. 16.

86 "Central London Bombs Trial Opens," *Irish Times*, September 11, 1973.

87 "Police Admit 'Human Error' Which Garbled Bomb Warning," *Irish Times*, March 10, 1973.

88 瑪麗安向安德魯・桑德斯(Andrew Sanders)表示:「我們第一天就知道有人告密……我們在機場被攔住,但事實上是他們早已在那等著。」Andrew Sanders, "Dolours Price, Boston College, and the Myth of the 'Price Sisters,' " *The United States of America and Northern Ireland* blog, January 24, 2013。另外也可以參閱：P-EM.

89 Interview with Hugh Feeney.

90 George Clarke, *Border Crossing: True Stories of the RUC Special Branch, the Garda Special Branch and the IRA Moles* (Dublin: Gill & Macmillan, 2009), p. 7.

91 "Police Admit 'Human Error' Which Garbled Bomb Warning," *Irish Times*, March 10, 1973.

92 Interview with Martin Huckerby.

93 'A Sickening Bang, a Pea-Soup Cloud of Dust,' " *Washington Post*, March 9, 1973.

94 同上。

95 "A Taste of Ulster's Violence," *Guardian*, March 9, 1973.

96 Huntley, *Bomb Squad*, p. 21.

97 Peter Gurney interview in Car Bomb.

98 "Victims Remember," *Daily Express*, June 1, 1974.

99 同上："Police Admit 'Human Error,' " *Irish Times*; Huntley, *Bomb Squad*, p. 21.

100 "Police Admit 'Human Error' Which Garbled Bomb Warning," *Irish Times*, March 10, 1973; Huntley, *Bomb Squad*, p. 21.

101 Huntley, *Bomb Squad*, p. 16.

102 "Central London Bombs Trial Opens," *Irish Times*, September 11, 1973; Huntley, *Bomb Squad*, p. 17; "Suspect Car Exploded as Expert Pulled on Line to Disconnect Fuse," *Irish Times*, September 15, 1973.

103 Huntley, *Bomb Squad*, p. 17; "Thousands Checked in Heathrow Hunt," *Irish Times*, September 19, 1973.

104 Huntley, *Bomb Squad*, p. 17.

105 "Police Kept Watch on Group at London Airport," *Irish Times*, September 18, 1973.

106 Marian Price interview in Car Bomb.

107 Huntley, *Bomb Squad*, p. 17.

108 同上，p. 17.

109 "Central London Bombs Trial Opens," *Irish Times*, September 11, 1973.

110 Huntley, *Bomb Squad*, p. 18.

111 "Central London Bombs Trial Opens," *Irish Times*, September 11, 1973.
112 Huntley, *Bomb Squad*, p. 18.
113 "Jury Told Why Crucifix Was Taken Off Girl," *Times* (London), October 10, 1973.
114 "Girl Branded 'Evil Maniac,' Court Told," *Irish Times*, October 10, 1973.
115 同上。
116 "Car-bomb Defendant Smiled at Watch In Interview, Court Told," *Irish Times*, October 9, 1973.
117 "Car-bomb Defendant Smiled at Watch in Interview, Court Told," *Irish Times*, October 9, 1973.
118 "A Taste of Ulster's Violence," *Guardian*, March 9, 1973.
119 "Whitehall Shaken by Blast," *Guardian*, March 9, 1973.
120 "Suspect Car Exploded as Expert Pulled on Line to Disconnect Fuse," *Irish Times*, September 15, 1973.
121 Huntley, *Bomb Squad*, p. 20.
122 "A Taste of Ulster's Violence," *Guardian*, March 9, 1973.
123 同上。
124 "Whitehall Shaken by Blast," *Guardian*, March 9, 1973.
125 "Bombs in Placid London," *Christian Science Monitor*, March 10, 1973.
126 "Shattering Day that Brought the Ulster Troubles Home," *Guardian*, March 6, 1993.
127 "A Taste of Ulster's Violence," *Guardian*, March 9, 1973.
128 "Shattering Day that Brought the Ulster Troubles Home," *Guardian*, March 6, 1993.
129 "A Taste of Ulster's Violence," *Guardian*, March 9, 1973.
130 "Bombings: 'A Sickening Bang, a Pea-Soup Cloud of Dust,' " *Washington Post*, March 9, 1973.
131 Huntley, *Bomb Squad*, p. 21.
132 同上，p. 21.
133 "A Taste of Ulster's Violence," *Guardian*, March 9, 1973.
134 同上。
135 "Bombings: 'A Sickening Bang, a Pea-Soup Cloud of Dust,' " *Washington Post*, March 9, 1973.

136 Interview with Martin Huckerby; "Warnings on Phone Sent Reporters Rushing to Find Named Cars," *Irish Times*, September 21, 1973.

137 "Bombings: 'A Sickening Bang, a Pea-Soup Cloud of Dust,'" *Washington Post*, March 9, 1973.

138 同上。

139 "Bombs in Placid London," *Christian Science Monitor*, March 10, 1973.

140 "A Taste of Ulster's Violence," *Guardian*, March 9, 1973.

141 "Car Bombs Wreak Terror and Havoc in London," *Irish Times*, March 9, 1973.

142 "Bombings: 'A Sickening Bang, a Pea-Soup Cloud of Dust,'" *Washington Post*, March 9, 1973; "London Is Shaken by Two Bombings," *New York Times*, March 9, 1973.

143 "London Is Shaken by Two Bombings," *New York Times*, March 9, 1973.

144 McKittrick et al., *Lost Lives*, pp. 1515–16.

145 Huntley, *Bomb Squad*, p. 22; McKittrick et al., pp. 1515–16.

146 Huntley, *Bomb Squad*, p. 22; McKittrick et al., *Lost Lives*, pp. 1515–16.

147 "Old Bailey Bomber Dolours Price Accused Gerry Adams of Being Behind Abductions of 'The Disappeared,'" *Telegraph*, May 2, 2014.

148 其中有位炸彈客羅伊・瓦許（Roy Walsh）事後表示：「我們認為我們的警告相當充足。一個小時應該很足夠了。我們提供車輛的敘述、註冊號碼還有停放地點。我覺得警方反應太慢才是造成傷亡的原因。」請參閱：Taylor, *Provos*, p. 155.

149 "Police Admit 'Human Error' Which Garbled Bomb Warning," *Irish Times*, March 10, 1973; "Our Blunder Say Police," *Daily Express*, March 10, 1973.

150 "Central London Bombs Trial Opens," *Irish Times*, September 11, 1973.

151 H-BC.

152 Huntley, Bomb Squad, p. 24.

153 "Girl Branded 'Evil Maniac' Court Told," *Irish Times*, October 10, 1973; "Jury Told Why Crucifix Was Taken Off Girl," *Times* (London), October 10, 1973; "Bomb Trial Court Told of Threat," *Irish Times*, October 6, 1973; "Photo with No Blanket Alleged," *Guardian*, October 6, 1973.

154 Huntley, *Bomb Squad*, p. 24; "Girl Branded 'Evil Maniac' Court Told," *Irish Times*, October 10, 1973; "Car-bomb Defendant Smiles at Watch in Interview, Court Told," *Irish Times*, October 9, 1973.

155 Huntley, *Bomb Squad*, p. 24.

## 第十二章

1 H-BC.

2 "IRA Leader Escapes from Maze Prison," *Irish Times,* December 10, 1973.

3 H-BC。瓦勒戴死於一九八七年，顯然是用藥過量後遭自己的嘔吐物噎死。請參閱："Hooded Men Stalk Feud Opponents in Belfast," *Irish Times,* February 20, 1987。熱狗捲麵包的比喻並非出自筆者，請參閱：Taylor, *Provos,* p. 160.

4 Adams, *Before the Dawn,* p. 225.

5 H-BC.

6 "IRA Man Escapes from Long Kesh," *Irish Times,* February 8, 1972; "McGuigan Keeps Secret of Escape from Long Kesh," *Irish Times,* February 14, 1972.

7 "More Violence As IRA Factions Agree," Reuters, September 11, 1973.

8 Adams, *Before the Dawn,* p. 225.

9 Homer, *The Odyssey,* trans. Robert Fagles (New York: Penguin, 1997), Book 9, p. 225.

10 H-BC.

11 H- BC; Adams, *Before the Dawn,* p. 225; "Provos Claim Chief Evaded Security Net," *Guardian,* April 8, 1974.

12 "Helicopter Snatch from Dublin Gaol a Boost to Provos," *Guardian,* November 1, 1973.

13 H-BC.

14 同上。

15 同上。

16 Adams, *Before the Dawn,* p. 227; Brendan Hughes interview, *Radio Free Éireann,* WBAI, March 17, 2000.

17 In the March 17, 2000, *Radio Free Éireann* interview，他表示垃圾車行駛了四到五小時。

18 H-BC.

19 H-BC。傑瑞・亞當斯對這次經歷的回憶與休斯非常接近，他記得在監獄點名時有個人負責當「誘餌」，所以那天越獄沒有被發現。請參閱：Adams, *Before the Dawn,* pp. 227-28。但休斯回想起一開始誘餌的確有成功讓他逃脫，只是這個伎倆在下午點名時就被識破。

20 H-BC.

21 同上。

22 同上。
23 同上：Brendan Hughes interview, *Radio Free Éireann,* WBAI, March 17, 2000.
24 H-BC.
25 "Hunt on for Long Kesh Escapee," *Irish People,* December 22, 1973.
26 此細節及這段經歷的其餘敘述均取材自H-BC。
27 Interview with Michael Mansfield.
28 Michael Mansfield, *Memoirs of a Radical Lawyer* (London: Bloomsbury, 2009), p. 146.
29 "The Best Form of Attack," *Guardian,* October 25, 1997.
30 Interview with Michael Mansfield; Mansfield, *Memoirs,* pp. 33– 34.
31 "Meet Britain's Boldest Barrister," *Independent,* May 7, 2008.
32 "The Best Form of Attack," *Guardian,* October 25, 1997.
33 Mansfield, *Memoirs,* p. 146.
34 同上，p. 146.
35 Interviews with Michael Mansfield and David Walsh.
36 Interview with Michael Mansfield; Mansfield, *Memoirs,* p. 147.
37 Interview with Michael Mansfield.
38 Mansfield, *Memoirs,* p. 147.
39 "Britain Charges Ten in London Bombings," *New York Times,* March 13, 1973.
40 Interview with Michael Mansfield.
41 Raleigh Trevalyan, *Sir Walter Raleigh* (New York: Henry Holt, 2002), pp. 376–77.
42 Ruán O'Donnell, *Special Category: The IRA in English Prisons,* vol. 1: *1968–1978* (Sallins, Ireland: Irish Academic Press, 2012), p. 115.
43 Dolours Price, "The UnHung Hero," *The Blanket,* August 3, 2004.
44 "Central London Bombs Trial Opens," *Irish Times,* September 11, 1973.
45 "Security Precautions at Winchester Courthouse," *Times* (London), November 15, 1973.
46 "Marksmen on Watch at Conspiracy Trial," *Times* (London), September 10, 1973.

47 O'Donnell, *Special Category,* vol. 1, p. 117.

48 "Central London Bombs Trial Opens," *Irish Times,* September 11, 1973.

49 "Actress, Novelist, and MP Offer Bail for 10 'Bomb Plot' Accused," *Guardian,* March 28, 1973.

50 "The Sisters of Terror," *Observer,* November 18, 1973.

51 "Biography of an IRA Bomb Squad," *Times* (London), November 15, 1973.

52 同上。

53 "Deadlier Than the Male," *Daily Mirror,* September 25, 1975.

54 "Lord Rawlinson of Ewell," *Telegraph,* June 29, 2006; "Central London Bombs Trial Opens," *Irish Times,* September 11, 1983.

55 "Central London Bombs Trial Opens," *Irish Times,* September 11, 1973.

56 同上。

57 "Bomb Trial Court Told of Threat," *Irish Times,* October 6, 1973.

58 "Accused Girl Says She Would Back IRA Aims," *Times* (London), October 25, 1973.

59 Interview with Michael Mansfield; Mansfield, *Memoirs,* p. 148.

60 Peter Rawlinson, *A Price too High: An Autobiography* (London: Weidenfeld and Nicolson, 1989), p. 229.

61 "Bomb Trial Jury Told of Tools in Shopping Bag," *Times* (London), September 20, 1973.

62 "Police Say What Handbags Held," *Irish Times,* September 20, 1973.

63 "Yard Man Describes Indentations in Notebook," *Times* (London), September 27, 1973; "Ulster's Price Sisters: Breaking the Long Fast," *Time,* June 17, 1974.

64 "London Bombs Trial Told About Handbag Secrets," *Irish Times,* September 12, 1973; "Bombs Trial Jury Told Girl May Have Had Timing Circuit Sketch," *Times* (London), September 12, 1973; "Court Moves to Darkened Room for Notebooks Demonstration," *Irish Times,* October 3, 1973.

65 "Bomb Trial Court Told of Threat," *Irish Times,* October 6, 1973.

66 Huntley, *Bomb Squad,* p. 2; "Bomb Trial Court Told of Threat," *Irish Times,* October 6, 1973.

67 Huntley, *Bomb Squad,* p. 24.

68 O'Donnell, *Special Category,* vol. 1, p. 116.

69 Interview with Eamonn McCann.

70 "The Sisters of Terror," *Observer*, November 18, 1973.

71 同上。

72 "Violence 'Not Included in IRA Principles,'" *Guardian*, October 26, 1973; "Evidence Given on Handwriting," *Irish Times*, October 26, 1973.

73 "Defiance from IRA Group Who Pledge Jail Protest," *Irish Times*, November 16, 1973.

74 "Defiant Right to the End," *Daily Express*, November 16, 1973.

75 "Snipers on Rooftops in Huge Security Check," *Daily Mirror*, September 11, 1973.

76 "Sentences Today As Eight Are Convicted on All Charges," *Irish Times*, November 15, 1973.

77 Interview with Michael Mansfield.

78 "Sentences Today As Eight Are Convicted on All Charges," *Irish Times*, November 15, 1973.

79 "Marks in Notebook 'Showed Time Bomb Circuits,'" *Guardian*, September 12, 1973.

80 "Hostage Threat As IRA Eight Are Convicted in London Bombs Trial," *Times* (London), November 15, 1973.

81 "Sentences Today As Eight Are Convicted on All Charges," *Irish Times*, November 15, 1973.

82 同上。

83 Interview with Hugh Feeney; "Sentences Today As Eight Are Convicted on All Charges," *Irish Times*, November 15, 1973; "Hostage Threat As IRA Eight Are Convicted in London Bombs Trial," *Times* (London), November 15, 1973.

84 "But for Roisin Freedom and a Secret Hide-Out," *Daily Express*, November 15, 1973.

85 同上。

86 "IRA Eight Start Hunger Strike after Being Jailed for Life," *Times* (London), November 16, 1973.

87 "Life Sentences for Winchester Eight," *Irish Times*, November 16, 1973.

88 "IRA Eight Start Hunger Strike after Being Jailed for Life," *Times* (London), November 16, 1973.

89 同上。

90 "Defiance from IRA Group Who Pledge Jail Protest," *Irish Times*, November 16, 1973.

91 "Defiant Right to the End," *Daily Express*, November 16, 1973.

92 "Defiance from IRA Group Who Pledge Jail Protest," *Irish Times*, November 16, 1973.

93 "Hostage Threat As IRA Eight Are Convicted in London Bombs Trial," *Times* (London), November 15, 1973.

94 "IRA Planning to Kidnap 10 Hostages from an English Village in Reprisal for Sentences," *Times* (London), November 16, 1973.

95 "Deadliest Sentence of Them All," *Daily Mirror,* November 17, 1973.

96 "IRA Eight Start Hunger Strike after Being Jailed for Life," *Times* (London), November 16, 1973.

97 同上。

98 "Sinn Féin Start Campaign over London Bombers," *Times* (London), November 24, 1973.

**第十三章**

1 Dillon, *The Dirty War,* p. 64.

2 Taylor, *Brits,* p. 157.

3 "Two Top IRA Men Captured in Flat in Fashionable Belfast Suburb," *Times* (London), May 11, 1974; H-BC。該時期的新聞報導常說休斯穿的是條紋西裝，但休斯本人表示是格紋西裝。

4 "IRA Terror Den Smashed," *Daily Express,* May 11, 1974.

5 *Brits:* "The Secret War."

6 同上。

7 H-BC.

8 同上。

9 Taylor, *Brits,* p. 157.

10 Jonathan Stevenson, *We Wrecked the Place: Contemplating an End to the Northern Irish Troubles* (New York: Free Press, 1996), p. 32.

11 Brendan Hughes interview, *Radio Free Éireann,* WBAI, March 17, 2000; Dillon, *The Dirty War,* p. 63.

12 "Bridegroom Guise in Kesh Escape," *Irish People,* April 27, 1974.

13 H-BC.

14 Taylor, *Brits,* p. 158; Dillon, *The Dirty War,* p. 65.

15 Taylor, *Brits,* p. 158; Dillon, *The Dirty War,* p. 65.

16 Taylor, *Brits,* p. 158; Dillon, *The Dirty War,* p. 65.

17 *Brits:* "The Secret War"; "Provisionals Breach British Security," *Irish Times,* July 22, 1974。這次行動被披露後，有位英國陸軍發言人表示，

休斯並未成功竊取任何重要情報，並表示軍方一直小心翼翼，即使電話經過擾頻處理，也不會在線上討論敏感資訊。請參閱：“Phone Tapping ‘Unimportant,’” *Irish People,* August 3, 1974.

18 “Army Smashes the Provos’ Life at the Top,” *Guardian,* May 11, 1974.

19 “Two Men Get 15 Years for Having Rifles,” *Irish Times,* February 4, 1975; “British Army Aims to Press Charges after Disclosure About Lisburn Phone Tapping,” *Irish Times,* July 23, 1974; Taylor, *Brits,* p. 159.

20 Dillon, *The Dirty War,* pp. 65– 66.

21 *Brits:* “The Secret War.”

22 “Decommissioned Provos Thrown on Scrap Heap of History,” *Sunday Tribune,* April 16, 2006.

## 第十四章

1 Price, “Afraid of the Dark,” *Krino* no. 3 (Spring 1987), p. 7。其他細節取自作家羅南．班奈特（Ronan Bennett）的回憶，班奈特曾於一九七〇年代在布里克斯頓獄中待過十九個月，請參閱：“Back to Brixton Prison,” *Guardian,* January 31, 2001.

2 Dolours Price to her family, January 8, 1974, in *Irish Voices,* p. 46.

3 O’Donnell, *Special Category,* vol. 1, p. 96.

4 “The Price Sisters,” *Spare Rib* no. 22 (April 1974).

5 Price, “Afraid of the Dark,” *Krino* no. 3 (Spring 1987), p. 9.

6 “Back to Brixton Prison,” *Guardian,* January 31, 2001.

7 Dolours Price interview in *The Chaplain’s Diary,* radio documentary, produced by Lorelei Harris (RTÉ Radio, 2002).

8 此囚犯編號出現在關於桃樂絲在布里克斯頓坐牢的多個檔案，檔案如今都保存於倫敦邱園（Kew）的國家檔案館（National Archives）。

9 Chronology of Events in Connection with the London Bomb Explosions of 8 March 1973 and Subsequent Events, Department of Foreign Affairs of the Republic of Ireland (1973), National Archives of Ireland.

10 Interview with Hugh Feeney.

11 Beresford, *Ten Men Dead,* p. 7.

12 該劇作為《王公的門檻前》（*The King’s Threshold*），請參閱：William Butler Yeats, *The Collected Works of W. B. Yeats,* vol. II: *The Plays* (New

York: Scribner, 2001), p. 122.
13 "Mayor McSwiney Dies," *The Independent* (U.S.), November 6, 1920.
14 "MacSwiney's Funeral," *The Independent* (U.S.), November 13, 1920; "Tribute Paid in Chicago by Great Throng," *Chicago Tribune,* November 1, 1920; "10,000 in 'Cortege,' " *Washington Post,* November 1, 1920; "Thousands March in MacSwiney's Funeral Cortege in London," Associated Press, October 28, 1920.
15 Padraig O'Malley, *Biting at the Grave: The Irish Hunger Strikes and the Politics of Despair* (Boston: Beacon Press, 1990), pp. 26–27.
16 "Thousands March in MacSwiney's Funeral Cortege in London," Associated Press, October 28, 1920.
17 Marian Price to her family, February 3, 1974, in *Irish Voices,* p. 57.
18 Price, "Afraid of the Dark," *Krino* no. 3 (Spring 1987), p. 9.
19 Dolours Price to her family, January 10, 1974, in *Irish Voices,* p. 48.
20 Dolours Price, "Once Again, the Big Transition," *The Blanket,* January 28, 2007.
21 Price, "Afraid of the Dark," *Krino* no. 3 (Spring 1987), p. 10.
22 Ian Miller, *A History of Force Feeding: Hunger Strikes, Prisons and Medical Ethics, 1909–1974* (Basingstoke, U.K.: Palgrave Macmillan, 2016), p. 197.
23 "Protest Now Before It Is Too Late!" *Irish People,* January 12, 1974.
24 該統計數字在文獻中一直未有定論，但此處估計為學者的共識。請參閱：R. F. Foster, *Modern Ireland, 1600–1972* (New York: Penguin, 1989), pp. 323–24.
25 「愛爾蘭人民正死於飢餓的同時，愛爾蘭卻向英國出口大量食物，在英愛兩國漫長動盪的歷史中，沒有別的事件能比此一不爭的事實更能激起兩國間憤恨的關係。」引自：Cecil Woodham-Smith, *The Great Hunger: Ireland, 1845–1849* (New York: Penguin, 1991), p. 75。若真要細究起來，而非籠統說明，那麼這件事就更為複雜了：大飢荒那幾年，儘管愛爾蘭的確持續出口食物，卻仍是糧食的淨進口國。愛爾蘭也並非無力回天：該國各地均有種植及食用不同的作物。本可供本地人食用的糧食會出口他國，不僅是英國人的責任，愛爾蘭地主階級也有份。當時天主教商人和農民可能為了個人利益而用食物做投機生意。如須閱讀修正主義的討論，請參閱：Colm Tóibín and Diarmaid Ferriter, *The Irish Famine: A Documentary* (New York: St. Martin's Press, 2001), pp. 6–16；更廣泛的論述也可參閱：Foster, *Modern Ireland,* chap. 14。在這種情況下，爭論英國人究竟應承擔多少道德責任是無濟於事的：從桃樂絲和瑪麗安的角度看來，英國人理應有罪。
26 John Mitchel, *The Last Conquest of Ireland (Perhaps)* (Glasgow: R. & T. Washbourne, 1861).

27 Dolours Price, "Post Traumatic Stress Syndrome," *The Blanket*, June 29, 2006.

28 Dolours Price to a friend, May 23, 1974, in *The Irish People*, June 22, 1974.

29 Dolours Price, "A Salute to Comrades," *The Blanket*, May 18, 2005.

30 Roy Jenkins, *A Life at the Centre* (London: Macmillan, 1991), p. 382.

31 Price affidavit; treatment notes of Dr. R. I. K. Blyth (National Archives, Kew).

32 此敘述取自布里克斯頓監獄醫護長R・I・K・布萊斯（R. I. K. Blyth）醫生於一九七四年五月十三日致財政部律師D・A・華森（D. A. Watson）的一封信（邱園國家檔案館），以及以下內容：普萊斯宣誓（Price affidavit），此為桃樂絲事後所述經歷的聲明，摘自："English Government Tortures Irish Prisoners by Force Feeding," *Irish People*, December 15, 1973；以及二〇〇四年瑪麗安接受記者蘇珊・布林（*Suzanne Breen*）的採訪說明這次經歷，收錄於："Old Bailey Bomber Ashamed of Sinn Féin," *Village*, December 7, 2004.

33 Price affidavit.

34 餵食的細節取自：Dolours Price to her family, January 23, 1974, in *Irish Voices*, p. 53; "Concern Grows among Relatives of Four Hunger Strikers," *Times* (London), January 16, 1974; and "Old Bailey Bomber Ashamed of Sinn Féin," *Village*, December 7, 2004. 成份取自於 Dolours Price Medical Treatment Notes (Kew).

35 "Old Bailey Bomber Ashamed of Sinn Féin," *Village*, December 7, 2004.

36 Treatment Notes for Marian Price.

37 Dolours Price to recipient unknown, December 10, 1973, quoted in *The Irish People*, December 22, 1973.

38 "Forcibly Fed: The Story of My Four Weeks in Holloway Gaol," *McClure's*, August 1913.

39 Dolours Price to her family, excerpted in "Concern Grows among Relatives of Four Hunger Strikers," *Times* (London) January 16, 1974.

40 同上。

41 同上。

42 "Mrs. McAliskey Visits Price Girls," *Irish Times*, January 11, 1974; "Frightening Appearance of Dolours Price Described," *Irish Times*, February 7, 1974.

43 "Letters on Force Feeding Treatment Forbidden," *Irish People*, February 2, 1974. This was confirmed by the dentist at Brixton. See "Ulster's Price Sisters: Breaking the Long Fast," *Time*, June 17, 1974.

44 "Sister Tells of Visiting Price Girls," *Irish People*, February 2, 1974.

45 “Letters on Force Feeding Treatment Forbidden,” *Irish People,* February 2, 1974.
46 Price, “Afraid of the Dark,” *Krino* no. 3 (Spring 1987), p. 10.
47 “Old Bailey Bomber Ashamed of Sinn Féin,” *Village,* December 7, 2004.
48 同上。
49 同上。
50 Jenkins, *A Life at the Centre,* p. 378.
51 同上。, p. 377.
52 同上。, p. 377.
53 Treatment Notes for Marian Price (National Archives, Kew).
54 Miller, *A History of Force Feeding,* p. 210.
55 “Effect of Force Feeding Like Multiple Rape Says Psychiatrist,” *Irish People,* March 23, 1974.
56 Letter from Marian Price to her family, January 7, 1974, in “The Price Sisters,” *Spare Rib* no. 22 (April 1974).
57 “Lest We Forget,” *Daily Express,* June 1, 1974.
58 “England, You Shall Pay Dearly,” *Irish People,* March 2, 1974.
59 “drink plenty of water”: P-TKT.
60 “ ‘Let the Price Sisters Starve,’ Send Them Back Says MP,” *Irish People,* February 16, 1974.
61 Entries in the diary of B. D. Wigginton, governor of Brixton Prison, for April 14 and May 20, 1973. Available on London’s Oldest Prison website, maintained by Christopher Impey.
62 “Bomb Victim’s Father Now Supports Prices,” *Irish People,* June 8, 1974.
63 同上。
64 “UDA Back Price Girls,” *Irish People,* February 16, 1974.
65 Dolours Price to her family, February 4, 1974, in *Irish Voices,* pp. 58–59.
66 Price, “Afraid of the Dark,” *Krino* no. 3 (Spring 1987), p. 10.
67 同上，p. 7.
68 Dolours Price to her family, January 28, 1974, *Irish Voices,* p. 54.
69 “Letter to ‘The Times’ Says That Vermeer Will Be Burnt on Sunday,” *Times* (London), March 13, 1974.

70 同上。

71 "Price Sisters Ask That Painting Be Returned," *Irish People,* March 23, 1974.

72 "Threat to Destroy Stolen Vermeer," *Irish Times,* March 13, 1974.

73 "Stolen Vermeer Found in a Churchyard," *Belfast Telegraph,* May 7, 1974.

74 "Demand by Art Thieves," *Irish Times,* May 4, 1974; "Ransom Note Offers Five Paintings If Prisoners Are Moved to Ulster," *Times* (London), May 4, 1974.

75 "Dr. Rose Faces Court Today," *Daily Express,* May 6, 1974.

76 "Hostages Teach IRA Kidnappers All About Racing," *Irish Times,* June 10, 1974。另一位人質就沒有這麼幸運了。湯瑪斯・尼德邁爾（Thomas Niedermayer）是一位四十五歲的德國實業家，於丹木里（Dunmurry）負責管理一座工廠。他於一九七三年十二月二十七日從家中遭綁架。據將他扣為人質的兩名同夥稱，他們原打算用尼德邁爾來交換普萊斯兩姐妹。但尼德邁爾被綁架後的幾天內就與綁匪打鬥致死，他被祕密埋在一個淺墳中，遺體直到一九八〇年才被發現。如果沒有找到尼德邁爾的遺體，大概在今天他的名姓會更廣為人知，因為這會是北愛爾蘭問題期間又一被迫失蹤的例子。請參閱：McKittrick et al., *Lost Lives,* p. 410.

77 Dolours Price to a friend, May 23, 1974, reproduced in *The Irish People,* June 22, 1974.

78 同上。

79 同上。

80 Jenkins, *A Life at the Centre,* p. 377.

81 "Jenkins Demands Ultimate: Death for Price Sisters," *Irish People,* June 8, 1974.

82 "Price Sisters Losing 1lb Weight a Day," *Irish Times,* May 27, 1974.

83 Letter from Dolours Price to a friend, May 23, 1974, reproduced in *The Irish People,* June 22, 1974.

84 Price, "Afraid of the Dark," *Krino* no. 3 (Spring 1987), p. 10.

85 同上，p. 10.

86 "Price Sisters Losing 1lb Weight a Day," *Irish Times,* May 27, 1974.

87 Letter from Dolours Price to Chrissie Price, excerpted in "Price Sisters Threat," *Daily Mirror,* May 31, 1974.

88 Price, "Afraid of the Dark," *Krino* no. 3 (Spring 1987), p. 9.

89 Dolours Price to Chrissie Price, May 27, 1974, in *Irish Voices,* p. 61.
90 "Price Sisters Threat," *Daily Mirror,* May 31, 1974.
91 Price, "Afraid of the Dark," *Krino* no. 3 (Spring 1987), pp. 11–12.
92 "Jenkins Demands Ultimate: Death for Price Sisters," *Irish People,* June 8, 1974.
93 "Fears Havoc in Ulster If Daughters Die In London," Associated Press, June 1, 1974.
94 "An IRA Warning If Sisters Die," *Belfast Telegraph,* May 30, 1974.
95 "Price Sisters' 'Last Rites,'" *Daily Mirror,* May 28, 1974.
96 Letter from Dolours Price to a friend, May 23, 1974, reproduced in *The Irish People,* June 22, 1974.
97 Coogan, *The IRA,* pp. 415–17.
98 Price, "Afraid of the Dark," *Krino* no. 3 (Spring 1987), p. 12.
99 同上，p. 12.
100 "The Gaughan Funeral," *Irish Press,* June 19, 1974.
101 Jenkins, *A Life at the Centre,* p. 378.
102 同上，p. 380.
103 "Statement from Dolours and Marian, Gerry Kelly and Hugh Feeney," June 8, 1974.
104 "Price Girls in Durham," *Irish Independent,* December 16, 1974.
105 Dolours Price interview in *The Chaplain's Diary,* RTÉ Radio.
106 "Brixton, Durham and Armagh Gaol, 1973," in *In the Footsteps of Anne: Stories of Republican Women Ex-Prisoners,* ed. Evelyn Brady, Eva Patterson, Kate McKinney, Rosie Hamill, and Pauline Jackson (Belfast: Shanway Press, 2011), p. 134.
107 同上，p. 134.
108 同上，p. 134.
109 Dolours Price interview in *The Chaplain's Diary,* RTÉ Radio.
110 Price, "Brixton, Durham and Armagh Gaol, 1973," in Brady et al., *Footsteps of Anne,* p. 134.
111 "Provisional Sinn Féin to Establish Its Own 24-Hour Centres to Monitor Ceasefire," *Irish Times,* February 12, 1975.
112 "A Voice Uncompromised by Prison, Hunger Strike, Years," *Sunday Tribune,* March 9, 2003.

113 "IRA Leaders at Price Funeral," *Irish Press*, February 19, 1975; "Price Sisters Send Wreaths As Mother Is Buried in Belfast," *Irish Times*, February 19, 1975.
114 "Price Sisters Send Wreaths As Mother Is Buried in Belfast," *Irish Times*, February 19, 1975.

## 第十五章

1 McKendry, *Disappeared*, p. 23.
2 同上，p. 24.
3 同上，p. 24.
4 Interview with Michael McConville.
5 *Report of the Historical Institutional Abuse Inquiry*, vol. 3, chap. 9, module 4: "Sisters of Nazareth, Belfast—Nazareth Lodge" (2017)。麥康維爾家的孩子們在被送往拿撒勒之家以前，起初是安置在另一機構；為了精簡敘事，我只得減縮此時期的安置措施。
6 同上。
7 "The Nuns Poured Boiling Water on Our Heads," *Belfast News Letter*, May 7, 2016.
8 Interview with Michael McConville.
9 同上。
10 Interview with Michael McConville.
11 同上。
12 HIA transcript; HIA witness statement.
13 *Report of the Historical Institutional Abuse Inquiry*, vol. 4, chap. 11, module 3: "De La Salle Boys Home, Rubane House."
14 HIA transcript.
15 *Report of the Historical Institutional Abuse Inquiry*: Rubane; HIA transcript; HIA witness statement.
16 HIA witness statement.
17 *Report of the Historical Institutional Abuse Inquiry*: Rubane.
18 HIA witness statement。盧本之家（Rubane House）有部分前工作人員駁斥此說法。
19 *Report of the Historical Institutional Abuse Inquiry*: Rubane.
20 同上。

21 Interview with Michael McConville.

22 同上。

23 HIA witness statement; "Sons Recall 30 Years of Painful Memories," *Irish News*, October 24, 2003.

24 HIA transcript.

25 HIA witness statement。幾位麥康維爾家孩子們向「機構收容兒童受虐問題歷史研究計畫」(HIA,全名為 Northern Ireland Historical Institutional Abuse Inquiry)提供證詞。證詞的筆錄已公開發表,但個人姓名均經過刪減,以保持匿名。雖然我在本書尊重此約定,但證詞本身仍是了解當時照護機構環境的寶貴資源。比利·麥康維爾已經過世,但他於提供證詞時選擇放棄匿名。請參閱:"Son of Jean McConville Reveals Hell of Being Abused by Notorious Paedophile Priest Brendan Smyth," *Irish Mirror*, November 6, 2014; "I Was Victim of Abuse in Boys' Home, Jean McConville's Son Tells Inquiry," *Belfast Telegraph*, November 7, 2014; "McConville Children Abused in Home Following Murder of Their Mother," *Irish News*, January 21, 2017.

26 "Sisters of Nazareth Become Second Catholic Order to Admit to Child Abuse," *Guardian*, January 14, 2014.

27 McKendry, *Disappeared*, p. 29.

28 同上,p. 29.

29 "Jean McCon ville's Daughter: 'If I Give Up Fighting, They've Won,' " *Guardian*, July 5, 2014; McKendry, *Disappeared*, pp. 2- 6.

30 Interview with Michael McConville.

31 *Report of the Historical Institutional Abuse Inquiry*, vol. 5, chap. 15, module 7: "Lisnevin."

32 同上。

33 Interview with Michael McConville; *Report of the Historical Institutional Abuse Inquiry*: Lisnevin.

34 Interview with Michael McConville.

35 "Inquiry Told of 'Sectarian Abuse' at Co Down Training School," *Belfast Telegraph*, September 2, 2015.

36 Interview with Michael McConville.

37 Interview with Michael McConville.

38 "Release of Long Kesh Men Cancelled After Car Bombings," *Times* (London), July 27, 1974; Adams, *Before the Dawn*, pp. 230- 32.

39 Adams, *Before the Dawn*, p. 222.

40 H-BC.

41 Adams, *Before the Dawn*, p. 242.
42 同上，p. 223.
43 H-BC.
44 Adams, *Cage Eleven*, p. 3. 也請參見Lachlan Whalen, "'Our Barbed Wire Ivory Tower': The Prison Writings of Gerry Adams," *New Hibernia Review*, vol. 10, no. 2 (Summer 2006), pp. 123- 39.
45 H-BC.
46 "Portrait of a Hunger Striker: Brendan Hughes," *Irish People*, December 6, 1980.
47 Moloney, *Secret History of the IRA*, p. 197.
48 同上，p. 150.
49 同上，p. 197.
50 同上，pp. 149- 51.
51 這段來自喬伊·杜赫蒂（Joe Doherty）的回憶被引用於以下博士論文：John F. Morrison, *"The Affirmation of Behan?" An Understanding of the Politicisation Process of the Provisional Irish Republican Movement through an Organisational Analysis of Splits from 1969 to 1997* (University of St. Andrews, 2010), pp. 184-85.
52 亞當斯已承認「布朗尼」為其筆名，請參閱：Adams, *Cage Eleven*, p. 3.
53 Beresford, *Ten Men Dead*, p. 19.
54 Adams, *Before the Dawn*, p. 247.
55 H-BC.
56 H-BC.
57 Urban, *Big Boys' Rules*, pp. 30- 31.
58 H-BC; Adams, *Before the Dawn*, p. 251.
59 H-BC.
60 "Cautious Reactions As the Last N.I. Detainees Are Set Free," *Irish Times*, December 6, 1975.
61 Moloney, *Secret History of the IRA*, p. 177.
62 "One Man, One Cell," *Irish Times*, February 26, 1976.

63 Tim Pat Coogan, *On the Blanket: The Inside Story of the IRA Prisoners' "Dirty" Protest* (New York: Palgrave, 2002), pp. 93- 94
64 Francie Brolly, "The H-Block Song."
65 Coogan, *On the Blanket*, p. 93.
66 Beresford, *Ten Men Dead*, p. 17.
67 此階段被稱作「拒洗」抗議。請參閱：English, *Armed Struggle*, p. 191; Beresford, *Ten Men Dead*, p. 27; O'Malley, *Biting at the Grave*, p. 21.
68 Beresford, *Ten Men Dead*, p. 17; "Rebels Refuse to Use Toilets in Ulster Jail," *Reuters*, April 25, 1978.
69 Taylor, *Behind the Mask*, p. 257.
70 同上，p. 258.
71 McKittrick and McVea, *Making Sense of the Troubles*, p. 140.
72 H-BC.
73 Moloney, *Secret History of the IRA*, pp. 159-60.
74 "Ballybofey Republican Reunion," *Irish People*, May 10, 1980.
75 "IRA Bombs Kill Mountbatten and 17 Soldiers," *Guardian*, August 28, 1979.
76 Margaret Thatcher, *The Path to Power* (New York: HarperCollins, 1995), pp. 31-32.
77 "The Airey Neave File," *Independent*, February 22, 2002.
78 此為根據大衛・古德爵士（David Goodall）和麥可・利利斯爵士（Michael Lillis）的說法：*Thatcher and the IRA: Dealing with Terror*, documentary (BBC, 2014).
79 "Neave's Assassins Linked with North Political Killings," *Irish Times*, April 2, 1979.
80 "Commons Car Bomber Assassinates Neave," *Guardian*, March 31, 1979.
81 "A Look at Ulster's Maze and the 'Men on the Blanket,' " *Associated Press*, March 16, 1979.
82 Taylor, *Behind the Mask*, p. 258.
83 同上，p. 254.
84 同上，p. 253.
85 Margaret Thatcher speech in Belfast, March 5, 1981.
86 Margaret Thatcher remarks at a press conference in Riyadh, April 21, 1981.

87 大量訪談休斯的彼得・泰勒估計數字為一百七十（Taylor, Behind the Mask, p. 270）；休斯在波士頓學院口述歷史計畫中則表示「超過九十」。
88 "Hunger Strike Begins," *Irish People*, November 1, 1980.
89 H-BC.
90 Beresford, *Ten Men Dead*, p. 28.
91 "Don't Let Them Die!" *Irish People*, November 8, 1980.
92 "Hunger Striker Fights for Eyesight," *Irish Republican News*, October 20, 2006.
93 Moloney, *Secret History of the IRA*, p. 206.
94 H-BC.
95 同上。
96 同上。
97 "Hunger Striker Fights for Eyesight," *Irish Republican News*, October 20, 2006.
98 O'Malley, Biting at the Grave, p. 35.
99 H-BC.

## 第十六章

1 Raymond Murray, *Hard Time: Armagh Gaol 1971-1986* (Dublin: Mercier Press, 1998), p. 7.
2 Margaretta D'Arcy, *Tell Them Everything* (London: Pluto Press, 1981), p. 11.
3 "Terror Sisters Flown Out," *Daily Express*, March 19, 1975.
4 Price, "Brixton, Durham and Armagh Gaol, 1973," in Brady et al., *Footsteps of Anne*, p. 134.
5 同上，p. 135.
6 Recollection of Geraldine McCann, in Brady et al., *Footsteps of Anne*, p. 48.
7 Recollection of Kathleen McKinney, in Brady et al., *Footsteps of Anne*, p. 142.
8 Recollection of Dolours Price in Brady et al., *Footsteps of Anne*, p. 135.
9 同上，p. 135.

10 "Special Status for Sisters Expected," *Irish Times*, March 20, 1975.
11 同上。
12 Coogan, *On the Blanket*, pp. 236-37.
13 *Footsteps of Anne*, p. 135.
14 同上，p. 135.
15 Coogan, *On the Blanket*, p. 236.
16 Dolours Price to Fenner Brockway, September 29, 1977 (Brockway Papers, Churchill Archives Centre, University of Cambridge).
17 Brady et al., *Footsteps of Anne*, p. 144. On such handicrafts, see Máirtín Ó Muilleoir, "The Art of War: A Troubles Archive Essay," Arts Council of Northern Ireland, 2009.
18 Brady et al., Footsteps of Anne, p. 136.
19 Dolours Price to Fenner Brockway, October 29, 1977 (Brockway Papers).
20 Brady et al., *Footsteps of Anne*, p. 216.
21 同上，p. 136.
22 同上，p. 136.
23 Murray, *Hard Time*, p. 11.
24 P-TKT.
25 "La Mon Bomb Produced Ball of Fire 60 Feet in Diameter," *Irish Times*, July 26, 1978.
26 P-TKT.
27 Dolours Price, "Bun Fights & Good Salaries," *The Blanket*, March 27, 2007.
28 Fenner Brockway to Humphrey Atkins, June 27, 1980 (Brockway Papers).
29 Dolours Price interview in *The Chaplain's Diary*, RTÉ Radio.
30 "Mystery of the Four Who Got Away," *Daily Express*, April 24, 1981.
31 "The Release of Marian Price," memorandum enclosed in a letter from R. A. Harrington, of the Northern Ireland Office, to Michael Alexander, of Downing Street, May 1980 (no exact date specified) (National Archives, Kew).
32 同上。

33 "Marian Price Set Free," *The Irish Times*, May 1, 1980.
34 "The Release of Marian Price."
35 "Mystery of the Four Who Got Away," *Daily Express*, April 24, 1981.
36 Dolours Price interview in *The Chaplain's Diary*, RTÉ Radio.
37 O'Malley, *Biting at the Grave*, pp. 36-37, 44-45; Beresford, *Ten Men Dead*, pp. 41-42.
38 O'Malley, *Biting at the Grave*, p. 3.
39 Beresford, *Ten Men Dead*, p. 57.
40 同上，pp. 62-63.
41 McKittrick and McVea, *Making Sense of the Troubles*, p. 146.
42 Beresford, *Ten Men Dead*, pp. 69-72.
43 同上，pp. 72-73.
44 McKearney, *The Provisional IRA*, pp. 149-50.
45 Moloney, *Secret History of the IRA*, p. 198.
46 "Sinn Féin Vice-President Gerry Adams," *Irish People*, November 27, 1982.
47 Coogan, *The Troubles*, p. 282; Moloney, *Secret History of the IRA*, p. 202.
48 "Sands Election a Propaganda Win for Hunger Strike," *Irish Times*, April 11, 1981.
49 "Prime Minister's Telephone Conversation with the Secretary of State for Northern Ireland on Saturday Evening, 25 April 1981," Prime Minister's Office Records, National Archives (Kew).
50 Dolours Price interview in *The Chaplain's Diary*, RTÉ Radio.
51 Unsigned letter from the Northern Ireland Office to Fenner Brockway, June 17, 1980 (Brockway Papers).
52 Dolours Price to Fenner Brockway, dated "20 Somethingth October, 1980" (Brockway Papers).
53 M. W. Hopkins (Northern Ireland Office) letter to Michael Alexander (10 Downing Street), November 2, 1980 (National Archives, Kew).
54 Dolours Price to Fenner Brockway, dated "20 Somethingth October, 1980" (Brockway Papers).
55 同上。
56 Fenner Brockway to Margaret Thatcher, October 25, 1980 (Brockway Papers).

57 Margaret Thatcher to Fenner Brockway, November 11, 1980 (Brockway Papers).

58 Margaret Thatcher handwriting on Fenner Brockway letter to Margaret Thatcher, October 25, 1980 (Brockway Papers).

59 Coogan, *On the Blanket,* pp. 236-37.

60 Tomás Ó Fiaich to Margaret Thatcher, April 3, 1981 (National Archives, Kew).

61 Margaret Thatcher to Tomás Ó Fiaich, April 13, 1981 (National Archives, Kew).

62 M. W. Hopkins to Michael Alexander, April 10, 1981 (National Archives, Kew).

63 "Worst Violence in Eight Nights Hits Northern Ireland," Associated Press, April 23, 1981.

64 Dolours Price, "Post Traumatic Stress Syndrome," *The Blanket,* June 29, 2006.

65 O'Malley, *Biting at the Grave,* p. 3.

66 Adams, *Before the Dawn,* p. 297.

67 Beresford, *Ten Men Dead,* p. 103.

68 Taylor, *Behind the Mask,* p. 283; McKittrick and McVea, *Making Sense of the Troubles,* p. 144.

69 "Price Release Sparks Protest," *Irish Times,* April 23, 1981.

70 Dolours Price, "Post Traumatic Stress Syndrome," *The Blanket,* June 29, 2006.

71 O'Malley, *Biting at the Grave,* p. 64.

72 Dolours Price, "Post-Traumatic Stress Syndrome," *The Blanket,* June 29, 2006.

73 Steven H. Miles and Alfred M. Freedman, "Medical Ethics and Torture: Revisiting the Declaration of Tokyo," *The Lancet,* vol. 373, no. 9660 (January 2009).

74 想更深入了解此一政策改變背後的成因，請參閱：Miller, *A History of Force Feeding,* chap. 7；另外也可以參閱："Why H-Block Hunger Strikers Were Not Force Fed," *Irish Times,* July 5, 2016。

75 Dolours Price, "Post Traumatic Stress Syndrome," *The Blanket,* June 29, 2006.

## 第十七章

1 "Fury As IRA Terror Girl Goes Free," *Daily Express,* April 23, 1981; " 'She Should Be Left to Rot,' " *Daily Mail,* April 23, 1981.

2 "Price Release Sparks Protest," *Irish Times,* April 23, 1981; "IRA 'Trick' Freed Bomb Girl," *Daily Star,* April 23, 1981.

3 Dolours Price, "Post Traumatic Stress Syndrome," *The Blanket*, June 29, 2006.

4 M. W. Hopkins (Northern Ireland Office) to Michael Alexander (10 Downing Street), July 31, 1981 (National Archives, Kew).

5 Clive Whitmore, principal private secretary, Downing Street, to M. W. Hopkins, Northern Ireland Office, August 3, 1981 (National Archives, Kew).

6 Dolours Price, "Mind Over Matter Can Lead to Death," *Irish Press*, December 6, 1982.

7 Derek Hill (Northern Ireland Office) to William Rickett (Downing Street), February 2, 1983 (National Archives, Kew).

8 "Dolours Price/Rea," memo marked "Secret," prepared by M. W. Hopkins, October 24, 1984 (National Archives, Kew).

9 "The Saturday Column," *Irish Times*, November 20, 1982.

10 Interview with Eamonn McCann; Price, "Afraid of the Dark," *Krino* no. 3 (Spring 1987), p. 10.

11 "The Trying Game," *Times* (London), June 5, 1993.

12 "Wolf Wistful; Janet Watts Meets Stephen Rea," *Guardian*, February 3, 1977.

13 "Fame, Family & Field Day," *Belfast Telegraph*, December 6, 2006.

14 "Stephen Rea: 'I Never Wanted to Be a Polite Actor,' " *Telegraph*, March 25, 2016.

15 "Wolf Wistful; Janet Watts Meets Stephen Rea," *Guardian*, February 3, 1977.

16 Ibid.

17 "The Trying Game," *Times* (London), June 5, 1993.

18 Ronan Bennett, "Don't Mention the War: Culture in Northern Ireland," in *Rethinking Northern Ireland*, ed. David Miller (New York: Addison Wesley Longman, 1998), p. 210.

19 "Wolf Wistful; Janet Watts Meets Stephen Rea," *Guardian*, February 3, 1977.

20 "Stephen Rea: 'I Never Wanted to Be a Polite Actor,' " *Telegraph*, March 25, 2016.

21 Bennett, "Don't Mention the War: Culture in Northern Ireland," in *Rethinking Northern Ireland*, p. 210.

22 "Fame, Family & Field Day," *Belfast Telegraph*, June 12, 2006.

23 "The Trying Game," *Times* (London), June 5, 1993.

24 Interview with Raymond Murray.

25 "Dolours Price Marries Actor," *Irish Times*, November 5, 1983; "Dolours Price Weds in Secret," *Belfast Telegraph*, November 4, 1983.

26 "Secret Wedding for Actor and Car Bomb Girl," *Daily Mail*, November 5, 1983.

27 Carole Zucker, *In the Company of Actors: Reflections on the Craft of Acting* (New York: Routledge, 2001), pp. 110–11.

28 Marilynn J. Richtarik, *Acting between the Lines: The Field Day Theatre Company and Irish Cultural Politics 1980–1984* (Washington, D.C.: Catholic University of America Press, 2001), p. 23.

29 Brian Friel, *Brian Friel in Conversation,* ed. Paul Delaney (Ann Arbor: University of Michigan Press, 2000), p. 127; Zucker, *In the Company of Actors,* pp. 110–11.

30 Richtarik, *Acting between the Lines,* p. 65.

31 Bennett, "Don't Mention the War: Culture in Northern Ireland," in *Rethinking Northern Ireland,* p. 207.

32 "Stephen Rea's Tribute to Brian Friel: A Shy Man and a Showman," *Irish Times,* October 2, 2015.

33 "Working Both Ends of the Terrorist's Gun," *Newsweek,* February 7, 1993.

34 Richtarik, *Acting between the Lines,* pp. 66, 74.

35 "Two Vehicles Carry an Irish Actor to America," *New York Times,* November 22, 1992.

36 Dolours Price to Julie (no last name specified), May 16, 1986 (Papers of the Field Day Theatre Company, National Library of Ireland).

37 Zucker, *In the Company of Actors,* p. 111.

38 This is an anecdote that Rea related in *The Story of Field Day,* documentary, produced by Johnny Muir (BBC Northern Ireland, 2006).

39 "How Can They Let Back the Girl Bomber Who Ruined My Husband's Life?" *Daily Express,* December 2, 1983.

40 Ibid.

41 Jonathan Duke-Evans (Northern Ireland Office) to Tim Flesher (10 Downing Street), August 30, 1985 (National Archives, Kew).

42 Derek Hill (Northern Ireland Office) to Tim Flesher (10 Downing Street), March 17, 1983 (National Archives, Kew).

43 英相柴契爾夫人的親筆文字請參閱：Derek Hill's March 17, 1983, letter to Tim Flesher；經過簡述的柴契爾夫人立場請參閱：March 21, 1983, letter from Flesher to Hill (National Archives, Kew).

44 Jonathan Duke-Evans (Northern Ireland Office) to Tim Flesher, August 30, 1985 (National Archives, Kew).

45 Dolours Price to Julie (no last name specified), May 16, 1986 (Papers of the Field Day Theatre Company, National Library of Ireland).

46 Jonathan Duke-Evans to Tim Flesher, August 30, 1985 (National Archive, Kew).

47 Neil Ward to Margaret Thatcher, November 5, 1985 (National Archive, Kew).

48 Jonathan Duke-Evans to Tim Flesher, August 30, 1985 (National Archive, Kew).

49 Charles Powell (Downing Street) to Jim Daniell (Northern Ireland Office), November 6, 1985 (National Archive, Kew).
50 Neil Ward to Charles Powell, December 16, 1985 (National Archive, Kew).
51 Margaret Thatcher handwriting on letter from Jonathan Duke-Evans to Tim Flesher, August 30, 1985 (National Archive, Kew).
52 "High Life for IRA Bomber," *Times* (London), August 28, 1988.
53 "IRA Bomber Avoids Royal Theater Date," *Telegraph,* February 3, 1987.
54 "Price Husband's TV Role," *Evening Herald,* March 18, 1986.
55 "Stephen Rea: 'I Never Wanted to Be a Polite Actor,'" *Telegraph,* March 25, 2016.
56 "The Trying Game," *Times* (London), June 5, 1993.
57 "Even Better Than the Rea Thing," *Irish Independent,* February 18, 2000.
58 "Patriot Games," *People,* February 8, 1993.
59 "The Trying Game," *Times* (London), June 5, 1993.
60 "History Boys on the Rampage," *Arena* (BBC, 1988).
61 Jonathan Duke-Evans to Tim Flesher, August 30, 1985 (National Archive, Kew).
62 Moloney, *Secret History of the IRA,* p. 188.
63 Dolours Price, "Get On with It," *The Blanket,* September 14, 2004.

## 第十八章

1 一九九五年，歐洲人權法院（European Court of Human Rights）裁定，這些士兵並非依據「槍斃」政策採取行動，但其實三名愛爾蘭共和軍成員並未構成有必要向其開槍的直接風險，只要逮捕他們即可。若要進一步了解法瑞爾的生平，請參閱："Death of a Terrorist," *Frontline* (PBS, 1989); "Priest, Writing Eulogy, Recalls Woman in IRA," *New York Times,* March 16, 1988; McKittrick et al., *Lost Lives,* pp. 1112-15.
2 請參閱：*McCann and Others v. The United Kingdom,* application no. 18984/91, European Court of Human Rights (1995).
3 Martin McKeever, *One Man, One God: The Peace Ministry of Fr Alec Reid C.Ss.R.* (Dublin: Redemptorist Communications, 2017), p. 1.
4 McKeever, *One Man, One God,* p. 17.
5 John Conroy, *Belfast Diary: War As a Way of Life* (Boston: Beacon Press, 1995), pp. 1-2.

6 "Priest Tried to Revive Dying British Soldier," *South China Morning Post*, March 22, 1988.

7 McKeever, *One Man, One God*, p. 21.

8 *14 Days*, documentary (BBC, 2013).

9 Adams, *Before the Dawn*, p. 33.

10 H-BC.

11 "14 Days."

12 同上。

13 同上。

14 Archival footage of the funeral.

15 "Belfast Candidate Wins Parliament Seat for IRA," Reuters, June 11, 1983.

16 "3 Killed by Grenades at IRA Funeral," *New York Times*, March 17, 1988.

17 "Gunfire, Grenades Kill 3 at IRA Funeral," *Chicago Tribune*, March 17, 1988.

18 本段敘述取材自多處資料來源，例如：McKittrick et al., *Lost Lives*, pp. 1117-20.

19 Archival footage.

20 Archival footage; "3 Killed by Grenades at IRA Funeral," *New York Times*, March 17, 1988; "Gunfire, Grenades Kill 3 at IRA Funeral," *Chicago Tribune*, March 17, 1988.

21 Martin Dillon, *Stone Cold: The True Story of Michael Stone and the Milltown Massacre* (London: Random House, 1992), p. 151.

22 McKittrick et al., *Lost Lives*, p. 1117.

23 本段敘述大多取材自："14 Days."

24 Dillon, *Stone Cold*, p. 169.

25 McKeever, *One Man, One God*, p. 33。（布雷迪的姓名有時會採用愛爾蘭文拼寫：Caoimhín Mac Brádaigh。）

26 McKeever, *One Man, One God*, p. 34; McKittrick et al., *Lost Lives*, p. 1120.

27 "14 Days."

28 McKeever, *One Man, One God*, p. 34.

29 同上，p. 34.

30 Archival footage; McKittrick et al., *Lost Lives*, p. 1121.

31 有張照片清楚捕捉到，其中一位士兵手裡拿著一把槍。請參閱：“14 Days.”

32 “From Irish Pulpit, Sense of Revulsion,” *New York Times*, March 21, 1988.

33 McKeever, *One Man, One God*, p. 34.

34 典藏影片，對空鳴槍者為伍德。請參閱：McKittrick et al., *Lost Lives*, p. 1121.

35 “Murdered Soldiers ‘Defied Orders,’ ” *Guardian*, March 21, 1988。貝爾法斯特一直有傳言說，兩位士兵可能不只是意外撞見葬禮那麼簡單，而是為了祕密監視。

36 同上。

37 McKeever, *One Man, One God*, p. 34.

38 “14 Days”; McKeever, *One Man, One God*, p. 34.

39 “14 Days.”

40 “Father Alec Reid Reveals How He Tried to Save Two British Soldiers Killed in One of the Most Shocking Episodes of the Troubles,” *Independent*, March 10, 2013.

41 McKeever, *One Man, One God*, p. 34.

42 “Father Alec Reid Reveals How He Tried to Save Two British Soldiers Killed in One of the Most Shocking Episodes of the Troubles,” *Independent*, March 10, 2013.

43 McKittrick et al., *Lost Lives*, p. 1121. McKeever, *One Man, One God*, p. 34.

44 McKeever, *One Man, One God*, p. 35.

45 McKittrick et al., *Lost Lives*, p. 1124.

46 McKittrick et al., *Lost Lives*, p. 1121; “Murdered Soldiers ‘Defied Orders,’ ” *Guardian*, March 21, 1988.

47 “14 Days.”

48 同上。

49 攝影師為大衛・凱恩斯（David Cairns），請參閱：“Father Alec Reid Reveals How He Tried to Save Two British Soldiers Killed in One of the Most Shocking Episodes of the Troubles,” *Independent*, March 10, 2013.

50 “Priest Tried to Revive Dying British Soldier,” *South China Morning Post*, March 22, 1988.

51 同上。

52 "Father Alec Reid Reveals How He Tried to Save Two British Soldiers Killed in One of the Most Shocking Episodes of the Troubles," *Independent,* March 10, 2013; "Fr Alec Reid Death," *Belfast Telegraph,* November 23, 2013.

53 McKeever, *One Man, One God,* pp. 21-23.

54 "14 Days"：也可以參閱：Moloney, *Secret History of the IRA,* pp. 232-33.

55 McKeever, *One Man, One God,* p. 31.

56 H-BC.

57 McKeever, *One Man, One God,* p. 28.

58 同上，p. 30.

59 Paul Routledge, *John Hume* (London: HarperCollins, 1997), p. 217.

60 同上，p. 211.

61 McKeever, *One Man, One God,* pp. 31-32.

62 McKeever, *One Man, One God,* p. 33。在此之前，人們也曾討論過是否有談判的可能，但都以失敗告終。請參閱：Adams, *A Farther Shore,* pp. 44-45.

63 Routledge, *John Hume,* p. 216.

64 "Bombing in Ulster Kills 11 in Crowd; IRA Is Suspected," *New York Times,* November 9, 1987.

65 "Making the Words Flow Like Blood," *Times* (London), November 12, 1987.

66 Routledge, *John Hume,* p. 216.

67 "Firebomb Attack on Home of John Hume," *Irish Times,* May 9, 1987.

68 George Drower, *John Hume: Man of Peace* (London: Victor Gollancz, 1996), p. 133.

69 亞當斯表示，兩人於一九八六年第一次會面。請參閱：Adams, *A Farther Shore,* p. 45.

70 Routledge, *John Hume,* p. 214.

71 John Hume, *A New Ireland: Politics, Peace, and Reconciliation* (Boulder, Colo.: Roberts Rinehart, 1996), p. 115.

72 McKeever, *One Man, One God,* p. 33.

73 同上，p. 35.

74 “14 Days.”

75 “Belfast Candidate Wins Parliament Seat for IRA,” Reuters, June 11, 1983.

76 “Making the Words Flow Like Blood,” *Times* (London), November 12, 1987.

77 *Behind the Mask.*

78 請參閱：“Gerry Adams Is Held by Troops,” *Belfast Telegraph*, July 19, 1973; “Sinn Féin Leader to See Minister,” *Times* (London), November 6, 1982; “In the Shadow of Violence,” *Times* (London), May 28, 1983.

79 “I Am an IRA Volunteer,” *Republican News*, May 1, 1976.

80 “Sinn Féin Boss Denies IRA Control,” Reuters, December 14, 1982; “IRA Tries New Mix—Violence, Politics,” *Los Angeles Times*, December 18, 1982.

81 “Making the Words Flow Like Blood,” *Times* (London), November 12, 1987.

82 “IRA Politicians Shift Tactics for Election,” Associated Press, May 23, 1983.

83 “The Case Against Gerry Adams,” *Irish People*, September 23, 1978.

84 “Sinn Féin Not the Same As IRA, Says Court,” *Guardian*, September 7, 1978.

85 “Sinn Féin Vice-President Gerry Adams,” *Irish People*, November 27, 1982.

86 同上。

87 “Junior Executive Types Canvass with Adams,” *Irish Times*, June 7, 1983.

88 Gerry Adams, *Falls Memories: A Belfast Life.*

89 “IRA Politicians Shift Tactics for Election,” Associated Press, May 23, 1983.

90 “A Gunman Cleans Up His Act,” *Observer*, April 17, 1983.

91 同上。

92 同上。

93 “Terrorism Continues As Sinn Féin Heads for Wider Role in Politics,” *Times* (London), November 14, 1983.

94 “Thatcher Moves to Silence Men Behind the IRA,” *Times* (London), December 23, 1983.

95 “Adams Denies Rift in Republican Ranks,” *Times* (London), December 20, 1983.

96 “Bomb Ours, Says IRA,” *Guardian*, October 13, 1984。強納森・李（Jonathan Lee）的小說對此事件有很精彩的探討，請參閱：Jonathan Lee, *High Dive* (New York: Knopf, 2016)。

97 McKittrick and McVea, *Making Sense of the Troubles*, p. 162.
98 "Sinn Féin 'Fears Murder Plot,' " *Times* (London), November 5, 1984.
99 "Thatcher and the IRA: Dealing with Terror."
100 "Adams Arrested," *Irish Times*, June 9, 1983.
101 "Gunmen Wound Sinn Féin Leader," *Boston Globe*, March 15, 1984; "Adams Shot Three Times after Court Appearance," *Irish Times*, March 15, 1984.
102 "Gerry Adams Is Shot 3 Times in Street Attack," *Times* (London), March 15, 1984.
103 "Gunmen Wound Sinn Féin Leader," *Boston Globe*, March 15, 1984.
104 "Gerry Adams Is Shot 3 Times in Street Attack," *Times* (London), March 15, 1984.
105 "Gunmen Wound Sinn Féin Leader," *Boston Globe*, March 15, 1984; "Adams Shot Three Times after Court Appearance," *Irish Times*, March 15, 1984; "Public Statement by the Police Ombudsman Under Section 62 of the Police (Northern Ireland) Act 1998: Relating to the Complaints in Respect of the Attempted Murder of Mr. Gerry Adams on 14 March 1984," Police Ombudsman for Northern Ireland (2014).
106 "Gunmen Wound Sinn Féin Leader," *Boston Globe*, March 15, 1984.
107 "Adams Says Army Knew of 'Loyalist' Attack Plan," *Times* (London), March 16, 1984.
108 "An Everyday Story of Ulster Folk," *Times* (London), March 16, 1984.

## 第十九章

1 H-BC.
2 "Decommissioned Provos Thrown on Scrap Heap," *Sunday Tribune*, April 16, 2006.
3 "Decommissioned Provos Thrown on Scrap Heap," *Sunday Tribune*, April 16, 2006.
4 H-BC.
5 "Hughes No Longer Toes the Provo Line," *Sunday Tribune*, December 17, 2000.
6 Interview with Martin Galvin.
7 H-BC.
8 同上。
9 同上。

10 Birth announcement for Fintan Daniel Sugar Rea, Papers of the Field Day Theatre Company, National Library of Ireland.
11 "'Game' Player," *Entertainment Weekly*, December 11, 1992.
12 Dolours Price to Colette Nellis, May 30, 1990, Papers of the Field Day Theatre Company, National Library of Ireland; Oscar Rea birth announcement, Papers of the Field Day Theatre Company, National Library of Ireland.
13 "Patriot Games," *People*, February 8, 1993.
14 "Seamus Heaney Loved Dirty Jokes? Tell Us Another One," *Irish Times*, February 23, 2017.
15 "Two Vehicles Carry an Irish Actor to America," *New York Times*, November 22, 1992.
16 "The Trying Game," *Times* (London), June 5, 1993.
17 如要大略了解限制廣播的相關規定，請參閱：Ed Moloney, "Closing Down the Airwaves: The Story of the Broadcasting Ban," in *The Media and Northern Ireland: Covering the Troubles*, ed. Jim Smith (London: Macmillan, 1991).
18 "Fury Over TV Dirty Trick," *Daily Mail*, April 10, 1990.
19 "Why I Spoke for Gerry Adams," *Independent*, November 4, 1993.
20 "How We Made The Crying Game," *Guardian*, February 21, 2017.
21 "Two Vehicles Carry an Irish Actor to America," *New York Times*, November 22, 1992.
22 "The Trying Game," *Times* (London), June 5, 1993.
23 "'Game' Player," *Entertainment Weekly*, December 11, 1992.
24 "Patriot Games," *People*, February 8, 1993.
25 Interview with Carrie Twomey.
26 "Patriot Games," *People*, February 8, 1993.
27 同上。
28 "A Man Who Laughs at His Demons," *Irish Times*, February 20, 1993.
29 Dolours Price, "Rummaging," *The Blanket*, July 9, 2004.
30 Padraic Pearse, "Why We Want Recruits," in *The Collected Works of Padraic H. Pearse: Political Writings and Speeches* (Dublin: Éire-Gael Society, 2013), p. 66.
31 同上，p. 173.

32 McKearney, *The Provisional IRA*, p. 179.

33 同上，p. 176.

34 "IRA Victims Campaign Stepped Up," *Irish Times*, June 27, 1995.

35 同上。

36 一九九八年，四十歲的海倫成為祖母。請參閱："Family's Plea to IRA over Fate of Mother," *Guardian*, May 13, 1998.

37 "IRA Embarrassed by Family's 'Secret Burial' Campaign," *Guardian*, August 30, 1995.

38 Interview with Michael McConville.

39 "Woman Beaten As She Intervened in Loyalist Attack on Belfast Home," *The Irish Times*, June 19, 1995.

40 Interview with Michael McConville.

41 Death certificate for Anne McConville. She was born November 28, 1952, and died September 29, 1992.

42 "Jean McConville's Daughter: 'If I Give Up Fighting, They've Won,' " *Observer*, July 6, 2014.

43 "An IRA Death Squad Took Our Mother. There'll Be No Peace for Us until We Find Her Body," *Daily Express*, July 23, 1998.

44 "Secret Graves of the Missing Ones," *Sunday Tribune*, July 5, 1998.

45 同上。

46 "IRA Victims Campaign Stepped Up," *Irish Times*, June 27, 1995.

47 "Secret Graves of the Missing Ones," *Sunday Tribune*, July 5, 1998.

48 "Five Men Quizzed on 'Disappeared,' " *Belfast Telegraph*, January 24, 1996.

49 "Secret Graves of the Missing Ones," *Sunday Tribune*, July 5, 1998.

50 "Kevin and the Pain That Has Never Disappeared," *Belfast Telegraph*, August 30, 2013.

51 "Grim Reunion for Family As Dig for Body Begins," *Telegraph*, May 31, 1999.

52 "Kin of Missing Appeal to IRA," *Boston Globe*, August 28, 1995.

53 "Clinton and Mandela Get Grief Symbol," *Belfast Telegraph*, June 26, 1995.

54 "The Disappeared: And That's Not in Latin America We're Discussing, It's Mainland Britain," *Daily Mail*, May 11, 1995.

55 "Ireland Calling: The Disappeared Reappear," *Irish Voice*, June 15, 1999.

56 "Families of Vanished Victims Open Campaign," *Belfast News Letter*, June 26, 1995.

57 "IRA Embarrassed by Family's 'Secret Burial' Campaign," *Guardian*, August 30, 1995.

58 同上。

59 "Adams Called On to Pressurize IRA over Graves of 'Disappeared,'" *Irish Times*, August 16, 1995.

## 第二十章

1 "U.S. Shifts, Grants Visa to President of IRA's Political Wing," *Washington Post*, January 31, 1994.

2 本段敘述取材自柯林頓總統演講活動的影像。

3 Seamus Heaney, *The Cure at Troy: A Version of Sophocles' Philoctetes* (New York: Farrar, Straus & Giroux, 1991), p. 77.

4 "IRA Smash Ceasefire," *Guardian*, February 10, 1996.

5 "The Long Good Friday," *Observer*, April 11, 1998.

6 請參閱：George Mitchell, *Making Peace* (Los Angeles: University of California Press, 2000).

7 這裡提到的小說家是指柯倫・麥坎（Colum McCann）。請參閱："Ireland's Troubled Peace," *New York Times*, May 15, 2014.

8 "The Long Good Friday," *Observer*, April 11, 1998.

9 Memorandum of a telephone conversation between Bill Clinton and Tony Blair, June 10, 1999, Clinton Digital Library.

10 其中一位英方談判人員強納森・鮑爾（Jonathan Powell）指出「愛爾蘭共和軍是一遭查禁的組織，嚴格說來我們不得與其領導階層交談。而我們正在交涉的新芬黨領袖也同為愛爾蘭共和軍的領袖，當然我們心知肚明這點。」請參閱：Jonathan Powell, *Great Hatred, Little Room: Making Peace in Northern Ireland* (London: Vintage, 2009), p. 24.

11 "Hope and History Rhyme Once More," *An Phoblacht*, June 25, 1998.

12 Interview with Paul Bew。似乎是由比尤提出在參與人士開始死亡之前記錄北愛爾蘭問題的想法。比尤與記者艾德・莫洛尼洽談時，是莫洛尼為彙編口述歷史提出了具體的概念。請參閱：Interview with Ed Moloney; Moloney Massachusetts affidavit.

13 Interview with Ed Moloney.

14 "Journalist Wins Right to Keep Notes from Police," *Independent*, October 28, 1999.

15 Interview with Ed Moloney.

16 同上。

17 "Secrets from Belfast," *Chronicle of Higher Education*, January 26, 2014.

18 Interview with Paul Bew.

19 Interview with Anthony McIntyre.

20 "Decommissioned Provos Thrown on Scrap Heap of History," *Sunday Tribune*, April 16, 2006.

21 Interview with Anthony McIntyre.

22 Interview with Paul Bew.

23 "Secrets from Belfast," *Chronicle of Higher Education*, January 26, 2014.

24 Interview with Ed Moloney.

25 Interview with Wilson McArthur.

26 "Secrets from Belfast," *Chronicle of Higher Education*, January 26, 2014.

27 南非的真相與和解過程有大量文獻記載，但我個人尤其推薦此書：Antjie Krog, *Country of My Skull: Guilt, Sorrow, and the Limits of Forgiveness in the New South Africa* (New York: Three Rivers Press, 2000).

28 "McGuinness Confirms IRA Role," BBC, May 2, 2001.

29 "Adams Warns Ministers IRA Has Not Gone Away," *Independent*, Aug ust 14, 1995.

30 "Secrets from Belfast," *Chronicle of Higher Education*, January 26, 2014.

31 Interview with Ed Moloney.

32 同上。

33 Padraic Pearse, "Ghosts," in *The Collected Works of Padraic H. Pearse*, p. 123.

34 Interview with Anthony McIntyre.

35 McKearney, *The Provisional IRA*, p. 185.

36 Ian McBride, "The Truth About the Troubles," in *Remembering the Troubles: Contesting the Recent Past in Northern Ireland*, ed. Jim Smyth (Notre Dame, Ind.: University of Notre Dame Press, 2017), p. 11.

37 O'Neill affidavit.

38 Robert K. O'Neill, ed., *Management of Library and Archival Security: From the Outside Looking In* (Binghamton, N.Y.: Haworth Press, 1998), p. 1.

39 Interview with Anthony McIntyre.

## 第二十一章　山窮水盡，走投無路

1 Roy, "Divis Flats," *Iowa Historical Review*, vol. 1, no. 1 (2007).
2 'Wrecking Ball Brings Hope to Slum', Associated Press, 31 October 1993.
3 為配合「去軍事化」政策，英軍於二〇〇五年開始撤離黑嶺公寓。
4 'Hughes No Longer Toes the Provo Line', *Sunday Tribune*, 17 December 2000.
5 'Decommissioned Provos Thrown on Scrap Heap of History', *Sunday Tribune*, 16 April 2006.
6 同上。
7 同上。
8 同上。
9 'Hunger Striker in Fight for Sight', *Irish News*, October 2006.
10 'Decommissioned Provos Thrown on Scrap Heap of History', *Sunday Tribune*, 16 April 2006.
11 Interview with Anthony McIntyre.
12 同上。
13 H-BC.
14 Interview with Anthony McIntyre.
15 Brendan Hughes, 'The Real Meaning of G.F.A.', *The Blanket*, 8 October 2000.
16 'Interview with Brendan Hughes', *Fourthwrite* no. 1, Spring 2000.
17 H-BC.
18 Interview with Anthony McIntyre.
19 'Hunger Striker in Fight for Sight', *Irish News*, October 2006.
20 'Hughes No Longer Toes the Provo Line', *Sunday Tribune*, 17 December 2000.
21 Interview with Anthony McIntyre.
22 Interviews with Richard O'Rawe and Anthony McIntyre.
23 Richard O'Rawe, *Blanketmen: The Untold Story of the H-Block Hunger Strike* (Dublin: New Island, 2005), pp.176–80.
24 同上，p.181。

25 同上，p.184。
26 同上，〈前言〉。
27 O'Rawe, *Blanketmen*, p.253.
28 Interview with Richard O'Rawe.
29 同上。
30 Ed Moloney, introduction to *Afterlives: The Hunger Strike and the Secret Offer That Changed Irish History*, by Richard O'Rawe (Dublin: Lilliput Press, 2010), p. xii.
31 Interview with Richard O'Rawe。欲深入了解歐羅等獄中絕食抗議運動的相關人士所提出的說詞有何參考價值，請參閱：O'Doherty, *Gerry Adams*, chap. 14。
32 'Hughes No Longer Toes the Provo Line', *Sunday Tribune*, 17 December 2000; H-BC.
33 'Hunger Striker in Fight for Sight', *Irish News*, October 2006.
34 Interview with Carrie Twomey.
35 H-BC.
36 H-BC。羅斯醫師的悲慘故事於艾德．莫洛尼所著的《黃泉路上的心聲》一書首度公開（請參閱：*Voices from the Grave*，頁242），除此之外便沒有其他相關紀錄。為查證此事件，作者聯繫了大衛．尼柯爾醫師（David Nicholl），並確認了幾項基本資料。尼柯爾的父親也是一名醫生，而且曾是羅斯和埃爾南．雷耶斯醫師（Hernán Reyes）的醫學院同學。一九八六年，雷耶斯和紅十字國際委員會（International Committee of the Red Cross）曾到獄中向醫護人員了解當年獄中絕食抗議的情形。
37 H-BC.
38 同上，還有以下訪談：Interview with Anthony McIntyre.

## 第二十二章

1 Liam O'Flaherty, *The Informer* (New York: Harcourt, 1980), p.22.
2 請參見Ron Dudai, 'Informers and the Transition in Northern Ireland', *British Journal of Criminology*, vol. 52, no. 1 (January 2012)。
3 'Adams Offers "Regret" As Digging Resumes', BBC, 31 May 1999.

4 Ed Moloney and Anthony McIntyre, 'The Security Department: IRA Defensive Counterintelligence in a 30-Year War Against the British' (unpublished paper, April 2006).
5 除非出處另有說明，否則崔佛・坎貝爾的相關資訊皆來自其參與的兩次訪談內容。
6 'Inside Castlereagh: "We Got Confessions by Torture"', *Guardian*, 11 October 2010.
7 'The Leader, His Driver, and the Driver's Handler: Chauffeur Revealed As MI5 Agent', *Guardian*, 9 February 2008.
8 Interview with Gerard Hodgins; 'The Hunter and His Prey', *Spotlight* (BBC Northern Ireland, 2015).
9 'How, and Why, Did Scappaticci Survive the IRA's Wrath?' *Irish Times*, 15 April 2017.
10 Eamon Collins, *Killing Rage* (London: Granta, 1997), chap. 18.
11 'Double Blind', *The Atlantic*, April 2006.
12 H-BC.
13 'Accused IRA Man Denies Being Agent for Security Services', *Independent*, 14 May 2003.
14 'A Path Paved with Blood: The Family of IRA Victim Frank Hegarty Insist That Martin McGuinness Lured Him to His Death', *Daily Mail*, 25 September 2011.
15 'McGuinness Denies Involvement in 1986 Killing', *Irish Times*, 30 September 2011.
16 此訪談源自一九八八年BBC紀錄片節目《廣角鏡》（*Panorama*）的〈長期戰〉（The Long War）一集。後來愛爾蘭共和國的解密文件中，有資料顯示麥吉尼斯確實有參與當年的事件。請參閱：'Martin McGuinness Set Up Meeting Where Suspected IRA Informer Frank Hegarty Was Killed, Bishop Claimed', *Irish News*, 29 December 2017.
17 Interview with Trevor Campbell.
18 Interview with Anthony McIntyre.
19 Moloney, *Secret History of the IRA*, pp.113–15.
20 H-BC.
21 Interview with Anthony McIntyre.
22 'Cast in the Middle of the Long Conflict in Northern Ireland', *New York Times*, 15 February 1998.
23 Father Raymond Murray, funeral oration for Dolours Price.
24 'Stephen Rea Breaks Up with Bomber', *Irish Independent*, 13 July 2003.

25 Interview with Anthony McIntyre; contemporary photos of Price.
26 Interview with Tara Keenan-Thomson.
27 Dolours Price, 'Don't Be Afraid, Do Not Be Fooled', *The Blanket*, 16 January 2007.
28 'Woman in the Technicolor Coat Became the Talk of Our Class', *Belfast Telegraph*, 25 January 2013.
29 Dolours Price, 'Rummaging', *The Blanket*, 9 July 2004.
30 Interview with Carrie Twomey.
31 Interview with Francie McGuigan.
32 Interview with Patrick Farrelly.
33 'Woman in the Technicolor Coat Became the Talk of Our Class', *Belfast Telegraph*, 25 January 2013.
34 Interview with Eamonn McCann.
35 RTÉ interview with Dolours Price, excerpted in *I, Dolours*.
36 請參閱：Jonathan Shay, *Achilles in Vietnam: Combat Trauma and the Undoing of Character* (New York: Scribner, 2003), p.20; Robert Emmet Meagher, *Killing from the Inside Out: Moral Injury and Just War* (Eugene, Ore.: Cascade Books, 2014), pp.3–5; Brett T. Litz et al., 'Moral Injury and Moral Repair in War Veterans: A Preliminary Model and Intervention Strategy', *Clinical Psychology Review* 29 (2009).
37 'Gerry Adams Was My Commander, Says IRA Bomber', *Telegraph*, 16 March 2001.
38 'Jilted Lady', *The Times*, 24 March 1999.
39 '"Misled" SF Members Urged to Join Former Colleagues', *Irish Times*, 10 November 1997.
40 Dolours Price, 'Bun Fights & Good Salaries', *The Blanket*, 27 March 2007.
41 Interview with Ed Moloney.
42 Dolours Price, 'Money … Money … Money', *The Blanket*, 17 January 2005.
43 'Cast in the Middle of the Long Conflict in Northern Ireland', *New York Times*, 15 February 1998.
44 Dolours Price, 'Get On with It', *The Blanket*, 14 September 2004.
45 Dolours Price, 'UnHung Hero', *The Blanket*, 3 August 2004.
46 'Hunger Striker Bobby Sands Is Just a Money-Spinner for Sinn Féin', *Belfast Telegraph*, 1 March 2016.
47 P-TKT.

48 Dolours Price, 'Bun Fights & Good Salaries', *The Blanket*, 27 March 2007.
49 Dolours Price, 'I Once Knew a Boy', *The Blanket*, 17 July 2004.
50 P-TKT.
51 P-TKT.
52 Interview with Anthony McIntyre.

## 第二十三章　沼地女王

1 Interview with Geoff Knupfer.
2 'Fourth "Moors Murders" Victim Found, Fifth Sought', United Press International, 2 July 1987.
3 Interview with Geoff Knupfer.
4 'Speaking for the Dead', *Guardian*, 14 June 2003.
5 'Chile Sentences 33 for Pinochet's Disappeared', *Financial Times*, 23 March 2017.
6 'Children of Argentina's "Disappeared" Reclaim Past, with Help', *New York Times*, 11 October 2015.
7 'The Disappeared', a list retrieved from the website of the Independent Commission for the Location of Victims' Remains.
8 同上。
9 'Police Recover Remains of "Disappeared" IRA Victim', *Guardian*, 28 May 1999; 'A Touch of Irony As IRA Delivers Victim's Remains', *Irish Independent*, 29 May 1999.
10 欲知莫洛伊在共和軍裡所扮演的角色，以及其向英方通風報信的相關資料，請參閱：Moloney, *Secret History of the IRA*, pp.133–40。
11 除非出處另有說明，否則此事件的相關細節皆來自以下這篇報導：'A Prayer Before Dying: IRA Took Priest to Disappeared Victim before Murder', BBC News, 3 November 2013.
12 Moloney, *Secret History of the IRA*, p.134.
13 'A Prayer Before Dying: IRA Took Priest to Disappeared Victim Before Murder', BBC News, 3 November 2013。隨後這位神父便離開神職，並於十幾年前去世了。
14 'The Disappearance of Brian McKinney', in *The Disappeared of Northern Ireland's Troubles*, p.52; 'Their Sons Were Best Friends. In 1978 They Were

Disappeared by the IRA', *Belfast Telegraph*, 4 February 2017.

15 'Combing the Sands Where a Mother's Bones are Said to Lie', *Independent*, 2 June 1999.

16 'Ireland Calling: Digging for the Disappeared', *Irish Voice*, 15 June 1999.

17 'Disappeared' (October Films documentary, 1999).

18 Anonymous source; 'Woman Beaten As She Intervened in Loyalist Attack on Belfast House', *Irish Times*, 19 June 1995.

19 'Sons Recall 30 Years of Painful Memories', *Irish News*, 24 October 2003.

20 'Woman Says IRA Confirms Murder of Mother', *Irish Times*, 5 December 1998; 'IRA Admits Killing Widow Who "Disappeared" 26 Years Ago', *Guardian*, 5 December 1998.

21 Ahern and Blair Join Talks, But Trimble, Adams Hold to Positions', *Irish Times*, 30 March 1999.

22 Interview with Michael, Susan and Archie McConville.

23 'The Bitter Tears of Jean's Children', *Guardian*, 7 December 1999.

24 'Sons Recall 30 Years of Painful Memories', *Irish News*, 24 October 2003.

25 Interview with Michael McConville.

26 'Disappeared' (1999 documentary).

27 'Combing the Sands Where a Mother's Bones are Said to Lie', *Independent*, 2 June 1999.

28 'Digging for the Disappeared', *Irish Voice*, 15 June 1999.

29 這番對話全程被拍攝下來並於喬安娜・黑德（Joanna Head）執導的紀錄片《被消失》（*Disappeared*; October Films, 1999）中播出。

30 'Give Me My Mam', *Observer*, 30 May 1999。麥可・麥康維爾也在訪談中提及此事件。

31 'Disappeared' (1999 documentary).

32 'The Bitter Tears of Jean's Children', *Guardian*, 7 December 1999.

33 Confidential interview.

34 'IRA Victims Campaign Stepped Up', *Irish Times*, 27 June 1995.

35 Interview with Anthony McIntyre：當時共和軍宣布，該組織某位「資深官員」正努力尋找那些位置不明的墳塚，所謂「資深官員」即巴比・史托瑞。請參閱：'"Disappeared" Phone Bid', *Belfast Telegraph*, 7 September 1998)；另外也可以參閱：'Police Forced to Free Ex-IRA Boss Bobby Storey after Learning of Immunity', *Sunday Life*, 1 December 2014.

36 Interview with Ed Moloney.

37 'Jean McConville's Daughter: "If I Give Up Fighting, They've Won"', *Observer*, 6 July 2014.

38 Interview with Michael McConville.

39 'Adams Is Accused of Justifying Deaths', *Irish News*, 1 June 1999.

40 Moloney, *Secret History of the IRA*, p.125.

41 'Gerry Adams: Unrepentant Irishman', *Independent*, 8 September 2009.

42 H-BC.

43 'The Agony Goes On', *Belfast Telegraph*, 31 May 1999.

44 'IRA Panic Over Lost Bodies', *Guardian*, 1 June 1999.

45 *The Disappeared*, directed by Alison Millar (BBC Northern Ireland, 2013).

46 'Kevin and the Pain That Has Never Disappeared', *Belfast Telegraph*, 30 August 2013. Also see Phil McKee, 'The Disappearance of Kevin McKee', in *The Disappeared of Northern Ireland's Troubles*.

47 同上。

48 Anonymous source.

49 'The IRA and the Disappeared: Tell Us Where Kevin Is Buried and I'll Shake Hands', *Irish Times*, 5 October 2013.

50 同上。

51 'The Dark Secrets of the Bog Bodies', *Minerva*, March/April 2015.

52 Seamus Heaney, *Preoccupations: Selected Prose, 1968–1978* (London: Faber, 1980), pp.57–58.

53 同上，pp.57–58.

54 Seamus Heaney, 'Bog Queen', in *North: Poems* (London: Faber, 1975), p.25.

55 Anthony Bailey, *Acts of Union: Reports on Ireland 1973–1979* (New York: Random House, 1980), p.128.

56 實際上，英軍也有讓人「人間蒸發」的習慣。請參閱：Pádraig Óg Ó Ruairc, *Truce: Murder, Myth, and the Last Days of the Irish War of Independence* (Cork, Ireland: Mercier Press, 2016), pp.80–81. See also Lauren Dempster, 'The Republican Movement, "Disappearing" and Framing the Past in Northern Ireland', *International Journal of Transitional Justice*, vol. 10 (2016).

57 以下為一個近期的例子：'Body Exhumed in Clare of British Soldier Killed and Secretly Buried in 1921', *Irish Examiner*, 14 May 2018.

58 'Combing the Sands Where a Mother's Bones Are Said to Lie', *Independent*, 2 June 1999.

59 *Disappeared*, documentary (1999).

60 同上。當麥可・麥康維爾被問及他們家幾個兄弟姐妹裡，誰長得最像母親時，他回答：「我沒有辦法回答您的問題。說真的我也不太清楚，因為我真的不記得我母親長什麼樣子了。」

61 'Give Me My Mam', *Observer*, 30 May 1999.

62 Interview with Michael McConville.

## 第二十四章

1 'How Three Sharply Dressed Robbers Walked into Belfast's Intelligence Hub', *Guardian*, 22 March 2002.

2 Interview with Trevor Campbell.

3 "New Era" As NI Police Change Name', BBC News, 4 November 2001.

4 'Who Stole the Secrets of Room 2/20?' *Observer*, 23 March 2002.

5 除非出處另有說明，否則此事件的相關資訊皆來自 'How Three Sharply Dressed Robbers Walked into Belfast's Intelligence Hub', *Guardian*, 22 March 2002.

6 'Raid on Anti-Terror Hub Puts Informers at Risk', *Telegraph*, 20 March 2002. 7.'Who Stole the Secrets of Room 2/20?' *Observer*, 23 March 2002.

8 'Police Helped IRA Steal Special Branch Secrets', *Telegraph*, 28 September 2002.

9 'Analysis: Story Behind the Break-In', BBC News, 19 April 2002.

10 'Castlereagh Break-In Row: Chef "Relieved but Angry"', *Belfast Telegraph*, 4 July 2009.

11 'Castlereagh Break-In: The Same Old (Bobby) Storey?' *Irish Echo*, 16 April 2002.

12 'The British Spy at Heart of IRA', *The Times*, 8 August 1999; 'Focus: Scappaticci's Past Is Secret No More', *The Times*, 18 May 2003.

13 'The British Spy at Heart of IRA', *The Times*, 8 August 1999.

14 P-TKT.

15 請參閱：David C. Martin, *Wilderness of Mirrors: Intrigue, Deception, and the Secrets That Destroyed Two of the Cold War's Most Important Agents* (Guilford, Conn.: Lyons Press, 2003).

16 'The Hunter and His Prey', *Spotlight*.

17 Martin Ingram and Greg Harkin, *Stakeknife: Britain's Secret Agents in Ireland* (Madison: University of Wisconsin Press, 2004), p.33；另外，也可以參閱：'Anthony Braniff - IRA Statement', *An Phoblacht*, 25 September 2003.

18 H-BC.

19 同上。

20 Interview with Joe Clarke and Gerry Brannigan.

21 'Informant "Killed by IRA Despite Warning from British Spy"', *Telegraph*, 11 April 2017; 'Exposed: The Murky World of Spying During the Troubles', *Irish Times*, 11 April 2017.

22 H-BC.

23 'Half of All Top IRA Men "Worked for Security Services"', *Belfast Telegraph*, 21 December 2011.

24 'How Stakeknife Was Unmasked', *Guardian*, 12 May 2003.

25 'Freddie Scappaticci Was Our Most Valuable Spy in IRA During Troubles: British Army Chief', *Belfast Telegraph*, 20 April 2012.

26 'How Stakeknife Was Unmasked', *Guardian*, 12 May 2003.

27 'Wearing Short Sleeves and Tan, Scappaticci Steps from the Shadows to Say: I'm No Informer', *Independent*, 15 May 2003.

28 Ingram and Harkin, *Stakeknife*, p.61.

29 同上，p.66.

30 前共和軍成員湯米・麥基尼（Tommy McKearney）曾於BBC電視節目《聚光燈》（*Spotlight*）的〈獵人與其獵物〉（The Hunter and His Prey）一集中提出此見解。

31 'Wearing Short Sleeves and Tan, Scappaticci Steps from the Shadows to Say: I'm No Informer', *Independent*, 15 May 2003.

32 'Double Blind', *The Atlantic*, April 2006.

33 'Adams Says "Securocrats" Out to Create New Crisis', *Irish Times*, 17 December 2005.

34 'Donaldson Admits to Being British Agent Since 1980s', *Irish Times*, 16 December 2005.

35 'Dead Man Walking', *The Times*, 9 April 2006.

36 'Dennis Donaldson: Squalid Living after a Life of Lies', *Sunday Tribune*, 26 March 2006.

37 '"Spy" Donaldson Living in Donegal', *Derry Journal*, 21 March 2006.

38 'Spy and Former SF Official Donaldson Shot Dead', *Irish Times*, 4 April 2006.

39 'Denis Donaldson Murder: The Unanswered Questions That Bedevil Gerry Adams', *Belfast Telegraph*, 22 September 2016.

40 'Exposed: The Murky World of Spying During the Troubles', *Irish Times*, 11 April 2017。欲了解此數字遊戲的「謎之操作」，請參考下列一名前情報小組官員所提供的見解以及其所展現的「神邏輯」。該名官員曾擔任皇家阿爾斯特警隊情報小組的刑事偵緝警司，並表示北愛爾蘭衝突爆發期間，當局安插在共和派非法恐怖組織裡的臥底共救了至少一萬六千五百條人命。這名前刑事偵緝警司透露，英方會確保共和軍裡時時刻刻都有十五名「安插妥當」的臥底。假設共和軍有五百名成員，那麼英方臥底的比例則為總人數的三十三分之一。倘若一個安插妥當的臥底每年平均可以救下三十七個人，那麼一年內就會有五百五十五個人獲救，而三十年內便會有一萬六千六百五十個人獲救。請參閱：William Matchett, *Secret Victory: The Intelligence War That Beat the IRA* (Belfast: self-published, 2016), pp.100-101。

41 源自柯林・華勒斯（Collin Wallace）於一九七五年八月寄給利斯本陸軍情報處（Army Information Service）首席情報官托尼・斯托頓（Tony Staughton）的信件，轉引自：'Death Squad Dossier', *Irish Mail on Sunday*, 10 December 2006。華勒斯本人也是個耐人尋味的人物，欲知詳情，請參閱：*Interim Report on the Report of the Independent Commission of Inquiry into the Dublin and Monaghan Bombings*, Houses of the Oireachtas (Ireland), December 2003；以及：Paul Foot, *Who Framed Colin Wallace?* (London: Macmillan, 1989).

42 Letter from Colin Wallace, 30 September 1975, also cited in 'Death Squad Dossier', *Irish Mail on Sunday*, 10 December 2006.

43 請參閱：Anne Cadwallader, *Lethal Allies: British Collusion in Ireland* (Cork, Ireland: Mercier Press, 2013.)

44 'Britain's Secret Terror Force', *Panorama*.

45 Interview with Raymond White.

46 Ian Cobain, *The History Thieves: Secrets, Lies and the Shaping of a Modern Nation* (London: Portobello, 2016), p.186.

47 Ingram and Harkin, *Stakeknife*, p.25.

48 本書作者有幸取得尼爾森生前所留下的一篇未公開的自傳性文稿。據內容記載，英軍並不希望亞當斯喪命，因為對英方而言，那只會帶來「適得其反的效果」。畢竟到了一九八四年，亞當斯已儼然成為一個有能力帶領整個共和運動遠離武力的人物。尼爾森強調，英軍早已知道保皇派計劃要暗殺亞當斯，而且還選擇讓計畫如期進行，不過在那之前英軍先是對刺客的槍彈動了手腳，以避免亞當斯在暗殺行動中真的喪命。二〇一四年，北愛爾蘭警察事務申訴專員針對尼爾森的指控展開調查，隨後發表聲明表示，英國當局並非一早就對暗殺計畫知情，而且暗殺行動所使用的子彈也並未動過手腳。欲知詳情，請參閱：'Public Statement by the Police Ombudsman Under Section 62 of the Police (Northern Ireland) Act 1998 Relating to the Complaints in Respect of the Attempted Murder of Mr. Gerry Adams on 14 March 1984', Police Ombudsman for Northern Ireland

(2014)。已故記者連恩・克拉克(Liam Clarke)生前擁有許多可靠的消息來源,他曾於二〇一一年的報導中表示,槍彈被動手腳的指控已經「由國防咨詢委員會(Defence Advisory Committee)證實」。請參閱:'Half of All Top IRA Men "Worked for Security Services"', *Belfast Telegraph*, 21 December 2011.

49 Kevin Toolis, *Rebel Hearts: Journeys Within the IRA's Soul* (New York: St Martin's Press, 1995), pp.84-85.

50 De Silva Report, p.15.

51 Ingram and Harkin, *Stakeknife*, p.197; Peter Cory, *Cory Collusion Inquiry Report: Patrick Finucane* (London: Stationery Office, 2004), pp.53-54.

52 De Silva Report, p.23.

53 'Pat Finucane's Widow Calls de Silva Report "a Whitewash"', *Guardian*, 12 December 2012.

54 'Was an IRA Informer So Valuable That Murder Was Committed to Protect Him?' *Guardian*, 25 September 2000.

55 諾塔蘭東尼奧年輕時似乎曾與共和軍有過一段歷史,不過後來已金盆洗手。請參閱:'Come Spy with Me', *Irish Times*, 17 May 2003.

56 'Innocent Victim of Ulster's Dirty War', *Guardian*, 12 January 2001.

57 Ingram and Harkin, *Stakeknife*, p.218.

58 'Shadowy Group Linked to Collusion and Murder', *The Times*, 13 September 2005.

59 'Stevens Enquiry 3: Overview & Recommendations', report by Sir John Stevens, 17 April 2003, p.13; John Stevens, *Not for the Faint-Hearted: My Life Fighting Crime* (London: Orion, 2006), p.185.

60 'Prime Minister David Cameron Statement on Patrick Finucane', 12 December 2012.

61 請參閱: Belfast Agreement (1998), section 10: 'Prisoners'. The implementing legislation was the Northern Ireland (Sentences) Act of 1998.

62 請參閱: Kieran McEvoy, Louise Mallinder, Gordon Anthony and Luke Moffett, 'Dealing with the Past in Northern Ireland: Amnesties, Prosecutions and the Public Interest', paper (2013), p.15.

63 Deposition of John Garland, Inquest on the Body of Jean McConville, Coroner's District of County Louth, 5 April 2004.

64 Report of Postmortem Examination on Jean McConville, by pathologist M. Cassidy, 1 September 2003.

65 Report of Postmortem Examination on Remains Believed to Be Jean McConville, by pathologist R. T. Shepherd, 28 August 2003.

66 'Beach Body "Is Mother Killed by IRA 30 Years Ago"', *Telegraph*, 28 August 2003.

67 Postmortem Examination, 1 September 2003.

68 Postmortem Examination, 28 August 2003.
69 Interviews with Michael McConville and Archie McConville.
70 Archie McConville deposition.
71 'Waiting Comes to an End As Mother Is Laid to Rest', *Irish News*, 3 November 2003.
72 Interview with Nuala O'Loan.
73 'Daughter Demands Justice for IRA Victim', *Irish News*, 7 April 2004.
74 'Forensics May Trap McConville Killers', *Irish News*, 24 February 2004.

## 第二十五章

1 IRA Destroys All Its Arms', *New York Times*, 27 September 2005.
2 'Insults Fly at Decommissioning Priest's Meeting', *Irish Examiner*, 12 October 2005.
3 此處提到的武器種類係轉引自：'IRA Destroys All Its Arms', *New York Times*, 27 September 2005.
4 'Insults Fly at Decommissioning Priest's Meeting', *Irish Examiner*, 12 October 2005.
5 Interviews with Anthony McIntyre and Terry Hughes.
6 Interview with Terry Hughes.
7 同上。
8 Interview with Tommy Gorman.
9 Interview with Terry Hughes.
10 Dolours Price, 'Gerry, Come Clean, You'll Feel Better', *The Blanket*, 26 February 2009.
11 許多人表示，喪禮當天亞當斯經過幾番周折才走進扶柩隊伍之中，而此說法已由安東尼・麥金泰爾和湯米・戈爾曼等目擊者證實。記者連恩・克拉克在一篇文章中表示：「許多真實派愛爾蘭共和軍（Real IRA）支持者都現身休斯的喪禮以搞破壞，而亞當斯為了能與靈柩同框出現，得先將在場的真實派愛爾蘭共和軍支持者都推開才能往前走。相較之下，馬丁・麥吉尼斯的手段含蓄多了。」請參閱：'A Coffin Adams Had to Carry', *The Times*, 24 February 2008.
12 Dolours Price, 'Irish News Report of the Funeral of Brendan Hughes', *The Blanket*, 24 February 2008.
13 'Death of Brendan Hughes', *An Phoblacht*, 21 February 2008.

14 Interview with Richard O'Rawe.
15 Interview with Ed Moloney.
16 Interview with Richard O'Rawe.
17 O'Rawe, *Blanketmen*, p.251.
18 'Former Comrades' War of Words over Hunger Strike', *Irish News*, 11 March 2005.
19 'British "Had No Intention of Resolving the Hunger Strike"', *Belfast Telegraph*, 4 June 2009.
20 Interview with Richard O'Rawe. The book is *Afterlives*.
21 Dolours Price, 'A Salute to Comrades', *The Blanket*, 18 May 2005.
22 'Brendan Hughes: O'Rawe Told Me His Concerns', *Irish News*, 19 May 2006.
23 Interview with Richard O'Rawe.
24 Former IRA Bomber Price Acquitted of Alcohol Theft', *Irish News*, 24 August 2010.
25 同上：PTSD: Interview with Carrie Twomey.
26 'Her Name Is Dolours, the IRA Bomber Who Married a Hollywood Star. Now She Has Become an Alcoholic', *Daily Mirror*, 30 March 2001.
27 'Murky Maghaberry', *Republican News*, 31 January 2006.
28 Interview with Eamonn McCann.
29 Gerry Bradley and Brian Feeney, *Insider: Gerry Bradley's Life in the IRA* (Dublin: O'Brien Press, 2009), p.16.
30 同上，p.7.
31 Death of "Whitey" Bradley', *Irish Republican News*, 28 October 2010.
32 'IRA Chief Suicide Horror', *Daily Mirror*, 28 October 2010.
33 'Former IRA Man Gerry "Whitey" Bradley Found Dead in Car', BBC News, 28 October 2010.
34 'IRA Gunman Turned Author Found Dead', UTV, 28 October 2010.
35 Ed Moloney, *Voices from the Grave: Two Men's War in Ireland* (New York: PublicAffairs, 2010), p.1.
36 'Brendan Hughes Revelations – Book Tells IRA Secrets', *Irish News*, 29 March 2010.
37 Faber & Faber catalogue, January– June 2010.
38 'Adams Linked to IRA Actions', *Irish Republican News*, 29 March 2010.

39 同上。

40 'SF Deny Journalist in Danger', *Sunday World*, 11 April 2010. On Collins, see Toby Harnden, *Bandit Country: The IRA & South Armagh* (London: Hodder & Stoughton, 1999), pp.446–47.

41 'A Preliminary Note on Embargoes', Ed Moloney, background document provided to the author.

42 Anthony McIntyre, email message to Tom Hachey (undated, late June 2010).

43 Interview with Wilson McArthur.

44 這名博士生是梅根・邁爾斯（Megan Myers）。邁爾斯終究還是在論文中引用了檔案內容。*Moving Terrorists from the Streets to a Diamond-Shaped Table: The International History of the Northern Ireland Conflict, 1969–1999* (Department of History, Boston College, December 2011). Tom Hachey, email message to Ed Moloney, 4 June 2010.

45 Ed Moloney, email message to Tom Hachey, 4 June 2010.

46 Ed Moloney, email message to Tom Hachey, 7 June 2010.

47 Tom Hachey, email message to Anthony McIntyre, 21 June 2010.

48 Maria Lynskey interview, *Marian Finucane Show*, RTÉ Radio, 4 April 2015.

49 'Gerry Adams Interview: No Parade Unless the Residents Support One', *Irish News*, 11 February 2010.

50 Interview with Allison Morris.

51 Dolours Price, 'An Open Letter to Gerry Adams', *The Blanket*, 31 July 2005.

52 同上。

53 Interview with Eamonn McCann.

54 Interview with Allison Morris.

55 同上。

56 同上。

57 'Death of Dolours Price', *Irish News*, 25 January 2013.

58 同上。

59 Interview with Allison Morris.

60 同上。

61 Carrie Twomey, email message to Ed Moloney, 14 October 2011。在這封電子郵件中，托梅敘述了她和瑪麗安・普萊斯的對話。對話裡，瑪麗安向托梅訴說了她印象中此事件的來龍去脈。
62 Interview with Allison Morris.
63 'Dolours Price's Trauma over IRA Disappeared', *Irish News*, 18 February 2010.
64 同上。
65 Interview with Allison Morris.
66 同上；interview with Dennis Godfrey.
67 'Gerry Adams and the Disappeared', *Sunday Life*, 21 February 2010.
68 同上。
69 Interview with Allison Morris; Ciarán Barnes, email message to author.
70 'Dolours Price's Trauma over IRA Disappeared', *Irish News*, 18 February 2010.
71 'I Didn't Order Jean's Killing', *Sunday Life*, 21 February 2010.
72 'Gerry Adams: "I'm Happy with Who I Am … It's Very Important to Be a Subversive"', *Guardian*, 24 January 2011.
73 同上。

## 第二十六章

1 Interview with Nuala O'Loan.
2 Police Ombudsman's Report.
3 同上。
4 'McConville Family Relieved Their Mother's Name Is Finally Cleared', *Irish News*, 8 July 2006.
5 IRA Statement on the Abduction and Killing of Mrs Jean McConville in December 1972 (8 July 2006), available on the CAIN website.
6 Transcript of an interview conducted with Nuala O'Loan for *Voices from the Grave*.
7 Interview with Anthony McIntyre.
8 Interview with Trevor Campbell.
9 James Kinchin-White, email message to author。該名研究員是詹姆斯・金欽—懷特（James Kinchin-White）。這台無線對講機由一

家挪威公司製造，實是一種名叫「Stornophone」（俗稱Stornos）的手持型收發器。據「血腥星期日」事件的調查報告記載，英軍於一九七二年確實有使用此手持型收發器的紀錄。請參閱：*Report of the Bloody Sunday Inquiry*, British House of Commons (2010), Vol. IX, Chapter 181.

10 此照片拍攝於一九七二年，現收藏於英格蘭「格洛斯特郡軍人博物館」（Soldiers of Gloucestershire Museum）。

11 Interview with Michael McConville.

12 Police Ombudsman's Report.

13 同上。

14 Interview with Michael McConville; McKendry, *Disappeared*, p.17.

15 Police Ombudsman's Report.

16 在此提供一個值得參考的事件作為旁證：瑪麗・甘迺迪（Mary Kennedy）曾居住在黑嶺公寓，並於二〇一一年發表的回憶錄中描述了一起她小時候發生的事件，其內容與麥康維爾家的經歷相似得令人感到詭異。甘迺迪在回憶錄裡寫道：「當年有個英國人在我們家門口受傷了，但他並非中了槍彈，而是被一個小孩丟磚頭，還砸到他頭部的側面。那時候老媽身體不適在床上休息，但卡羅還是跑到樓下將她叫醒了。老媽尾隨在那個英國人後面，到了陽台才發現有一些正式派愛爾蘭共和軍正走向陽台準備對那個英國人開槍。那時候老媽說了一句『你們休想在我孩子面前這麼做』，接著便將那個英國人帶進家裡，結果還遭其他人唾罵。隔天早上我們起床後，發現外面的牆壁布滿塗鴉，像是『抓耙仔』、『英國佬情婦』和『抓耙仔滾蛋』。經過這件事，我變得很討厭老媽出門，因為我深怕哪一天她出門後就再也回不來了，於是老媽去哪裡都不能單獨行動，唯獨上廁所是例外。就連老媽要出去買東西我也會吵著一起去。我很擔心哪天我放學回家會發現老媽不見了。」雖然甘迺迪的母親並沒有被抓走或遭槍決，但是此敘述顯示，任誰只要幫助過英國軍人，都會遭社會排擠。Bill Rolston, *Children of the Revolution: The Lives of Sons and Daughters of Activists in Northern Ireland* (Derry, Ireland: Guildhall Press, 2011), pp.139-40.

17 Interview with Michael McConville.

18 'Arrest Adams Now', *Sunday Life*, 21 February 2010.

19 BC Motion to Quash.

## 第二十七章

1 16 May 2011, conference call.

2 同上。

3 'N. Ireland Papers on Disarmament Archived at BC', *Boston Globe*, 27 March 2011.

4 16 May 2011, conference call.

5 'Secret Archive of Ulster Troubles Faces Subpoena', *New York Times*, 13 May 2011.

6 'BC Ordered to Give Up Oral History Tapes on IRA', *Boston Globe*, 14 May 2011.

7 Interview with Ed Moloney.

8 Tom Hachey, email message to Ed Moloney, 15 May 2011.

9 艾蒙・麥坎曾針對此主題發表了一篇發人深省的文章（'Norman Baxter's Long Crusade', *Counterpunch*, 13 February 2012），在此提供讀者參考。後來莫洛尼在抗議法院傳票時提到一個事件：二〇一一年一月，北愛爾蘭警務處派人到麥吉利根監獄（Magilligan prison）探望吉姆・麥康維爾，並建議他填寫訴狀，表示他認為波士頓學院蒐集到的訪談內容，或許有助於當局對母親死因的調查。莫洛尼指出，此行為意味著警方將能夠合法要求法院對檔案庫祭出傳票。另外莫洛尼也表示，北愛爾蘭警務處誘惑麥康維爾一家利用訪談內容向那些害死他們母親的人發起民事訴訟，此行為已構成「賄賂」。請參閱：Ed Moloney Complaint to the Police Ombudsman of Northern Ireland, 6 October 2015. See Ed Moloney, 'Boston College Case: PSNI Detectives Offered "Bribe" to McConville Family Member to Enable Invasion of Archive', *The Broken Elbow* blog, 30 September 2015.

10 'Mothers Angry at "Betrayal" of RUC's Dead', *Guardian*, 10 September 1999.

11 16 May 2011, conference call.

12 Interview with Ed Moloney.

13 16 May 2011, conference call; interview with Wilson McArthur.

14 Ed Moloney, email message to Bob O'Neill, 30 January 2001.

15 Bob O'Neill, email message to Ed Moloney, 31 January 2001.

16 Interviews with Ed Moloney and Anthony McIntyre; 'Secrets from Belfast', *Chronicle of Higher Education*, 26 January 2014。圖書館歐尼爾館長表示拒絕接受本書作者採訪。

17 'BC Reflects on Missteps in Northern Ireland Project', *Boston Globe*, 18 May 2014.

18 Interviews with Ed Moloney and Anthony McIntyre.
19 Government's Opposition to Motion to Quash.
20 Interview with Ed Moloney.
21 Ed Moloney, email message to Tom Hachey, 31 May 2011.
22 同上。
23 Interview with Anthony McIntyre.
24 Ed Moloney, email message to Tom Hachey, 2 June 2011.
25 Tom Hachey, email message to Ed Moloney, 2 June 2011.
26 BC Motion to Quash.
27 同上。
28 Moloney Massachusetts affidavit.
29 在此提供一篇文章以探討此案件所涉及的道德和法律議題。請參閱：Ted Palys and John Lowman, 'Defending Research Confidentiality "to the Extent the Law Allows": Lessons from the Boston College Subpoenas', *Journal of Academic Ethics*, vol. 10, no. 4 (2012).
30 Government's Opposition to Motion to Quash.
31 同上。
32 Memorandum of Trustees of Boston College in Reply to Government's Opposition to Motion to Quash Subpoenas and in Opposition to Government's Motion to Compel, 15 July 2011 (US District Court of Massachusetts, M.B.D. no. 11-MC-91078).
33 Motion of Trustees of Boston College to Quash New Subpoenas, 17 August 2011 (US District Court of Massachusetts, M.B.D. no. 11-MC-91078).
34 John Kerry to Hillary Clinton, 23 January 2012.
35 'In Re: Request from the United Kingdom Pursuant to the Treaty Between the Government of the United States of America and the Government of the United Kingdom on Mutual Assistance in Criminal Matters', Amicus Curiae Brief of American Civil Liberties Union of Massachusetts in Support of Appellants, 27 February 2012.
36 Interview with James Cronin.
37 'Secrets from Belfast', *Chronicle of Higher Education*, 26 January 2014.
38 Interviews with current and former members of the Boston College history faculty.

39 同上。
40 Thomas Hachey, email message to Ed Moloney, 15 May 2011.
41 Interview with James Cronin.
42 '"Belfast Project" Is Not and Never Was a Boston College History Department Project', statement by the Department of History, Boston College, 5 May 2014.
43 Interview with James Cronin.
44 'In Re: Request from the United Kingdom Pursuant to the Treaty Between the Government of the United States of America and the Government of the United Kingdom on Mutual Assistance in Criminal Matters in the Matter of Dolours Price', Opinion, First Circuit Court of Appeals, 31 May 2013.
45 *Moloney v. United States* Petition Denied, Supreme Court of the United States, Order List: 569 US, 15 April 2013.
46 Jeffrey Swope, email message to Anthony McIntyre, 20 December 2011.
47 Anthony McIntyre, email message to Jeffrey Swope, 20 December 2011.
48 Transcript of a judicial conference held by Judge William Young, 22 December 2011.
49 同上。Also: Findings and Order, Judge William Young, United States District Court, District of Massachusetts, 20 January 2012.
50 Lawyer's notes of a hearing before Judge William Young, 22 December 2011.
51 'Adams Says Bombing Claims False', *Irish Times*, 27 September 2012.
52 Moloney Belfast affidavit.
53 Moloney Belfast affidavit.
54 Interview with Anthony McIntyre.
55 Interview with Ed Moloney.
56 Interview with Ed Moloney.
57 Price interview in *I, Dolours*.
58 除非出處另有說明，否則這些事件的相關資料皆取材自紀錄片《我是桃樂絲》和P-EM（莫洛尼為桃樂絲所進行的未公開訪談）。
59 有消息指出，在這之前當局就屢屢使用此手法來揪出貝爾法斯特的共和軍嫌犯。二〇〇〇年，前共和軍成員湯米．戈爾曼在採訪中回憶起自己於一九七一年十二月被捕的經歷，並透露：「地下室掛了幾條剪了洞的毯子，我們能聽到毯子後面傳來『沒錯，就是他』的聲音。」請參閱：'Tommy Gorman: Recalling the Maidstone', *Andersonstown News*, 9 September 2000.

60 P-EM.

61 'Old Bailey Bomber Dolours Price Accused Gerry Adams of Being Behind the Abductions of "The Disappeared"', *Telegraph*, 2 May 2014.

62 莫洛尼不願透露普萊斯是否有向他坦誠自己在開槍時打偏了，而且莫洛尼提供的訪談文字檔已有部分遭刪除，以至於讀者難以判斷普萊斯是否於該訪談中透露此訊息。不過普萊斯也曾向安東尼・麥金泰爾傾訴此事件的經過，並透露自己在開槍時故意沒有瞄準目標。

63 P-EM.

64 'Row over Interviewee Identities', UTV News, 28 July 2013.

65 Interview with Ed Moloney.

## 第二十八章

1 'Antrim Soldier Shooting: Dead Soldiers Just Minutes from Leaving for Afghanistan', *Telegraph*, 9 March 2009.

2 同上。

3 'Army Attack "Brutal and Cowardly"', BBC News, 9 March 2009.

4 'Chilling Video at Trial Opening', *Irish Echo*, 9 November 2011.

5 'Terrorists Murder Ulster Policeman', *Scotsman*, 10 March 2009.

6 'Tributes Paid to Murdered Northern Ireland Soldiers', *Guardian*, 9 March 2009.

7 'Shootings Were Attempt at Mass Murder, Says PSNI', BBC News, 8 March 2009.

8 'Real IRA Claims Responsibility for Antrim Barracks Murder', *Telegraph*, 8 March 2009.

9 'Antrim Soldier Shooting: Dead Soldiers Just Minutes from Leaving for Afghanistan', *Telegraph*, 9 March 2009.

10 'Old Bailey Bomber Held over Murder of Soldiers', *Independent*, 18 November 2009.

11 當局公開了監視器畫面，其中捕捉到本書形容的畫面。請參閱：'Marian Price Sentenced for Massereene Attack Phone Link', *Irish Times*, 7 January 2014.

12 'Old Bailey Bomber "Bought Phone Real IRA Used to Claim Murder of Soldiers"', *Guardian*, 19 November 2013.

13 'Republicans' Defiant Dame Warns of War', *Observer*, 4 February 2001.

14 'Old Bailey Bomber Marian Price on New Charge', *Guardian*, 22 July 2011.

15 'Old Bailey Bomber Charged over Dissident Threats to Police', *Irish Times*, 16 May 2011.

16 'Marian Price and the Lost Document', *Irish Times*, 18 February 2012.

17 'Republican Marian Price Reveals Horror of Seven Months' Solitary Confinement in Prison', *Sunday World*, 18 December 2011.

18 'Jailed Republican Price in Legal Limbo Despite Her Illness', *Irish Times*, 21 July 2012.

19 同上。

20 'Irish Eyes Are Smiling: Show of Respect Turns Queen into Runaway Favourite', *Guardian*, 19 May 2011.

21 P-EM.

22 'Major Terror Alert As Queen Visits Ireland', *Daily Express*, 17 May 2011.

23 '"Historic Handshake" for Queen and Ex-IRA Leader Martin McGuinness', *Independent*, 26 June 2012.

24 'Paisley and McGuinness Mark New Era', *Guardian*, 8 May 2007.

25 'Republican Marian Price Reveals Horror of Seven Months' Solitary Confinement in Prison', *Sunday World*, 18 December 2011.

26 'Republicans' Defiant Dame Warns of War', *Observer*, 4 February 2001.

27 Interview with Eamonn McCann.

28 'Marian Price Sentenced for Massereene Attack Phone Link', *Irish Times*, 7 January 2014.

29 Interview with Eamonn McCann; 'Republican Marian Price Reveals Horror of Seven Months' Solitary Confinement in Prison', *Sunday World*, 18 December 2011.

30 'Corporals' Killer Arrested over McConville Murder', *Irish News*, 3 April 2014; 'MLA's Sister Released in McConville Investigation', *Irish News*, 11 April 2014; 'Sinn Féin Candidate Quizzed About Jean McConville Murder', *Irish News*, 19 April 2014.

31 'Republican Charged in Connection with 1972 McConville Murder', *Irish News*, 22 March 2014.

32 'The Jean McConville Killing: I'm Completely Innocent. But What Are My Accusers' Motives?' *Guardian*, 7 May 2014.

33 同上。

34 'IRA Bomber Says Gerry Adams Sanctioned Mainland Bombing Campaign', *Telegraph*, 23 September 2012.

35 'Disillusioned Republicans Breached IRA's Code of Secrecy', *Irish Times*, 7 November 2013.

36 'IRA Bomber Says Gerry Adams Sanctioned Mainland Bombing Campaign', *Telegraph*, 23 September 2012.

37 'Gerry Adams Interview: No Parade Unless the Residents Support One', *Irish News*, 11 February 2010.
38 此片段取材自愛莉森・米拉爾（Alison Millar）執導的紀錄片《被消失人士》（*The Disappeared*, BBC Northern Ireland, 2013）
39 同上。
40 'Adams' Brother Sought over Alleged Abuse', RTÉ News, 19 December 2009.
41 同上。
42 'Adams Said RUC Should Not Be Used over Abuse', *Irish Times*, 22 December 2009.
43 'Adams' Paedophile Brother Was Youth Worker in Dundalk', *Sunday Tribune*, 20 December 2009.
44 'Adams Is a Liability with Much to Explain', *The Times*, 27 December 2009.
45 'Gerry Adams Reveals Family's Abuse by Father', *Guardian*, 20 December 2009.
46 'Gerry Adams' Niece Reveals: "The Beard Tried to Get Me to Gag Press over Abuse"', *Belfast Telegraph*, 7 October 2013.
47 'Adams Is a Liability with Much to Explain', *The Times*, 27 December 2009.
48 Confidential interview.
49 P-EM.
50 'The Jean McConville Killing: I'm Completely Innocent. But What Are My Accusers' Motives?' *Guardian*, 7 May 2014.
51 Adams, *Before the Dawn*, p.191.
52 'Adams' Family Values Strip Him of All Moral Authority', *Sunday Tribune*, 27 December 2009.
53 'Gerry Adams Arrested: Martin McGuinness Speaks at Falls Road Rally Demanding Sinn Féin Leader's Release', *Belfast Telegraph*, 3 May 2014.
54 Footage of the 3 May 2014 rally, *An Phoblacht* video news.
55 Footage of 3 May 2014 rally, Sky News. On his being the enforcer: 'IRA Calls in Peace "Fixer"', *The Times*, 8 January 1995.
56 '"Big Bobby": Arrests, Interrogations, Imprisonment, and Struggle - the "Storey" of His Life', *An Phoblacht*, 18 December 2008.
57 '"Key Spymaster" a Crucial Adams Ally', *Irish News*, 1 November 2007; 'We Will Defend the Integrity of the Republican Struggle: Interview with Bobby Storey', *Hot Press*, 12 June 2009。入侵事件爆發後，史托瑞的家裡也遭人突襲。請參閱：'Bobby Storey: "Enforcer" is Key Ally of Gerry Adams', *Belfast Telegraph*, 6 May 2014.
58 'We Will Defend the Integrity of the Republican Struggle: Interview with Bobby Storey', *Hot Press*, 12 June 2009; 'Bobby Storey: "Enforcer" is Key Ally of Gerry Adams', *Belfast Telegraph*, 6 May 2014.

59 '10 Facts About the IRA's £26.5m raid on Northern Bank', *Belfast Telegraph*, 19 December 2014.

60 Dolours Price, 'Money … Money … Money', *The Blanket*, 17 January 2005.

61 在此提供有關史托瑞這方面的具體描述。請參閱：Malachi O'Doherty, *The Trouble with Guns: Republican Strategy and the Provisional IRA* (Belfast: Blackstaff Press, 1998), pp.1-3.

62 Footage of the 3 May 2014 rally, BBC News.

63 同上。

64 'Sinn Féin Hints at Possible Renewal of IRA Violence', Associated Press, 14 August 1995.

65 Detective Inspector Peter Montgomery to Joe Mulholland & Co Solicitors, 21 October 2013.

66 Interview with Michael McConville.

67 Interview with Anthony McIntyre.

68 Interview with Richard O'Rawe.

69 Interview with Anthony McIntyre, interview with Richard O'Rawe.

70 'The Boston Time Bomb', *Sunday Life*, 11-13 May 2014.

71 Interview with Anthony McIntyre and Carrie Twomey; 'Ex-Provo's Life Is at Risk Over IRA Tapes Row, Court to Be Told', *Belfast Telegraph*, 5 July 2012.

72 'The Jean McConville Killing: I'm Completely Innocent. But What Are My Accusers' Motives?' *Guardian*, 7 May 2014.

73 'Boston College Says It Will Return Interviews about the North', *Irish Times*, 7 May 2014.

74 'Gerry Adams Freed in Jean McConville Murder Inquiry', BBC News, 4 May 2014.

75 同上。

76 'Jailed Republican Price in Legal Limbo Despite Her Illness', *Irish Times*, 21 July 2012.

77 'Dolours Price-Rea Died from Prescription Drugs Mix', *Irish Times*, 15 April 2014.

78 同上。

79 同上。

80 外界廣為流傳的訃告都表示普萊斯享年六十一歲，然而這些訃告所參考的出生日期有誤。事實上，普萊斯生於一九五〇年十二月十六日。

81 'IRA Leaders at Price Funeral', *Irish Press*, 19 February 1975.

82 'Marian Price Released to Attend Sister's Wake', *Irish Times*, 28 January 2013。瑪麗安的律師團隊在替她爭取出獄時，曾傳喚醫師證明，若一個人無法為已故的心愛之人好好哀悼，那此人的心理將遭受巨大創傷。這種說法顯得格外諷刺。請參閱：Interview with Darragh Mackin.

83 'Old Bailey Bomber Dolours Price Buried in Belfast', *Irish Times*, 29 January 2013.

84 Angela Nelson, 'L'Addio a Dolours Price', *The Five Demands* blog, 29 January 2013.

85 'Dolours Price-Rea Died from Prescription Drugs Mix', *Irish Times*, 15 April 2014.

86 Nelson, 'L'Addio a Dolours Price'.

87 'Crying Pain for Stephen; Actor's Farewell to Dolours', *Daily Mirror*, 29 January 2013.

88 'Old Bailey Bomber Price Buried', *Belfast Telegraph*, 29 January 2013.

89 'Crying Pain for Stephen; Actor's Farewell to Dolours', *Daily Mirror*, 29 January 2013.

90 'Dolours Price-Rea Died from Prescription Drugs Mix', *Irish Times*, 15 April 2014.

91 Interview with Carrie Twomey.

92 'Dolours Price-Rea Died from Prescription Drugs Mix', *Irish Times*, 15 April 2014.

93 'Crying Pain for Stephen; Actor's Farewell to Dolours', *Daily Mirror*, 29 January 2013; 'Hundreds of Mourners Crowd Church As Actor Stephen Rea and Sons Carry Coffin of Dolours Price', *Irish Independent*, 28 January 2013.

## 第二十九章

1 'Paramilitary Groups in Northern Ireland', assessment commissioned by the Secretary of State for Northern Ireland (19 October 2015).

2 'Gerry Adams Rejects Reports on IRA Existence', *Irish Examiner*, 22 October 2015.

3 'Gerry Moriarty: Robinson Gambles That Adams and McGuinness Can Finally Make the IRA Go Away', *Irish Times*, 21 October 2015.

4 *Segregated Lives: Social Division, Sectarianism and Everyday Life in Northern Ireland*, Institute for Conflict Research, 2008; 'Liam Neeson in Call for More Integrated Schools', BBC News, 8 February 2017.

5 Interview with Richard Haass.

6 'Flag Protesters Storm Belfast City Hall', *Irish Examiner*, 3 December 2012; 'Union Flag Dispute: Riot Breaks Out in East Belfast', BBC News, 15 January 2013.

7 'Ivor Bell to Be Prosecuted over Jean McConville Murder', *Irish Times*, 4 June 2015.
8 'Ivor Bell Remanded over Jean McConville Murder', RTÉ, 24 March 2014.
9 Moloney, *Secret History of the IRA*, p.242.
10 同上，p.14.
11 同上，pp.242-43.
12 同上，pp.244-45.
13 H-BC.
14 'Forms to Identify Interview Tapes "Lost"', *Irish News*, 8 May 2014.
15 'Ex-IRA Chief Granted Extended Bail from Jean McConville Trial', *Guardian*, 14 October 2016.
16 'Voice Analyst Enlisted in Jean McConville Murder Case', *Irish Times*, 30 October 2014.
17 'Bell Lawyer Claims Boston Tapes Are Unreliable and Inaccurate', *Irish News*, 7 June 2014.
18 同上。
19 'Forms to Identify Interview Tapes "Lost"', *Irish News*, 8 May 2014.
20 'Ivor Bell to Be Prosecuted over Jean McConville Murder', *Irish Times*, 4 June 2015.
21 'Voice Analyst Enlisted in Jean McConville Murder Case', *Irish Time*, 30 October 2014.
22 這門技術顯然有缺陷。請參閱：'Voice Analysis Should Be Used with Caution in Court', *Scientific American*, 25 January 2017.
23 'Jean McConville Murder: Veteran Republican Ivor Bell to Stand Trial', *Belfast Telegraph*, 7 July 2016.
24 'Ivor Bell Remanded over Jean McConville Murder', RTÉ, 24 March 2014.
25 同上。
26 'Revolutionary Appointment Reflects "Transformation" in Northern Society', *Irish Times*, 3 December 2011.
27 'Profile: Drew Harris of the PSNI', *Belfast Telegraph*, 20 September 2014。二〇一八年六月，哈里斯被任命為愛爾蘭共和國國家警隊「和平衛隊」（Garda Síochána）的總監。
28 'Adams Won't Be Charged over Jean McConville Murder', *Irish News*, 10 July 2015.
29 'McConville Accused Calls in Voice Analyst', *Irish News*, 31 October 2014.
30 Interview with Mark Hamilton; 'Figures Dismiss Army "Witch Hunt" Allegations', *Irish News*, 27 January 2017.

31 Interview with Mark Hamilton.

32 '"No Stone to Be Left Unturned" in Stakeknife Probe', RTÉ, 11 June 2016.

33 'Top Spy "Stakeknife" Allegedly Linked to 50 Killings "Unlikely to Ever Face Prosecution"', *Irish Independent*, 27 April 2016.

34 '"IRA Informer" Fred Scappaticci Arrested over Dozens of Murders', *Independent*, 30 January 2018.

35 'Man Believed to Have Been IRA Double Agent "Stakeknife" Released on Bail', *Guardian*, 2 February 2018.

36 'How, and Why, Did Scappaticci Survive the IRA's Wrath?' *Irish Times*, 15 April 2017.

37 Interview with Henry McDonald.

38 'Freddie Scappaticci's Father Laid to Rest in Belfast', *Irish News*, 13 April 2017.

39 Interview with Kevin Winters.

40 'Stakeknife: Alleged One-Time Top British Agent Inside IRA Facing At Least 9 Separate Lawsuits', *Belfast Telegraph*, 13 December 2016.

41 'Soldiers Who Shot 13 Dead "Not Thugs"', *Guardian*, 24 September 2002.

42 'Lady Elizabeth Kitson OBE of Yelverton Writes a Book About Her Famous Show Pony Legend', *Tavistock Times Gazette*, 22 August 2016.

43 'Widow Seeks Damages Relating to Claims against British General Frank Kitson', *Irish Times*, 30 April 2015.

44 Statement of Claim, *Mary Heenan v. Ministry of Defence and Chief Constable of Police Service of Northern Ireland and General Sir Frank Edward Kitson*, High Court of Justice in Northern Ireland, Queen's Bench Division (2015).

45 'Widow Seeks Damages Relating to Claims against British General Frank Kitson', *Irish Times*, 30 April 2015.

46 Defence of Third Defendant, *Mary Heenan v. Ministry of Defence and Chief Constable of Police Service of Northern Ireland and General Sir Frank Edward Kitson*, High Court of Justice in Northern Ireland, Queen's Bench Division (24 December 2017).

47 'Army General Sued over 1973 Loyalist Murder', *Telegraph*, 27 April 2015.

48 'Northern Ireland Troubles Army Veterans Slam "Witch Hunt"', *Belfast Telegraph*, 12 December 2017.

49 'Cases against Terrorist Suspects Far Outweigh Ones Involving Ex-Army and Police, PPS Insists', *Belfast Telegraph*, 31 January 2017.

50 請參閱： Susan McKay, *Bear in Mind These Dead* (London: Faber, 2008), part II, chap. 3.

51 Bill Rolston, *Unfinished Business: State Killings and the Quest for Truth* (Belfast: Beyond the Pale, 2000), p.xi.

52 轉引自： Alain Finkielkraut, *In the Name of Humanity: Reflections on the Twentieth Century* (New York: Columbia University Press, 2000), pp.5-6.

53 'Boston College Tapes Request "Politically Motivated"', BBC News, 25 August 2011.

54 'Winston "Winkie" Rea to Be Charged over 1991 Murder of Two Catholic Workmen', *Belfast Telegraph*, 28 November 2016.
55 'Loyalist Winston Rea Denies Conspiracy to Murder Catholic Men and Paramilitary Activity', *Irish News*, 24 October 2017.
56 'Ulster Loyalist's Murder Case "a Cynical Attempt to Protect Police"', *Guardian*, 6 June 2016.
57 Anthony McIntyre interview on the podcast *Off the Record*, 27 February 2015.
58 Detective Chief Inspector Peter Montgomery, PSNI, to the Public Prosecution Service, 9 February 2015.
59 同上。
60 Jeffrey Swope, email message to Anthony McIntyre, 23 April 2016.
61 Detective Chief Inspector Peter Montgomery, PSNI, to the Public Prosecution Service, 9 February 2015.
62 Interview with Anthony McIntyre.
63 Fourth Affidavit of Anthony McIntyre, in the Matter of an Application by Anthony McIntyre for Judicial Review, High Court of Northern Ireland, Queens Bench Division, August 2016.
64 'Walking the Line', radio documentary, produced by Ciaran Cassidy (RTÉ Radio, 2014); 'Peter Wilson: "Disappeared" by the IRA, Found at the Beach His Family Treasured', *Belfast Telegraph*, 3 November 2010.
65 Interview with Geoff Knupfer and Dennis Godfrey.
66 'Forms to Identify Interview Tapes "Lost"', *Irish News*, 8 May 2014.
67 '"Preliminary Work" Begins to Recover Remains of Joe Lynskey', *Irish News*, 7 November 2014.
68 'Disappeared Victim's Family "Hopeful" As Dog Aids Search', *Irish News*, 2 December 2014.
69 Interview with Geoff Knupfer.
70 'Emotional Scenes As Families of Two IRA "Disappeared" Visit Site', *Irish Independent*, 26 June 2015.
71 Interview with Geoff Knupfer.
72 同上；'Courage and Resilience of Family Praised As Disappeared Man Finally Gets Proper Burial', *Irish News*, 16 September 2015.
73 David Ireland, *Cyprus Avenue* (London: Bloomsbury, 2016), p.16.
74 同上，p.16.
75 同上， p.43.
76 HIA transcript.

77 'Billy McConville Brought His Family Back Together, Mourners Told', *Irish News*, 26 July 2017.

78 'Son of Murdered Jean McConville Brought His Family Back Together, Funeral Told', *Irish Examiner*, 26 July 2017.

79 'Billy McConville Brought His Family Back Together, Mourners Told', *Irish News*, 26 July 2017.

80 'Republican Charged over Jean McConville Murder "Has Dementia"', *Irish Times*, 5 December 2006.

81 同上。

82 Matthew Jury, email message to author; 'McConville Daughter to Seek Civil Case', *Irish News*, 1 October 2015.

83 'Jean McConville's Family Will "Fight to the Bitter End for Justice"', *Independent*, 4 May 2014.

## 第三十章

1 Interview with Joe Clarke.

2 這位友人正是《紐約時報》的亞當・哥德曼（Adam Goldman）。

3 據麥克魯的訃聞透露，他「與病魔短暫對抗」後過世，享年四十六歲。請參閱：'Patrick F. McClure, Obituary', *Record-Journal* (Meriden, Conn.), 5 December 1986.

4 同上。

5 'Patrick F. McClure – Obituary', *Observer* (Southington, Conn.), 11 December 1986.

6 為查證此事，作者聯繫了亞當斯的兩位代表，然而兩人都未回覆。

7 P-EM.

8 Richard McAuley, email message to author.

9 匿名消息人士。

10 這名律師正是KRW法律事務所（KRW Law）的彼得・柯瑞根。他也曾擔任艾佛・貝爾的辯護律師。作者透過一般郵件和電子郵件試圖聯繫柯瑞根，然而都音訊全無。

11 'Gerry Adams: "I Won't Be a Puppet Master"', *Belfast Telegraph*, 4 January 2018.

12 'Gerry Adams: "Martin McGuinness Was Not a Terrorist"', BBC News, 23 March 2017.

13 'Adams "Relaxed" over Poll Doubting His Denial of IRA Membership', *Irish Times*, 20 May 2014。也有許多選民認為亞當斯的確參與了珍・麥康維爾的謀殺案。請參閱：'Half of Voters Believe Adams Was Involved in McConville Murder', *Irish Independent*, 17 May 2014.

14 亞當斯於二〇一六年出版了《我的推文語錄》（*My Little Book of Tweets*; Cork, Ireland: Mercier Press, 2016）一書。
15 'Gerry Adams Tweets: Ducks, Teddy Bears and a Dog Called Snowie', BBC News, 4 February 2014.
16 Damien Owens (@OwensDamien), 'Gerry Adams tries too hard to be cute and whimsical on Twitter. It's like Charles Manson showing you his collection of tea cosies', Twitter, 2 January 2014, 1:11 p.m.
17 O'Doherty, *Gerry Adams*, p.68.
18 Alvin Jackson, *Home Rule: An Irish History, 1800–2000* (New York: Oxford University Press, 2003), p.287.
19 H-BC.
20 '"Catholic Majority Possible" in NI by 2021', BBC News, 19 April 2018.
21 'Survey Deals Blow to Sinn Féin Hopes of United Ireland', *Guardian*, 17 June 2011.
22 'The Survivor', *Guardian*, 30 April 2001.
23 在此提供一篇攸關脫歐時代邊境問題的文章，請參閱：Susan McKay, 'Diary', *London Review of Books*, 30 March 2017.
24 'Gerry Adams Takes Parting Shot at UK – Brexit Has BOOSTED United Ireland Campaign', *Daily Express*, 9 February 2018.
25 'Gerry Adams Tells Irish America of Party's Aim for a Unity Referendum Within Five Years', *Irish News*, 10 November 2017.
26 Gerry Adams (as Brownie), 'I Am an IRA Volunteer', *Republican News*, 1 May 1976.
27 'I Don't Have Any Blood on My Hands', *Sunday Life*, 21 February 2010.
28 Interview with Michael McConville.
29 Andrew Blechman, *Pigeons: The Fascinating Saga of the World's Most Revered and Reviled Bird* (New York: Grove Press, 2006), p.11.
30 Kevin C. Kearns, *Dublin Street Life & Lore: An Oral History* (Dun Laoghaire: Glendale, 1991), pp.195–98.

# 參考書目

Adams, Gerry. *Before the Dawn: An Autobiography.* Dingle, Ireland: Brandon, 2001.

——. *Cage Eleven.* New York: Sheridan Square Press, 1993.

——. *Falls Memories: A Belfast Life.* Niwot, Colo.: Roberts Rinehart, 1994.

——. *A Farther Shore: Ireland's Long Road to Peace.* New York: Random House, 2005. Alexander, Yonah, and Alan O'Day, eds. *The Irish Terrorism Experience.* Brookfield, Vt.: Dartmouth, 1991.

Bailey, Anthony. *Acts of Union: Reports on Ireland, 1973–1979.* New York: Random House, 1980.

Bell, J. Boyer. *The Secret Army: The IRA.* New Brunswick, N.J.: Transaction, 1997.

Beresford, David. *Ten Men Dead: The Story of the 1981 Irish Hunger Strike.* New York: Atlantic Monthly Press, 1987.

Bishop, Patrick, and Eamonn Mallie. *The Provisional IRA.* London: Heinemann, 1987.

Blechman, Andrew. *Pigeons: The Fascinating Saga of the World's Most Revered and Reviled Bird.* New York: Grove Press, 2006.

Bloom, Mia. *Bombshell: Women and Terrorism.* Philadelphia: University of Pennsylvania Press, 2011.

Boulton, David. *The UVF: An Anatomy of Loyalist Rebellion.* Dublin: Torc Books, 1973.

Boyd, Andrew. *Holy War in Belfast.* Belfast: Pretani Press, 1987.

Bradley, Gerry, and Brian Feeney. *Insider: Gerry Bradley's Life in the IRA.* Dublin: O'Brien Press, 2009.

Brady, Evelyn, Eva Patterson, Kate McKinney, Rosie Hamill, and Pauline Jackson. *In the Footsteps of Anne: Stories of Republican Women Ex-Prisoners.* Belfast: Shanway Press, 2011.

Cadwallader, Anne. *Lethal Allies: British Collusion in Ireland.* Cork, Ireland: Mercier Press, 2013.

Carson, Ciarán. *Belfast Confetti.* Winston-Salem, N.C.: Wake Forest University Press, 1989.

Clark, Wallace. *Guns in Ulster.* Belfast: Constabulary Gazette, 1967.

Clarke, George. *Border Crossing: True Stories of the RUC Special Branch, the Garda Special Branch and the IRA Moles.* Dublin: Gill & Macmillan, 2009.

Cobain, Ian. *Cruel Britannia: A Secret History of Torture.* London: Portobello, 2013.

——. *The History Thieves: Secrets, Lies and the Shaping of a Modern Nation.* London: Portobello, 2016.

Collins, Eamon. *Killing Rage.* London: Granta, 1997.

Conroy, John. *Belfast Diary: War As a Way of Life.* Boston: Beacon Press, 1995.

——. *Unspeakable Acts, Ordinary People: The Dynamics of Torture.* Berkeley: University of California Press, 2000.

Coogan, Tim Pat. *The Famine Plot: England's Role in Ireland's Greatest Tragedy.* New York: Palgrave, 2012.

——. *The IRA.* New York: St. Martin's Press, 2002.

——. *On the Blanket: The Inside Story of the IRA Prisoners' "Dirty" Protest.* New York: Palgrave, 2002.

——. *The Troubles.* New York: Palgrave, 2002.

Darby, John, ed. *Northern Ireland: The Background to the Conflict.* Syracuse, N.Y.: Syracuse University Press, 1987.

D'Arcy, Margaretta. *Tell Them Everything.* London: Pluto Press, 1981.

Deane, Seamus. *Strange Country: Modernity and Nationhood in Irish Writing since 1790.* New York: Oxford University Press, 1997.

de Rosa, Peter. *Rebels: The Irish Rising of 1916.* New York: Random House, 1990.

Devlin, Bernadette. *The Price of My Soul.* New York: Vintage, 1970.

Dillon, Martin. *The Dirty War: Covert Strategies and Tactics Used in Political Conflicts.* New York: Routledge, 1999.

——. *Stone Cold: The True Story of Michael Stone and the Milltown Massacre.* London: Random House, 1992.

——. *The Trigger Men.* Edinburgh: Mainstream, 2003.

Drower, George. *John Hume: Man of Peace.* London: Victor Gollancz, 1996.

Edwards, Ruth Dudley. *Patrick Pearse: The Triumph of Failure.* Dublin: Poolbeg Press, 1990.

Egan, Bowes, and Vincent McCormack. *Burntollet.* London: LRS, 1969.

Elkins, Caroline. *Imperial Reckoning: The Untold Story of Britain's Gulag in Kenya.* New York: Henry Holt, 2005.

Ellis, Walter. *The Beginning of the End: The Crippling Disadvantage of a Happy Irish Childhood.* Edinburgh: Mainstream, 2006.

English, Richard. *Armed Struggle: The History of the IRA.* New York: Oxford University Press, 2003.

Fairweather, Eileen, Roisín McDonough, and Melanie McFadyean. *Only the Rivers Run Free: Northern Ireland; The Women's War.* London: Pluto Press, 1984.

Farrell, Michael. *Northern Ireland: The Orange State.* London: Pluto Press, 1987.

——. ed. *Twenty Years On.* Dingle, Ireland: Brandon, 1988.

Faul, Dennis, and Raymond Murray. *The Hooded Men: British Torture in Ireland, August, October 1971.* Dublin: Wordwell Books, 2016.

Feeney, Brian. *Sinn Féin: A Hundred Turbulent Years.* Madison: University of Wisconsin Press, 2003.

Fiacc, Padraic. *The Wearing of the Black: An Anthology of Contemporary Ulster Poetry.* Belfast: Blackstaff Press, 1974.

Fiske, Alan Page, and Tage Shakti Rai. *Virtuous Violence: Hurting and Killing to Create, Sustain, End, and Honor Social Relationships.* Cambridge: Cambridge University Press, 2015.

Foot, Paul. *Who Framed Colin Wallace?* London: Macmillan, 1989.

Foster, R. F. *Modern Ireland, 1600–1972.* New York: Penguin, 1989.

Friel, Brian. *Brian Friel: Plays 1.* London: Faber, 1996.

Friel, Brian, and Paul Delaney. *Brian Friel in Conversation.* Ann Arbor: University of Michigan Press, 2000.

Geraghty, Tony. *The Irish War: The Military History of a Domestic Conflict.* London: Harper Collins, 2000.

Gurney, Peter. *Braver Men Walk Away.* London: HarperCollins, 1993.

Hamill, Heather. *The Hoods: Crime and Punishment in Belfast.* Princeton, N.J.: Princeton University Press, 2011.

Hamill, Pete. *Piecework: Writings on Men and Women, Fools and Heroes, Lost Cities, Vanished Calamities and How the Weather Was.* New York: Little, Brown, 1996.

Harnden, Toby. *Bandit Country: The IRA & South Armagh.* London: Hodder & Stoughton, 1999.

Hastings, Max. *Barricades in Belfast: The Fight for Civil Rights in Northern Ireland.* London: Taplinger, 1970.

Heaney, Seamus. *The Cure at Troy: A Version of Sophocles' Philoctetes.* New York: Farrar, Straus and Giroux, 1991.

——. *North: Poems.* London: Faber, 1975.

——. *Preoccupations: Selected Prose, 1968–1978.* London: Faber, 1980.

Hume, John. *A New Ireland: Politics, Peace, and Reconciliation.* Boulder, Colo.: Roberts Rinehart, 1996.

Huntley, Bob. *Bomb Squad: My War against the Terrorists.* London: W. H. Allen, 1977. Ingram, Martin, and Greg Harkin. *Stakeknife: Britain's Secret Agents in Ireland.* Madison: University of Wisconsin Press, 2004.

Ireland, David. *Cyprus Avenue.* London: Bloomsbury, 2016.

Jackson, Alvin. *Home Rule: An Irish History, 1800–2000.* New York: Oxford University Press, 2003.

Jackson, Mike. *Soldier: The Autobiography.* London: Bantam Press, 2007.

Jenkins, Roy. *A Life at the Centre.* London: Macmillan, 1991.

Kearns, Kevin. *Dublin Street Life and Lore: An Oral History.* Dublin: Glendale, 1991.

Keenan-Thomson, Tara. *Irish Women and Street Politics, 1956–1973.* Dublin: Irish Academic Press, 2010.

Kelly, Gerry. *Words from a Cell.* Dublin: Sinn Féin Publicity Department, 1989.

Kiely, Benedict. *Proxopera.* Belfast: Turnpike Books, 2015.

Kipling, Rudyard. *Collected Poems of Rudyard Kipling.* London: Wordsworth Editions, 1994.

Kitson, Frank. *Bunch of Five.* London: Faber, 2010.

——. *Gangs and Counter-Gangs.* London: Barrie Books, 1960.

——. *Low Intensity Operations: Subversion, Insurgency, Peace-Keeping.* London: Faber, 1991.

Krog, Antjie. *Country of My Skull: Guilt, Sorrow, and the Limits of Forgiveness in the New South Africa.* New York: Three Rivers Press, 2000.

Lee, Jonathan. *High Dive.* New York: Knopf, 2016.

MacAirt, Ciarán. *The McGurk's Bar Bombing: Collusion, Cover-Up and a Campaign for Truth.* Edinburgh: Frontline Noir, 2012.

MacEoin, Uinseann Ó Rathaille. *The IRA in the Twilight Years: 1923–1948.* Dublin: Argenta, 1997.

Mac Stíofáin, Seán. *Revolutionary in Ireland.* Edinburgh: R. & R. Clark, 1975.

Mansfield, Michael. *Memoirs of a Radical Lawyer.* London: Bloomsbury, 2009.

Martin, David C. *Wilderness of Mirrors: Intrigue, Deception, and the Secrets That Destroyed Two of the Cold War's Most Important Agents.* Guilford, Conn.: Lyons Press, 2003.

Matchett, William. *Secret Victory: The Intelligence War That Beat the IRA.* Belfast: self-published, 2016.

McCann, Colum. *TransAtlantic.* New York: Random House, 2013.

McCann, Eamonn. *War and an Irish Town.* London: Pluto Press, 1993.

McGuffin, John. *The Guinea Pigs.* London: Penguin, 1974.

McIntyre, Anthony. *Good Friday: The Death of Irish Republicanism.* New York: Ausubo Press, 2008.

McKay, Susan. *Bear in Mind These Dead.* London: Faber, 2008.

McKearney, Tommy. *The Provisional IRA: From Insurrection to Parliament.* London: Pluto Press, 2011.

McKeever, Martin. *One Man, One God: The Peace Ministry of Fr Alec Reid C.Ss.R.* Dublin: Redemptorist Communications, 2017.

McKendry, Séamus. *Disappeared: The Search for Jean McConville.* Dublin: Blackwater Press, 2000.

McKittrick, David, Seamus Kelters, Brian Feeney, and Chris Thornton. *Lost Lives: The Stories of the Men, Women, and Children Who Died As a Result of the Northern Ireland Troubles.* 2nd ed. Edinburgh: Mainstream, 2004.

McKittrick, David, and David McVea. *Making Sense of the Trouble: The Story of the Conflict in Northern Ireland.* Chicago: New Amsterdam Books, 2002.

Meagher, Robert Emmet. *Killing from the Inside Out: Moral Injury and Just War.* Eugene, Ore.: Cascade Books, 2014.

Miller, David, ed. *Rethinking Northern Ireland.* New York: Addison Wesley Longman, 1998. Miller, Ian. *A History of Force Feeding: Hunger Strikes, Prisons and Medical Ethics, 1909–1974.* Basingstoke, U.K.: Palgrave Macmillan, 2016. (PDF).

Mitchel, John. *The Last Conquest of Ireland (Perhaps).* Glasgow: R. & T. Washbourne, 1882. Mitchell, George. *Making Peace.* Los Angeles: University of California Press, 2000.

Moloney, Ed. *A Secret History of the IRA.* New York: Norton, 2002.

——. *Voices from the Grave: Two Men's War in Ireland.* New York: PublicAffairs, 2010.

Moloney, Ed, and Andy Pollak. *Paisley.* Dublin: Poolbeg Press, 1986.

Morrison, Danny. *Rebel Columns.* Belfast: Beyond the Pale, 2004.

Morrison, John F. *The Origins and Rise of Dissident Irish Republicanism.* London: Bloomsbury, 2013.

Mulholland, Marc. *Northern Ireland at the Crossroads: Ulster Unionism in the O'Neill Years.* London: Palgrave, 2000.

——. *Northern Ireland: A Very Short Introduction.* Oxford: Oxford University Press, 2002.

Murphy, Dervla. *A Place Apart: Northern Ireland in the 1970s.* London: Eland, 2014.

Murray, Raymond. *Hard Time: Armagh Gaol, 1971–1986.* Dublin: Mercier Press, 1998.

Myers, Kevin. *Watching the Door: Drinking Up, Getting Down, and Cheating Death in 1970s Belfast.* Brooklyn, N.Y.: Soft Skull Press, 2009.

O'Brien, Brendan. *The Long War: The IRA and Sinn Féin.* Syracuse, N.Y.: Syracuse University Press, 1999.

Ó Dochartaigh, Niall. *From Civil Rights to Armalites: Derry and the Birth of the Irish Troubles.* Cork, Ireland: Cork University Press, 1997.

O'Doherty, Malachi. *Gerry Adams: An Unauthorised Life.* London: Faber, 2017.

——. *The Telling Year: Belfast 1972.* Dublin: Gill & Macmillan, 2007.

——. *The Trouble with Guns: Republican Strategy and the Provisional IRA.* Belfast: Blackstaff Press, 1998.

O'Donnell, Ruán. *16 Lives: Patrick Pearse.* Dublin: O'Brien Press, 2016.

——. *Special Category: The IRA in English Prisons,* vol. 1: *1968–1978.* Sallins, Ireland: Irish Academic Press, 2012.

——. *Special Category: The IRA in English Prisons,* vol. 2: *1978–1985.* Sallins, Ireland: Irish Academic Press, 2015.

O'Flaherty, Liam. *The Informer.* New York: Harcourt, 1980.

O'Malley, Padraig. *Biting at the Grave: The Irish Hunger Strikes and the Politics of Despair.* Boston: Beacon Press, 1990.

O'Neill, Robert K., ed. *Management of Library and Archival Security: From the Outside Looking In.* Binghamton, N.Y.: Haworth Press, 1998.

O'Rawe, Richard. *Afterlives: The Hunger Strike and the Secret Offer That Changed Irish History.* Dublin: Lilliput Press, 2010.

——. *Blanketmen: The Untold Story of the H-Block Hunger Strike.* Dublin: New Island, 2005.

Ó Ruairc, Pádraig Óg. *Truce: Murder, Myth, and the Last Days of the Irish War of Independence.* Cork, Ireland: Mercier Press, 2016.

Patterson, Henry. *The Politics of Illusion: A Political History of the IRA.* London: Serif, 1997.

Pearse, Padraic. *The Collected Works of Padraic H. Pearse: Political Writings and Speeches.* Dublin: Éire-Gael Society, 2013.

Powell, Jonathan. *Great Hatred, Little Room: Making Peace in Northern Ireland.* London: Vintage, 2009.

Prisoners Aid Committee. *Irish Voices from English Jails: Writings of Irish Political Prisoners in English Prisons.* London: Prisoners Aid Committee, 1979.

Purdie, Bob. *Politics in the Streets: The Origins of the Civil Rights Movement in Northern Ireland.* Belfast: Blackstaff Press, 1990.

Rawlinson, Peter. *A Price too High: An Autobiography.* London: Weidenfeld and Nicolson, 1989.

Richtarik, Marilynn J. *Acting between the Lines: The Field Day Theatre Company and Irish Cultural Politics, 1980–1984.* Washington, D.C.: Catholic University of America Press, 2001.

Rolston, Bill. *Children of the Revolution: The Lives of Sons and Daughters of Activists in Northern Ireland.* Derry, Ireland: Guildhall Press, 2011.

——. *Unfinished Business: State Killings and the Quest for Truth.* Belfast: Beyond the Pale, 2000.

Routledge, Paul. *John Hume.* London: HarperCollins, 1997.

Sanders, Andrew. *Inside the IRA: Dissident Republicans and the War for Legitimacy.* Edinburgh: Edinburgh University Press, 2012.

Shannon, Elizabeth. *I Am of Ireland: Women of the North Speak Out.* Boston: Little, Brown, 1989.

Shay, Jonathan. *Achilles in Vietnam: Combat Trauma and the Undoing of Character.* New York: Scribner, 2003.

Sluka, Jeffrey. *Hearts and Minds, Water and Fish: Support for the IRA and INLA in a Northern Ireland Ghetto.* Greenwich, Conn.: JAI Press, 1989.

Smyth, Jim, ed. *Remembering the Troubles: Contesting the Recent Past in Northern Ireland.* Notre Dame, Ind.: University of Notre Dame Press, 2017.

Stetler, Russell. *The Battle of Bogside: The Politics of Violence in Northern Ireland.* London: Sheed and Ward, 1970.

Stevens, John. *Not for the Faint-Hearted: My Life Fighting Crime.* London: Orion, 2006.

Stevenson, Jonathan. *We Wrecked the Place: Contemplating an End to the Northern Irish Troubles.* New York: Free Press, 1996.

Stringer, Peter, and Gillian Robinson. *Social Attitudes in Northern Ireland: The First Report.* Belfast: Blackstaff Press, 1991.

Taylor, Peter. *Behind the Mask: The IRA and Sinn Fein.* New York: TV Books, 1999. ———. *Brits: The War Against the IRA.* London: Bloomsbury, 2001.

——. *Provos: The IRA and Sinn Fein.* London: Bloomsbury, 1998.

Thatcher, Margaret. *The Path to Power.* New York: HarperCollins, 1995.

Tóibín, Colm. *Bad Blood: A Walk along the Irish Border.* London: Picador, 2001.

Tóibín, Colm, and Diarmaid Ferriter. *The Irish Famine: A Documentary.* New York: St. Martin's Press, 2001.

Toolis, Kevin. *Rebel Hearts: Journeys within the IRA's Soul.* New York: St. Martin's Press, 1995.

Urban, Mark. *Big Boys' Rules: The SAS and the Secret Struggle Against the IRA.* London: Faber, 1992.

Wave Trauma Centre. *The Disappeared of Northern Ireland's Troubles.* Belfast: Wave Trauma Centre, 2012.

Winchester, Simon. *In Holy Terror.* London: Faber, 1975.

Wood, Ian S. *Britain, Ireland and the Second World War.* Edinburgh: Edinburgh University Press, 2010.

Woodham-Smith, Cecil. *The Great Hunger: Ireland, 1845–1849.* New York: Penguin, 1991.

Zucker, Carole. *In the Company of Actors: Reflections on the Craft of Acting.* New York: Routledge, 2001.

國家圖書館出版品預行編目(CIP)資料

什麼都別說：北愛爾蘭謀殺與記憶的真實故事／派崔克・拉登・基夫（Patrick Radden Keefe）作；張芩蕾、黃妤萱、鄭依如譯. -- 初版. -- 新北市：黑體文化出版：遠足文化事業股份有限公司發行，2022.11
面；　公分. --（黑盒子；8）
譯自：Say nothing : a true story of murder and memory in Northern Ireland
ISBN 978-626-96474-6-0（平裝）

1. CST：謀殺罪　2. CST：刑事案件　3. CST：歷史　4. CST：愛爾蘭

585.8　　111015385



遠足文化　　讀者回函

黑盒子 8

**什麼都別說：北愛爾蘭謀殺與記憶的真實故事**

*Say Nothing: A True Story of Murder and Memory in Northern Ireland*

**作者**・派崔克・拉登・基夫（Patrick Radden Keefe）｜**譯者**・鄭依如、黃妤萱、張芩蕾｜**審定**・陳榮彬｜**責任編輯**・黃嘉儀、龍傑娣｜**封面設計**・徐睿紳｜**出版**・黑體文化｜**總編輯**・龍傑娣｜**社長**・郭重興｜**發行人兼出版總監**・曾大福｜**發行**・遠足文化事業股份有限公司｜**電話**：02-2218-1417｜**傳真**・02-2218-8057｜**客服專線**・0800-221-029｜**客服信箱**・service@bookrep.com.tw｜**官方網站**・http://www.bookrep.com.tw｜**法律顧問**・華洋國際專利商標事務所・蘇文生律師｜**印刷**・通南彩色印刷有限公司｜**排版**・菩薩蠻數位文化有限公司｜**初版**・2022年11月｜**定價**・680元｜**ISBN**・978-626-96474-6-0